学无止境，教师是幸福的职业、幸福的人生——如果我有第二次生命，我的选择仍然是教师！

永远的大先生潘懋元

邬大光 主编

图书在版编目(CIP)数据

永远的大先生潘懋元/邬大光主编.—北京：商务印书馆,2023
ISBN 978-7-100-22935-7

Ⅰ.①永… Ⅱ.①邬… Ⅲ.①潘懋元—纪念文集 Ⅳ.①K825.46-53

中国国家版本馆 CIP 数据核字(2023)第 167540 号

权利保留,侵权必究。

永远的大先生潘懋元
邬大光 主编

商 务 印 书 馆 出 版
(北京王府井大街36号 邮政编码100710)
商 务 印 书 馆 发 行
北京通州皇家印刷厂印刷
ISBN 978-7-100-22935-7

2023年11月第1版　　　开本 710×1000　1/16
2023年11月北京第1次印刷　印张 35½
定价：158.00元

目　录

前言：无尽的思念 …………………………… 邬大光　i

潘懋元：高等教育学的中国符号 ……………… 邬大光　1
潘懋元：中国高等教育研究的奠基人 ………… 许美德　33
潘懋元高等教育学及其研究立场 ……………… 刘振天　59
潘懋元教育哲学 ………………………… 阿里·谢沃　87
潘懋元高等教育思想 ……………… 别敦荣　李家新　103
高等教育学科发展的中国特色
　　——学习潘懋元先生的高等教育思想 ……… 胡建华　145

潘懋元先生的高等教育理念与实践 …………… 赵婷婷　159
潘懋元高等教育思想：全球化视角 …………… 李盛兵　179
走近高等教育规律研究
　　——缅怀敬爱的潘懋元先生 ………………… 李枭鹰　197
潘懋元的研究生教育思想 ……………………… 陈　斌　220
潘懋元高等职业教育思想 ……………………… 廖　益　250

深厚的友谊　永远的怀念 ……………………… 顾明远　282

一座尚待挖掘的宝藏
　　——纪念潘懋元先生逝世一周年ᆢᆢᆢᆢᆢᆢᆢᆢ 朱崇实　286

先生之风　炳如日星ᆢᆢᆢᆢᆢᆢᆢᆢᆢᆢᆢᆢᆢᆢ 贺祖斌　290

中国高等教育学学科奠基人潘懋元先生ᆢᆢᆢᆢᆢᆢ 王湘蓉　300

走向世界：潘懋元教授推动高等教育国际交流ᆢᆢᆢ 方　晓　310

师恩永记　风范长存
　　——追忆恩师潘懋元先生ᆢᆢᆢᆢᆢᆢᆢᆢᆢᆢ 林蕙青　335

一代大师　永远的楷模
　　——深切缅怀敬爱的导师潘懋元先生ᆢᆢᆢᆢᆢ 张德祥　337

经年教诲　半生勉励　终身垂范ᆢᆢᆢᆢᆢᆢᆢᆢ 叶之红　350

厦大学缘：感怀与潘先生相处的难忘时光ᆢᆢᆢᆢᆢ 韩延明　362

从游卅载　受用一生ᆢᆢᆢᆢᆢᆢᆢᆢᆢᆢᆢᆢᆢᆢ 张应强　375

成人之美　人生导师ᆢᆢᆢᆢᆢᆢᆢᆢᆢᆢᆢᆢᆢᆢ 卢晓中　400

天底下最好的老师
　　——追忆恩师潘懋元先生ᆢᆢᆢᆢᆢᆢᆢᆢᆢᆢ 李　均　410

追随先生三部曲　人生受用一辈子ᆢᆢᆢᆢᆢᆢᆢᆢ 刘华东　425

学问导师　人生楷模ᆢᆢᆢᆢᆢᆢᆢᆢᆢᆢᆢᆢᆢᆢ 许建领　431

学其成时念吾师ᆢᆢᆢᆢᆢᆢᆢᆢᆢᆢᆢᆢᆢᆢᆢᆢ 陈厚丰　438

先生：我不断进修的课程ᆢᆢᆢᆢᆢᆢᆢᆢᆢᆢᆢᆢ 张祥云　442

学术典范　人生导师ᆢᆢᆢᆢᆢᆢᆢᆢᆢᆢᆢᆢᆢᆢ 陈小红　456

春风化雨　静水流深ᆢᆢᆢᆢᆢᆢᆢᆢᆢᆢᆢᆢᆢᆢ 罗　丹　464

潘懋元：中国民办高等教育重建和研究的首倡者ᆢ 胡建波　470

永远的导师ᆢᆢᆢᆢᆢᆢᆢᆢᆢᆢᆢᆢᆢᆢᆢᆢᆢᆢᆢ 鲁加升　485

饮水思源念吾师　高教星火传西藏……………… 巴　果　494

潘懋元先生的为学、为师、为人………………… 陈武元　501

我与潘先生交往的点滴小事……………………… 刘国和　512

儿女心目中的"大先生"…………………………… 潘世墨　518

下课………………………………………………… 陈力舟　530

爷爷………………………………………………… 潘泽山　535

后记………………………………………………………… 541

前言：无尽的思念

邬大光

2022年12月6日，我们最爱的，也是最爱我们的潘懋元先生走了，去天堂教书了。一时间，不知该如何接受这件看似"意料之中"却又"意料之外"的事情。当敬爱的潘先生真的与我们永别的这一刻，天南地北的弟子们深深地沉浸在从没有过的哀恸中。于人的正常生命周期而言，103岁的老人离我们而去，是一个人生老病死的自然规律，这是"意料之中"。然而，他老人家却总是在创造人生的奇迹，一路带给我们太多的"意料之外"，以至于无法用"普通人"的逻辑去理解他的"非常"人生。如果今天让我来概括潘先生的一生，我会说：潘先生是有意识地、自觉地创造生命奇迹的人，也是有意识地、自觉地创造学科历史的人，更是有意识地、自觉地创造教师风范的人。

斯人已逝，嘉荫长留。先生离开的那段日子正是疫情防控最严格的时期，众多弟子无法赶到厦门为他送行，于是大家商定，在他老人家逝世一周年之际，举办一个追思会，出版一本追思集，以寄托我们的哀思。读罢院友们饱含深情的追思文章，难掩思念之情，每篇文章的字里行间充满着哀思、怀念、情感，不知这篇追思集的序言如何下笔。虽然先生离开了我们，但他的音容笑貌仿佛还在耳边眼前。弟子们的缅怀文章是珍贵的回忆和深深的缅怀,先生的思想和精神是比生命更长久的存在。作为弟子,我们有义务、有责任将这些思想和精神用文字的形式保存下来,永久珍藏。这本追思集不仅是我们哀思的永久安放之处,更是"大先生"精神的传承与延续。

一

潘先生的一生所获荣誉无数,但成就与荣誉并非是先生的一生所求,他最在意的是高等教育学的学科发展和学生成长。作为弟子来看他的一生,他是创造生命奇迹的先生,是有"大爱"的先生,是和蔼可亲的先生,是严厉的先生,是有智慧的先生,是童心未泯的先生,是记忆力超人的先生……他带给我们的既有"意料之外",也有"意料之中",二者贯穿于也渗透在高等教育学学科的发展历程中。那无数的荣誉称号,对这位百岁老人而言乃实至名归。敢为人先,敢破常规,勇立潮头,从容地游走于中国高等教育的发展与改革之间,使百岁人生成为"意料之中",使高等教育学的学科发展成为"意料之中",使学生们的成就及师道传承成为"意料之中"。

(一)超越年龄的生命韧性

从潘先生的一生来看,他年少时体弱多病,而到了耄耋之年,生命的韧性在他身上一次又一次地延展出新的张力,每次都出乎人们的意料。2005 年 5 月,先生带着 2002 级博士生到北京进行为期一周的社会实践,这是厦大教育研究院培养博士生的"传统节目",始于1999年。在京期间,先生患上了严重的肺炎,就近送往京郊的医院进行抢救。彼时的他已是86岁高龄,看当时的情形,我们都以为他很难挺过来了,可他却奇迹般地恢复了。2018年,潘先生被确诊为癌症,家人商议后一致同意采取保守治疗,在征求他的意见时,老人家毅然决定赴上海进行手术。对于一位98岁的老人而言,这是一场难以想象的生命考验,然而,他又一次创造了生命奇迹。

病情比较稳定之后,潘先生依旧躬行于教学与研究第一线,继续准时出现在课堂上,坚持逐一点评博士生的课程汇报,用红笔逐字逐句地批阅学生作业,这是他长期的习惯。在三年疫情期间,多数学术会议和报告转到了线上,他依旧准时地出现在镜头前,超时长的会议,很多年轻人都觉得身体吃不消,可是先生无论会议多长,参会场场不落,全神贯注地倾听每一位报告人的演讲,并认真做笔记。

2022年4月,病魔又一次来袭,这次住进了ICU,病榻之上的潘先生惦记的仍是为学生的著作作序,呼吸机的面罩遮住了嘴无法口述,就用手指一笔一画、逐字逐句地在看护他的儿子手上写下修改意见。医院ICU主任在会诊时发自内心地感慨道:"我在ICU工作了二十多年,从来没有见过这么顽强的老人。潘教授的意志非常顽强,内脏器官也一样顽强,真是令人难以想象!"因此,即便收到了病危通知书,弟子们仍然确信,先生这次也能像前几次一样化险为夷,但这次他却出人意料地离开了,没有留下任何遗言。回看先生的生命韧性,仿佛在他的生命中蕴藏着一颗"大心脏",不断突破生命的极限,不断重新定义年龄的涵义。不断创造生命的奇迹,是这位百岁老人的人生写照。

潘先生身上有许多超越年龄、超越时代、超越教育的学术轨迹。例如，他对全国高等教育的许多数据烂熟于心，每年《中国教育统计年鉴》一到手，他都在第一时间更新自己大脑里的数据，从不滞后，人们为他的"超人"记忆折服。潘先生身上有超越时代的"前瞻之思"。在 2019 年的一次座谈会上，潘先生说："翻转课堂和慕课等教育技术已经在教学领域炙手可热，但它们在互联网技术深入影响高等教育发展的现实面前，只是冰山一角，还有许多新的问题将陆续出现，目前对教育技术接受度最低的就是一些年龄大的老教师，越是经验丰富、资历深的老教师越需要拥抱新技术。"听到他讲这番话，在座的人会心一笑，因为他就是最年长的那位。2020 年 8 月，在纪念他百岁华诞暨从教 85 周年的学术研讨会上，潘先生呼吁："不仅要让机器人会思考，还要借助脑科学的力量，加强机器人的伦理道德和情感教育。"仿佛他预见到了 ChatGPT 问世之后也会遇到伦理的道德问题。针对教育技术的迅猛发展，他不只是这么想、这么说，也是带头这么做的。2020 年底，应教育部学校规划建设发展中心和应用型课程建设联盟邀请，潘先生在线上作了题为"高等学校内涵式发展的内涵与样板"的报告，为全国 3 万多名师生上了一场时长一小时的网课。一开始，他仍坚持要站着上课，在大家的劝说下，他总算答应坐着讲课。他课后风趣地说："如果这样坐着还累，那我还能干什么？"这让我想起了 2017 年 10 月 17 日，我到北京开会，请老人家代我上一节本科生的通识课，他竟然站着上了两节课。潘先生用实际行动向本科生展示了 97 岁大先生的课堂风采！

(二)超越制度的实践智慧

厦门大学的高等教育学学科乃至中国高等教育研究发展到今天,潘先生担当起了学科建设的"旗手",带领整个高等教育研究界一路前行,这整个过程充满着一位教育家的睿智。厦大高教所招收头两批硕士生的时候,因师资严重不足,也没有成体系的课程,所以这两批硕士生的前一年半学业都是在华东师大完成。王伟廉师兄作为我国第一位高等教育学博士研究生,入学的第一个学期没有上课,待我在1987年秋季入学后,潘先生开始给我们俩一起上课,全部课程也只上了两天,我们的课程学习就算是结束了,之后潘先生便让我们俩给硕士生上课,每人必须为硕士生开两门课,以授课效果的好坏作为我们学习这门课程的成绩。为解决师资问题,先生早期只能在厦大其他学院招人,所以早期的教师几乎都是跨学科的背景。王伟廉读博期间,潘先生就把他调入厦大。自有第一批硕士毕业生开始,不知潘先生做了多少学生的工作,希望他们留校任教。潘先生也为学科发展的经费精心谋划,贡献智慧。在高教所的起步阶段,经费紧张,面对缺钱的窘境,潘先生提出一个大胆的建议:高教所出国进修的老师,回国之后最好将国家给的出国津贴或对方给的奖学金的四分之一捐出来。至今仍有人对此事"耿耿于怀"。

潘先生选拔人才不拘一格,学生的培养也从不因循守旧。当年的唐德海连续两年报考高教所的博士都没有成功,皆是因为英语成绩没有达标,潘先生理解了他读博士的决心之后,又对他的学术潜质进行了考查,对他的学习和研究能力给予了认可,于是专门为他向学校研究生院申请,特许他第三年不用再考专业课,专心备考英语,第三年终于成功"上岸",先生睿智地把自学考试的方法用在了招收博士生上。这些在今天看来仍有争议的举动,在先生身上却时有发生。潘先生在培养学生上经常打破常规,能够从学生的角度看待问题,而非以"规矩"严格地限制住学生,这些超常规的举措,日后却成了触动学生心灵的记忆,达到了"意料之外"的教育效果。这就是潘先生的教育智慧。

20世纪90年代,不少博士生就读之前已经就职于某个高校,称之为"定向培养"。这些学生与原单位签订了合约,按照要求,获得博士学位后需要回到原单位工作。但当时这些高校普遍没有学位点,研究条件较差,而他们都希望到更好的平台上发展。针对这些学生,潘先生尽可能地帮助他们处理违约问题,使得这些学生找到了心仪的研究平台,获得了更好的发展空间。只要是学生的事儿,永远在潘先生的心里。

二

高等教育学在中国是一个新学科,也可以说是一个"晚成"的学科。之所以说高等教育学是一个"晚成"的学科,道理十分简单,该学科从成立至今只有40年的历史,应该是我国社会科学领域历史最短的学科。严格说来,潘先生也是一位"晚成"的学者,因为他真正开始投入高等教育研究是在"耳顺"之年。一位大器"晚成"的学者,创造了一个"晚成"的学科,这本身就是学术界的一个奇迹。

(一)超越传统的学科建设路径

开创一门新的学科究竟有多么艰难,弟子们知道的不是很多,也从没有听潘先生说起过这段历史。但我们知道,如果没有潘先生的一生努力,高等教育学何时在中国产生还是一个未知数,高等教育研究能否发展到今天的规模和水平也是一个未知数。虽然在20世纪50年代,潘先生与同事们一起,结合工作实际,完成了《高等学校教育学讲义》的编写工作,但使用范围仅限于厦门大学,在全国并没有很大的影响力,也没有学科的"合法性"。此后,由于众所周知的原因,这项工作按下了"暂停键",一拖就是二十余年。面对现实的困厄,潘先生发展高等教育学的信心丝毫未受影响,以"蛰伏"的心态等待时机的到来,终于在70年代末抓住改革开放的契机,重提设立高等教育学学科的必要性,强烈呼吁加强高等教育研究,以坚定的自信造就了一个"学科奇迹"。当先生看到高等教育学有了"合法性"的身份之后说:"作为一门新学科的出现,现在已经具备了需要和可能,我们相信一定能够完成这个任务的。"[1]

高等教育学作为学科自设立伊始,并非一帆风顺,一直有学者提出质疑:高等教育学是不是一门独立的学科?要不要建立高等教育学?高等教育研究到底是学科还是领域?甚至有学者认为,只有普通教育才是教育科学研究的对象,才需要教育理论,高等教育与普通教育在教育基本原理上是一致的,只要研究普通教育,就可以探索出基本的、共同的教育规律;至于高等教育的特殊问题,仅是一

---

[1] 潘懋元:《潘懋元论高等教育》,福建教育出版社2000年版,第27页。

些规章制度、办法措施的具体问题,可以让法令、条例来规定,用经验来补充,不必从事专门的研究。此类声音主要来自教育学领域。

众所周知,教育内外部关系规律是潘先生教育思想体系的核心,是他在教育理论方面的重要贡献,也可以说是高等教育学学科起步的基石。随着高等教育学作为学科的设立及研究的开展,关于学科合法性的讨论逐渐式微,但关于教育内外部关系规律的质疑之声开始响起,几乎没有间断。80年代中后期,有学者认为潘懋元的教育内外部关系规律划分不科学,由此引发了对这一理论的争鸣,潘先生的挚友黄济先生和潘先生的长子潘世墨也都对此提出了自己的看法。进入21世纪之后,又有学者对这一理论的科学性提出了质疑。然而,质疑和商榷仿佛都在潘先生的意料之中。他曾坚定地说:"物之初生,其形必丑。要建立一门新的学科,不是一件简单的事,必须经过长期的经验积累和高度的理论概括,问题在于必须迈开第一步。"[①]可见,他对学科建设过程中的艰难和曲折早有心理准备,他创建高等教育学的信心从未动摇。拉长历史的焦距回顾这段历史,曾经引起争鸣的教育内外部关系规律中的"外部规律",经过时间和实践的检验,已经成为今日跳出教育看教育的理论铺垫。

潘先生在给我们上课时曾介绍了他提出教育内外部关系规律的动因。他认为我国实行改革开放之后,教育界正处于百废待兴的状态。我们这一辈人对"文革"给教育的破坏记忆犹新,那时的做法实际上违背了教育规律,耽误了整整一代人。为了防止历史

[①] 潘懋元:《潘懋元论高等教育》,福建教育出版社2000年版,第19页。

悲剧的重演,就需要探寻教育规律,尊重教育的基本规律。从潘先生的解读不难理解,关注教育内外部关系规律是为了减少高等教育的"折腾"。回过头来看,正是因为教育内外部关系规律的提出和讨论,引发了人们对高等教育发展规律的重视,客观上为高等教育学科建设起到了"举旗定向"的作用。

今日回顾这场时隐时现的理论争鸣,没有胜负之分,当年这些争鸣的意义在于,人们开始思考和寻找高等教育活动的客观规律,按教育规律办事成为了共识,因此,教育内外部关系规律的提出就有了启蒙意义。潘先生则认为:"对这个理论的认识要经过一段时间,并不需要对他人的质疑进行过度的反驳,学术需要争鸣,争鸣是一件好事,有利于学科建设与发展。"一位当年与他"争鸣"的晚辈学者到厦门出差,先生在家里接待了他,让这位晚辈深感意外。当时,面对同辈学者乃至后辈与他的"商榷",他的反应既是冷静的,回应也是理性的,体现了潘先生对他人商榷的宽容态度,这种包容也是一种学术生命力所在。反观当下的学术,看似"繁荣",却不见争鸣,明显呈现出学术争鸣的缺失。如此对比,更彰显潘先生这种既坚持又包容的学术品质弥足珍贵。

(二)超越常规的学科建设思路

学术刊物是一个学科发展不可或缺的要素。厦大的高等教育学科建设,既有它的长处,也有"短板",刊物就是"短板"之一。殊不知,在对待刊物这个问题上,潘先生的想法与他人不同。周川回忆说,大约是在 1986 年底或 1987 年初,福建省有关部门鉴于厦大高教所的学术实力和影响,建议所里办一份高等教育的学术期刊,并答应给公开刊号。潘先生权衡之后并没有接受这个任务,因为博士点刚刚批下来。他在全所会议上说:"我们所里的老师应该有信心在国内其他的学术期刊上发表文章,尤其要在国内最好的专业期刊上发文章。以为自己办一份期刊便于发文章,那就没出息。如果要办这个期刊,你们谁愿意投入全部精力办?"在这个问题上,潘先生仿佛是一位时代潮流的逆行者。

潘先生对高等教育学的学科情结,始终伴随着他的一生。永远为高等教育学科的发展操劳是他的不懈追求,也成就了他的个人魅力。高等教育学发展的历史和事实证明,时代选择了潘先生,也就选择了高等教育学。当然,在他的晚年,潘先生也有自己的"遗憾"。他不止一次地在公开场合提出,虽然目前高等教育学科的发展已经取得了一定的成绩,但是高等教育学仍是二级学科,而国家有关政策开始以一级学科为建设单位,一些研究机构只能顶着教育学一级学科的"帽子"来进行高等教育研究,当务之急是将高等教育学升为一级学科,否则不利于高等教育学学科建设的长远发展。"父母之爱子,则为之计深远。"(《战国策·赵策四》)作为潘先生的弟子,又怎会不懂他的良苦用心!高等教育学升为一级学科既有他个人学理上的考量,也是他在为后人划定更大的研究范围,让我们在充裕的资源和条件下开拓高等教育学的疆土。他像庇护自己的孩子一般,为高等教育学的学科发展"殚精竭虑,死而后已"。潘先生特别能从超越时空的角度,去思考、判断和决断高等教育研究的重大问题;他超乎常人的"致广大而尽精微",恰恰表明先生本身就是一门"课程"。在厦大做过访问教授的挪威学者阿里·谢沃说:潘先生是当之无愧的"高等教育学之父"。

三

潘先生的为师之道值得回味，他有着超越"经师"的为师风格。他选材的眼光让人出乎意料，他培养学生的做法也让人出乎意料，体现了一位伯乐超乎常人的眼光。他对学生的"严"时常令人出乎意料，他对学生的"好"却常常令学生们习以为常；无论是这份"严"还是那份"好"，不仅让弟子们逐渐适应和理解，并且正在为大家所传承和光大。

(一) 不亚于严父的苛刻

潘先生一生做教师，来生还要做教师，他总是带着极其庄严肃穆的神情，孜孜以求于教书育人的事业。他的教育管理工作总是彰显着一种格外严肃的精神，他的教育研究实践总是表现出一种格外严谨的态度，他的教书育人活动总是表现出一种格外严格的作风。

他曾超常规直接录取"老高三"樊安群为博士生，录取后为了让他尽快熟悉高等教育研究，要求他一年写二十本书的读书笔记，每篇读书笔记都有先生的批改。还有一位博士生，在二年级的时候，获得了到国外"联合培养"的机会，回来之后拜见潘先生，先生问的第一件事就是6篇作业完成了没有。该同学没有想到，联合培养回来之后还要交作业，直到交了作业才算了事。

早期的在职博士生中，有一部分是高校的主官和政府官员，对这些"当官"的学生，老人家对他们的要求更严格，不许住宾馆，只能住学生宿舍。有一次,已经就任校长的张德祥不得不请假,潘先生虽然同意了他的请假申请,但要求他本应完成的6篇作业翻倍,一共要写12篇,张德祥只好"遵旨"。时至今日,张德祥谈起此事,仍然十分感谢先生的严格要求,因为12篇作业到了后期,有一些都发表了。李平当时是教育部的处长,有一次在厦大上课期间,恰巧部里有"重要事情"叫他回去,于是找潘先生请假。"回去可以,但你明年要重修。"先生如是说。

而我也有被严格要求的经历。大约是在2005年的一次硕士生答辩,因为忙于本科教学评估,答辩时我迟到了几分钟,老人家不仅当众严厉批评了我,并且当即取消了我的答辩委员资格,最后只有四位委员参加答辩。

每位弟子在与潘先生相处过程中,都已经习惯了他的爱生如子和严格要求。在他的严格要求下,我们习得的不仅仅是做学问的态度,还有作为一位"好教师"的行为准则。

(二)不亚于慈母的大爱

先生的严格要求本身就是爱,让我们总是心悦诚服也正是源于先生的"大爱"。1987年,我去厦大考博,提前一周到了厦门。之前没有见过潘先生,到了之后就给老人家打电话,希望可以见老师一面,其实真实的想法是想通过见面,摸到一点考试的信息。可老人家却说,你先安心备考,待考试之后再说。待考试结束,我想没有必要再与老人家见面了,就利用下午的半天时间去了鼓浪屿,等我回到厦大招待所,看到房间的门上有一张小纸条,上面写道:

大光同志好！考试结束了，我来宾馆看你，想必你出去了，等了一会儿不见你回来，只好给你留下这个纸条，希望能在厦大再次见面。潘懋元

卢晓中回忆："1999年冬，潘先生带博士生去长沙参加学术活动，他执意退掉了接待方购买的机票，一定要和学生们一起坐绿皮火车，他说可以在火车上给学生上课。我陪潘先生在软卧车厢，学生在硬卧车厢，到了晚上，他让我将随身带的大衣给硬卧车厢的同学们送去，因为硬卧车厢的毯子太薄。"1996年，华中科技大学拿到了高等教育学博士点，学校举行专家咨询会，会后安排几位专家游长江，学校安排张应强照顾潘先生。旅行结束时，潘先生送他一个黄杨木的梳子，并说："谢谢你的一路照顾，这份礼物送给你的父母。"1998年，高等教育学专业委员会在兰州开会，会务组安排赵婷婷照顾潘先生，活动结束时，潘先生拿出了一个礼物赠予赵婷婷，使她分享了与张应强同样的礼遇。

2021年底，潘先生收到蔡映辉的专著《高校服务性劳动教育理论与探索》，阅读后给她打了两次电话，探讨书里的观点和案例，还嗔怪蔡映辉没有请他写序。2022年，潘先生在病榻上收到张祥云的专著《道理与功夫——人文教育学论纲》，也是打电话给张祥云，鼓励他继续在此领域深耕。平时潘先生收到全国各地寄来的各种高等教育杂志，只要看见有师生（包括已经毕业的学生）的文章，时常会打电话与作者讨论，鼓励学生继续深耕。

胡建华回忆："1998年，潘先生去日本参加国际会议，会后专程去我在名古屋的家，鼓励我取得博士学位后回国工作。"听到校

友们讲的故事,回想起来,我也曾陪着先生去过胡建华在南京的家、何云坤在湘潭的家。朱建新经常说起陪先生到石家庄出差还专程做过叶之红的"家访",而叶之红记忆犹新的则是先生馈赠的"嫁妆"。1989年,潘先生从英法两国考察归来在北京转乘,得知她准备结婚,就把免税的家电指标送给她,凑足了当时成家必备的"三大件儿",而她却浑然不知潘先生的几个子女都在等待着当时十分稀缺的家电指标。

就血缘的亲疏而言,子女的优先级应是高于学生的,但在潘先生这里,难有子女与学生的亲疏之分。先生招收研究生伊始,听说有几位学生没回家过年,就邀请他们到家里一起吃年夜饭。几个子女私下颇有"微词",认为除夕应该是家人的团聚,不应该有"外人"。潘先生听了之后告诉子女:"40年代初,我在内迁闽西长汀的厦大求学,家乡汕头沦陷,孤身一人,有家难归,因此特别理解年轻人不能回家过年与亲人团聚的心情。"听了父亲的故事,子女们也就理解了父亲的做法。

后来,请过年留校的学生吃团圆饭也就成了常态,只不过把这顿饭改在了除夕的前一天,饭后还会给学生发压岁钱。我调到厦大工作的第一年,没有回东北老家过年,他又把我们一家三口及另外两家留校过年的学生叫到家里吃年夜饭。比吃饭机会更多的自然是先生的保留节目周末沙龙,先生的学生们都会难忘每次沙龙结束后,他都会坚持挪着缓慢的脚步,在学生们的簇拥下走到电梯口,目送每一个学生离去。电梯门徐徐关闭,先生的笑容却永远定格在每个人心里……从潘先生的身上,你可以看到他对教师职业的爱和敬重,乃至敬畏。久而久之,你也会感觉到当教师的幸福和教师职业的神圣,也会自觉不自觉地模仿先生的做法。

在潘先生逝世一周年前夕,2023年7月30日,在中国高等教育学会举办的"纪念中国高等教育学会成立40周年大会"上,中国高等教育学会授予潘先生高等教育研究终身成就奖,颁奖词如是说:

> 板凳敢坐十年冷,文章不写半句空。他是中国教育界的传奇人物,15岁开始从教,生命不息,奋斗不止,在教育战线辛勤耕耘87个春秋。他爱党爱国,曾任中国高等教育学会副会长、顾问,全身心投入国家教育现代化事业,是我国高等教育界的一面旗帜。他是"全国教书育人楷模"。他爱生如子、言传身教,桃李遍天下,培养的五百多位博士、硕士成为教育战线骨干力量。他开创中国高等教育学科,注重教育内外部规律研究,是中国人文社科自主知识体系建设的探索者、践行者。他,就是我国高等教育界的学术泰斗、大先生、教育家——潘懋元。

中国高等教育学会的颁奖词是对潘先生一生最好的概括。毫不夸张地说,在高等教育学领域,潘先生是一个"现象级"的存在,是一个独有的现象。这位具有传奇色彩的老先生,在百余年的人生岁月中创造了各种生命的奇迹,他的一生是不断更新、不断升级、时刻充满惊喜的一生。在时代发展的潮流中,你看不出他有任何"落伍",尽管他常说自己老了;在面对苦难的时候,你看不出他有任何畏难的迹象,尽管他前行艰难;在重大的时间节点上,他往往能做出理性的判断，你看不出他的彷徨；在新的问题上，他能敏锐地反应，你看不出他的保守。他的思考与研究不仅仅是与时代同步，甚至常常是超越了时代，超越了年龄，超越了常规。潘先生犹如一支永不熄灭的火炬，照亮了高等教育学科的漫漫前路，指引着无数研究高等教育的学者与学子不断前行。

今人不见古时月，今月曾经照古人。于人的生命历程而言，一百年很长；于学术的发展历程而言，一百年尚短。潘先生将他的一生贡献给了高等教育学，他是走在前面为我们开路的人，也是殚思竭虑为我们未来铺路的人。于高等教育学科史而言，四十年不长，然而高等教育界的学人一定会记住为他们开创这个研究领域的潘先生。回想与潘先生的交往，我们还参不透他的精神世界，因为我们跟他还有距离——格局的、境界的、视野的、信心的、意志的。作为弟子，我们唯有恳恳切切、兢兢业业地为新时代的高等教育学作出一些实际的贡献，才能算得上对为我们开路、指路人的一个像样的交代。作为弟子，我们何其有幸遇到了潘先生，才让我们懂得了什么是"大先生"，才会体悟到"大先生"的价值和珍贵。

行文至此，猛然发现自己的写作思路似乎已经偏离了"序"的轨道，远离了作序的初衷，不知不觉"夹带"了许多个人的情感，这或许就是潘先生留给我的无尽的思念吧。

人生朝露，先生千古！

2023 年 8 月 16 日

潘懋元：高等教育学的中国符号

邬大光

作为一门学科，高等教育学在中国已经是一种客观存在，它的建立和发展与一位百岁老人息息相关。这位老人就是教育界无人不晓的潘懋元教授，人称"潘先生"。潘先生不仅领导创建了中国的高等教育学，而且在中国高等教育学科发展的四十多年里，始终没有退场，一直站在学科发展的最前沿，为高等教育研究指引方向。在符号学看来，符号是被认为携带意义的感知，意义既是符号的特征，更是一种精神象征，它可以通过人物、语言、行为、个性等各种方式呈现出来，潘先生就是一位具有符号意义的学者。2015年6月，在济南大学召开的"潘懋元高等教育思想研讨会暨从教80周年庆祝会"上，潘先生在讲话中说道："《潘懋元高等教育思想研究论文集》中的许多观点和理论，已经超越了我本人的认识水平和思想高度，而我只是作为象征性的'符号'而已。"从符号的视角来解读他的高等教育学科建设之路及大家风范，既有内在的合理性与必然性，可能也是很多高等教育学人的期待。

一、高等教育学：具有中国本土色彩的学科符号

在中国高等教育学界乃至整个教育学界，提起高等教育学科，人们都会自然而然地想到潘先生，他已经成为我国学术界的一个学科符号。

一般来说，就一门成熟的学科而言，都要有确定的研究对象、相对完整的概念和理论体系、相应的研究方法和比较规范的研究范式等要素。但在中国社会科学的大家庭中，高等教育学的诞生却是一个例外，甚至是一个奇迹。之所以说是奇迹，是因为西方国家没有这个学科。正如潘先生所说，高等教育学在中国产生，走的是一条不同于其他社会科学的成长道路，它不是基于西方的学术路径，不是基于成熟的学科体系，而是基于中国的现实需要。尽管在国际上找不到先例，尽管它有些不成熟，但却奇迹般地诞生了。这一奇迹既归功于改革开放的大环境，也归功于学科创始者的个人努力。如果没有潘先生的倡议和推动，高等教育学可能也会产生，但恐怕需要更长的时间。高等教育学从产生到成长再到相对成熟，都凝聚了潘先生的心血，在他的身上充分体现出学科符号的价值。他一直居于高等教育研究的学术中心，始终扮演着学科符号所应承载的拓荒者、深耕者、捍卫者、掌舵者和战略家的角色。

潘先生是高等教育学科建设和发展的拓荒者。所谓拓荒者，即意味着开辟新领地。20世纪50年代初，正值而立之年的潘先生敏锐地意识到，高等教育研究具有不同于普通教育学研究的特殊性，但由于处在特定的历史时期，他无法实现乃至充分表达自己

内心的憧憬。改革开放的春风重新激发了他创建这门学科的梦想，他的直觉和敏感让他觉得时机基本成熟，二十多年在高等教育管理领域"摸爬滚打"的经历，更使他坚定了创建这门学科的信心。于是，1978年他在《光明日报》发表《开展高等教育理论的研究》一文，首次提出应该把高等教育学作为学科来建设，并描绘了高等教育学科建设的基本蓝图。机遇往往降临在有准备的人身上，历史给予了潘先生这个机遇，他果断地抓住了这个机遇，并很好地驾驭了这个机遇。潘先生说："对于创建高等教育学科的过程，可以总结为三条：第一，大势所趋；第二，大家努力；第三，时机成熟。"[①]他始终认为，高等教育学科的产生并非因为某个人的主观意志，而是因为改革开放的大环境，因为高等教育实践"拨乱反正"的需要，因为高等教育自身发展的需要，因为普通教育学想回答而又无法回答一系列问题的需要。这是一个因时而动、顺势而为发展起来的学科。

高等教育学科从起步之初就被纳入学科建制，潘先生对此功不可没。在我国，任何知识产生之后，最终都要走向学科建制，建立自己的学术共同体，拥有自己的学科组织。学科建制和学科组织既是国情，也是文化，甚至是我国独有的"学科和组织文化"，且是一个具有鲜明学科等级的"组织文化"。西方高等教育研究没有学科建制，这是基于西方的学科文化，也是西方的选择。虽然中国与西方国家高等教育学科的建设路径不同，但异曲同工。拓荒者

[①] 潘懋元、陈春梅、粟红蕾：《关于高等教育若干问题的思考》，《社会科学家》2017年第2期。

的使命之一就是在播种时选择时机和土壤以及获得领地的"土地证"。改革开放是时机,土壤是高校,学科建制则是合法性。任何拓荒者凭一己之力显然无法拓展更大的领地,潘先生的过人之处就在于他团结了一批愿意与他共同拓荒的同仁,如华中工学院的朱九思、北大的汪永铨和郝克明、清华的李卓宝、华东师大的王亚朴等。拓荒者选择在哪一块土地上播种,也是一门学问。不难发现,我国最早的高等教育学硕士和博士学位授予单位都是今天的"双一流"建设高校,这些高校对高等教育学科建设起到了积极的示范作用。这就是潘先生作为播种者的智慧。

今天回顾潘先生拓荒的这段历史,似乎可以作如下总结:他以《高等教育学讲座》为读本开启了高等教育学的启蒙之旅,以《高等教育学》为教材开启了高等教育学科的"布道"之路,以学科建制为龙头解决了学科存在的合法性问题,以联合为策略团结了一批志同道合的同仁,以学会为抓手搭建了全国高等教育研究的学术共同体,以多学科为方法论打开了学科发展的空间。潘先生终于开辟了一片学科领地,这片学科领地成了他毕生苦心经营的事业。这门学科既与他个人的生命融为一体,也与国家发展和建设高等教育强国的目标融为一体,他一直为这门学科坚守,笃行不倦。

潘先生是高等教育学科建设和发展的深耕者。一门学科发展的源泉在于对研究对象发展规律认识的深度与广度,而一门学科的生命力在于遵循和应用学科发展规律来回答和解释现实问题,并对未来作出科学的预测。凡是读过潘先生文章或相关高等教育著作的人都会发现,其文风极简、朴实,具有强烈的现实观照感、问题意识和问题导向。从表面上看,这种文风似乎与潘先生个人的教育实践经历有关,但从深层来看,则折射出了高等教育学科的研究范式。正因为如此,他不止一次呼吁,高等教育研究必须反对"大、空、洋"倾向。"大"就是题目大、口气大,往往"前不见古人",或认为别人的研究一无是处,只有自己的观点、理论才是最新、最正确的;"空"即空对空,依据和结果往往纯粹由理论或想象推导出来,有的甚至连逻辑也不顾,空话连篇;"洋"就是喜欢搬洋人的话,以壮大自己的声势,有的研究连篇累牍地引用外国二三流成果,对中国自己的理论建树不屑一顾。在现实的高等教育理论研究领域,在部分学者的思维或潜意识里,用西方理论来看待和解释中国高等教育问题,或者用中国高等教育问题来论证西方理论,甚至贴上西方理论的标签,这种现象并不少见。对于这种"食洋不化"的现象,潘先生不止一次提醒,要保持自身高等教育研究的自信,要从依附和借鉴走向自我创新。他甚至毫不客气地指出:"很多青年理论工作者颇有才气,但如果不联系实际,光放空炮,这样的才气是难有生命力的。"[①]这些批评与其说是对青年理论工作研究者的期待,毋宁说是对学科发展的担忧。在今天,这种担忧仍值得那些"终日乾乾"的理论研究者"夕惕若厉"。

任何一门学科的深耕都离不开历史。潘先生从自身成长的经历和体验出发,十分重视高等教育史研究。在创立高等教育学科之前,他主要从事高等教育史研究,如对蔡元培和杨贤江的研究等。他一方面强调高等教育研究要"古为今用",从历史长河中梳

---

① 潘懋元:《高等教育理论研究必须更好地为实践服务》,《高等教育研究》1997年第4期。

理当前高等教育问题的本质,"以古为镜,可以知兴替";另一方面,他又批判性地吸收和借鉴国外高等教育研究成果。同时,在潘先生看来,从拓荒到深耕是一个"知行合一"的过程,尤其离不开实践过程。王阳明曾云:"知是行之始,行是知之成。"如果把"知"看作是对教育规律的认识,把"行"看作是回答和解决中国高等教育的实际问题,那么,潘先生在创建高等教育学科的过程中始终践行着"知行合一",堪称典范。从"知"的层面而言,他不断地思考理论问题;从"行"的层面而言,他坚持用脚去"丈量"中国高等教育的实际。他认为,高等教育学应该沿着两条并行而又有所交叉的轨道发展:"其一是高等教育学及其分支学科的建设,逐步形成了高等教育科学的学科群;其二是结合中国高等教育改革与发展实际,为解决高等教育实践中所提出的问题而进行应用性研究。"[1]前者在于认识高等教育发展的基本规律,属于教育基本理论研究;后者在于解释和回应高等教育改革与发展过程中出现的纷繁复杂的问题,属于应用性研究。潘先生曾指出:"学科建设与问题研究两条轨道相辅相成:学科建设为问题研究提供理论基础,问题研究为学科建设扩大视野,不断注入新的实践源泉。"[2]基于这种认识,他不仅自己践行着"知行合一",也号召年轻学者"知行合一"。潘先生反复强调,高等教育研究必须接地气,坐而论道无助于高等教育学的学科建设。高等教育学科建设的经验就在于坚持实践的、历史

---

[1] 潘懋元:《大学应当研究自己——中国高等教育科学研究的发展与特征》,《大学教育科学》2003年第1期。

[2] 潘懋元:《30年来中国高等教育研究的发展轨迹与成就——〈中国高等教育学中青年学者论丛〉总序》,《高等教育研究》2008年第8期。

的、辩证和发展的观点与方法论。潘先生说:"教育理论的源泉有三条渠道:第一条是教育史研究,第二条是比较教育研究,第三条是教育实践经验的总结与提高。这三条源泉的价值比较,第三条最为重要。历史的、比较的所获得的经验和理论,必须结合当前的实际,通过实践经验,才能被确认,从而体现它们的社会价值。"①只有深耕,才能收获丰,才能行得远。

潘先生是高等教育学科建设和发展的捍卫者。所谓捍卫者,在于忠诚。《中庸》有言:"唯天下至诚,为能尽其性。能尽其性,则能尽人之性。能尽人之性,则能尽物之性。能尽物之性,则可以赞天地之化育。"高等教育学作为一门学科存在从诞生之日起就一直有争议。即使在高等教育学者内部,也有不同的声音,主要是学科与研究领域之争。对于这些争议,潘先生总是以理服人。读潘先生的《高等教育学讲座》就会发现,他对高等教育基本问题的认识,都是在真理越辩越明的论战中不断清晰起来的,也正是这些理论争鸣,推动了高等教育理论研究不断深化。显然,在一定的发展阶段,在高等教育发展规律没有被人们充分认识之前,他能有这样的勇气,可能不仅仅是因为对教育规律孜孜以求,更在于对高等教育学的"至诚"。因为至诚,所以潘先生可以海纳百川。例如,针对研究队伍庞杂、研究水平不高的观点,他认为,高等教育研究需要各种各样的人才,需要研究者有丰富的实践经验,"队伍庞杂"不一定是坏事,在某种意义上讲是优势,是好事。针对高等教育研究成果

---

① 潘懋元:《教育史是教育理论的源泉》,《河北师范大学学报(教育科学版)》2013年第1期。

不受重视的忧虑,他指出,理论研究向实践操作转化需要一个过程。① 为此,他曾试图给出这一转化的模式:"基本理论—应用研究(开发研究)—政策(一般指宏观的)—操作性措施(一般指微观的)—实践;或基本理论—应用研究—操作性措施—实践。"② 针对"高等教育学合法性危机""高等教育学贫困""高等教育研究泛化"等观点,他一方面批评论者无视高等教育研究的主流,只抓住前进中出现的一些小众或消极现象;另一方面善意地规劝,"学科的发展与成熟不可能一蹴而就,不能因为它现在的缺点与不成熟而一概否定,应该主动承担起责任,为它的成熟献计献策、贡献力量"。③ 在高等教育学科创建过程中,此类例子不胜枚举。对于争议、批评、质疑,潘先生总能给予理性回答、科学应对,他所表现出的对高等教育学的呵护情怀,可以用"舐犊情深"来形容。

显然,仅仅以捍卫者的忠诚还不足以带领学科前行,更不足以把学科带上一个新高度。潘先生又以理论和学科创新者的身份出现,带领学界同仁与时俱进。潘先生认为,"若总是只围绕一个方面即高等教育学的学科建设问题讨论下去,不去接触火热的高等教育实践,就会由于钻牛角尖走进死胡同。"④ 从 1996 年开始,他启动了高等教育的多学科研究,成为国内最早提出进行跨学科高等教育研

---

① 潘懋元:《关于我国高等教育科学研究的思考》,《上海高教研究》1991 年第 1 期。

② 杨广云、吴光辉:《潘懋元教授:中国高等教育学的奠基人》,《中国地质大学学报(社会科学版)》2003 年第 2 期。

③ 潘懋元:《中国高等教育研究的历史与未来》,《中国地质大学学报(社会科学版)》2006 年第 5 期。

④ 潘懋元:《中国高等教育科学:世纪末的回顾与展望》,《天津市教科院学报》2001 年第 2 期。

究的学者之一。2000年,他终于主持完成了《多学科的高等教育研究》一书,从多学科的视角把我国高等教育研究带到了一个新高度。

潘先生是高等教育学科建设和发展的掌舵者。掌舵者首先要领航,把准方向,将学科带上科学的轨道,还必须清醒和居安思危。潘先生深知高等教育学"物之初生,其形必丑",因此,他一直对高等教育学科建设和发展进行自我反思和解剖。他很清楚地知道这门学科的"先天缺陷",更知道这门学科的发展空间。

在我国社会科学包括高等教育研究领域,依附理论一度盛行。一些西方学者用依附理论来解释中国教育领域的现象,国内部分高等教育学者亦步亦趋,盲目用依附理论来解读中国高等教育的历史和现实。潘先生知道,中国高等教育发展具有后发外生性的特点,早期的中国高等教育制度和理论主要从西方引进,带有一定的依附性,这有先天的必然性。但是,由于中国高等教育自身发展的规律和特点,西方理论并不能完全解释中国高等教育的发展问题。例如,根据马丁·特罗的高等教育大众化理论,当高等教育毛入学率达到50%时,高等教育进入普及化阶段,但对于中国这样一个人口大国和高等教育大国来说,这一标准是否适用?显然,诸如此类的问题从西方学者的理论里找不到现成的答案,只能依靠我们自己去探索,去寻求解决问题的方法。潘先生常说:"虽然高等教育学有点儿土生土长、土里土气,但我们要把它建成具有中国特色与中国气派的学科。"他认为,中国高等教育学科的成功就在于走的完全是一条非依附发展之路。

作为学科的掌舵者,潘先生始终不忘初心。在2015年济南召开的会议上,潘先生作了题为"高等教育研究要更加重视微观教学研究"的报告。他首先自我解剖道:"我国高等教育学的研究,开始既不始于宏观的理论,也不始于宏观政策的研究,而是开始于微观的教学过程的研究。但是后来出于适应形势,我差不多放弃了微观的高等学校教学过程的理论研究和课程、教材、教学方法等方面的应用研究。"为此,他忧心忡忡。因为微观的教学研究是一个浩大工程,他说:"我现在心有余而力不足,希望年轻的教育理论工作者和我的同仁、我的学生,能够重视微观教学过程方面的研究,包括课程、教材、教法,也包括评估等等。这样才能使我国高等教育研究真正深入到实践中去。"显然,从一个更广阔的现实背景来看,潘先生的这种刀刃向内的自我解剖,深刻反映了我国高等教育研究从外延性发展转向内涵性发展的自我转变。重视微观的教学研究,与其说是潘先生对高等教育研究的自我剖析,不如说是对教育理论研究工作者的"点醒"。潘先生的一席话,犹如棒喝,醍醐灌顶,让当时许多在场的所谓"高足"们汗颜和动容,他们真正看到了潘先生建设高等教育学科的初心。

潘先生是高等教育学科建设和发展的战略家。所谓战略家,在于整体谋划,有大格局。谋划长远的学科建设和发展,是作为学科"战略科学家"的应然使命,潘先生成功地扮演了这一角色。潘先生心目中的高等教育学科图谱显然不是一己之局,而是全国一盘棋。他经常引用诗句"一花独放不是春,百花齐放春满园"来看待高等教育学科的发展。他指出,厦大高等教育学科要争做第一,但不要做唯一,"'第一'是我们不懈的追求,大家都应该努力成为高等教育研究领域的开创者,但是不要成为'唯一'。'第一'意指领先的、有生命力的;'唯一'则是'孤家寡人',看不到发展前途。

有容乃大,和而不同"。① 正是在潘先生的谋划下,各高校的高等教育学科发展始终在竞争中相互协助,尽显特色。潘先生不仅是一位战略家,而且是高等教育学科建设和发展的设计者。所谓设计者,在于谋大局,因为谋大局者善成事。很多兄弟单位高等教育学科点的建设有他的贡献,各种高等教育研究期刊的创刊有他的贡献,中国高等教育学会和各省级高等教育学会的建设有他的贡献。例如,从 1979 年 8 月开始,为了筹备中国高等教育学会,他奔走了四年,直至 1983 年 5 月学会成立。此后,潘先生又考虑"组织一个高等教育学研究会,作为高教学会所属的专业委员会,专门从事高等教育基本理论研究",这一新的想法得到了中国高等教育学会及广大高等教育研究者的积极支持。经过十年的努力,全国高等教育学研究会于 1993 年 10 月成立,潘先生被推选为首任理事长。

高等教育学科创建之初,其学科图谱比较依赖教育学范式,而且是苏联教育学范式。潘先生曾坦然承认,"高等教育学是在教育学基础上创立起来的,特别是在学科初创时期,免不了要参照普通教育学的体系来构建","差不多教育科学有什么分支学科,高等教育科学也有相应的三级分支学科,如教育管理学—高等教育管理学,教育史—高等教育史,教学法—大学教学法,教育哲学—高等教育哲学,教育经济学—高等教育经济学,如此等等"。② 然而,脱

---

① 《潘懋元先生在厦门大学教育研究院 40 周年庆祝会上的讲话》[EB/OL]. (2018 - 05 - 28)[2020 - 04 - 21]. https://ihe.xmu.edu.cn/2018/0528/c16595a343437/page.htm.

② 潘懋元:《大学应当研究自己——中国高等教育科学研究的发展与特征》,《大学教育科学》2003 年第 1 期。

胎于普通教育学的高等教育学,由于其研究对象运动的特殊规律,在发展过程中早已超越了普通教育学的学科范式和图谱。例如,从高等教育学延伸出高等教育评估学、高等教育结构学、大学生心理学;从高等教育培养对象延伸出高等工程教育、高等师范教育、高等职业技术教育;从高等教育层次和类型延伸出高等专科教育、学位与研究生教育、留学生教育、民办高等教育、成人高等教育、高等教育自学考试等。这些研究成果显然不是事先勾勒和规划出来的,而是高等教育学自身在实践中推陈出新。对于这些学科的发展,潘先生始终抱着支持的心态,他不急于固化这些衍生学科,而是希望这些学科能尽快成熟,支撑高等教育学科群的形成。

二、内外部关系规律:高等教育学的理论符号

在中国高等教育研究领域,提起教育内外部关系规律,人们都会自然而然地想到潘先生,他已成为高等教育规律的理论符号。

潘先生对高等教育学科建设始终有一种坚定的学科自信,对探索高等教育规律也始终有一种坚定的理论自信。在创建学科之初,潘先生就有揭示高等教育规律的想法,这就是他在《高等教育学讲座》中提出的教育内外部关系规律。教育内外部关系规律是中国高等教育学的理论标志和符号,也是教育规律的中国式表达。有学者认为,"在一门学科的形成与发展过程中,不仅学科体系的构建十分重要,而且学科的基本理论建设也是不可或缺。学科的基本理论与学科体系之间的关系就如同人体的'肌肉'与'骨骼',没有骨骼,肌肉无从附着;缺乏肌肉、仅有骨骼的人体则了无生机。

潘老师对于我国高等教育学科的重大贡献不仅在于他率先构建了高等教育学的学科体系,即为高等教育学科打造了一副'骨骼';而且潘老师在高等教育基本理论方面的研究与论述也为高等教育学科的成长提供了充分的思想养料。"①教育内外部关系规律就是潘先生为高等教育理论体系构建的"骨骼",这副"骨骼"支撑起了整个高等教育理论体系。因为高等教育是一个系统,高等学校也是一个系统,只要是系统,就存在内外部关系,就存在本质的或本质之间的内外部关系,就存在内外部关系规律。诚如此,高等教育或高等学校的一切改革都可以从教育内外部关系规律中找到依据,也可以用内外部关系规律来衡量高等教育或高等学校的一切活动。

内外部关系规律是认识高等教育的原点。教育内外部关系规律的提出,实际上是基于高等教育在社会中的价值和功能变化而引发的。在我国高教界,尤其是那些"科班"出身的年轻学者,都习惯于用美国学者布鲁贝克提出的高等教育"认识论"和"政治论"作为哲学基础,解读中国高等教育现象和问题。在此不妨将潘先生的高等教育内外部关系规律与布鲁贝克的"认识论"和"政治论"作一比较,不难发现,他们的理论都属于高等教育哲学范畴,都是对高等教育本质及其规律的认识,但二者显然有所不同。其一,认识的时期不同:后者反映的是世界高等教育尤其是美国高等教育走出"象牙塔"之初的情形,前者反映的则是世界高等教育成熟时期

---

① 胡建华:《高等教育学科建设与发展的中国道路——研习潘懋元老师的高等教育思想》,《山东高等教育》2015 年第 6 期。

的情形。其二,认识的侧重点不同:后者揭示的是高等教育存在的哲学基础,论证的是高等教育存在的合法性问题;前者揭示的则是高等教育规律,重点反映高等教育如何运行、其功能如何实现。其实,布鲁贝克的思想中也包含了对高等教育"内部"和"外部"力量的认识,在《高等教育哲学》一书中,他在阐述高等教育政治论基础时发现,到19世纪末,认识论哲学和政治论哲学在美国的大学里是并存的,其中政治论"使高等教育从美国生活的外围变为中心"[①],这是美国高等教育领域的一次重大变革,在他看来,"在大学与周围社会秩序之间的紧张关系中,这一重大变革不仅受到大学内部的推动,而且也受到大学外部的推动。"[②]在这里,布鲁贝克分别从高等教育内部和外部的视角对高等教育发展进程进行了论述。可以说,布鲁贝克已经认识到了高等教育推力内外有别,但内部和外部究竟如何起作用,他并没有进行深入研究,也没有将其提升为理论和规律。潘先生第一次提出并揭示了高等教育内外部关系规律,这不仅是对中国高等教育的贡献,也是对世界高等教育的贡献。当然,也可以说这是东西方学者的表达方式不同、语境不同,颇有英雄所见略同之感。

内外部关系规律是高等教育学的逻辑符号。教育内外部关系规律以唯物主义实践论为理论依据,恪守理论解释世界和改造世界的承诺,重视自身对高等教育改革发展的解释力和改造力。统观潘先生的教育理论与教育思想不难发现,他所强调的高等教育

[①] 〔美〕约翰·S.布鲁贝克著、王承绪等译:《高等教育哲学》,浙江教育出版社2001年版,第17页。

[②] 同上。

思想与教育行动有紧密的关系,与教育内外部关系规律的表达一脉相承。他坚持认为,教育思想可以指导教育行动,同时又佐证教育行动的合理性;反之,教育行动是教育思想的来源,同时又在教育行动中验证教育思想的科学性和适用范围。这体现出潘先生教育理论与教育行动的逻辑一致性,也体现出他重视理论与实际相结合,即理论源于实践、理论反哺实践的唯物主义实践论取向。

对教育包括高等教育的认识,大致有两种倾向,其一是"就教育论教育",其二是"不就教育论教育"。部分学者容易游离于局部而非整体地看待教育现象,而内外部关系规律的提出恰恰解决了这个问题。揭示教育的规律和本质,不是在教育内外部关系规律的表达世界中打转转、兜圈圈,而是需要走进教育内外部关系规律,更需要走出教育内外部关系规律,形成理论学习与生命体验、感悟世界一体化的格局。潘先生的教育理论和教育思想具有中国传统文化的"时中"境界,既体现了包容,又隐含着与时俱进,彼此形成巨大的网络,不善于钩玄提要和提纲挈领,既难以走进他的理论世界,也难以走出他的理论世界,更遑论走进广袤的高等教育世界了。

随着时间的推移,高等教育实践的时空变化必然带来高等教育研究的变化和转向,一些新的实践路径和话语不断进入理论世界。尤其是进入21世纪以来,我国开始大范围地讨论高等教育内涵式发展、高等教育治理体系和治理能力现代化等新问题,讨论这些新问题几乎都绕不开内外部关系规律。上述问题的表达方式都是典型的中国实践和中国式话语表达,自然也只有中国特色高等教育理论才能解答。教育内外部关系规律是高等教育的基本规律,它的解释力和改造力可以在宏观层面、中观层面和微观层面展开,需要从教育内外部关系规律的下位规律去寻找解释。这就要求理论工作者对教育内外部关系规律进行进一步的体系化研究,潘先生多次如是说。

从教育内部关系规律的视角来看,内涵式发展也是内部关系规律作用的体现。高等教育内涵式发展在根本上就是一个人才培养问题,人才培养问题的核心是人才培养质量,而人才培养质量问题的实质是人才培养模式问题。人才培养模式涉及资源配置,包括人力资源、制度资源、平台资源(包括学科、专业、课程、实验室、图书馆、实训基地等)的关系处理。在教育内部关系规律的框架内,高等学校的一系列制度安排或教育教学改革,如学分制、主辅修制、转专业制、跨学科专业选课制、教授给本科生上课制等如何抉择,必修课与选修课、主修课与辅修课、素质教育课与专业教育课、本科生课程与研究生课程的关系如何处理,以及学科、专业、课程、实验室、图书馆、实训基地等如何建设且为谁服务,皆可获得明确的答案。"教育要促进人的全面发展"或"教育要与人的全面发展相适应"是教育内部关系规律的要义。如果一所大学的人力资源、制度资源、平台资源的配置或调整,没有遵循或恪守这一要义,那就一定是偏离了内涵式发展的航道。果如是,所谓的以人为本、以学生为中心的制度安排或教育教学改革最终难免流于形式。

从教育内外部关系规律的视角来看,高等教育治理体系与治理能力现代化问题,在根本上是一个内外部关系的建立和协调问题。高等教育外部治理的实质是建立大学、政府、社会或市场之间的新型关系,同时也涉及大学的权力、责任与能力的关系,这是教育外部关系规律的要义。高等教育内部治理就是要处理好一系列内部关系,诸如学校与学院(或学部、系)、学校与职能部门、职能部门与学院(或学部、系)的关系,人才培养、科学研究、社会服务、文化传承创新的关系,学科建设、专业建设、课程建设的关系,大学理念与大学制度的关系,学术权力与行政权力的关系,教师权力与学生权力的关系,如此等等,以及与此种种相关的资源配置和制度安排。从某种意义上说,高等教育治理的本质就是关系的重建与协调,高等教育治理体系与治理能力现代化的关键在于建立与大学发展正向匹配的治理结构,形成与之耦合的治理能力。

当前中国高等教育改革发展正在系统推进,而高等教育内涵式发展、治理体系与治理能力现代化可谓居主旋律之列。到底应当如何推进高等教育内涵式发展、治理体系与治理能力现代化?理论界和实践界都想找到最可靠的理论指导或理论依据。每逢此时,人们最先想到的就是教育内外部关系规律,但鲜有人能够找到教育内外部关系规律与高等教育内涵式发展、治理体系与治理能力现代化的衔接点或契合点,于是有人开始怀疑教育内外部关系规律的解释力和改造力。这是人之常情,无可厚非。与此同时,这也引发了不少理论研究者对教育内外部关系规律的再研究。高等教育是发展变化的,新现象或新问题要诉诸新实践,而新实践又要诉诸新理论,或者诉诸现有的理论,使现有的理论释放出新的解释力和改造力,否则,现有的理论就要遭受无情的质疑和批判。这是历史规律,也符合逻辑。

今天回头来看潘先生提出的高等教育学科及内外部关系规律理论,犹如欣赏一幅传统的中国水墨画,"着墨的地方是画,留白的地方也是画"。内外部关系规律是着墨的地方,而在当下,究竟如何解读,则是一种"留白"。如果说内外部关系规律是潘先生着墨的地方,其留白的地方更是给人无穷的想象空间。教育内外部关系规律的提出和解读具有时代意义,其中潘先生起到了承前启后的作用。他是一位"老式"的学者,又善于接受新思想、新事物,尤其对高等教育中的新事物,他有"天然"的敏感性,如在民办高等教育、高等教育地方化、高等教育通向农村、应用型本科教育、一流本科教育、中外合作办学、高等教育大众化理论等方面,他的感知往往先人一步。这是否得益于他能够更纯熟地运用教育内外部关系规律来观察高等教育的现实与走势,我们不得而知。但在过去四十余年高等教育改革的几乎所有重大命题中,都可以听到他的声音和见到他的思想,这不能不说是一件非同寻常的事情。

三、走出国门:高等教育学的国际符号

在中国高等教育研究领域,提起国际化,人们不一定会自然而然地想到潘先生,但他可能是最早把中国高等教育研究推向世界的学者,堪称中国高等教育研究国际化的中国符号。

潘先生很可能是最早把中国高等教育研究推向世界的学者。改革开放后,潘先生担任厦门大学副校长,分管教学工作,同时担起了分管国际交流的任务,而当时国内高校普遍没有专门分管国际交流的副校长。在改革开放后最早走出国门、访问国外大学的我国高教界人士中,潘先生的双重身份可能是最引人注目的,他既是大学领导者,又是高教研究学者,而且是中国高等教育研究的领

军学者。所以，在与国外高教界的交流中，他义不容辞地担负了向世界推介中国高等教育研究、促进国际高等教育研究交流合作的使命。从 1980 年 11 月开始，潘先生先后出访了美国、英国、俄罗斯、日本、泰国、科威特等二十多个国家，留下了中国高等教育学者的足迹。在这些访问考察和学术交流中，他不仅向世界发出了中国高等教育研究学者的声音，而且增进了中外学者的相互了解和友谊，增进了国际高等教育学术共同体的相互理解，他也因此成为国际上高等教育学的中国符号。在世界有高等教育研究的地方，只要谈起中国高等教育研究，潘先生就不可能缺位。

2020 年 5 月，笔者曾就"中国高等教育研究如何走向世界"这个话题访谈潘先生，主要是想要了解他对高等教育国际化的看法以及他的国际化经历。潘先生在事先没有准备的情况下，详细讲述了他对高等教育国际化的看法以及他的一些国际交流经历。他的高等教育国际化思想以及把中国高等教育研究推向世界的想法远比我们所理解的深刻。正是潘先生，在中国高等教育学科起步和发展阶段，让国际同行知道了这个学科和中国高等教育学的发展，也知道了他这个人。

潘先生的国际化经历主要集中在 20 世纪八九十年代，十分丰富且富有成效，影响深远。他讲述了许多留痕世界的"第一次"经历，每个"第一次"都有后续的故事。这些第一次的累加，既奠定了他在国际高等教育学界的影响力，又为国际同行了解中国高等教育打开了一扇窗，同时也建构起了他对世界高等教育实践和理论的感性认知，更打开了中国高等教育研究走向世界的大门。潘先生每一次走出国门，都给国际高教界增添了一个中国高等教育研究的烙印；他走到哪里，就把中国高等教育研究带到哪里。

1979年11月，潘先生作为国家教委组织的中国教育代表团成员，第一次出访泰国、尼泊尔和科威特三国。这次访问重点对泰国的朱拉隆功大学和法政大学、尼泊尔特里普文大学、科威特大学等进行了考察和交流。1981年，潘先生作为厦门市代表团成员访问英国卡迪夫市，商谈厦门和卡迪夫两市建立友好城市事宜。潘先生作为厦门大学副校长，向卡迪夫方面介绍了中国高等教育情况和厦门大学的历史及人才培养情况。1987年1月，潘先生应邀参加联合国教科文组织在日本广岛大学召开的第三届亚洲高等教育国际研讨会，在会上宣读了《中国高等教育管理——办学方式》的论文，首次提出中国私立大学必将重建的论点。潘先生早期的这些国际交流活动远远超出了交流本身，他让世界认识了中国的高等教育研究，了解了中国高教界的"潘先生"。

据胡建华回忆："1991年底，我决定东渡日本攻读博士学位，联系了在日本以东亚高等教育比较研究著称的名古屋大学教育学部马越徹教授。攻读博士学位需要推荐信，我发信给潘先生，恳请他推荐。很快潘先生就按照国际惯例将一份英文打印、签字的推荐信寄给了我。当我将推荐信交给马越徹教授时，他提出能否请潘先生再亲手写一封中文信。我只好将这一信息转告潘先生，他欣然提笔又手书了一封中文推荐信。2001年马越徹教授在我的以博士学位论文为基础出版的专著《现代中国大学制度的原点：50年代初期的大学改革》的序文中，关于这封推荐信作了如下记述：'我与胡建华相识于90年代初期，现在手头上尚存有一封日期为1992年2月10日的信函，发信者是中国高等教育研究的最高权威、厦门大学高等教育研究所所长潘懋元老师。该信函是潘教授希望我能够接受在他指导下获得硕士学位的胡建华为博士研究生的推荐信。我曾经在原工作单位广岛大学大学教育研究中心的一次国际会议上聆听过潘教授的报告，收到推荐信后，立刻复信表示同意。'马越徹的这一记述充分表达了对潘先生的敬意，称他是'中国高等教育研究的最高权威'。"[1]可见，中国高等教育研究在90年代初期已经走向世界，潘先生的学术威望已经享誉海外。

1993年9月，在北京大学访问的美国院校研究会主席、弗吉尼亚理工大学教授玛福（J. A. Muffo）从北京大学高教所听说了潘先生，就来厦门大学拜访。在厦大高教所，玛福看到了众多的中国高等教育研究期刊，惊叹不已，称赞中国是高等教育研究大国。第二年，玛福邀请潘先生赴美，参加美国院校研究会第34届国际年会，潘先生作了大会报告，受到美国院校研究会理事会的热烈欢迎，这是中国学者第一次作为正式代表参加该组织年会。在学术报告中，潘先生详细介绍了中国高等教育研究的现状与成果，并应邀到弗吉尼亚理工大学等高校访问参观，回国后写了《访美散记》一文，发表在厦大《外国高等教育资料》1994年第4期上。正是这次出国，才有了后来厦大教育研究院谢作栩多次参加美国院校研究会举办的国际会议之事。

尤其令人难以想象的是，2000年3月，潘先生以八旬高龄之身应邀去日本广岛大学任客座教授，为期三个月。这不仅体现了对潘先生个人的尊敬，而且反映了中国高等教育研究的国际地位。

---

[1] 胡建华：《潘先生引领我的学术成长》，《江苏高教》2020年第5期。

天野郁夫在给潘先生百岁华诞的贺词里说:"东亚高等教育研究与欧美各国相比历史较短,但作为领导者,潘教授既取得了杰出的研究成果,也培养了许多优秀人才。厦门大学作为中国乃至东亚高等教育研究的重要基地之一而闻名,这也是潘教授努力的结果。我再次深切感受到,作为开创者的潘教授所发挥的作用之大。"

潘先生是世界认识中国高等教育学科的"视窗"。2002年,挪威奥斯陆大学谢沃(A. Tjeldvoll)准备利用学术休假时间到中国大学访问,研究中国高等教育。他事前征求阿特巴赫的意见,阿特巴赫建议说,你想了解中国高等教育,一定要去厦门大学找潘懋元教授。于是,谢沃来到了厦大,进行为期一年的学术研究。在这一年里,他为潘先生的学术和人格魅力所吸引,转而专门研究潘先生,回国后出版了英文版专著《潘懋元——一位中国高等教育研究的创始人》(Pan Maoyuan: A Founding Father of Chinese Higher Education Research),使更多的欧美高等教育学者认识了潘先生,了解了中国高等教育学科。也就是从2003年开始,挪威科技大学、立陶宛科技大学与厦门大学三校联合起来,轮流"坐庄",每年召开一次国际学术会议。

潘先生十分重视与联合国教科文组织的交流,与联合国教科文组织亚太地区办事处的合作十分紧密。1983年,受中国联合国教科文组织全国委员会委派,潘先生赴泰国曼谷参加联合国教科文组织亚太地区办事处高等教育合作计划国际讨论会,提交了《中国高等教育政策》一文并作大会报告,同时考察了菲律宾、泰国的高等教育。1987年,潘先生应邀参加联合国教科文组织在日本广岛大学举行的第三届亚洲高等教育国际研讨会。1988年,潘先生邀请联合国教科文组织统计局局长纳西·蒙托来厦大高教所讲学。厦大高教所的第一次国际会议就是与联合国教科文组织亚太地区办事处联合召开的,1992年,联合国教科文组织亚太地区办事处委托厦门大学举办"东南亚私立高等教育研讨会";1995年厦大又承办了联合国教科文组织和东盟主办的"亚太地区私立高等教育国际研讨会";2000年,受潘先生委托,笔者赴越南胡志明市参加联合国教科文组织亚太地区办事处召开的"亚太地区私立高等教育论坛"。

共同的学术兴趣常能孕育学者们深厚的跨国情谊。潘先生与国外许多学者有多年交往,相互知之甚深,结下了深厚的友谊。如美国学者阿特巴赫,加拿大学者许美德,日本学者喜多村和之、天野郁夫、金子元久、马越徹等,潘先生与这些学者的交往时间都长达30年以上。比如,1988年他与许美德结识后,至今仍保持着联系。许美德还曾经专程参加潘先生在家中举行的周末学术沙龙,2008年,许美德在《思想肖像:中国知名教育家的故事》一书中就有对潘先生的介绍与评价:"厦门大学高教所是国家承认的最高水平的高等教育研究机构,这主要归功于潘懋元从50年代中期一直到现在不懈的奉献和追求。"[1]潘先生与阿特巴赫结识于1988年,此后,他们多有交往,阿特巴赫多次到厦大教育研究院访问讲学。与阿特巴赫的交往充分显示了国际学者之间的相互理解和相互信任,关于与阿特巴赫一些学术观点的分歧,潘先生坦率地指出:"我

---

[1] 〔加拿大〕许美德著、周勇等译:《思想肖像:中国知名教育家的故事》,教育科学出版社2008年版,第100页。

与阿特巴赫教授的一些观点是有冲突的,他认为中国是'后发外生型'国家,在可见的未来只能依附欧美,只能位于学术的边缘。边缘自身不能发光,要靠核心辐射发光,所以对于发展中国家而言就是要好好地接受他们发的光。我说不对,有些东西你们是核心,有些东西我们是核心,我们承认你们在科学技术的某些领域比较有前瞻性,但并不代表你们在所有领域都是如此。"[1]

了解世界是走向世界的第一步,知己知彼方能奠定高等教育研究国际化的根基。在厦大教育研究院(高教所)成立初期,尽管教师人数不多,但为了加强国际高等教育研究,还是成立了外国教育研究室(后改成比较教育研究室),并安排了七名专职研究人员。外国教育研究室在重视欧美高等教育研究的同时,特别确定了东南亚高等教育研究的特色,潘先生提出外国教育研究室的重点工作之一是办好《外国高等教育资料》。《外国高等教育资料》创刊于1978年,是中国最早的高等教育理论学术刊物之一。20世纪八九十年代,高等教育研究的外文文献极其有限,除少量购买外,大量的都是靠外国学者寄赠或高教所教师赴外进修及参加国际会议时获得。此外,我国从事高教研究的第一代学者大多看不懂英文文献,这份学术刊物为他们提供了了解世界高等教育理论进展和实践动态的条件,也成为他们接触世界高等教育的窗口。该刊的涉及面极其广泛,既关注英、美、法、德、日等发达国家,也关注亚非拉的发展中国家,尤其是东南亚国家高等教育。经过二十余年的经

---

[1] 邬大光:《时中之圣方寸海纳——2020庚子年访谈潘懋元老师》,[EB/OL]. (2020 - 06 - 01)[2020 - 06 - 12]. https://mp.weixin.qq.com/s/zdGlYJ-zeT6ZRc9eqFolRw.

营,作为重要学术刊物之一,《外国高等教育资料》一度成为国内高等教育研究者案头必备的资料。42年来,这份现在看似粗糙的学术刊物刊发了包括阿特巴赫、欧内斯特·博耶、伯顿·克拉克、马丁·特罗、约翰·杜威、雅斯贝尔斯、天野郁夫、有本章、金子元久等在内的许多国际知名学者的文章,被我国学者大量引用。曾经担任主编多年的陈武元回忆说:"潘先生要求挑选的材料尽可能新,作者尽可能是著名学者,编校质量做到上乘。"当时这份刊物在高教学界很有影响,南京大学在 2000 年研制"CSSCI 来源期刊目录"时,《外国高等教育资料》排在教育类第 16 位,在比较教育研究杂志的排序上仅次于北师大的《比较教育研究》。可惜,最终由于是内部刊物而无缘进入 CSSCI 来源期刊目录,成为学科建设之"痛"。

国际化既是学者个人的自觉与选择,又是学术组织和系统的内涵与品质。潘先生从来不把自己走进世界的行为看作是个人的"特权",而是作为厦大教育研究院和中国高等教育学科不可缺少的内涵。厦大教育研究院创办之初,潘先生曾为其制定了国际化战略,提出"三步走"的发展战略,其中,第三步最初是开展高水平研究,进入 21 世纪后改为国际化战略。在潘先生看来,高等教育学的学科建设和发展,离不开国际化这个话题。他鼓励青年教师赴国外进修访学,支持青年教师和硕博士生到国外高校攻读博士学位。他利用自己与国外学者的深厚感情,介绍了很多师生赴美国、英国、加拿大、日本、比利时、荷兰等国大学攻读博士学位,还与国外学者联合培养了多名博士生和留学生。在他的努力下,厦大教育研究院建立了常态化的国际学术交流机制,定期举办国际学术研讨会,开办暑期国际化课程,安排专门预算资助师生开展国际学术交流。

潘先生的足迹踏遍世界二十多个国家,他既像一座桥,搭建了厦大与世界、高等教育学科与世界,乃至中国与世界的联系渠道;又像是一盏灯,照亮了中国高等教育研究前进的方向。在与世界握手的过程中,他和专家学者对话,以不卑不亢、不矜不伐的姿态讲述着中国高等教育的故事。潘先生的国际化经历及他在国际高教界的声望,为厦大乃至中国第三代、第四代高等教育研究者铺设了一条路,打开了一扇窗。他始终以平等态度与国际学者交流,展示了对中国高等教育与高等教育研究的自信。正如他所说,"中国的高等教育历史很长,我们有我们的系统,古代书院和国子监就是我们的传统;中国的高等教育学虽然土生土长、土里土气,但是具有中国特色与中国气派;中国的高等教育必须走国际化发展道路,但必须建立在民族化的基础之上。高等教育国际化是必然的趋势,国际不平衡也是客观存在的,但国际化并不意味着放弃民族化,而是建立在民族化基础上的国际化。如果丧失了民族的整体意识,不能让我们优秀的民族文化参与到国际交流的平台,那就不是真正的国际化,只能是西方化,甚至是殖民化。在国际化进程中,发展中国家要争取成为国际交流与合作中平等的一员。"[1]潘先生在世界高等教育的留痕过程,就是他作为中国高等教育学符号被认可、被接纳的过程。

---

[1] 邬大光:《时中之圣方寸海纳——2020 庚子年访谈潘懋元老师》,[EB/OL]. (2020 – 06 – 01)[2020 – 06 – 12]. https://mp.weixin.qq.com/s/zdGlYJ-zeT6ZRc9eqFolRw.

四、先生：教育家的身份符号

在中国教育界，一提起大师级的学者，人们一定会自然想到潘先生，他已经成为中国教育界教育家的身份符号。

改革开放之后，年近花甲的潘先生迎来了学术生命的青春期。他在 100 年的人生旅程中，从教 85 年，在厦大从教近 80 年，交出了一份让祖国满意的答卷。潘先生常说："我一生最欣慰的是，我的名字排在教师的行列里。"在厦大教育研究院，极少有师生称他"潘老师""潘教授"，而普遍尊称"潘先生"或"先生"，在厦门大学乃至全国高教学界只要有人称"先生"，那一定是指潘先生。有弟子回忆说："两年半硕士、三年博士读下来，耳濡目染中，'先生'在我头脑里似已成为一个具有特指意义的符号固化下来。"在厦大教育研究院，潘先生是全体师生的"总教头"，无论是谁的学生，他都会像对待自己的学生一样；在全国，无论哪个学生或学者求教于他，他都不会拒绝，以至于兄弟单位的学生和同行到厦大调研或访学，都用"朝圣"一词来形容求教于潘先生。

有教无类，聚天下英才而育之。潘先生的弟子遍布全国，与其潜心教书育人密不可分。如果说含辛茹苦地创办高等教育学科，是潘先生作为学者的一座丰碑，那么，春风化雨般培育莘莘学子，更是潘先生作为教师的一枚勋章。潘先生为我国高等教育事业培养了大批优秀人才，既有国家教育行政部门的业务领导，也有高校的党政管理干部；既有高教研究学者、教师，又有各类高校的一线管理者……无论是哪一类"工种"，大家基本上都从事与高等教育教学、研究和管理密切相关的工作,追求着高等教育学未来的美好愿景。究其原因,不只是因为高等教育学的学科魅力,更是因为潘先生对高等教育事业的热爱与执着,它已化为一种割舍不掉的情愫,源源不断地注入每一位学子的骨髓,这是一种人格魅力的鲜活感染,是一种高教志业的薪火相传。

潘先生不仅"聚天下英才而育之",而且"化腐朽为神奇",将高等教育学科的种子洒遍华夏大地乃至世界各国。他常常关注来自中西部地方本科院校、民办院校、高职高专和发展中国家教师的学习需求,对他们迫切的知识渴望总是网开一面,热情有加。他总是以更广的视野、更高的境界、更大的气魄不拘一格地选拔人才,这种多元帮扶、多措并举的形式,帮助众多有志于进入高等教育研究领域学习的求学者打开了一扇扇崭新的大门,拓宽了其研究的视野和渠道。不唯身份重能力,不唯资历重潜力,有教无类的选拔方式为广大学子畅通了走进"象牙塔"的途径,也让高等教育学的种子洒遍全国。

诲人不倦,循循善诱,潘先生身体力行培育高等教育学之林。人们常常将教师比喻为"园丁",高等教育这片森林之所以能够枝繁叶茂、欣欣向荣,正是源于像潘先生一样的众多学者数十年如一日的辛勤耕耘。我们看到,一位年逾百岁、白发苍苍的老者以笔为锄,以热血为养分,仍然俯首大地,勤勤恳恳地耕种,一心只想高等教育学之林枝繁叶茂。

因材施教是潘先生的育人之道,他总能从学生的实际情况出发,敏锐且准确地抓住每位学生的个性特征和学习需求,并根据学生的学习经历和专业特长,调整教学的深度、广度、进度,以适合学生的知识水平和接受能力,更鼓励他们探索感兴趣的研究领域。他不仅注重教师的传授,更倾向在探讨、研究和解决问题的互动中碰撞融合、教学相长。师生平等关系下的密切互动，更加紧密地构建了学术共同体。师生为了共同的价值理念、目标或兴趣，共同从事学术研究和传播，探寻学术真理和奥秘，是潘先生心中的美好夙愿。他一生遵循，一生坚守，也一生践行。"聚是一团火，散作满天星"，因材施教的理念背后，是潘先生对每一位学生所散发的光和热的信任，也是他对每一位学生身上隐形能量的肯定。他为当下的高等教育学选才，更为高等教育学的未来储备人才。

潘先生的教学是"活的教学"，在有形无形之间让学生的灵魂得到升华。凡进入厦大教育研究院的师生都记得，潘先生每年都会给入学新生上第一堂课，每年也都总会有这样一个话题：进入研究生阶段学习，你是拿文凭，还是做学问？对于这样一个人生话题，许多人在多年之后才会明白。然而，时光已逝，在明白之后已不知道当时是如何回答的了，真是"此中有真意，欲辩已忘言"。在每年的课程开始前，他都会认真地补充和修改讲义，完善要求学生研究的选题；专注地倾听每一名学生的专题研究报告，对每名学生的教态包括仪表、声音、PPT的设计、时间的分配等提出具体要求；密切关注每一名学生的论文选题和研究方向，在例行的周末学术沙龙上不经意地点醒梦中人；坚持带领学生参与社会实践和实地调研，在要求学生体验高等教育理论的意义的同时，教会学生认识高等教育实践的方法；积极鼓励和资助学生参加学术会议、出国访学……他的一丝不苟不仅是其"时中"性格的使然，更是他对所挚爱事业敬畏的驱使。他是老师，但更像引路人，潜心带领着后辈前行。他是老师，但更像母亲，悉心呵护自己的孩子茁壮成长。

大爱无疆，上善若水，潘先生用人格魅力灌溉着高等教育未来之花。三尺讲台,诉不尽潘先生对教育的挚爱。2017年,97岁的潘先生选择全程站立方式为本科生讲授"抗战时期的厦门大学",他追忆76年前自己作为本科生上课的点滴往事,模仿抗战时期萨本栋校长的一举一动,站在本科教育的制高点前瞻未来。在很多大学"仰望蓝天"而把本科教学看低的时候,他站在本科教学的讲台上,为大学的"本"源而来,侃侃而谈却又深入浅出,像是对我们说:"我们就是要站在这儿!"2020年6月,百岁的潘先生进行云端授课,与来自全国各地的4万余名师生互动交流。他与最时髦的教育技术握手相拥,为中国高等教育内涵式发展提供解题思路。

春风化雨,润物无声,写不尽潘先生对学生的大爱。潘先生对学生的关爱如同父亲一般,对后辈更有一种爷孙般的"隔代亲"。这是潘先生作为师者的一种本能、一种责任、一种使命。教育家马卡连柯曾说:"没有爱,就没有教育。""爱生如子、爱生乐教、爱满天下"是对潘先生育人之道的生动诠释。因为有爱,所以平凡的教书育人工作有了生命和灵魂。他会为学生在刊物上发表文章而感到高兴,会和远在海外的学生视频交流并送上嘱托,会牵挂毕业生的就业和家庭,会把自己的积蓄和奖金拿出来设立"懋元奖学金"以支持学生安心求学,平时还预备专项资金资助有需要的学生……潘先生对学生的爱是无私的,这种爱绝非仅仅只是迁就、宽容,它渗透着严格要求的内涵。

坚持是一种品格,关心总在细微处。几十年如一日,无论阴雨绵绵,还是艳阳高照,如无特殊情况,潘先生一定会准时出现在每周一上午的学术例会上。无论报告者是硕士生还是知名学者,他都会全神贯注、记好笔记,并提出思考和点评。他对学生从不吝惜褒奖和肯定,对青年学者不避讳提出批评与建议。他像一棵大树,始终和后辈们站在一起,并为后辈们提供庇护,也提供清凉的慰藉。对于学生的学位论文,潘先生会让学生将初稿打印出来,自己用红笔逐字逐句地修改,密密麻麻的修改意见往往令学生在羞愧满怀的同时激发奋进的力量。对学生的课程作业,潘先生在打分之前都会仔细地阅读并且写好修改意见,使其在修改之后达到发表的要求。细微之处见精神,寻常之处见功夫,一笔一画、字里行间无不体现出潘先生爱岗敬业、严谨治学、关心每一个学生成长成才的拳拳之心。学生毕业后,潘先生仍然关心学生的成长。有学生当了领导,他会给他们打电话,要他们在繁杂的行政事务之中不要放弃高等教育研究;有学生毕业后从事与专业无关的工作,他或者帮忙留意合适的工作机会使他们能够回归高等教育研究,或者帮助他们结合自身的优势选择合适的研究方向。

学为人师,行为世范,潘先生用一生书写着大写的"人"。潘先生是"学为人师"的楷模,心无旁骛地用一生的坚定助推高等教育学扎根中国大地,汇入世界洪流。他是"行为世范"的代表,尽心竭力地用一生的践行书写大写之"人",成就大写之"人"。他用双脚和拐杖丈量中国大地,也用心胸和见识反哺人生哲思。有力量,有召唤,有感动。他在一言一行中传递温柔而坚韧的力量,在一举一动中细描学者和知识的伟岸,更在一颦一笑中给予支持和依靠的臂膀。他对高等教育之爱,一如他对晚辈学生之爱,热烈而深沉,无声而无疆。潘先生不止一次地说过:"如果我有第二次生命,我的选择仍然是'教师'。"桃李不言,下自成蹊。在厦大教育研究院,到目前为止,潘先生直接或间接地培养了 1085 名高等教育学研究生,其中,硕士 759 名,博士 326 名,他们如星星之火分布在全国乃至世界各地，活跃在高等教育研究和管理的一线。他们携带着潘先生播下的火种和爱生育人的精神，耕耘在中国高等教育学科的辽阔沃野上，承前启后，继往开来，书写高等教育学更加美好的明天。

有人曾把潘先生形容为"时中之师"，其实，他就是从汕头时中中学走出来的"时中之子"，"时中"既是他的出身符号，也是他的高等教育思想和理论的根基，更是他从事高等教育研究的世界观和方法论。他从教以来始终保持着"时中之师"的风范，在学术研究上始终恪守"时中之道"，真正做到了一个学者应有的"时中之境"。在我看来，"时中"是理解潘先生为人、为师、为道的重要切入点，他的高等教育思想体系中，深深隐含着中华优秀传统之正道；他的百岁人生，时时彰显着中国传统文化的精神魅力。

任何人都很难与时间抗衡，可潘先生偏偏与时间赛跑。潘先生对我国高等教育学科的贡献有目共睹，把他称为高等教育学科的中国符号恰如其分。他是中国百年教育的见证人，他百年受教、从教、研究的经历，正是中国百年教育包括高等教育的真实写照，也是中国百年教育的活教材，是一盏观测中国百年教育的探照灯。他的人生不仅仅穿透了中国百年教育的历史时空，而且像一条金丝线，把中国百年教育的点点滴滴串联起来。他几十年如一日，谦虚勤勉，孜孜不倦，捧着一颗心来，不断求索高等教育的发展规律；中国高等教育研究，幸运有潘先生；作为弟子，有师如此，夫复何求？

（邬大光，厦门大学1990届博士，

厦门大学教育研究院教授、厦门大学原副校长）

潘懋元:中国高等教育研究的奠基人

许美德

潘懋元教授1920年出生于粤东沿海的汕头,家境贫寒。在这样的家庭中,能获得基础教育就相当不容易了,但对教育的热爱却使得他在1941年抗战时期考入当时迁到福建长汀的厦门大学,随后他的教育生涯就与厦门大学结下了不解之缘。

在我涉足中国高等教育之初,就了解到潘懋元教授很早就在该领域从事重要的工作。1988年秋我在南京大学召开的高等教育改革会议上首次聆听他的报告。第二年我移居北京,做加拿大驻中国大使馆的文化参赞。在北京的日子里,我荣幸地接受了潘懋元教授的邀请访问厦门大学,了解到厦门大学在高等教育研究领域所做的工作。我为这滨海校园之美所打动,它的建筑风格成功地糅合了中西方的特点。更为重要的是,我获知了很多厦门大学高等教育科学研究所(以下简称高教所)的工作,它是潘懋元教授1978年创办的,源头则要追溯到潘教授自20世纪50年代在厦门大学所做的工作。

1997年11月,我再次有机会访问厦门大学高教所,拜访潘懋元教授,并邀请他讲述自己的人生故事。此前我已定居香港,任香港教育学院院长。本文的主要资料就来源于那一年的两次长谈。[①] 我也有幸参加了他每周六晚在自己家里为研究生举办的学术沙龙,由此领略了他的教学风格。

潘懋元教授住的是一栋两层楼的房子,位于厦门大学校园内的一座小山上。二楼是宽敞的斯巴达式书房,里面整齐地排放着书架,桌子和沙发点缀其间,还有许多为来访客人准备的小凳。当晚大约来了12名研究生,我能感受到他们对沙龙的热情和期待。潘教授寥寥数语先起了个头,介绍了晚上要讨论的主题。当晚的主题是一位研究生的论文涉及的论题,她在此之前曾写过一篇论文,与南京的一位著名学者提出的教育社会观进行商榷。这位研究生认为,南京学者的那篇文章的理论前提忽视了高等教育作为独特领域而发挥的功能。南京学者于是又发表了一篇文章与她反商榷,这位研究生正在准备她的再次应答。于是学生们围绕着这个问题给她提供各自的意见,他们分成两派,充当论辩中的不同角色。在热情生动的争论中,几个小时不知不觉过去了,学生们在争论之中探讨了高等教育方方面面的社会功能。潘教授不时插入几句简短的评论,以免出现跑题的现象,但辩论主要由学生自主进行。我入迷地观察着整晚的沙龙,亲眼见识了潘教授的教学风格和对学生和蔼可亲的态度,而这是此前在相对正式一点的场合中我所从未见过的他。

本文中我所描绘的潘懋元形象主要基于他的那次自述,还有自己所拜读的他在高等教育领域的部分研究成果。我从厦门大学

---

① 对潘懋元教授的访谈时间是在1997年12月6日和8日。

开始讲起,自 1939 年直至现在,这是他为生、为师以及成为学校管理者和教授的地方。

厦门大学的故事

厦门大学的故事与其所在区域的特征密切相关,厦门和东南亚联系紧密,有数百年的移民史。她的历史开始于一个著名人物——陈嘉庚。陈嘉庚1874年出生于厦门附近的一个小镇——集美的一个华侨家庭。其父侨居新加坡,经营米业、菠萝罐头厂和房地产业,母亲出生于当地一个渔民家庭。陈嘉庚由母亲抚养成人,从小就帮着家里干些农活,并下海讨"小海"。[①]

10岁那年,陈嘉庚前往新加坡与父亲团聚。陈嘉庚30岁时,父亲的生意败落了,但他那时已成功地创办起了自己的公司。1911年陈嘉庚37岁时,辛亥革命爆发,清朝被推翻,像其他海外华侨一样,他得到这个消息非常兴奋,渴望为国家的发展作出贡献。他回到家乡,看到家乡依旧贫穷、封闭,大为震惊。他认为只有教育才是发展的关键,于是他在家乡集美建立了从幼儿园到小学、中学、职业技术学校甚至师范教育的整套教育体系。学校对所有的孩子开放,陈嘉庚还特别关心让女童得到同等的教育机会。相应的社区教育计划还包括了图书馆、科学中心和文化中心。[②]

---

① 刘海峰、庄明水:《福建教育史》,福建教育出版社1996年版,第357页。
② 同上书,第349—352页。

在创办集美学校大约十年之后,陈嘉庚决定创办一所大学。1919年,陈嘉庚召开了一个公共集会,指出福建省没有一所公立或私立的大学,这就意味着他在集美创立的学校系统中很难找到合格的教师。他承诺捐赠100万元作为新建大学的启动资金,再拿出300万元作为大学的运营资金。1921年3月,厦门大学开始招收第一批学生,分别在师范、商业两科招收了98名学生。5月,陈嘉庚率领全校师生员工来到海滨的新校区举行新校舍奠基典礼。那天恰值5月9日"国耻日"(1916年5月8日,中国政府几经犹豫,还是被迫签署了由日本1915年提出的21条不平等条约。是年5月9日,全国抗议,"国耻日"因此命名)。陈嘉庚决定建立这所大学来教育青年捍卫共和制,服务于中国的经济发展,增强国力。这是中国第一所由海外华侨创建的大学。[1]

1922年2月,全体师生搬进了新校园中的第一栋大楼。作为一所私立大学,厦门大学成立了董事会,陈嘉庚为永久董事长。董事会任命校长,林文庆教授为第一任校长,校董会委托其管理学校学术事宜。陈嘉庚则继续关心着学校方方面面的发展,监督大教学楼、行政楼、会馆和学生宿舍等主要工程的建设。为了确保学校的设备和所需,他还从国内外购进仪器设备。[2]

在以后的几年中,厦门大学迅速发展。到1930年,已经有文、理、法、商和教育5个学院,21个系。其中,教育学院有教育心理学、教育哲学、教育行政学和教学法等学系,而且还有一些设备较

---

[1] 洪永红:《厦门大学校史》,厦门大学出版社1990年版,第1—17页。
[2] 同上书,第19—27页。

好的实验室。厦门大学的入学要求严格,课程也很完备。1928年,厦门大学向新成立的大学院①呈准立案,这是当时福建省唯一的一所大学,而其他4所私立学校(其中2所教会大学),都只是学院性质的。②

1933年,国民政府教育部派员来闽视察高等教育,为避免课程的重叠,提出调整方案。基于此,也因为经费的限制,厦门大学合并了一些院系。教育学院改为教育系,并入文学院;法学院和商学院则合并为法商学院。1937年春季,厦门大学只保留了3个学院,9个系。③

1937年,日本大举入侵中国,中国高校的发展进入非常艰难的时期。与此同时,由于经济大萧条的影响,陈嘉庚的生意受挫,无力支付厦门大学的办学经费,更使厦门大学的发展雪上加霜。1937年春,国民政府同意接管厦门大学,将其改为国立大学,任命萨本栋为校长。④ 同年11月,为了避免日军的轰炸,新校长带领大家迁到位于福建和江西交界的长汀。到1938年春天,当时学校有284名学生和83名教师,其中22名教授,还包括其他学术和行政人员。⑤

迁校历经周折,战时的大学在三个不同地点的校园上课。迁到长汀后,建了一些校舍做图书馆和阅览室,用来存放从厦门带来

---

① 1927—1928年间,国民政府行使学术与教育管理职能的机构。
② 刘海峰、庄明水:《福建教育史》,第407—408页。
③ 同上书,第409页。
④ 同上书,第411—412页。
⑤ 洪永红:《厦门大学校史》,第166页。

的大量书籍,还建了一些实验室、教室、宿舍和办公室。① 由于战乱,国内其他地方的许多学生陆续到厦门大学学习,因此学生数逐年增长,厦大发展了一些新学科,包括会计学、银行学、电子工程学和航空学,以备战时之需。②

出于对国家危亡的深切关注,当时的学术氛围与战前相比更浓厚、更严谨。厦门大学引以为豪的是,它是当时抗战时期平汉、粤汉铁路线以东唯一的国立大学,而其他大学都已被迫迁到内地。

1945年抗战胜利,曾为理学院院长的生物学家汪德耀被任命为厦门大学校长。在他的领导下,厦门大学迁回了在厦门的原址。他任职后首要的事情就是加强理工科的建设,包括新建一个海洋科学系。到1948年,厦门大学有理学院、工学院、文学院、法学院和商学院等5个学院,19个系。在海洋科学和经济学领域还有着很重要的科研项目。到1947年,厦门大学在校生已达到1349人,教员176人,职员119人,是当时规模相当大的一所大学。③

1949年后,中国大学受苏联模式的影响,于1952—1954年进行了院系调整。综合大学只设文理两科。厦门大学历经艰辛建成的工学院被停办或与其他学校合并;航空工程学迁到北京,并入新成立的北京航空学院;机械工程和土木工程一部分被划到浙江大学,另一部分并入江西南昌的华东水利学院;电子工程学迁到了南

---

① 洪永红:《厦门大学校史》,第177页。
② 刘海峰、庄明水:《福建教育史》,第531—532页。
③ 洪永红:《厦门大学校史》,第243—248页。

京工学院。另外，航海系被调到了山东；农学院的教师调入福州的协和学院（其前身是教会大学），并成立一所独立的农学院；法律系成为上海华东政法学院的一部分。

潘懋元曾学习过的教育系，则被迁往福州，并入福建师范学院。就像南京师范大学和浙江师范大学那样，福建师范学院是一所新建的省属师范大学，它的校园位于由当年美国传教士所建的华南女子学院的校址。潘懋元说，当时福建省在工科教育领域几乎是空白的。1958年，在"大跃进"的激励下，省政府在福州市筹建福州大学，作为省级工科院校。厦门大学帮助福州大学开设两年基础课程的教学，而后学生转入福州大学学习专业课程。这是一种很难得的无私的合作，表明了当时厦门大学校长的远见卓识，体现了福建省建立高等教育的一个主要特征：团结与合作。这主要是由于福建地处东南沿海，交通不如上海、南京等中心城市方便，却有着很强的自立与团结合作的精神。同时，他们也会寻求海外援助，特别是东南亚地区，正如我们所知道的，福建与那里海外华侨的联系有悠久的历史。

在1952—1954年的院系大调整中，厦门大学校长王亚南决定保留厦门大学的一些主要特色专业。他坚持厦门大学的强系——经济系应该保留在厦门大学，而不应与其他大学的经济系合并组成一所独立的财经学院，而当时中国的很多地区是采取这种做法的。因此，厦门大学合并了协和学院和华南女子文理学院的财经系，这两所原来的教会大学之前已合并到福建师范大学。然而，他还是无奈地失去了1921年建校以来就是厦门大学主要特色之一的教育系。由于无法改变这种现实，他竭力留下潘懋元，来协助他开设培训中学教师的教育课程。在这一点上,王亚南很有远见,他意识到一些在基础学科专业(如数学、物理、化学、生物、中文、历史和地理等)学习的学生在毕业后很有可能会当中学教师,所以必须为其开设一些教育类的课程。据我所知,在当时,教师教育主要在新成立的师范院校进行,没有一所综合性大学担当过此任。直到90年代,一些综合性大学才开始开设这个项目。王校长的这项决定为厦门大学一门新学科的诞生提供了有利的条件。

从50年代到80年代,厦门大学与其他主要综合性大学一样发展着。随着1978年中国实行改革开放政策,1984年,厦门成为四个经济特区之一,在引进外资和发展工业上有着独特的优势。对于厦门大学来说,虽然存在地理劣势,远离主要的政治经济中心,但特区的经济发展意味着更容易引进优秀教师和科研人员。厦门大学处在快速的发展阶段,很多新的学科也在创建之中。①

1986年,厦门大学成立研究生院,扩大了硕士和博士的培养规模。某些自然科学得到强有力的发展,特别是物理、化学和海洋生物学。到1999年,厦门大学有了一个国家级实验室和三个国家承认的重点实验室,还有几个国家级人文和社会科学研究基地。由于历史和地理的原因,厦门大学在东南亚问题、WTO和经济特区问题的研究方面也独树一帜。人文社科基地中有中国唯一的高等教育研究文科基地——厦门大学高教所。当然,在中国的其他大学也有一些好的高等教育研究机构,但厦门大学高教所是国家承认的最高水平的高等教育研究机构。这主要归功于潘懋元从

---

① 刘振昆等:《厦门大学院系馆所简史》,厦门大学出版社1990年版。

50年代中期以来一直坚持不懈所作出的贡献。

以上对厦门大学历史发展的简要介绍,是为更好地理解潘懋元的思想提供一个背景,这是本章的中心所在。

1920—1949 年在中国东南地区的成长

1920年,潘懋元出生于广东东部沿海毗邻福建厦门的汕头。由于贫困,家里无法供他上学,所以他的早期教育是不正规和断断续续的,由兄长和父亲在家教他认字。8岁时,他被送到当地的小学插班读三年级。他记得所学课程的主要内容都是传统经典。启蒙教育的内容是《三字经》,接下来是儒家经书和古代历史书籍。虽然1919年爆发了五四运动,新文化运动提倡采用接近口语的白话文,但潘懋元接受的仍然是传统教育,学的是文言文,直到后来才接触现代汉语。

小学毕业后,由于家庭无力支持,少年潘懋元无法继续上学。他的父亲希望他留在家中帮助碾米做一些发糕来卖。非常幸运的是,潘懋元的小学校长杨先生在阅读毕业试卷时发现了其中文写作才能。得知他待在家中不能继续上学,杨校长帮助减免了一半的学费,使他得以上初中学习。就读的那所中学是一所非常传统的中学,称为时中中学。在那里他主要学习了三年的中文。潘懋元的很多老师参加过封建时期的科举考试,有的甚至考中举人。后来,他感觉到传统经典的学习给他的一生奠定了一个很有价值的基础。他回顾说,最为重要的是学会了如何"做人"。

潘懋元15岁时,家里不可能再资助他上学了,但他得到一个到小学当教师的机会。他满腔热情地投入到工作中,但很快发现教小学生并不是想象的那么容易。他每上一堂课要备课数个小时。初次讲课,备好的课讲不到半小时便无话可说,站在讲台上,面对乱哄哄的课堂不知所措。不甘失败的他决定想办法到师范学校去学习如何当老师,同时也找一些教育书籍来读。

他首先找到的是浙江大学庄泽宣教授的《教育通论》,这成了他的启蒙书。潘懋元发现这本书理论复杂,学问深人,他读不太懂,这更加坚定了他要找机会去师范学校读书的决心。1936 年,他终于有机会到海滨中学高中师范科做旁听生,学习了一年的教育心理学、小学教材教法和教育行政等几门课程。当时,他已能通过教夜校和赚稿费维持生活。在海滨中学学习期间,他写过几篇短篇小说和许多散文,有一些已发表。

1937 年至 1939 年,潘懋元去了农村小学教书。那时正是抗日战争的头几年,战争使得民不聊生。潘懋元热爱教书,但他越来越多地投身于抗日的洪流中,参加抗日宣传活动,组织民众起来抗日。他加入了汕头地下党组织的青年抗敌同志会,揭发敌人的罪恶行径,鼓舞民众的抗日激情。1939 年 6 月,日军侵占了汕头,在其后的几个月里,潘懋元不得不辞去热爱的教学工作,参加抗日军队,全身心地投入到抗日运动中。

出于多种缘故,1940 年,潘懋元决定离开家乡。离家的一个原因就是去接受进一步的教育,以便能做一个称职的老师。那时他还不满 20 岁,战争的局势日渐恶化。他翻山越岭、艰苦跋涉,一个星期之后,终于来到长汀,厦门大学于 1937 年迁移至此。他参加了厦门大学的入学考试,虽然他的中文很优秀,但由于事先未做充分准备,英语和数学未合格,结果名落孙山。为了读师范,他考入了一所中等师资养成所学习了一年。次年,他终于考入厦门大学教育系。

潘懋元回顾说,1941—1945 年在厦门大学的学习生活对他是很大的锻炼。当时在厦门大学担任教授的多是留美学者,其中教育系主任李培囿是杜威的学生,翻译了杜威的一些著作。另一名在教育系工作的知名学者陈景磐教授,1930 年代在多伦多大学获得博士学位,其博士论文是关于孔子生活的背景和为师之道。[①]通过这些年的学习,潘懋元仰慕杜威,并特别欣赏陶行知把杜威的理论运用到中国教育实践,陶行知的教育实验在中国有很大的影响,虽然杜威 1921 年来华时仅在福建有过短暂访问,陶行知的实验工作也主要是在南京和上海,但他的思想在福建却备受推崇。[②]

为了糊口,在厦门大学读书期间,潘懋元先在一所小学担任兼职教师,接着又在一所中学做兼职教师。大学四年级时,他还担任了一所县立中学的教务主任,从而可以将自己所学的知识用于实际的教学当中。1945 年大学毕业后,潘懋元在江西省的两所中学教了一段时间的书。这个时期,厦门大学也迁回了厦门市。1946年,他收到厦门大学校长和教育系主任的邀请,要他担任厦门大学附属实验小学的校长,并在厦门大学教育系兼做助教。这期间,他发现陶行知的理论对他主持校长工作的帮助很大,虽然他很遗

[①] 陈景磐,*Confucius as a Teacher—Philosophy of Confucius with Special Reference to Its Educational Implications*,外文出版社 1990 年版。

[②] 刘海峰、庄明水:《福建教育史》,第 531—532 页。

憾没有机会与陶行知会面。在这一点上,潘懋元与李秉德的认识是一致的,后者也认为陶行知的理论最符合中国教育的实际需要。

新方向与新事业:社会主义时期

对潘懋元来说,新中国的成立意味着新的教育生涯的开始。他继续留在厦门大学当讲师。1951年秋季,他被派到中国人民大学进修研究生课程,学习教育。一年后,李秉德也在此学习。潘懋元发现,在众多学友中,一些是和他一样的研究生;另外还有一些年长的教授,他们在此学习马列主义的理论知识,目的是更好地胜任未来的教育领导岗位。潘懋元班上有好几位学者后来都成了北京师范大学的知名教授,包括教育哲学家黄济、教育学家王策三和王天一、心理学家章志光。1952年初,因为院系调整,这项进修计划从人民大学转到了北京师范大学。

潘懋元对在人民大学的学习至今记忆犹新,他记得有四位苏联教授给他们上马列主义和苏联教育理论的课程,他甚至还记得四位教授的名字,但是,对所学的那点儿俄语则记得甚少。当时的教学是有翻译协助的。学习给他留下了深刻的印象,他当时感受到苏联的课程组织的方式和教学计划的制订都非常严谨,能够达到有效的控制。

在北京学习一年之后,1952年夏,潘懋元便被厦门大学校长王亚南召回,协助厦门大学的教学和课程改革。他被任命为教学改革办公室的负责人,负责指导大学各专业制订新的教学计划。他曾经非常推崇杜威的教育思想和美国的其他教育理念,感觉这些思想和理念富有活力而且非常灵活,但在民国时期,实践这些理念是十分困难的。两者相比,他感到苏联的教育计划能够较好地使学生获得系统的知识,打好扎实的基础。特别是在诸如工程和自然科学等领域,这些对社会主义建设是十分重要的。

潘懋元感到,事实上苏联的高等教育模式根植于欧洲大陆模式,特别是法国模式,与英美模式区别很大。他觉得苏联模式和中国的知识传统相对应,强调知识基础厚,存在一种中心化、系统化的知识方法。潘懋元特意提到著名的北京大学校长蔡元培,认为他是民国时期最杰出的大学校长。蔡元培在自己的高等教育思想中融合了德国、法国、中国的理念。他采用德国学问之道,特别是在研究和教学上,这得益于他在柏林大学和莱比锡大学的经历。蔡元培极力效仿法国模式的高等教育体系,因为其管理结构十分理性,并按地理区域均匀分布。在教育哲学方面,蔡元培陶醉于中国传统的自学之路,特别是对书院情有独钟,学生可以自主掌握学习进程。蔡元培极力提倡将学校分为从事理论知识研究的综合性大学和担负为国民经济各部门训练高级人力资源的专门学院。潘懋元认为50年代早期的改革,出现了大量的专门学院,同时只保留了数量相对较少的综合性大学,是较符合当时国情的,适应了中国发展的需要。[①]

---

① 潘懋元:《潘懋元论高等教育》,福建教育出版社2000年版,第521—560页。

但对于50年代初的院系调整,将一些民国时期优秀的综合性大学的系科予以削减,形成苏联模式的综合性大学,潘懋元持保留意见,他觉得这是完全可以避免的。他对按高等教育区域进行院系调整发表了看法,以自己所从事的教育领域为例,他认为,中心区按地理分布强调更多的是政治因素而非教育因素,这就导致了反常现象的出现。在南部的中心区里,中山大学的师范学院实力雄厚,1953年与其他学校的教育系合并组建了华南师范学院。然而,华南师范学院当时只是不受重视的省级院校,经费和师资都受到限制,以致影响了教育学科的进一步发展。

总的来说,潘懋元认为受苏联模式影响的院系调整在当时是起了积极作用的,为中国的国民经济建设培养了一大批人才。在1956年中国共产党第八次全国代表大会上,周恩来强调了要尊重知识分子。[1] 潘懋元相信,如果一直贯彻这一项政策,中国也许能够同日本和东亚其他地区一样,经济快速发展。事实刚好相反,自1957年"反右"运动、1958年"大跃进"、1966年开始的"文化大革命",政治运动持续了近二十年。

苏联模式的高等教育有很多薄弱环节,但他感到,完全能够用一种平衡、理性的方法来解决。问题之一是对学生在不同领域能力的认识和实践强调得不够,常常希望学生通过刻苦专注的学习来达到课程所规定的较高的学术标准,而不是将更多的注意力放

---

[1] Zhou Enlai,"On the Question of Intellectuals," *New China News Agency*, January 29,1956;Robert Bowie and John Fairbank(eds.), *Communist China 1955—1959:Policy Documents with Analysis*. Cambridge:Harvard University Press,1962:128-144.

在研究教和学的过程上。另一个问题是过于迷信翻译过来的苏联资料,其实并不是所有的材料都适合中国国情。

1954年对潘懋元来说是十分重要的一年。他得知厦门大学教育系被并入福建师范学院,他很想前往,专心于教育史的研究和教学。然而,王亚南校长却舍不得他走,决定把他留在教务处,继续管理厦门大学的教学工作。他决心留下来,此举为一门新学科的诞生创造了条件,也由此改变了他日后的工作和生活的方向。

潘懋元感觉到在教育研究、学校教学和担任学校领导的生涯中,他所学的教育知识与高等教育领域的联系很少。大学层次的学生需要一个全新的教育理论,以及高等教育课程发展和教学制度。总体来说,高等教育是一个一直被教育理论研究者所忽视的领域。到那时为止,不仅是中国,而且苏联和西方国家也是这样。他曾为捷克一位教授在教育科学会议上所作的讲演所感,这个讲演认为教育理论仅仅关注普通学校,很少关注高等专业院校。潘懋元随后写了一篇题为《高等专业教育问题在教育学上的重要地位》,发表在1957年厦门大学《学术论坛》上。同年,他与几位同事合作写出《高等学校教育学讲义》。这本书随即在中国的综合性大学和师范大学内广泛流传,作为课程改革和教学计划发展的资源。[①] 尽管这本书没有正式出版,但它却是中国高等教育研究领域内最早的学术著作。

潘懋元着力将此发展为一个新的研究领域,并兴奋地发现,这能为高等教育系统、课程发展和教学计划的制订提供重要的学术

---

① 忻福良:《当代中国高等教育家》,上海交通大学出版社1995年版,第199页。

基础。然而,1957年是一系列政治运动的开端,他所希望的研究和发展几乎是不可能的。因家庭出身贫寒,他并未受到1957年"反右"运动的影响,但他悲伤地看到,厦门大学的一些老教授虽然作出了杰出的学术贡献却被打成右派,从学术研究工作中被隔离出来。随后的1958年"大跃进",同样侵扰着潘懋元。当时大量的教材都是从苏联翻译过来的,他认为这样的教材更加应该中国化。他同时感觉到,建立中国传统中医学院意义重大,因为中国传统医学把人体看成一个整体,发展起了不同于西方医学的中医方法,它是一笔巨大遗产,不应该丢失。

就总体而言,潘懋元认为1958年的教育革命是个误导。1958年前,他在教务处,参与了当时所有的课程变革。他感到很多想法都未经过细致思考,不过是一种政治运动口号罢了,对教育缺乏真正的理解。在潘懋元看来,让学生代替教师编写教学大纲和教材,这样做显然超过了学生的能力范围,因为他们大多数并没有足够的学科知识来做这些工作。改革强调增加学生参加生产活动实践的机会,然而这大都是出于政治目的,并没有多少教育价值。总之,过多的政治活动和体力劳动引起很大的混乱。他记得,学生真正听学术课程的时间,一年之中只有70天。潘懋元认为,所谓"开门办学"的思想在某些方面固然有一定的可取之处,但是它无法替代对科学知识的系统教学,而中国的发展又需要这些科学知识来培养各行各业的专门人才。

潘懋元对高等教育作为一个研究领域逐渐有了兴趣,同时对中国高等教育系统更大范围内发生的变化也给予了密切关注。社会上的学习机会一下子增加了许多,大量的所谓"红专大学"的开设,给很多个人背景条件稍差的青年人提供了学习机会,但是这些学校没有足够的资源用于真正开展高等教育工作,大多数在几年内就关闭了。如江西新建的许多共产主义劳动大学,没有合格的师资,根本无法生存。然而另外有些新成立的院校,比如福州大学,是省内唯一的一所工科院校,被认为对本省经济发展起着至关重要的作用,因此得到省政府支持。

1961年的困难时期过后,50年代初期的那种学术氛围开始恢复,学术质量受到重视。潘懋元再次希望能有机会发展高等教育这一研究领域。然而,1966年开始的"文化大革命"又使他的希望落空了。

1964年,潘懋元被召到北京的中央教育科学研究所从事教育理论研究。与他同在一个小组工作的还有来自华东师范大学的刘佛年、沈阳师范学院的李放,以及其他一些知名的教育专家。他们的任务是撰写一系列文章来批判苏联修正主义教育模式,揭示它不符合中国的实际。他们无心做此项工作,幸运的是这个小组不到一年便被解散了。

1966年5月"文化大革命"开始时,潘懋元在北京。他很幸运没有成为被批斗的对象,因为他是外地人。但是不久,控制了厦门大学校园的造反派就把他召回厦门大学。当他从北京回到厦门大学时,造反派又忙于其他事情,无暇顾及他,他与家人得以重新团聚。不久,造反派"搞串联"去了,他每天除了参加劳动改造外,只是写写反省、交代材料。

在这段时期,潘懋元感到深深的不安和迷惘,无法理解这场运动,这似乎是对于20世纪50年代初人们辛苦工作所取得成绩的全面颠覆和彻底否定。如果要对苏联模式进行批判的话，他认为应该区分其正面和负面的因素，而不是简单地全面否定整个体系。对于破"四旧"——旧思想、旧风俗、旧文化、旧习惯的口号，潘懋元感到难以理解，毛泽东自己就读过很多经典著作，并对一些传统思想十分推崇。对于"大跃进"和"文化大革命"，潘懋元总的评价是，在开始阶段，很多青年人是真正希望改革，有很高的热情，但很快他们就被一小撮妄图夺权者所利用。相反，邓小平在1978年发起的教育改革却有着完全不同的特点。

建立一个新学科

1977年，邓小平复出。潘懋元准备开始他事业的一个全新阶段，他过去当过厦门大学的教务处处长，现在他致力于建立一门新学科——高等教育学，先是在厦门大学，再到全国。我们知道，在1950年代中期他已经开始此项研究，并于1957年发表了《高等专业教育问题在教育学上的重要地位》的论文。随后的政治运动和混乱年代让他更深刻地体会到研究这一领域理论的重要性，他认为这项研究将使人们对高等教育与社会、经济、政治、文化发展的关系有更深刻的理解。50年代至70年代后期，高等教育发展中最严重的问题是缺少能给高等教育的政策制定提供理论支持的系统理论研究。随着改革开放时代的到来，全国积极响应邓小平提出的"教育要面向现代化，面向世界，面向未来"的号召，潘懋元最终找到了追求他理想的舞台和时机。

1978年，潘懋元在厦门大学建立了高等教育研究室，很快发展成为全国高等教育研究的中心。1983年,高等教育学被教育部认定为教育学的二级学科,可以设立硕士点和博士点。厦门大学高等教育科学研究所招收全国第一批高等教育专业的硕士和博士。到1998年庆祝高教所成立20周年时,已经有20位博士生和75位硕士生毕业[1],他们已在全国各地的大学工作,为这一领域的进一步发展贡献着力量。高教所承担了高等教育各个领域的主要研究课题,举办了十多次全国和国际学术会议。

虽然北京大学、华中科技大学、华东师范大学等其他大学都有高等教育学的研究及相应的研究生培养,但是厦门大学高教所于2000年9月被评为该领域全国唯一一所国家级研究中心,成为文科重点研究基地,国家提供数量相当的发展基金。这是政府支持人文社会科学研究项目的一部分,其目的是要使一些研究中心能够达到世界水平,使其能积极开展国际研究交流活动。[2] 厦门大学能超越地理上的相对劣势获得国家的认可,是非同寻常的。当然,这与潘懋元先生用毕生的精力致力于建立高等教育学这门新学科所作的贡献是分不开的。

1978年以后,潘懋元把工作重心放在学术研究上,他在厦门大学进行教学和研究工作。每周六晚上,他在家里开学术沙龙,与研究生聊学习、聊生活,是一个和蔼可亲的长者。然而,他还想推动这门学科在全国范围内发展,希望中国高等教育学作为一个学

---

[1] 刘海峰:《厦门大学高等教育科学研究所建所二十周年工作报告》,载《建所二十周年纪念活动专集》,1998年,第33—35页。

[2] 杨锐等:《中国提高研究人文社会科学的发展规划》,《国际高等教育》2002年(27)。

科能够对国际学术发展作出贡献。1979年,他和上海市高教局以及其他七所大学的学者召开了第一次全国高等教育研究会议。1981年,他组织编写了第一部高等教育学著作《高等教育学》,并于1984年出版。[①] 这是1983年教育部确立这门学科后的第一本高等教育学著作。在随后的这些年里,潘懋元仍然是这一领域中富有远见的领导者,他启发新思想、新的研究方法,鼓励其他人作研究,写作和发表论文,他自己也在这一领域中发表了大量文章,出版了大量著作。

潘懋元工作的中心是想通过建立坚实的理论基础、清晰的概念和研究方法来确保这门新兴学科的发展。1983年,中国高等教育学会成立时,潘懋元感到高等教育学被认为只是一个研究领域,而不是一门学科。于是,1992年,他在厦门大学组织了一次学术会议,提出要把高等教育学作为一门学科来研究。次年,在上海召开的高等教育学会议上,成立了一个新的组织——高等教育学研究会,它把高等教育学作为一门学科来研究,挂靠在中国高教学会之下。此后,会议定期召开。潘懋元在一篇回顾该学会前三次会议进程的文章中,列出了这一新学会的目标、工作范围,并鼓励进行理论争鸣与探讨。

高等教育学研究会的主要任务是要为高等教育建立一个系统性的理论基础。工作范围主要有以下五个领域:理论、历史、高等教育的当代实践、未来发展以及研究方法。[②] 潘懋元对一些理论

---

① 潘懋元:《潘懋元论高等教育》,第96页。
② 同上书,第86页

的观点和看法,使得这些会议开得活跃而有趣,对中国高等教育给予了深刻的关注和洞察。其中一个关键的理论问题是高等教育的功能问题,对其与社会、经济与政治体制的关系展开讨论。与此相关的是高等教育的目的,国内的研究者普遍认同以下三点,即培养人才、发展知识、服务社会。然而,第三个目的在近年来受到了强烈的质疑,主要是由于许多大学通过各种形式的咨询服务或与企业的直接关系进行着大量的"创收"活动。有人认为,这些活动将会使大学远离学术追求。由此,一些中国学者建议,高等教育应有以下六个目的:教学、继承知识、传播知识、发展知识、社会批判、对社会实施监督。[①] 这将激起高校对社会的特殊使命;大学将与社会经济和政治力量建立互动关系,而不只是对社会的发展做消极的应对。

另外一个生动的议题是潘懋元提出的高等教育的个体功能和社会功能问题。一派学者认为,人是教育的主体,教育的基本功能在于促进人的自我发展,达到个性的全面发展;与此相对立的观点是,教育是一种社会活动,其基本功能是满足社会的需要,促进社会的发展。[②] 如此公开著文承认个体发展的重要性及对自我价值的追求是十分有意义的,它使我们思考新儒学教育观"为自我而学习",以及儒家哲学中所说的个人价值发展的重要性。尽管在 50 年代初期计划经济体制下,个人选择的自由受到很大的限制,五六十年代的政治运动给很多人造成了巨大的伤痛,但中国传统教育

---

① 潘懋元:《潘懋元论高等教育》,第 87 页。
② 同上书,第 101 页。

的价值观仍然保留着生机和活力。如果没有儒家价值观做坚实的基础,不管是潘先生,还是前面提到的其他三位学者都无法作出那么大的贡献。

在对高等教育作为一门学科作全面综合研究时,潘先生看到了两个理论挑战:第一,必须界定高等教育与政治、社会、经济、文化系统的关系,探索这些系统与高等教育系统的相互关系;第二,对高等教育内部各系统之间的关系——如学术与职业、通才教育与专才教育、教学与科研的关系等进行研究。

在发展这门学科的过程中,潘懋元感到既具挑战性又令人兴奋的重要原因在于它的开拓性。与学术体系和学习过程有关的教育学理论有着一百多年的历史,而高等教育学不仅在中国而且在全世界都是一个比较新的学科。在中国,基础教育和学校教育的理论建构受到欧美和苏联的重大影响,这一点潘先生在早年的教育研究中就已经意识到了。然而,高等教育学作为一门学科就不再如此。回顾在中国建立这一学科的这些年,潘懋元强烈地感到中国所作的独特贡献,同时又感到很骄傲,因为在中国发展起来的这些思想和观点不是别人的派生产物,而是稳稳地扎根于中国自己的知识社会和文化土壤,近几年才开始对国外高等教育的理论有所引进。

潘懋元鼓励他的同事为世界高等教育研究的发展作贡献,并指出中国学者在发展这个领域承担重要角色的四个原因。其一,中国有着在亚洲历史上颇具影响的古老的学术文化。其二,中国是全世界最大的高等教育体系之一,其规模超过俄罗斯,接近美国。它不仅是一个非常庞大的系统,而且近年来随着社会主义市场经济的发展,经历了快速而且是巨大的变化,在这个过程中,出现了许多有意义的问题,对高等教育提出了挑战。其三,中国有着一支庞大的高等教育研究队伍,从事这一领域研究的学者可能比其他任何国家都多。其四,中国高等教育研究发展成为一门学科,靠的是学者个人和地方院校的创造和努力,因此它更具灵活性和自主性。这与中国的其他大部分学科不同,它们多是由自上而下的行政决定建立起来的。中国的高等教育理论可以说是"本土理论",因为这些理论来自对中国近年来正在进行的高等教育改革中出现的实践问题的研究。①

潘懋元非常重视中国的传统文化,他的一篇文章对中国传统文化对中国现代化进程的贡献进行了比较深入的探讨。潘懋元指出,现代化不能等同于工业化或西方化,它是影响社会各个方面发展的过程。不同的文化背景塑造不同的现代化。文化的传承和创新是高等教育的功能,它塑造发生在不同社会中的现代化的不同特征。他否定那种认为西方社会已经进入"后现代时期"并建立了一套后现代的标准的观点。他建议要对现代化概念本身作全面的理解,必须首先考虑中国现代化发展的轨迹。他还认为这一论点同样适用于正在经历现代化进程的其他非西方国家。②

潘懋元对现代化进程的定义是把"文化价值"放在核心地位,他认为现代化应该是人类共同追求的一个价值,其终极目标是实现"人"的价值,包括个人、集体和社会价值。这个共同追求会导致

---

① 潘懋元:《潘懋元论高等教育》,福建教育出版社 2000 年版,第 107—110 页。
② 同上书,第 229—241 页。

产生整个人类共同文化遗产,这是一种吸收了不同文明的多样化的遗产。① 中国传统教育的许多因素对中国的快速发展作出过积极的贡献,也应该是这一共同文化遗产的重要组成部分。这些思想使我们联想到联合国致力于文化之间对话的观点:"把重点放在人类文化、精神层面,放在人类的相互依存和人类的多样性上。"

结语:集多种传统之大成

当被问到什么因素对他的教育事业影响最大时,潘懋元开玩笑地回答道:受益最大的是"文革"中批判的三种意识形态——"封""资""修"。"封",指的是他早年学习中国古典文学,从中获得了受益终生的良好道德基础,一生的教育经验使他感到儒学的确是适应任何时期的一种哲学。"资",指的是他在大学时代学习过美国的教育思想特别是杜威的理论,他从中得到了对改善学校、获得生动的教学方法以及课程设置的很多有用的思想。"修",指的是50年代,他曾广泛接触苏联的教育理论和模式,慢慢理解并重视苏联模式中全国统一的学术标准、结构严密的教材和教学工作中精细备课的价值。在思考影响了他思想的两种国外传统时,他感到,基于欧洲理性主义的苏联教材和教育方法,比美国的更加适应中国的环境,因为中国有着集中知识模式的传统,也因为苏联模式更符合当时中国发展的现实需要。

1997年,我曾两次有幸与潘教授进行深入交谈。当我问到他

---

① 潘懋元:《潘懋元论高等教育》,福建教育出版社2000年版,第231页。

对中国高等教育未来的看法时,他说他感到当前面临最大的挑战就是要进行教学改革,必须要考虑学生的多样性,最大限度地发掘他们的才能。这反过来又强调了高等教育对优秀师资的迫切需要。总的来说,他对过去 15 年研究生教育所取得的进步感到高兴和满意。很多素质高的年轻人进入大学教师队伍,但他强调这些教师应该得到足够的支持。他感到高等教育改革应该把重点放在教学和研究的质量上,而不是放在管理结构的改革上。对于中国的高等教育体系,潘懋元觉得它将更适应未来世界发展趋势,强调知识的广度和适应性,注重毕业生总体的德育和智育质量。他认为,终身学习是一种趋势,因为中国人会慢慢发现,为了跟上社会的快速发展,必须经常更新他们的知识。潘先生相信,在中国快速走向高等教育大众化的时代,为了满足社会发展的需要,私立高校将会起到越来越重要的作用。

2000 年,在庆祝潘懋元教授八十寿辰时,他的同事和学生在厦门大学举行了一系列特殊的庆祝活动,其中之一是收集出版了他有关高等教育学的最重要的理论著作。① 然而,这并不是一个退休告别会,潘懋元仍然是一个积极的学者、教师,继续活跃在为进一步发展高等教育学的工作中。他在 2002 年出版的新著《多学科视角的高等教育研究》就是企图以新的方法论来推进高等教育学的理论建设。是什么使这位来自贫苦家庭的谦谦君子,保持着发展一个新学科的热忱和忠诚,50 年从不言悔?潘教授谈到早年所受的中国传统教育时说的一番话也许能给我们答案。他可能从

---

① 潘懋元:《潘懋元论高等教育》,第 727 页。

没掌握过一门外语，在数学和自然科学中也并没有很高的造诣，但在他早期教育中，首先学会了怎样做人，同时也学会了用汉语表达自己的思想，他把对文学的热爱转化成了从事教育工作的关键财富。最后，他学会了把从各处学来的有用知识融入他学生时代形成的知识框架中。

〔许美德（Ruth Hayhoe），英国伦敦大学博士、加拿大多伦多大学安大略教育研究院资深教授〕

潘懋元高等教育学及其研究立场

刘振天

作为中国高等教育学创始人和当代高等教育学领军人物,潘懋元教授的高等教育研究及其成果无论在理论界还是在实践界,都占有着举足轻重的地位,产生着广泛而深远的影响。潘懋元高等教育学之所以具有如此力量,究其根源,就在于自始至终地秉持本土化立场、实践化立场、平民化立场和科学化立场。

马克思在《〈黑格尔法哲学批判〉导言》中指出:"批判的武器当然不能代替武器的批判,物质力量只能用物质力量来摧毁,但是理论一经掌握群众,也会变成物质力量。理论只要说服人,就能掌握群众;而理论只要彻底,就能说服人。所谓彻底,就是抓住事物的根本。"[①]每一个从事科学研究的人,无不渴望自己的理论不仅能够合理地解释他所研究和面对的对象,而且能够改造它的对象,实现理论的价值和理想。但能够实现如此目标和境界者,毕竟是极少数。在庞大的高等教育学研究群体中,潘懋元教授无疑属于这极少数幸运者之一。

潘懋元教授是我国学界公认的高等教育学科开拓者和奠基

---

① 《马克思恩格斯选集》第1卷,人民出版社1972年版,第9页。

人,是令人尊崇和景仰的著名高等教育理论家和社会活动家、中国高等教育学领军人物。潘教授出版专著和教材十余部,发表高水平论文300多篇,直接培养的博士、硕士研究生逾百人,间接受其教诲者更为广众,用桃李满天下、著作等身来形容毫不为过。潘懋元教授是一位传奇式的人物,他开辟了中国乃至世界高等教育研究领域诸多"第一",如创立了第一个高等教育研究机构,建立了第一个高等教育学硕士课程和博士课程,成为第一个招收高等教育学研究生的指导教师,出版了第一部高等教育学专著,建立了第一个高等教育学国家级重点学科和研究基地……然而,单是这些亮闪闪的第一,并不足以囊括潘懋元教授的全部学术成就,更值得称道的是,他建立了一整套甚为严谨的高等教育学体系,提出了一系列具有重要影响的思想、理论、观点、见解和主张,并在高等教育改革和发展实践中产生了明显效用。可以不夸张地说,不论高等教育学者还是实践者,在从事研究、制定与执行政策,或者开展教育教学活动时,都绕不开、跳不过潘懋元高等教育学,都需要深入到潘懋元高等教育学殿堂中汲取知识和智慧,寻找方法和路径。

潘懋元高等教育学缘何具有如此的魔力和魅力?换言之,潘懋元高等教育学的影响力从何而来,其理论的力量何以可能?在笔者看来,根本点就在于潘懋元高等教育学的研究立场,进一步说,在于其深刻的本土化立场、实践化立场、平民化立场以及科学化立场。

一、潘懋元高等教育学的本土化立场

挪威奥斯陆大学比较教育学家阿里·谢沃(Arild Tjeldvoll)

在 Pan Maoyuan: A Founding Father of Chinese Higher Education Research(《潘懋元——一位中国高等教育研究的创始人》)一书中说过,潘懋元教授是中国高等教育学的第一人,他开创的高等教育学是真正本土化的学问。①

一个有趣的现象是,中国现代意义上的高等教育体系和制度是从西方引进的,是完全意义上的舶来品。1898年清政府效仿欧洲开办的京师大学堂被视为近代中国第一所具有现代性质的大学,至今不过110多年的时间。然而,现代中国的高等教育学却地地道道属于中国学人的独立创造。国外有高等教育研究,但并无高等教育学,高等教育在那里是作为多学科的研究领域存在和发展着,但中国学者却建立和发展了专门的学术体系。这个专门的学术体系的倡议者、发起者和建构者,就是厦门大学的潘懋元教授。早在50年代,潘懋元教授就受苏联学者的启发,敏锐地感觉到专门开展高等教育研究的必要性。1957年,他在厦门大学《学术论坛》第3期上发表了《高等专业教育问题在教育学上的重要地位》一文,从智能教育、大学生身心发展和社会经验的特殊性等方面论述了高等专业教育与普通教育的不同之处,进而建议建立一门"高等学校教育学"或"高等专业教育学",这被认为是中国第一篇倡导进行高等教育学研究的论文。同年,潘懋元教授同厦门大学教育学教研组教师合作编写了中国第一本高等教育学教材《高等学校教育学讲义》,作为交流材料发送全国综合性大学和师范学院,这是中国高等教育界在建立一门"高等专业教育学"或"高等学

---

① 赖铮、高晓杰:《让中国的高等教育研究走向世界——〈潘懋元——一位中国高等教育研究的创始人〉(英文版)评介》,《教育研究》2006年第1期。

校教育学"方面的第一次系统的理论尝试,也可以看成作为学科的高等教育学的雏形。由于后来遭遇"文化大革命",他的研究和倡议受到了阻碍,直到改革开放后,这一理想才找到了实现的机遇。

1978年,潘懋元教授在《光明日报》上发表《必须开展高等教育的理论研究》,再次提倡建立高等教育学学科,立即得到全国高等教育界的热烈关注与响应。同年,他以辛勤的工作和开拓性的探索,在厦门大学创建了我国第一个高等教育研究机构——厦门大学高等教育科学研究室,这个机构很快发展成为一个全国性的高等教育研究中心。1983年,在潘懋元教授的推动下,经过全国高等教育界的努力,高等教育学被国务院学位委员会确定为教育学的二级学科,厦门大学高教所也被批准为我国第一个高等教育学硕士学位授权单位。1984年,潘懋元教授主编的《高等教育学》(上下两册)一书由人民教育出版社和福建教育出版社联合公开出版,宣告中国第一部高等教育学专著诞生,标志着作为系统化的高等教育学科的正式确立。之后,高等教育研究的影响迅速扩大,1980年代至今,全国已有数百家高校成立了高等教育研究机构(院、所、室),有博士学位点的高校发展到二十多所(包括独立建制的高等教育学学科点与挂靠在管理学一级学科或教育学一级学科上的高等教育学方向),硕士学位点一百多个,高等教育学国家重点学科两个,国家重点研究基地一个,高等教育领域专业学术期刊二十多种,每年出版高等教育研究的专著一百多部,论文1.5万多篇。[①] 在高等教育学科内部,又衍生出高等教育原理、高等学校教

---

① 根据互联网相关数据资料统计,年度从2007年至2013年。http://wenku.baidu.com/link? url. http://www.baidu.com/index.php? tn=49029047_adr#ie.

学论、大学课程论、大学生心理学、高等教育哲学、高等教育管理学、高等教育经济学、高等教育政治学、高等教育文化学、高等教育战略学、成人高等教育学、高等职业教育学、学位与研究生教育学等分支学科,专职研究队伍近千人。高等教育研究在促进学科理论建设、培养高层次专门人才、为政府和社会提供高水平决策咨询服务等方面发挥了非常重要的作用。高等教育学的繁荣发展局面,可能连作为学科创始人和带头人的潘懋元教授都始料未及。

特别值得提及的是,在潘懋元教授鼓励和带动下,高等教育学的理论探索十分活跃,产生了一批重要成果。在潘懋元《高等教育学》《高等教育学讲座》(人教社1983年版)、《新编高等教育学》(北师大1996年版)等著作之外,还有一批高等教育学新作问世,如田建国教授的《高等教育学》(山东教育1990年版)、胡建华教授等人合著的《高等教育学新论》(江苏教育1995年版)、薛天祥教授主编的《高等教育学》(广西师大2001年版)、杨德广教授的《高等教育学》(高教社2009年版)以及韩延明教授主编的《高等教育学新论》(山东人民2012年版)等。这些高等教育学著作在沿循潘懋元高等教育学道路的同时,均试图有所前进、有所突破。如"《高等教育学新论》的作者们,是以构建'一个新的学科体系'自期的,也确实构建了一个有别于知识体系、课程体系的学科框架。这个框架的主线是历史—现实—未来。……全书条理清晰,结构严整,具有中国式的学科体系构建的特色,超越西方某些高等教育只是作为一个研究领域而构建的松散、无序的论著"。[1] 薛天祥《高等教育学》

---

[1] 潘懋元:《〈高等教育学新论〉序》,载《潘懋元文集》卷五,广东高等教育出版社2010年版,第16页。

则把建立科学的高等教育学理论体系作为追求的目标,并且力图形成自己的概念或知识体系。全书把高深专门知识的教与学作为高等教育学理论体系的逻辑起点,以专业作为中介概念,以高等教育(含高等教育的本质与规律)为中心概念,以高等教育原则为过渡概念,以高等教育目的及其实现途径为逻辑终点,又分别从德育、教学、课程、科研、体育、美育和教师几方面对逻辑终点做分解阐述,由此形成一个相对完整的理论系统。[1] 这些都是可贵的创新之举。

潘懋元高等教育学,一个最大特点就是用中国本土的语言研究并叙述着发生在中国本土的高等教育故事。加拿大著名比较教育学家许美德(Ruth Hayhoe)说:

> 是什么使这位来自贫苦家庭的谦谦君子,保持着发展一个新学科的热忱和忠诚,50年从不言悔?潘教授谈到早年所受的中国传统教育时说的一番话也许能给我们答案。他可能从没掌握过一门外语,在数学和自然科学中也并没有很高的造诣,但在他早期教育中,首先学会了怎样做人,同时也学会了用汉语表达自己的思想,他把(对)文学的热爱转化成了从事教育工作的关键财富。最后,他学会了把从各处学来的有用知识融入他学生时代形成的知识框架中。[2]

---

[1] 薛天祥:《高等教育学》,广西师范大学出版社2001年版。
[2] 〔加拿大〕许美德:《潘懋元:中国高等教育研究的奠基人》,见《潘懋元文集》"代序",广东高等教育出版社2010年版。

许美德教授的概括是正确的,也是准确的。事实上,潘懋元教授对高等教育研究时刻保持着本土化的热情,并且对那些食洋不化的高等教育研究保持着高度的警惕。尤其是改革开放后,中国大地上涌动西方文化热的浪潮下,更显示出潘懋元高等教育学本土化的学术自信与高瞻远瞩。

一个时期以来,中国人文社会科学研究领域一直面临国际化与本土化问题的困扰。所谓人文社会科学要与国际接轨,要按照西方的标准和范式进行研究等观点流行于国内学术界。就在这种与国际接轨过程中,"尊奉"西方思想已在相当程度上成为一种"时髦",特别是在年轻学者中大有市场。他们认为只有西方的理论才是普适性的,才称得上真理,因此主张提高中国高等教育研究水平,必须用西方的理论、概念、话语或方法来研究和解决中国的高等教育问题。实际研究中,有些学者不管对象、条件和场合,照搬照抄西方理论与方法,满篇文章是让人看不懂的概念和话语,以此显示自己的水准。对此,潘懋元教授认为,中国的高等教育及其研究离不开国际大环境,推进中国高等教育研究和学科发展也需要研究国外高等教育实践、理论、观点和方法,但不能不加以理解、消化和吸收,生搬硬套、生吞活剥不仅不能发展中国高等教育和高等教育科学,反而会阻碍或消解中国的高等教育和高等教育学科。因为一味强调向西方靠拢,最后的结果却是越靠越远,甚至背道而驰,使我们的研究出现主体性的迷失和批判力的丧失。潘懋元教授举台湾的例子来说明这种现象,他说,近些年来,表面上看,台湾的学术市场相当热闹,逻辑实证论、行为科学、现象学、诠释学等西方流行的理论和方法悉数出场,但若深究其"营养",却相当贫乏,而造成此一流弊的原因,主要是近百年来,中国学术文化受西方强势文化的冲击,逐渐失去信心,反而对外来理论或思想过度依赖。香港的情况也和台湾有某种相似性。这是我们不能不警醒的。①潘先生认为,对于我们这样一个发展中的大国来说,走西化的道路是不可能真正获得学术与文化独立的。要积极吸收人类一切先进的文明成果,但必须以重视和发展本民族文化为前提,增强文化自觉,增强民族自信心和自豪感,增强民族内聚力,振奋民族精神。高等教育研究者要以饱满的热情,充分发掘历史和文化资源,找到适合中国国情、符合科学规律的措施与对策。正是由于潘懋元教授及其同道植根本土化研究、坚持本土化立场,才成就了本土化的潘懋元高等教育学,也才成就了中国气派和中国风格的高等教育学,进而引起了国际高等教育研究同行的关注。这也从另一方面验证了"越是本土的,就越可能是世界的"这句话的道理。

20世纪80年代以来,高等教育学领域的国际交流与研究合作日益扩大,在这种交流和合作过程中,潘懋元高等教育学获得了国际同行的广泛认可和高度评价。加拿大著名高等教育专家许美德(Ruth Hayhoe)专门来到中国,来到厦门大学,访问了解潘懋元教授,撰写著作向世界介绍潘懋元及其高等教育学。②挪威专家阿里·谢沃(Arild Tjeldvoll)的著作在介绍和传播潘懋元高等教育学以及整个中国高等教育研究方面,发挥了重要的作用;他甚至将

---

① 潘懋元、陈兴德:《依附、借鉴、创新?——中国高等教育学科建设之路》,《北京大学教育评论》2005年第1期。

② Ruth Hayhoe, *Portraits of Influential Chinese Educators*, Comparative Education Research Centre Book 17 (The University of Hongkong). Springer, 2007.

潘懋元教授与瑞典国际著名比较教育学家胡森并列为他最崇敬的教育学家。① 此外，美国著名比较高等教育专家阿特巴赫、日本著名高等教育专家天野郁夫等也对潘懋元高等教育学的国际传播做出了许多工作。

二、潘懋元高等教育学的实践化立场

所谓实践化立场，即立足现实、联系现实和服务现实。用潘懋元教授的话说，理论工作者心目中永远要装着一个"实际"，高等教育研究最忌讳的就是脱离实际，空谈理论，无病呻吟。如果那样的话，理论不仅苍白无力，而且将从根本上断送理论发展的源泉和动力。

实事求是，理论联系实际，一切从实际出发，从群众中来，到群众中去，是马克思主义的基本立场、观点和方法。以此标准来衡量，可以毫不夸张地说，潘懋元高等教育学及其高等教育研究，是现实化立场、观点和方法的典型代表和忠实践行者。潘懋元高等教育学绝不是纯粹的概念或理论体系的推演，而是源于中国高等教育历史和现实、对中国高等教育实践的理论概括、解释和回答。恰恰是实践的需要才产生了潘懋元高等教育学。②

潘懋元教授认为，高等教育研究是一门学问，他毕生所追求

---

① 赖铮、高晓杰：《让中国的高等教育研究走向世界——〈潘懋元——一位中国高等教育研究的创始人〉(英文版)评介》，《教育研究》2006年第1期。

② 张亚群：《理论源于实际，高于实际——论潘懋元高等教育思想的特色》，《机械工业高教研究》1993年第3期。

的,就是建立独立的高等教育学学科及其体系。应该说,这一目标初步实现了,接下来要做的,是如何进一步发展好和完善好的问题。但是,潘懋元教授心中的高等教育学,不是用概念和范畴堆积起来的所谓理论体系,而是一门面对实际、面向实际的应用学科。因此,潘懋元教授在创立独立的高等教育学时,从一开始就将其定位为应用学科[①],并认为,所谓应用学科,毫无疑问,为的就是要解决中国高等教育的现实问题,离开了实践,离开了中国高等教育的现实问题,无疑等于取消了高等教育学。

然而,应用学科也有应用学科的理论和体系。作为学科,不仅意味着研究的理论化和体系化,也意味着学科的建制化或组织化,围绕学科形成研究团队、研究课题和研究方向,要处理研究资源以及学术管理等一系列问题。而专业化是学科面临的首要问题,它不仅关乎学科的地位、生存和发展,而且也首先关乎学科内部的学术标准和外部的学术地位等根本问题。所以,高等教育学从建立之初,特别是形成了一个相对庞大的研究团队和研究后备力量的培养机制后,一些从事高等教育学研究的专家学者迫切感受到需要提高高等教育学科的科学化、专业化程度,进而加强高等教育学科建设、提高高等教育学科的自足自治性便提到了日程上来。80年代以来,尤其是90年代,作为学者联盟的全国高等教育学研究会,多次召开高等教育学学科建设研讨会,集中讨论的问题是确立高等教育学的学科性质、研究对象、结构体系、内容方法等。应该说,开展学科建设研究十分重要也相当必要,学科建设确实取得了

---

① 潘懋元:《关于高等教育学科建设的若干问题》,《高等教育研究》1993年第2期。

重要成果，在促进高等教育学独立性和自主性方面发挥了积极的作用。然而，必须看到，学科建设研究的深层次问题，或者学科建设背后的问题，是高等教育学学者内心普遍的焦虑感，他们迫切期待摆脱作为学科的高等教育学的不成熟，提高学科的地位和学术水平。因此，学者们提出高等教育学必须从现有的教材体系、工作体系发展到理论体系，寻找到一条可与经典学科体系平起平坐的途径，尤其是建立起那些成熟学科所具有的一套严谨的概念、范畴、理论命题甚至独特的研究方法，即学科范式。由此兴起了所谓的元高等教育学研究、作为规范性的高等教育学研究等等，试图梳理已有的高等教育学概念并使之精确化，探究高等教育学的逻辑起点、展开线路以及逻辑终点，由此形成首尾相接、前后一致的理论体系。

高等教育学学科建设研究本无可厚非，因为高等教育学虽然是应用学科，但它"不可能只是简单地应用现成的教育学基本理论直接解释高等教育现象和解决高等教育问题"①，必须发展自己的理论体系。然而，在实际研究中确实出现了偏离学科建设正确轨道的现象，集中表现就是一些学者闭门造车式地从事所谓的纯粹高等教育理论研究，他们不是关心现实的高等教育问题，不是从高等教育实际出发抽象出所需要的理论，而是借用其他学科概念或者国外学者的理论，企望推演、归纳和衍生出一套普遍适用的永恒的理论体系，结果，高等教育研究被引向学院化和主观化。恰如张祥云教授所说，高等教育研究出现了"揉面团"现象，这种研究不是

---

① 潘懋元：《关于高等教育学科建设的若干问题》，《高等教育研究》1993年第2期。

为了增加新知,它不过是简单地将以往的知识按照新的形式编织成另外一种样子,本质上没有任何改观。① 针对这种不良风气,潘懋元教授及时加以引导和纠正,并迅速转变高等教育研究方向。他认为,高等教育学是应用性学科,其生命在于实践,在于火热的生活,离开生活和实践的高等教育学,就无法成长壮大,就不会产生力量。因此,从90年代中后期开始,潘懋元教授领导的全国高等教育学研究会没有再就学科建设问题进行过专门的研讨,而是集中时间、精力研究探讨高等教育改革发展中若干重大的理论和实践问题,例如高等教育与市场经济问题、高等教育大众化及其质量问题、高等教育国际化与地方化问题、可持续发展与高等教育改革问题、大学素质教育问题、加入WTO对中国高等教育发展的影响及对策问题、知识经济与高等教育问题、体制改革与现代大学教育制度问题、高等教育分类与定位问题、高等学校招生考试改革问题、民办高等教育的发展问题等等,形成了一系列重要的研究成果。这些成果在指导高等学校办学和教育教学改革、政府高等教育决策与政策制定等方面,发挥了极其重要而关键的作用。只要我们翻开潘懋元教授本人数百篇高等教育研究论文,就会发现绝大多数文章都在讨论有关高等教育发展和改革等重大现实问题。

　　面向中国高等教育实际、服务于中国高等教育改革与发展实际,是潘懋元高等教育学的基本立场和出发点。中国高等教育实

---

① 张祥云、陈民:《教育科学研究的"知识中心"倾向评析》,《江西教育科研》1992年第3期。

践及其需要,是潘懋元高等教育学的源头活水。潘懋元教授之所以能在 50 年代即敏锐地感到需建立高等学校教育学并倡议对高等教育进行专门研究,就是因应高等教育教学工作的实际需要。在此之前,人们不承认高等教育实践的特殊性,因而,只是简单地用普通教育学,准确地说,是用中小学教育学的理论来解释和解决高等教育问题。在一些人看来,教育理论就是教育理论,是通用的,哪里还需要有什么所谓的高等教育学? 但是,潘懋元教授看到了高等教育实践的独特性,发现了一般教育学或者普通教育学所不能回答和解决的高等教育问题,比如,普通教育学就不能解释高等学校专业设置问题、教学计划与课程结构问题、毕业论文与毕业设计问题、大学生思想道德教育问题,等等。因为这些问题在普通中小学里根本不存在,所以,普通教育学根本没有涉及,更谈不上系统探讨。① 同样,潘懋元教授提出的一系列重要的一般性教育理论命题,比如,教育外部关系规律和内部关系规律命题,也是基于高等教育实践的特殊性发现的。这一理论一经提出,就丰富和发展了普通教育学理论,成为普遍性的教育论断。普通教育学虽然也研究教育基本规律,但是,在普通教育学领域,研究者并没有总结出教育的一般规律,没有提出教育的外部关系规律和教育的内部关系规律,何以如此? 用潘懋元教授的话说,这是因为,普通中小学教育作为基础教育,与社会的联系是间接的、松散的,在这里,人们很难发现其中的关系和规律。而高等教育与社会之间的

---

① 潘懋元、邬大光、别敦荣:《我国民办高等教育发展的第三条道路》,《高等教育研究》2012 年第 4 期,第 5 页。

联系直接而紧密,社会的发展和变化时时处处都会对高等教育提出要求,其影响都能体现在高等教育教学过程中,所以,从高等教育角度来看待教育与社会间的关系,就容易看到普通教育所看不到和不好发现的事实与规律。同样,教育与人的发展也是这样。如此,教育的内外部关系规律,是高等教育理论工作者对整个教育学理论的重大贡献。没有对高等教育实践的深入观察和研究,是发现不了这一规律的。

立场决定方法,也决定观点和治学态度。在从事高等教育研究的众多学者中,潘懋元教授的观点和主张往往最能引起理论工作者的高度关注,也最能得到实践工作者和管理人员的认同。之所以如此,关键在于潘懋元高等教育学的实践性。潘懋元常说"板凳敢坐十年冷,文章不写半句空"。这既是对自己的要求,也是他自身学术经历的真实写照。"敢坐冷板凳"是一种精神、毅力与韧性,认准的正确目标绝不动摇,必然有成绩、有收获、有创造。潘懋元教授岂止坐了几十年冷板凳!但最重要和最令人欣慰的是他把冷板凳坐热,成千上万的追随者加入高等教育研究行列,使高等教育学成为显学。

"不写半句空"既是一种态度,也是一种标准。潘懋元教授向来反对高等教育研究中理论脱离实际的倾向,反对脱离实际的空谈,要求自己以及学生心中永远装着实际,装着中国高等教育的历史与现实。潘懋元教授所开创的高等教育学,不是从书本中搬抄来的,而是从实践中总结、提炼出来的。潘懋元是高等教育学家,但确切地说他首先是一位高等教育社会活动家,长年累月养成的行万里路的良好习惯,使他的高等教育研究成为中国高等教育理论和历史的活教材。没有调查就没有研究,在潘懋元教授这里是最真实和生动的写照。潘懋元高等教育学,是用数据和事实说话的高等教育学,是深深地扎根在中国高等教育实践大地上的高等教育学。读他的著作和文章,读者就会在脑海中生成中国高等教育完整的历史与现实的立体画卷。潘懋元教授一年之中,总会有相当长时间到一线访学和调查,这一习惯在年事已高时仍然坚持着。他每年都带领着他的研究生,少则几人,多则十几人亲临一线系统调研。他与学生提出的民办高等学校走"万里模式"[①]、民办高等教育发展的第三条道路[②]甚至更多种途径[③],就是通过深入调查得出的科学结论。

三、潘懋元高等教育学的平民化立场

高等教育学是研究高等教育现象、揭示高等教育规律的科学。一提起高等教育,人们自然想到大学,而大学总令人感到高深莫测,或者用今天的话说,高等教育是"高大上"的活动。蔡元培说,大学是研究高深学问、养成硕学鸿儒的机构;梅贻琦说,大学是大师的天下。无论是高深学问还是大师,都不是常人,不是普通百姓;也不是常事,不是家长里短。所以,美国高等教育学者布鲁贝

[①] 潘懋元、邬大光、高新发:《浙江万里学院——一种第三部门高等学校的范例》,《高等教育研究》2002年第4期。

[②] 潘懋元、邬大光、别敦荣:《我国民办高等教育发展的第三条道路》,《高等教育研究》2012年第4页。

[③] 潘懋元:《民办高教发展需要有更多的路径》,《中国教育报》2012年1月9日。

克说,高等教育与中等教育只是阶段不同,但在教育阶梯的顶部却差异巨大,高等教育研究高深学问,或者虽然处于已知与未知之间,但由于它们过于高深,非常人所能理解。① 这就更加深了高等教育的神秘感。高等教育所传授和研究的是人类顶端的文化、知识和智慧,不可避免地给人一种崇高感和敬畏感,也因此形成了社会对高等教育群体的晕轮效应或刻板印象:大学里的人都是知识分子,教授们不食人间烟火,戴着高度近视眼镜,手里捧着厚厚的大部头著作,走起路来慢悠悠,说起话来文绉绉。他们自命不凡、自认清高、高人一等,或者承担着"为天地立心,为生民立命,为往圣继绝学,为万世开太平"的重任,整个世界都要由他们来解释、主宰、支配和拯救。

事实上,知识分子自身也确实容易犯那样的毛病。历史上,无论中国的士,还是西方的智者,教师或知识分子都属于权贵阶层。中国自古即以吏为师,学在官府,学术官守,只有那些有钱有闲有权的人才能从事学习和教育等智力活动。这也养成了大学教授的社会精英意识和气质,总是自觉不自觉地在自己与普通民众之间划出一条明显的界限。这种精英意识和文化,使他们在从事知识的生产和传授、传播的时候,往往脱离基层,脱离民众,代表了精英主义文化和上层社会的文化,在他们的研究活动甚至日常生活中表现出来。不管是摆弄故纸堆,还是前沿政策或者是热点问题的研究,都改变不了精英阶层的观念。对此,西方学者有较为深刻的

---

① 〔美〕约翰·S.布鲁贝克著、王承绪等译:《高等教育哲学》,浙江教育出版社2001年版,第2页。

揭示。他们指出,教师和学者热衷于学校所代表的自由奢侈品位文化以及中上阶层学生的文化习性,而排斥劳工文化与底层学生的文化习性。这种习性是教师文化的主流,往往造成社会文化与阶层的不平等,因此,打破这种现象需要平等地对待各阶层的文化,树立多元文化观和学力观,教师和学者应该成为文化转型的知识分子。[1] 而潘懋元教授却没有上述论点所说的知识分子习性,丝毫看不出他身上有"贵族"的影子,甚至可以理直气壮地说,潘懋元高等教育学是彻底的平民主义高等教育学,是真正意义上的人民高等教育学,潘懋元也理所当然地称得上平民高等教育学家。

潘懋元高等教育学很少有那些高大上的东西,没有故弄玄虚,没有趾高气扬,没有一点儿精英气质和派头。其研究选题、关注的热点和难点,都是高等教育实践一线的问题,甚至许多都是高等教育底层面对和迫切需要解决的课题。潘懋元高等教育学关心什么?他关心的是普通民众接受高等教育的权利,关心的是如何提高一般院校特别是薄弱院校、边缘院校的改革、发展和质量问题。在潘懋元的高等教育研究中,相当数量的成果都是有关弱势群体、弱势高校的研究,通过研究探索该类高等教育办学规律与特殊性,为这些学校和学生鼓与呼,为他们争取权益。比如,民办高等教育立法问题研究。众所周知,民办高校是改革开放后兴起的新型教育机构,在众多的国办和公办高等教育体系中,民办高校势力单

---

[1] 朱新卓、王欧:《教师的阶层文化与教育的文化再生产——西方学者论阶层文化对教育公平的影响》,《教育研究》2014 第 12 期。

薄,地位低下,办学条件欠缺,是典型的弱势群体。某些决策或者政策,对民办高等学校还存在着明显的歧视,民办高校不仅得不到当地政府应有的支持和关注,反而还要向地方政府缴纳各种税费。民办高校教师身份被划归为非企业单位人员,被人们形象地比喻为三等公民。更有甚者,民办高校学生享受不了假期火车票优惠……所有这些,归根到底是国家高等教育立法滞后,民办高等教育法律地位得不到保证。因此,早在1980年代中期,潘懋元教授就领导厦门大学研究人员率先开展民办高等教育立法研究[①],深入民办高校一线调研,掌握了大量的第一手材料,倾听民办高校的真实声音,反映民办高校的生存权利和发展需要,形成了一大批重要的研究成果。这些研究成果直接促成了《民办高等教育促进法》的研制。应该说,民办高等教育发展到今天,已经形成气候。据统计,仅教育部认可学历的民办本科高校就已经突破了100所,民办高职高专院校300余所,独立学院280多所,在校学生700余万人,成为中国高等教育大众化的重要方面军、服务国家经济社会发展的不可缺少的重要力量。这其中凝结着潘懋元教授的心血、思想、理论和情感,民办高等教育发展离不开潘懋元高等教育学的贡献。

如果说,民办高等教育是弱势群体,那么,地方院校特别是地方新建本专科院校可称为边缘群体。因为长期以来,人们一说起高等教育,往往眼睛只盯着那些国家重点建设大学,盯着那些肩负知识创新、创建世界一流大学、争取科技占领国际科技一席之地的

---

① 魏贻通:《民办高等教育立法之前期研究》,《高等教育研究》1994年第4期。

"985工程"高校、"211工程"高校,而大量地方新建本专科院校则常常作为高等教育体系的底端、末端而遭社会冷落,被置于边缘地位。一些高等教育界学者,也自觉不自觉地将研究重点和重心放在所谓的"经典大学"上,热衷于探讨所谓这类大学的理念、理想、逻辑,大学自治、学术自由、教授治校,普通教育、博雅教育、精英教育等具有崇高意义的话题。潘懋元教授则把大部分时间和精力用在思考一般院校,特别是处于底层、末端或者边缘的地方院校、高职高专院校的发展、公平和质量提升问题上。这些研究构成了潘懋元高等教育学的重要内容。比如,他对高等教育分类问题的研究,主旨并不在于分类本身,而在于确立新建本科院校、民办院校、高职高专院校的地位、办学模式与发展道路等问题,归根到底是这类院校如何走自己的路,如何办出特色,如何根本提高自身发展能力的问题。

潘懋元高等教育学平民化立场最明确的表达,就是他关于高等教育通向农村的理论。1990年代,中国高等教育获得了长足发展,曾经有一个时期,一年就新建了一百多所高校,几乎每三四天就建立一所高校。对于这一问题,有学者担心高等教育发展过快影响质量,提出限制高等教育发展的论点。在他们看来,高等教育是精英化机构,是培养高层次专门人才的,高等教育盲目扩张会导致质量下降。对此,潘懋元教授提出了自己的独到见解,他认为高等教育大众化发展是世界经济与社会发展的普遍需要和趋势,是全面提高国民科学文化素质和专业素质的必经途径。在高等教育发展道路上,潘懋元教授提出的高等教育要通向农村,其手段是发展现代远程高等教育、地市县兴办高等学校,扩大农村子女接受高等教育机会。[①]他还亲自指导学生以高等教育通向农村作为博士学位论文选题进行攻关[②],经过大量调查和文献研究,在理论和实践上提出了高等教育通向农村的必要性及可行性。其后的实践证明,潘懋元教授是极富远见的。目前,我国高等教育地区布局日益合理,地级城市基本上建有一所本科院校或一两所专科学校,有的县级市建立了高校,真正实现了高等教育通向农村。

潘懋元高等教育学平民化的另一表现,是朴实的学风和文风。潘懋元高等教育学是最能让普通人读得懂的学问,他的高等教育学从来不使用生涩的概念和词语,没有拗口的语言文字,更没有华丽的词藻,有的尽是平实的语言,并在这些通俗易懂的大白话中明确表达出深刻的道理。他反对那些故作深沉和玄奥或者"题目大、口气大"的学问,倡导研究要深入浅出,倡导用生活化的朴素语言表达内在的思想和理论。这让人想起了唐代大诗人白居易,据传他写诗总是第一个念给目不识丁的老妇人来听,老妇人听不懂,他就改,直到老妇人听懂为止。所以,潘懋元能够把深奥的学理用浅显的语言表达,如果不是出于平民化的立场,是根本做不到的。

潘懋元高等教育学之所以富有平民化立场,与其本人的生活经历有关。潘懋元教授出身贫寒,很早就靠自己劳动养家糊口,深知底层民众的需要与疾苦。后来通过自己的努力,一步步考上大学,当助教、讲师、副教授,又经历了"文化大革命",这些丰富而坎

---

① 赵叶珠:《潘懋元"高等教育通向农村"学术思想初探》,《集美大学学报》(教育科学版)2002年第2期。

② 高耀明:《高等教育通向农村研究》,厦门大学1998年博士学位论文。

坷的阅历，使他总能从民众和基层立场出发，想其所想，急其所急。关心年轻学生及学者是潘懋元教授的一贯作风，作为中国高等教育学科带头人，潘懋元教授著作等身、获奖无数，但他从不以名人自居，而是平等待人，奖掖后学。那些名不见经传的初学者、中道改行的高等教育学研究者、从事过一定管理的人员，他们每出版自己的著作，不管水平如何，只要有求潘懋元教授作序的，他都乐于为之，并且从来都是认真阅读并亲笔写序，从不让别人捉刀代笔。这种甘为人梯、奖掖后学的精神，鼓舞着那些年轻学人加入高等教育研究行列，为高等教育学源源不断地注入新鲜血液和活力。

80年代中期，中国高等教育进入了快速发展时期，高等教育学研究也相应地如火如荼地开展起来。当时全国一千多所高校中，有约700家成立了高等教育科学研究所或研究室，每一所高校都有一批学者从事高等教育教学研究。由于没有那么多公开出版的高等教育学术刊物，于是很多高校就办起了内部刊物，为研究人员提供发表成果的园地和平台。编辑和出版刊物，总要有一两位专职人员、一两间办公室和两三万元费用，这对高校来讲也算是一笔不大不小的开支。因为是内部刊物，稿源很窄，读者面很小，主要面向本校教师与研究人员，对外发行也多出于交流和交换的目的，所以，无论是质量还是影响力，都是不尽如人意的。也正因为如此，一些高校领导认为很不合算，想取消这类内部刊物。当时，有人写信给潘懋元教授，征求他对这些内部刊物的意见。潘懋元教授在回信以及此后多种公开场合说过这样的话：内部刊物以及刊登的文章，整体质量确实可能不高，但是，它有存在的必要。一所高校办个内部刊物，花上三两万块钱，一年刊发几十篇文章，效益是相当大的。对这几十位作者来说,他要写好文章,首先要认真读别人的文章,认真思考理论,总结实践经验。也许他的文章是拼凑出来的,但拼凑也要下功夫和花心思的。如果每篇文章再有几个读者,那就等于花几万元钱对几百人进行了高等教育学培训,这个钱花得值,刊物也就办得值。办一个内部刊物,等于开办一所好的培训学校。若同时办了几种内部刊物,就相当于开办了几个学科的培训学校,有助于提高教师学术水平,何乐而不为呢?① 从对办高等教育内部刊物的态度,足以看出潘懋元教授对基层从事高等教育研究人员的关心和爱护。也可以说,之所以高等教育研究繁荣兴盛,与他的平民化和人本化立场有直接的关系。

四、潘懋元高等教育学的科学化立场

潘懋元高等教育学是本土化、实践化和平民化的高等教育学,关注中国现实高等教育问题是潘懋元高等教育学的本质特性。然而,实践化不意味着潘懋元高等教育学不重视科学化,恰恰相反,科学化是潘懋元高等教育学的长远目标追求,没有科学化,就谈不上高等教育学,也就谈不上高等教育学的实践价值。

任何理论都与其对象化的实践之间存在着紧密的互动关系,理论与实践二者相互促进。这就是实践、认识、再实践、再认识,如此循环往复,人们对客观事物的认识以及形成的理论就得以接近事物的本质和规律。由此,人们越能够把握和控制客观事物,使之

---

① 刘振天:《我们怎么看待"垃圾学术"》,《光明日报》2014年10月14日。

按照符合人自身的需要和意志方向发展。有鉴于此，潘懋元教授自从事高等教育研究之初，即树立了相当明确的科学化意识。这种意识，最重要和最集中的表现就是高等教育学学科意识。这与其他研究高等教育的学者明显不同。当时，学界对待高等教育研究存在两种认识和态度：一种是西方学者的多学科意识，他们不认为高等教育研究是一门独立的学问，不过是各门学科运用自己的概念、理论和方法加以研究或观察的对象而已，进而各门学科从自己的角度得出各自不同的观点和结论；另一种是中国学者的普通教育学意识，相当多的学者认为，高等教育没有自己的特殊性，高等教育领域中的一些问题不具有独特性，完全可以用一般教育学或者普通教育学加以解释和概括，因此，完全没有必要、根本不需要建立独立的高等教育学。甚至在1980年代中期之后一个相当时期，潘懋元教授及其团队已经出版了高等教育学的有关著作，高等教育学已被教育部列为独立的二级学科、开始招收研究生的情况下，仍然有不少普通教育学者还不承认高等教育学，反对学科意义上的高等教育学。

　　潘懋元教授之所以要建立独立学科的高等教育学，是因为在他看来，高等教育不同于普通教育。换言之，普通教育学不能很好地解释或者根本无法说明和解决高等教育领域的现象和问题。这主要源于两个方面：一是高等教育的性质、目标和任务不同于普通中小学教育，普通中小学是基础教育，而高等教育却是专业教育，目标和任务是培养经济社会不同领域需要的专门人才；二是高等学校的对象一般是18岁以上的青年人，他们无论是智力、心理还是社会方面，都不同于中小学生。上述两方面决定了不能简单地用普通教育学理论研究和解释高等教育问题,必须建立独立的高等教育学。①

然而,建立独立的高等教育学并非易事,特别是使高等教育学能够从过去人们认为可以囊括一切教育对象和现象的普通教育学中分离出来,更远非那么简单。这也是潘懋元教授领导的研究团队1984年出版第一本专著《高等教育学》时,在相当程度上还保留着普通教育学的印迹,甚至存在着明显的普通教育学教材痕迹的原因。本来,相对于哲学、历史学、人类学、经济学、政治学、社会学等人文社会科学,教育学的科学化程度就不高,而高等教育学相对于普通教育学而言,其科学化程度或者学科成熟度又差了一截。因此,潘懋元教授迫切地感到大力加强高等教育学科学化的重要性和必要性。从80年代中期开始,一直到90年代末期,他和他的团队都在致力于学科建设,通过学科建设提高高等教育科学化水平,提高高等教育学对高等教育实践的理论概括和提升功用,提高其对高等教育的解释、预测、评价、规制和指导作用。高等教育学学科建设所讨论和关注的问题相当广泛,从概念、原理、命题的检讨,到研究方法的运用,一直到学科理论体系的逻辑表达,所有这些,都产生了积极的影响,取得了较为理想的效果。当然,学科建设不是一时一地能够完成的,它是一种目标、一种结果,又是一个过程,学科建设永远在路上。随着实践的发展,高等教育学概念会更新,理论会发展,学科水平会提高,学科建设不可能毕其功于一役,这也是今天一些学者仍然强调高等教育学再学科化

---

① 林金辉:《高等教育学学科建设的基本轨迹及其走向》,《教育研究》2003年第2期。

的缘由所在。① 不过,潘懋元高等教育学的学科化或科学化,并非为学科而学科的唯学科论,学科建设和科学化的目的,归根到底是提高学科的理论水平和实践能力。所以,潘懋元教授反对脱离现实的为学科而学科的唯学科论,进而坚持在实践中加强学科建设,加强学科建设服务实践的重要主张。

潘懋元高等教育学在解决了独立学科,进而解决了科学化立场之后,面临的又一个问题,就是高等教育学的学科性质问题。高等教育学是什么样的学科?是基础学科还是应用学科?潘懋元教授认为,高等教育学是应用性学科,应用学科有应用学科的体系,这个问题,前文已经论及,在此不加赘述。这里的另一个问题,是高等教育学是人文学科还是社会科学?换句话说,高等教育学应该像社会科学那样追求客观规律,还是像人文学科那样,仅仅表达着不同个体的不同理解和意见?目前,确实存在着较为明显的分歧。一些学者强调高等教育的人文性或者文化性,从而强调高等教育的独特性,否定高等教育客观规律的存在,进而否定高等教育学的任务在于揭示客观规律。② 他们认为,高等教育是人文现象,受政治、经济、民族、文化等的影响,不同国家、地区、民族甚至个体,对高等教育的理解是不同的,高等教育制度也是有差异的,想获得统一性、客观性、真理性的认识几乎是不可能的,也是不现实的。这种观点今天有很大市场。对此,潘懋元教授认为,高等教育

---

① 张应强:《高等教育学的学科范式冲突与超越之路——兼谈高等教育学的再学科化问题》,《教育研究》2014年第12期。
② 张楚庭:《教育学属于人文科学》,《教育研究》2011年第8期。

学的任务,今天是,将来依然是研究高等教育现象,揭示高等教育规律。潘懋元高等教育学不否定高等教育的文化特性,不否定高等教育的差异性,但是,高等教育学的主要任务,不是简单地复制、解释甚至迁就各种不同,关键是在不同之中找出共性规律或一般性规律。高等教育学要处理好"多"与"一"之间的关系。"多"是事物的形态和外在表现,其里或者本质是"一",从"多"到"一"是理论的抽象和上升过程,从"一"到"多"是理论回到实践、解释和解决实践的过程,是抽象上升到具体的过程。单纯把高等教育学归结为人文学科,就等于将高等教育学停留在事物"多"样化形态层面,缺乏理论的抽象化和具体化,不利于高等教育学的发展。

出于高等教育学科学化立场,潘懋元高等教育学力求揭示高等教育的一般规律与原则。潘懋元教授提出的高等教育内部关系规律和外部关系规律,可以说是高等教育科学化的成功探索和有力佐证。两大规律的提出,是高等教育学的重大发现,是潘懋元教授对高等教育的重大贡献。人们运用两大规律认识、观察和理解高等教育问题,顿时有豁然开朗之感,因为它不仅提供了立场、理论和视角,也提供了有效的方法。潘懋元教授还在两大规律基础上,提出了高等教育对社会发展需要的适应论这一十分重要的理论主张。他明确指出,要主动适应而不要被动适应,全面适应而不是片面适应,要处理好适应与超越、遵循与引领之间的关系。有人认为他的适应论是社会机械决定论,导致了高等教育发展中的失误[1],这显然是对潘懋元高等教育学的严重误解。更为重要的是,

---

[1] 展立新、陈学飞:《理性的视角:走出高等教育"适应论"的历史误区》,《北京大学教育评论》2013年第1期。

他以此为基点，成功预测了中国高等教育大众化发展和多样化发展的必然性，预测了新时期中国民办高等教育发展的必然性和可能性、高等教育通向农村的可行性，并在这些领域进行了卓有成效的先行探讨，取得了重要的研究成果。

潘懋元高等教育学科学化立场，还有一个重要表现，就是坚持科学研究的客观性、中立性，尽可能地避免偏见与狭隘。我们遍读潘懋元的全部专著和论文，会发现一个十分明显的特征，就是潘懋元教授高等教育研究的客观性、中立性立场。他对待高等教育现象及其研究，一向秉持学者的客观中立立场，有意识地避免价值介入或者先入为主，因此很少感情用事，很少激进，更少那种随着形势或者政治宣传需要随风倒的学术。潘懋元教授关注形势，总是能够敏锐地抓住学术领域最前沿的课题加以研究，但这种研究，只表现他的视野、眼光、高度和敏感性，并不表示跟风。我们注意到，潘懋元教授从50年代开始研究高等教育学，前后历经数十载，其间所研究的问题经常在变，研究成果难以计数，但这些林林总总的研究课题与成果中，其理论、观点和主张总能保持前后一致，很少甚至根本没有出现过自我矛盾、自我否定的现象。何以如此？关键是他一以贯之地秉持科学化立场，而不以外部政治变化，不以领导意志和喜好为转移。潘懋元教授特别反对那些今天一个观点，明天又一个看法，只顾追求当下时髦或者吸引眼球而不顾观点相互矛盾冲突的墙头学术，认为这样的学术缺乏学者的一般原则和立场，注定没有生命力。我们还注意到，潘懋元高等教育学具有广泛的读者，他每发表一种观点，都会引起学术界的关注，也会引起一线管理者和教师的关注。人们都能从中汲取自己所需要的观点和方法，从中获得教益，从而根据他的观点、见解和方法，指导自己的研究、管理和教育教学工作。这里的关键，不在于人们通过潘懋元高等教育学获得多少具体的知识和观点，而在于人们总能够从中获得世界观与方法论的启迪。再举一例，关于民办高等教育管理问题，政府出台文件，要求对民办高校以赢利性与非赢利性两种模式进行归类和分类管理。这种明确区分，对管理者十分方便，但是否符合民办高校的实际？潘懋元教授没有从政府出台的现成文件这一看似简单的方法出发进行研究，而是着眼于实际，通过大量的调查研究，在理论上提出了民办高等学校发展的第三条道路这一重要观点，丰富和发展了民办高等教育管理理论。如果不是客观化和科学化的立场，就不会得出这样的观点和结论，而这恰恰是一名严肃负责的社会科学家应有的品质。

（刘振天，厦门大学 1999 届博士，

厦门大学教育研究院党委书记、教授）

潘懋元教育哲学

阿里·谢沃

潘懋元教育哲学深得中国传统文化精髓。潘教授深谙中国现当代思想与教育需求，理性汲取西方主要教育哲学精华，将不同渊源的文化思想有机融合，彰显出独特神韵。潘懋元集教师、管理者、研究者三种角色于一身，融实践理性思维、规范理性思维、分析理性思维于一炉，兼采儒家中庸之道，铸就了其教育哲学理论和实践的双重品性。在当下全球化时代，潘懋元教育哲学为我们反思如何应对西方文化价值观，怎样以中国文化价值为根基有机融合不同源流的思想，生成中国特色教育哲学提供了成功范例。

在长期从事学术的职业生涯中，潘懋元形成了自身独特的教育哲学。除了对高等教育领域巨大的理论贡献外，潘懋元教育思想的理论基础也特别值得我们从全球化、当代化的视角予以剖析。他的教育哲学集分析理性思维、规范理性思维、实践理性思维三种不同的教育思维范式之大成。在兼容并蓄地运用上述三种教育思维范式的同时，他还建设性地践行理论—实践一体化的原则，同时兼采中国儒家中庸之道。从全球史角度考察，他的教育哲学不仅植根于中国古代传统，特别是儒学和现代中国教育的需求，同时借鉴古希腊本质主义、欧洲大陆百科全书派、综合技术主义及美国进步主义等西方主要教育哲学流派的观点。

本文旨在剖析潘懋元教育思想的渊源及影响。基于该主旨，本文首先分析潘懋元的经历对其教育哲学的影响：他的个人经历，尤其是童年和青年时期的学习、工作乃至政治上的经历与他的教育哲学有着直接关系。此外，战争经历、共产主义思想也是影响他教育哲学的重要因素。继而，本文探讨影响潘懋元教育哲学的西方渊源：从国别来说，俄罗斯、德国和法国对其教育哲学的形成有着深刻影响；就人物而论，赫尔巴特和杜威对其教育哲学产生了深远影响。最后，本文探究潘懋元如何成功地将以下不同渊源的思想有机融为一体：第一，中国古代传统与中国现当代思想及教育需求；第二，中国文化思想与西方主要教育哲学观。

一、国内经历和研究历程

潘懋元，广东汕头人，生于 1920 年 8 月 4 日。他出身贫寒，父亲仅受过小学教育，母亲是文盲。他的哥哥天资聪慧，一心向学，在短短 21 年的生命历程中，取得了远远超越他小学教师职业身份的业绩。其兄有着显著的学术志趣，出版过一本诗集，对中国古代文化亦有深入研究。家境的拮据促使他们通过教育加以改善。哥哥的从教工作和学术志趣对潘懋元日后终生献身教书育人事业，始终对中国文化持有浓厚的兴趣有着直接影响。因此，教育不仅是一种改善经济状况的手段，同时其本身也具有重要的价值，来自早年的这种认识，形塑了潘懋元一生的品行。潘懋元的小学老师大多为年长老者，他们是清末技能娴熟的古文书写者。他们传授的古典传统知识使潘懋元深受中国儒学思想影响。15岁时,潘懋元开始在家乡的一所小学当老师。他并不认可这段小学从教经历,因为他实在不知道如何教授这些小孩子。在课下,他总是花很多心思备课,查阅大量的教辅资料,并制定课堂教学计划,但是每次课堂实际授课时不到15分钟便把之前准备得很充分的内容全讲完了,然后便不知道该讲些什么。当他面向学生教课时,学生们叽叽喳喳、喧闹不止;当他转身背对学生板书时,学生们则向他投纸团或其他东西。这种痛楚的实践经验促使他情不自禁地思考,认识到要有专门的面向小学生的教学方法。这是他研习教育学的开端。潘懋元找到了教育家庄泽宣写的《教育概论》。但这本书读起来令人费解,于是他产生了正规学习教育学、系统探究如何有效教学的念头。他向往着进入师范院校深造。这个愿望的实现开启了潘懋元教育学的意义审思之旅,迈出了潘懋元教育哲学的第一步。

1939年6月,日军入侵汕头,潘懋元所在学校被占领。他匆匆结束了自己的学业到广东内地继续教书。除了日常教学工作,潘懋元还协助训练民兵如何对抗来侵的日本侵略者。也正是在这一时期,他参军入伍成为一名战士,为期半年。战争的历练,使潘懋元开始思考伦理道德与教育之间的关系:一定的教育是否能够发展国民心智以创建和谐社会?

抗战胜利后,潘懋元所继续从事的教育工作有了很大变化,他在从事教学工作的同时,开始担任教育管理职务。他开始尝试不同的思维方式,将教师、教育管理者、教育学研究者三种角色有机结合。"双肩挑"的工作强度和难度对他个人是极大的挑战。有些

"双肩挑"人员在高升为院长或校长时,便会放弃原本的教学和研究工作,但是潘懋元始终坚持教学和研究工作。这种坚持让他不得不付出更多努力,但同时也因此而受益良多。当他思考教育理论时,他总是会想到该理论在实际工作中是否能够行得通,该理论在哪些方面可行和有效。在应对实际难题时,他会自然求助于理论研究以寻求破解之道。

学者的行政管理经历会使他们的实践行为与一般学者存在显著差异。具有行政管理经历的学者在做研究时,会考虑到实践工作所要求的可行性与现实性。没有行政管理经验的学者往往诉诸既有理论,并将之作为个人思想发展的基础,而很少考虑其实际的适用性和可行性。前者的学术成果通常较为实用,具有广泛的适用性,而后者的研究成果则很难得以应用。但是,有行政管理经历的学者也有其自身的局限性:他们一般很难接受新思想和新观念,可能会变得趋于保守,因为他们往往淹没于日常的行政事务中。

从本质上讲,个人研究领域的适用性和实用性至关重要。例如,工厂管理者在计划生产新产品时,肯定会考虑新产品的经济价值,其成本、投入与效益因素,而其他人则很难想到产品的成本和可能的经济利益。再比如,在房屋设计中,实践经验丰富的工程师会考虑到房屋的用途、房屋的收益,而缺乏实践经验的工程师,更倾向于房屋的外观是否更漂亮,很少能够考虑房屋实际的经济价值。同样的道理,一位好的导师绝非取决于单纯的学术资历问题。培养硕士或博士研究生,并非只是让他们获得知识或发展其科研能力素养,而应努力提升学生的学术水平,培养其学术追求和旨趣。潘懋元视对学生的学术关怀为合格导师的重要标准。

综上所述,潘懋元早年经历、战时考验、学校双肩挑的工作经历和体验是他诠释西方教育思想的重要参照。上述经历从理论和实践双重维度塑造了他以规范性、实践性和分析性多元视角洞察教育领域的独特资质,同时他还践行理论与实践一体化,有机糅合多种思维方式和观点,恰当运用儒学中庸之道。

二、西方影响

纵观潘懋元执教、为学及行政管理的职业生涯,他是逐渐熟悉西方教育思想并受其影响的。潘懋元对西方教育思想的了解,始于战后他赴地处北京的中国人民大学学习期间。在那里,通过苏联教师,他接触到了由苏联学者翻译而来的西方教育哲学。之后,他开始与其他西方学者交流。总之,种种迹象表明,西方主要的教育哲学思想与潘懋元的中国学术背景产生了共鸣。对教育目的、教育内容、学习方法、评价步骤与学生学习能力等各自特征及它们之间关系的不同理解,影响着人们对什么样的教育才是最好的教育这一命题的认识与判断。西方教育思想体系中的四种主要教育哲学对潘懋元教育哲学的形成具有明显影响。

(一)西方四种主要教育哲学

西方教育史中有四种主要的哲学流派:古希腊的本质主义学说、欧洲大陆百科全书派、综合技术主义和美国的进步主义。上述每一种流派都声称,自身所施行的教育是使学生学会创造性地掌管自我生活及社会最为适合的教育。这也意味着,教师角色即教师素质因各流派的课程哲学而存在差异。

1. 本质主义(Essentialism)

本质主义植根于柏拉图标榜的社会精英模型和个人差异理论。精英模型论认为，只有天资聪慧的人才能够接受教育，才能培养成国家治理人才。个体差异理论——关于学习和知识的心理学观点，产生了最初的七艺课程体系。以本质主义为基础的课程在当时的欧洲教育实践中占据主导地位，而且建立了这种课程体系的理想性学习标准。这种标准也为教师如何授课提供了参考。英国是本质主义课程传统的典型代表。这种教育传统中的教师应具备博雅的知识和技能。

潘懋元并没有直接借鉴本质主义学说绝非偶然，原因可能在于该传统是最接近中国儒家教育哲学的西方传统。本质主义学说与儒家教育思想有着特定的相似之处。总体而言，二者均强调良好的师生关系的重要性，强调教师与学生之间对话的重要性，凸显人本主义价值。此外，二者都重视个体品质及道德品行的培养。儒学思想和本质主义的总体目标是致力于指向学生智慧提升的学习过程。与柏拉图相似的是，二者还同时主张精英教育制度模式。只有天资卓越、聪慧过人，才有资格治理国家，像柏拉图理想国中的哲学王、中国历代朝廷官员。

2. 百科全书派(Encyclopaedism)

源于17世纪欧洲大陆的百科全书派融合了夸美纽斯大教学论和革命前法国理性主义者的思想，是第一个与柏拉图本质主义模式相抗衡的系统教育哲学思想，是直指当代学校综合教育模式的首次设计。简而言之，该传统认为学生应该尽可能多地学习已有知识,以完善自我,造福社会。同时,该传统强调实用型科目对发展学生创造性思维的重要意义。但是,法国思想家主张,学校教育系统还应该挑选极具天赋的学生进行教育,以培养国家领袖。百科全书派模式在19世纪盛行于除英国外的欧洲其他国家,对这一流派的批评主要有以下两点:第一,该流派主张所学科目越多越好,这可能导致浅尝辄止;第二,该流派的模式言论预示着知识存在等级性,复辟了阶级社会。百科全书派对中欧、西欧(英国除外)以及北欧教育政策影响深远。基于该流派的观点,教师素质与有效教学直接关联,教师应具备有效促使学生掌握大量学科知识的素质。显而易见,该流派以"知识—学科"为中心。需要指出的是,该流派也非常重视教师角色的价值,这一点与儒学思想趋同。

　　百科全书派的重要代表人物赫尔巴特深深影响了潘懋元教育哲学思想。赫尔巴特认为,只有程序化的、细致的教育才有可能促进个体的道德与智力发展。个体发展的关键要素是内在的自由、至美、善行、正义、公平。能力并非天生的,而是后天培养的,教育恰好是提升个体道德和心智发展的平台。这一主张与儒学观点的相似之处是显而易见的。苏联教育家曾同时受到德国和法国教育思想的影响。潘懋元深度审视当时北京求学期间苏联教师的观点时,很快便发现他们的观点来源于欧洲国家,流淌着正宗的欧洲血脉。不同于本质主义学说,百科全书派强调公平。与儒学思想一致,百科全书派重视道德和知识发展。透视潘懋元教育哲学得知,他认为百科全书派与儒学思想二者最为一致的地方在于:知识的习得对个人道德发展具有强大的正面促进意义。不同于中国封建帝制教育思想,百科全书派认为知识的获得不仅限于人文科目,现代社会同时需要自然科学和技术知识,百科全书派的上述特征影响了潘懋元教育哲学。

3. 综合技术主义(Polytechnicalism)

19世纪,综合技术主义及美国进步主义崭露头角。前者立足于社会主义及共产主义哲学和社会学观点,激进的进步主义源于美国实用主义哲学。综合技术主义产生于19世纪下半叶,主张基于社会创造性生活的需求而组织教育,并将其视为综合技术主义的一个基本原则。教育体系被视为予以人们基于知识的能力、培养社会主义社会所需要的国民价值观——创造性的主要手段,教育为每个人充分发展个体才能保驾护航。在非阶级社会每个个体拥有同等的机会和渠道而获得同样的教育资源。苏联学校的很多学生通过自身学术和艺术成就达到了教师的高期望目标。但是,也有为数不少存在认知问题的弱势学生,在学校的生活甚为糟糕。综合技术主义视域中的教师素质与百科全书派所认定的教师资格标准十分相似。

苏联教育体系是综合技术主义的成功案例,得益于综合技术主义的运用,苏联从革命前几近文盲的社会,成功转化为一个教育超级大国,以第一个人造地球卫星"斯普尼克1号"为巅峰。新中国成立后,综合技术主义对中国教育产生了巨大影响。除了现代科学和技术手段,该流派还预设了平等及未来共产主义社会的理想样貌。潘懋元教育哲学显然受到了该流派的影响。然而,这种哲学思想中的部分思想是有问题的,如该流派强调实践和理论的绝对平等,教育被理解为培养苏联公民的工具,在那里人们之间不存在任何等级性,所从事的实践工作与理论工作之间也没有任何区别。事实上，关于人与人之间学习能力差异性的表现，孔子有着更为切实的理解。潘懋元教育哲学在保持追求平等与社会和谐的目标基础上，顾及了人类学习特征的现实性。潘懋元认为高质量的教育和先进的技术是创建更加美好社会的前提，这一认识不仅得益于邓小平教育观的鼓舞，显然也受到了综合技术主义的影响。

20 世纪 50 年代，中国为什么会接受苏联的教育思想呢？潘懋元认为，其原因并非二者都是社会主义国家，而是因为二者均受到欧洲教育思想和传统的影响。欧洲教育思想与中国传统教育思想相吻合，如欧洲教育一向强调系统研究和高等教育，而中国教育也有重视系统性研究的传统。

4. 进步主义(Progressivism)

美国进步主义诞生于 20 世纪上半叶，以杜威为主要代表。相较于综合技术主义，美国进步主义来势更加汹涌，该流派起源于美国本土的实用主义哲学，教育被视为促进社会更民主的重要途径。美国进步主义与综合技术主义不同之处主要表现在以下两个方面：第一，小学阶段课程科目的教学内容应开发为创造性地解决问题的持续过程，即"做中学"(learning by doing)；第二，学校组织和环境创设应类似于社区。进步主义迅速扩展至英国和斯堪的纳维亚的小学(芬兰除外)。斯堪的纳维亚和美国的中学教育亦深受进步主义的影响。正如有很多教师反对综合技术主义一样，美国进步主义也受到了学术团体的强烈抨击，还遭到了部分寄望子孙后代成为学术精英的家长的质疑。提及学业成绩，美国高中时常被冠以"灾区"之名。进步主义提倡，教师要具备指导学生自身"发现新知识"或"做中学"的技能。不同于本质主义重视教师道德和品质素养，进步主义更关心教师解决实际问题的能力。有别于百科全书派的是，进步主义并没有十分在意教师的学科知识背景。另外，杜威提倡"做中学"，甚至走向了极端。但是，欧洲和美国传统教育思想都有自身优势。相比美国同年级学生，苏联和中国的学生因其系统性知识的学习，往往在数学、物理和化学等科目方面表现突出，但在运用知识解决实际问题方面则表现较为弱势。源于自身的传统教育思想，相较美国，中国更容易接受欧洲思想。

（二）杜威的影响

潘懋元认为杜威对中国教育的影响集中于理论层面，中国教育实践则并未受到杜威言论的明显影响。通过苏联教育家，中国教育主要受赫尔巴特影响，只有个别小学在搞教育实验，如20世纪二三十年代的设计教学法，但是诸如此类的教育实验往往很快便草草终结。杜威更为关注儿童教育，而非高等教育，其教育名篇《明日之学校》主要论述了小学教育，他对高等教育并未产生显著影响。但是，他的实用主义哲学思想对中国影响至深，其中包括新中国教育的总体变革。他的影响更多偏于思想层面，集中于理论领域，并没有给教育实践领域带来多少改变。但直至今天，杜威实用主义思想在某种程度上仍然影响着中国教育变革的走向。

杜威的思想更适于社会的进步与发展，更关注物质获益，却忽视了人文精神的重要价值。基于问题，致力于问题的解决是杜威教育哲学的内核。在市场经济场域中，有效解决问题至关重要。由于中国现阶段市场经济体制的施行，杜威哲学思想在近20年再次受到热捧。

在潘懋元看来,杜威关注现实,重视社会实际及其物质需求。杜威反对教育是为学生未来工作做准备的言论,他认为教育即是为了学生当下现实的生活,而不是未来。学生当下的幸福远比其未来的工作和社会的需求更有意义,进步主义并未对潘懋元教育哲学产生过多的影响。

三、三种互补的思维方式

将不同的思维方式卓有成效地加以结合是潘懋元教育哲学的显著特征。从哲学史的角度来看,有三种主要的不同思维方式被誉为人类的代表性特征,但是将这三者有机结合,充分发挥各自不同的社会功能,却是极为罕见的。这些思维方式(或理性)有着各自专门的理解和解决具体问题的独特框架。他们分别是:分析理性思维、规范理性思维和实践理性思维。这三种思维方式表现了社会劳动力构成的不同重要方面,处于不同发展水平的社会,对这三种思维方式各自独立的功用、角色认识与定位存在差异性。这三种思维方式在实际中相辅相成,叠加发挥作用。从分析的视角来设想这三种思维方式的效果是大有裨益的,缘由如下:第一,深化对现代社会劳动力构成的认识;第二,明确与三种思维方式相关联的知识及技能的类型和特性。

(一)功能

有效连接三种理性(思维方式)的是三种特定的功能。

规范思维主要关注在一定价值标准指导下,对事物的设想和目标规划,价值标准是该功能的核心。实践思维主要是形成与规划目标的实现最为相关的策略,这种相关性主要指逻辑相关性。分析思维旨在对目标和策略进行远距离分析,基于价值观念的策略和所做出的行为进行尽可能独立的阐释。分析思维基本功能在于就以下方面做出尽可能客观的描述和(或)分析:规划设想/目标是如何产生的,有什么依据? 为什么采用这些实施策略? 这些策略在实践中为什么会起作用?

(二) 角色

某些特定的角色与上述三种思维方式相关。政治家是规范理性思维的典型代表,他们基于自身所代表的群体的共同价值基础,做出规划设想,领导群众为之共同奋斗。通常情况下,政治家的行为与现实会存在差距,这正是规划目标需要填补的。政治家的想法往往跨越实际中的实施问题,因为策略实施问题是管理者或实践者的工作。

我们通常期待管理者实际地考虑策略实施问题,期待他们在实践中零距离实现政治家所设定的目标。课堂中施教的教师是这种实践者的代表。虽然实践者的思维受限于政治家制定的设想和目标,需要尽可能接近上述设想和目标,但是面对每天的现实状况,实践者必须具备自身特殊的思维方式。尽管这种思维可能会导致严重偏离,甚至背离当初设定的远景和目标,但却是实践操作中必须的。

还有一种学术研究者的角色旨在尽可能远离政治上所设定的目标及完成目标所施行的实际努力,以保证能够尽可能客观、公正地看待上述目标和努力，可见这种角色是极为需要的。基于研究者对规范化实践行为所进行的最佳的、公正的描述和分析，会得出关于该事件最为有效和可信的结论。因此，我们便可以清楚、彻底地知晓整个过程中到底发生了什么事件，产生了什么行为，什么原因导致了这些行为和事件。该角色功能能够改进政治家和管理者对于自身所作行为的评价，验证他们的行为是否妥当。研究者的角色定位在于对政治家所设定目标的正确性和合法性提供最为可信的反馈，对管理者所采用策略的实用性和有效性予以尽可能可靠的反馈。

从以上表述可见，行动者在工作中会运用到这三种思维方式，并由此扮演不同的角色、演绎不同的功能。这是理所当然、习以为常的。然而，个人的主要职能角色即工作，往往使自身更擅长三种中的某一种思维方式。以下举例说明一个人如何同时诠释具有各自独立思维方式及不同功能的三种角色。

课堂中执教的教师不得不从实际出发考虑问题，因为他此时的主导功能是为学生施教一小时，该功能是实践性的。同样是这个老师，当他没有进行课堂教学，而是在办公室备课时，他将会首先考虑到国家课程标准所设定的目标和要求，这是教育部规范化信息所致，体现出规范化功能。研究者角色使其思维会被如下问题所占据：在教学实践中，为达到预期教学目标，依据什么规定教师的授课内容和教学方法？在上述问题探索过程中，哲学、社会学、心理学、历史、经济学学科能够提供哪些方面的借鉴？

纵观潘懋元一生，作为教师、研究者和教育领导者，得益于其创造性地、建设性地将上述三种理性有机融合，他赢得了世人的无比尊重,其言论、思想也受到了广泛的支持,特别是他对杰出研究者实践理性思维的强调。基于自身实践经验来理解教学和行政管理工作,同时对学校制定的标准规范持有高度的敏感性,是卓越的研究者不可或缺的素养。同时具备懂得实践、洞悉社会需求(目标导向的政策表述)、理解发展科学依据的能力,是潘懋元教育哲学的显著特征。除此之外,他的哲学还具有独特的儒学神韵——中庸之道。

四、中庸之道

当我们试图归纳提炼潘懋元教育哲学基本观点,总结他作为教师、导师、研究者、学术引领者的具体作为时,以人为本的特性顿时跃然纸上,凸显出儒家思想所倡导的中庸之道(the Golden Mean)。中庸之道象征着适度、诚实、客观、笃实、正直和得体,其核心在于行事不偏激。根据中国古代学者所论,中庸之道旨在通过思想上始终如一的平衡,来保持整体的平衡与和谐。"天命之谓性,率性之谓道,修道之谓教。"人的自然禀赋为"性",顺着本性行事为"道",遵循"道"的原则修养叫做"教"。"道"是不可以片刻离开的,因此,品德高尚的人在独处时其行事仍然十分谨慎与温文尔雅。

孔子的两个主要追随者孟子和荀子强调孔子教育思想完全不同的方面,这可能预示了中庸之道的实际运用。孟子极为重视人内心的善,将其视为培养道德的途径,引导人们朝正确的道德方向发展。荀子强调儒学思想的现实性和物质性,认为道德的养成需要通过社会的传统教育和个人的教育熏陶。潘懋元在中庸之道的实际运用方面，创造性、建设性地保持了他对孟子人文主义和荀子现实主义二者的平衡。我们可以从以下方面管窥潘懋元调适孟子和荀子不同主张的成功实践：他与同事和学生之间有着融洽、和谐的关系，体现了孟子的人文主义；他同时是中国高等教育研究的创始人、厦门大学教育研究院的创建者，体现了荀子的现实主义。

五、潘懋元教育哲学

在潘懋元教育哲学中，教育的目的在于对学生进行综合的系统的培养，使之成为具有道德情操的人，同时具备公平社会生产实际需求的知识与技能。潘懋元教育哲学体系中的教育内容包括人文、自然、科技范畴。学业技能和职业技能都非常重要。学习方法要能够有效传输知识和技能，同时能够有效激活学生的创造力。教师因高度尊重学生，而备受尊重。评价考试要如专业研究一样有效可信。但是，教师在学生学习过程中所做出的持续性评价应在心理上有助于学生提升智能。潘懋元教育哲学是他个人经历、西方影响、中国文化传统的综合体，彰显出儒学思想和共产主义思想的有机整合与和谐统一，尤其受邓小平政治哲学思想的激励。潘懋元教育哲学的激励因素可归结为三个关键词：精英、平等、正义。他成功地将晚清时期的教育思想与新中国成立后的教育思想融会贯通。就西方有价值的思想而言，潘懋元教育哲学作为范例，建设性地协调了国内，特别是近现代的教育思想和域外的教育思想。潘懋元教育哲学重视精英教育，这与本质主义学说趋同；潘懋元教育哲学强调理实一体化,认为高质量的教育是建设社会主义、通往共产主义社会的重要手段,这与综合技术主义相一致。在践行自身教育哲学的过程中,潘懋元建设性地统一融合了规范理性、实践理性、分析理性,同时兼采儒家的中庸之道。子曰:"中庸其至矣乎,民鲜能久矣。"(《论语·雍也》)。潘懋元教育哲学体现了中庸德行在现代中国学术思想中的绵延持续。

参考文献:

[1] H. L. Cheng ed. (1997), *New Essays in Chinese Philosophy*, New York, NY: Peter Lang.

[2] B. Holmes & M. McLean(1989), *The Curriculum: A Comparative Perspective*. London: Unwin Hyman Ltd.

[3] A. Tjeldvoll(1995), "The Language of Education: The Coherence of Educational Rationales, Systems, Cultures and Paradigms", in H. Daun, et al. eds., *The Role of Education in Development. From Personal to International Arenas*. Stockholm: Stockholm University, Institute of International Education.

[4] A. Tjeldvoll(2005), *Pan Maoyuan: A Founding Father of Chinese Higher Education Research*. Trondheim: Norwegian University of Science and Technology's Department of Teacher Education. Academic Reports, Number, 24, 2005.

〔阿里·谢沃(Arild Tjeldvoll),
挪威奥斯陆大学比较教育学教授〕

潘懋元高等教育思想

别敦荣　李家新

我国现代高等教育研究已有一百多年历史,大致可以分为前学科时期和学科化时期。自1950年代以来,潘懋元开始涉足高等教育研究,且从一开始就致力于高等教育学科建设。他可能是唯一一位纵贯两个时期的学者,不仅首开高等教育学科化之先河,而且一直站在高等教育学科最前沿,深耕不辍,成为我国高等教育界的常青树。他的学术成果丰富多样,学术思想深刻系统,几乎覆盖了高等教育研究的所有主要领域。他的高等教育思想是我国高等教育学科的基石,是我国高等教育学科理论的宝贵财富。不仅如此,他在繁荣和引领高等教育学科发展的同时,足迹遍布大江南北,在各级各类高校向广大高校领导、管理人员和教师传播科学的高等教育思想,指导高校办学与科学发展。他视野宽广、胸怀博大,长期关注和重视国家高等教育走势,将高等教育改革与发展政策变革纳入自己的研究范畴,为制定科学的高等教育改革与发展政策发挥了重要作用。正因如此,潘懋元高等教育思想已成为高等教育学科一个新的研究领域,据不完全统计,高教界已出版相关研究著作十余部,发表相关学术论文数百篇,尤其是一些外国学者加入研究队伍,更凸显了潘懋元高等教育思想的广泛影响。笔者深知,已有相关研究已经比较深入和全面,所以笔者无意做一个相关研究文献的综述,而是要深入原始学术成果中去,对他的学术思想进行系统的梳理和剖析,以期从总体上概览潘懋元高等教育思想的全貌。

一、高等教育学科发展思想

与西方高等教育研究的问题取向不同,我国近四十余年的高等教育研究呈现出学科取向的特征,即以高等教育学科的建设为基础和依归,开展高等教育相关问题的研究。一般认为,我国高等教育研究的学科化时期始自20世纪80年代初,以潘懋元编写《高等教育学讲座》和推动高等教育学进入学科专业目录为主要标志。在我国高等教育研究从前学科时期走向学科化时期的过程中,作为高等教育学科的创始人,潘懋元关于高等教育学科创立和发展的思想发挥了极其重要的作用。这不仅从整体上统领着潘懋元本人的高等教育思想与理论体系,也在很大程度上引领了我国高等教育研究的总体发展方向,成为我国高等教育学科建设的重要理论基点。

(一) 高等教育学科建设思想

虽然国内外关于高等教育相关问题的研究由来已久,如苏联曾于20世纪40年代提出"高等学校教育学"概念,但真正系统地探究高等教育规律,并将高等教育学作为一门学科加以研究和建设的,无疑始自以潘懋元为主要代表的新中国第一代教育学人。

潘懋元的高等教育学科建设思想,既源于他对世界大趋势的把握,也与个人经历及学科本身的发展时机紧密交织在一起。① 从历史脉络来看,潘懋元对高等教育学科建设的初步探索始自50年代中期。早在1956年担任厦门大学教育学教研组主任,为高校干部开设教育学讲座时,他就意识到了高等教育有别于普通教育的特殊性问题。他认为,高等教育具有与国民经济各个部门直接联系的专业性,是建立在普通教育基础上的专业教育;大学生是十八九岁以上的青年人,在身心发展特征与社会经验上与中小学学生具有明显不同。② 因此,高等教育是教育的一个特殊组成部分,不能将普通教育学的一般原则、理论简单地移植于高等教育领域。基于此,潘懋元倡导、筹划并组织了"高等学校教育学"课程的开设与《高等学校教育学讲义》的编写。这部讲义第一次明确地提出要建立一门"高等专业教育学"或"高等学校教育学",并对高等教育的定义和特点、高等教育学的研究对象和基本定义、高等学校的教育问题和教学方法等问题进行了界定、探讨,为此后高等教育学科及其范式的建立奠定了重要的理论与文献基础。

在因种种政治运动中断研究二十多年后,潘懋元于1978年重启高等教育研究工作,而他此时最为关心的问题之一,无疑是高等教育学的学科建设。从当时我国高等教育发展的现实需要、高等教育本身面临的特殊问题,以及教育科学的整体发展出发,潘懋元

---

① 潘懋元、陈春梅、粟红蕾:《关于高等教育若干问题的思考——厦门大学博士生导师潘懋元先生访谈》,《社会科学家》2017年第2期,第4页。
② 潘懋元:《潘懋元论高等教育》,福建教育出版社2007年版,第5页。

提出应尽快建立高等教育学科,实现高等教育研究的科学化、学科建制化,希望通过理论研究探索高等教育规律,并以之指导高等学校的教育教学工作。① 在重申高等教育特殊性的基础上,潘懋元以"高等教育学"概念取代了此前的"高等学校教育学",正式将其作为整个教育科学中的一个分支学科:"这一分支学科同教育学的关系是特殊与一般的关系。教育学,研究的是教育科学共同的、一般的规律,学前教育学、普通教育学、高等教育学以及其他分支学科,研究的是各自的特殊规律。"②1981 年,潘懋元开始组织编写我国第一部《高等教育学》著作。这部具有里程碑意义的著作对高等教育学的理论体系与研究内容进行了结构化、体系化的总结与归纳,其内容系统地覆盖了高等教育学的研究对象、任务与意义,高等教育的性质、任务、目标,及其体制、制度、发展历史,以及高等学校的特征、职能、管理,及其教学过程、原则、方法等诸多领域,初步构建了高等教育学的学科体系与理论框架,集中展现了潘懋元早期的高等教育学科范式与学科建设思想。在学科理论研究全面展开的同时,我国第一个高等教育研究机构于 1978 年在厦门大学建立,第一个学术团体中国高等教育学会 1983 年在北京成立,同年,高等教育学第一次作为教育学的二级学科被国务院学位委员会纳入学科专业目录,厦门大学分别于 1984 年、1986 年获批全国第一个高等教育学硕士、博士学位授予点。这些高等教育学的学术组织和学位点的建立使高等教育学的建制化在我国得以实现,为高

[①] 《潘懋元文集》卷二上,广东高等教育出版社 2010 年版,第 19 页。
[②] 同上书,第 23 页。

等教育研究和学科发展提供了组织保证。潘懋元曾将高等教育学科的创建过程总结为"第一,大势所趋;第二,大家努力;第三,时机成熟"①,但高等教育学建制化的每一个进步,实际上都饱含潘懋元对高等教育学科建设信念的坚守与执着,渗透了他领导创建高等教育学科的艰辛付出与贡献。

在我国高等教育学科建设的过程中,曾出现所谓"学科"与"领域"之争。有人质疑,高等教育研究并不具备作为一门独立学科的条件,只能作为一个围绕高等教育相关问题所形成的研究领域,这与西方国家的高等教育研究者如阿特巴赫(Philip Altbach)等人的论断基本一致。面对争议,潘懋元并没有简单地否定这种质疑,而是指出学科与研究领域并非对立的概念,二者也没有不可逾越的界限:

> 研究领域指的是有一定的研究对象的范围,而学科的首要条件正是特殊的研究对象。高等教育学由于有它独特的不可替代的研究对象,更由于它有其特殊的不同于普通教育的规律,因而可以构成一门独立的学科。至于理论体系、专门术语、方法论体系等,只有在它的发展过程中不断完善,不断成熟。确切地说,它既是一个研究领域,也是一门正在走向成熟的学科。②

在坚持高等教育研究科学化、学科化的基础上,潘懋元吸收融

---

① 潘懋元、陈春梅、粟红蕾:《关于高等教育若干问题的思考——厦门大学博士生导师潘懋元先生访谈》,《社会科学家》2017 年第 2 期,第 4 页。
② 《潘懋元文集》卷二上,第 426—427 页。

合了"研究领域论"背后的问题意识与研究方法论,极大拓展了高等教育研究的问题域与方法体系。随着潘懋元高等教育学科建设思想的不断发展,与高等教育实践紧密相关的问题,无论是一般的还是特殊的、宏观的还是微观的,都逐渐在他的理论研究中占据了一席之地,以多学科、跨学科研究为代表的方法论体系也逐步形成。在他的思想指引与亲力亲为之下(如组织编写《多学科观点的高等教育研究》等著作),高等教育科学已形成了一个庞大的学科群,包括从高等教育学各组成部分分化出来的分支学科,如大学教学论、大学学习学等;高等教育学同其他学科结合产生的交叉学科,如高等教育哲学、高等教育管理学等;以及运用高等教育理论以研究不同类型、不同层次的高等教育所构成的学科,如高等工程教育、学位与研究生教育等,形成了体系完整、结构清晰的学科群、问题域和方法体系。[1] 这标志着我国高等教育学科的发展已大大超越了普通教育学的研究领域与理论体系,形成了具有自身特色的学科范式与学科建设路径。

近年来,随着我国高等教育事业发展进入崭新阶段,潘懋元的高等教育学科建设思想也有了新的发展。一方面,他提出高等教育研究要主动适应新时代、新形势,特别是要反映从精英高等教育到大众化高等教育的变化,以"和而不同"的理念协调高等教育变革中的矛盾,包括价值观、质量观、发展观及政策上的矛盾[2],并以新时代中国特色社会主义思想为指导,扎根于优秀中华文化传统,

---

[1] 潘懋元:《关于高等教育学科建设的反思》,《中国教育科学》2014年第4期,第9页。

[2] 同上,第18页。

发展高等教育的中国学派;[①]另一方面,他认为新形势下的高等教育研究要更加重视微观教学研究,关注微观教学过程和培养专门人才的实践性问题,包括课程、教材、教法、评估及教学质量建设等,使高等教育研究真正深入到教育实践中去。[②] 在具体的发展路径上,他强调要推进高等教育学一级学科建设,以新的现代学科建设标准加快中国高等教育学派发展,同时在广泛吸纳、借鉴其他学科理论和研究方法的基础上,形成具有自身特色的理论与方法体系。[③] 纵观我国四十多年来高等教育研究的发展,可以发现其大体上遵循了潘懋元的高等教育学科范式与学科建设思想,是在这一思想基础上的进一步生长。这实际上说明,潘懋元之所以被公认为高等教育学科的创始人,不仅意味着他开展高等教育研究与学科建设探索的时间最早、持续时期最长且贡献卓著,更意味着他通过自身的思想与实践,开创了最具典范意义和现实影响力的学科范式。

(二) 教育内外部关系规律思想

教育是有规律的。对教育内外部关系规律的认识与阐释是潘懋元高等教育思想中最重要、最核心的内容之一,也是他本人及诸多学者开展高等教育研究的重要理论基础。"文革"结束后不久,

---

[①] 潘懋元:《主动适应新时代新形势 发展高等教育中国学派——在厦门大学教育研究院40周年庆祝大会上的讲话》,《高等教育研究》2018年第6期,第2页。

[②] 潘懋元:《高等教育研究要更加重视微观教学研究》,《中国高教研究》2015年第7期,第1页。

[③] 潘懋元:《中国高等教育改革发展70周年:回顾与前瞻——潘懋元先生专访》,《重庆高教研究》2019年第1期,第9页。

理论界开展了一场影响深远的关于教育究竟是"上层建筑"还是"生产力"的论争。在这场论争中,各方都有其合理的论证,虽未形成统一的结论,但却在很大程度上解放了人们的思想,唤醒了人们对教育基本理论问题的关注。潘懋元不仅参与了这场论争,更为重要的是,他开始着重思考教育与社会经济、政治、科技、文化等方面的关系。在他看来,高等教育发展在历史上出现的种种失误,是因为教育与经济、政治、文化发展不相适应,即违反客观规律所致,故而在高等教育学科发展中,研究高等教育发展规律是解决高等教育发展面临的根本问题的关键。他认为,人与社会是教育的两端,而教育是人与社会关系的中介,因此,可以从教育"促进人的发展"与"促进社会发展"两大基本功能入手,探索、归纳教育的基本规律。1980年在湖南大学讲课时,潘懋元第一次正式提出"教育的内外部关系规律",并在此后编写《高等教育学讲座》等著作时进行了表述上的修正。在这些论著中,教育的外部关系规律通常简略表述为"教育必须与社会发展相适应"[1],教育的内部关系规律则一般表述为"教育必须全面地协调德育、智育、体育、美育,使学生全面发展"或"教育必须通过德育、智育、体育、美育,使受教育者全面发展"[2],其后又增加了一个更重要的维度即"教育的要求必须与学生的身心发展相适应"[3]。教育内外部关系规律均要求相

---

[1] 潘懋元:《教育的基本规律及其相互关系》,《高等教育研究》1988年第3期,第1页。

[2] 《潘懋元文集》卷二上,第523页。

[3] 潘懋元:《对高等教育若干问题的思考——潘懋元先生访谈》,《西北工业大学学报(社会科学版)》2018年第2期,第27页。

互适应,即同时包括"受制约"与"起作用"两个方面,且都存在主动适应与被动适应的问题。就二者的关系而言,教育内部关系规律的运用要受外部关系规律的制约,而外部关系规律又只能通过内部关系规律来实现。① 运用外部关系规律时,要以是否符合内部关系规律为准绳,即以是否有利于教育对象的健康成长为依据;运用内部关系规律时,要以是否符合外部关系规律为准绳,即以是否有利于社会的发展为依据。②

虽然关于教育规律的认识广泛地存在于前人的著述中,但潘懋元是明确以"内外部关系规律"来指称并系统阐述教育规律的第一人。教育内外部关系规律思想的提出,对当时的教育理论研究、教育实践探索,尤其是高等教育研究与实践产生了深刻的影响,且这种影响一直延续至今,贯穿了高等教育研究科学化与学科化的全过程,推动了高等教育学科理论体系的建立与完善。潘懋元主张,高等教育学不仅要研究一般教育规律,而且要着重研究一般教育规律在高等教育实践中的运用;③高等教育学的学科建设必须超越一般意义上的问题研究,应当建立科学化的学科理论体系。科学理论体系的建立,通常需要有一种形式简单,但又能提纲挈领、统摄全部研究范畴的基本规约或基本思想。理论界在学科建立之初曾就高等教育学的逻辑起点等基本理论问题进行过论争,

---

① 潘懋元主编:《新编高等教育学》,北京师范大学出版社 2009 年版,第 13 页。
② 潘懋元:《关于高等教育学科建设的反思》,《中国教育科学》2014 年第 4 期,第 12 页。
③ 同上,第 10 页。

但并没有达成共识,而教育内外部关系规律思想的提出,则在事实上弥补了这一理论缺憾,使高等教育学的理论体系、基本范式的建立有了较为稳固的基础。无论是对潘懋元本人还是对其他研究者,无论是对当时还是现在的高等教育研究,这一思想都起到了重要的支持与牵引作用。潘懋元浩繁的研究领域中的诸多议题,比如,高等教育与商品(市场)经济的关系、高等教育与文化传统及文化创新的关系、新科技革命对高等教育的挑战、高校的教学原则与教学方法,等等,几乎都建立在其教育内外部关系规律思想的基础之上,是对这一思想的具体应用。从这个意义上讲,教育内外部关系规律思想是潘懋元高等教育思想体系的核心之所在。

潘懋元的教育内外部关系规律提出后引起了教育界的广泛关注,在很大程度上影响了教育理论与实践工作者的认识与思维方式,对我国高等教育的宏观发展与微观改革起到了重要的指导作用。尽管确实引发了一些争议和讨论,但这客观上更促进了这一思想的传播与完善。随着这一思想在教育研究与实践中的广泛运用,其科学性也不断得以证明。比如,潘懋元基于教育外部关系规律对高等教育与市场经济关系的把握,在很大程度上预估了社会主义市场经济对高等教育发展的影响趋势;他基于教育内部关系规律提出的大学素质教育思想,为当代大学教育改革指明了方向,并从90年代中期开始直接或间接地影响了国家各级教育主管部门的教育决策。潘懋元指出,教育规律与实践存在着一定的矛盾关系,如规律的抽象性、一般性与实践的具体性、特殊性的矛盾;规律的客观性和实践的主观性的矛盾;规律的存在是无条件的,规律的应用是有条件的,等等。① 因此,教育规律的正确运用,必须与长期的实践探索紧密结合。可以看到,潘懋元之所以能够在高等教育方面做出诸多具有前瞻性、预测性的理论成果,并能为我国高等教育政策制定、高等教育实践发展提供适切的指导,既源于他有着长期的、丰富的研究与实践经验,也因为他牢牢把握、合理地运用了教育的内外部关系规律思想。

二、高等教育宏观发展思想

理论的价值犹如太阳和月亮,不仅光耀星空,而且普照大地。潘懋元高等教育思想的一个重要特点,在于其并不是从理论到理论的抽象建构,而是与我国高等教育事业息息相关,与高等教育改革与发展有着不可分割的联系。在他的思想体系中,既有对我国高等教育发展的一般问题、普遍问题的关注,也有对不同高等教育类型的关切;既有对高等教育事业宏观发展方向、变革路径的把握,也有对高等学校内部微观事务的体察。概而言之,潘懋元的高等教育宏观发展思想主要由三大部分构成。

(一)中国特色高等教育发展道路思想

在现代高等教育的发展上,我国是后发国家。尽管我国现代高等教育的发展并没有宣称照搬任何国家的模式,但不可否认,

---

① 潘懋元:《关于高等教育学科建设的反思》,《中国教育科学》2014年第4期,第15页。

"依附论"的影响在各个时期都有着明显的表现,自主发展往往不是主流。在高等教育研究中,"依附论"也很有市场。潘懋元的高等教育思想表现出鲜明的文化自觉意识,在其高等教育宏观发展思想中,中国特色高等教育发展道路思想占有重要地位,这体现了潘懋元对于我国高等教育发展基本立场的宏观把握,是对我国高等教育发展路径的战略设计。从思想源流来讲,潘懋元的中国特色高等教育发展道路思想与其比较高等教育思想密切相关。作为我国最早从事比较高等教育研究的学者之一,潘懋元见闻广博,阅历丰富,在他思想的形成过程中,曾学习或接触国内外各种教育思想。他曾将自己的学习经历戏称为"封""资""修":所谓"封",是指他早年深受中国传统文化的影响,对中华民族的固有文化与道德伦理形成了较为深刻的认识;所谓"资",是指青年时期他曾大量接触、学习西方的教育理论,尤其是美国的实用主义教育思想;所谓"修",是指在新中国成立之初他又大量学习、实践了苏联的教育理论。[①] 在融汇国外多种教育理论、学说,以及高等教育发展的比较研究成果的基础上,潘懋元萌发了关于中国高等教育发展的创造性认识。在我国高等教育事业拨乱反正、走上正常的发展轨道之初,他即清醒地意识到,中国高等教育事业的发展不能抱残守缺、固步自封,要从各种教育思想、教育模式中不断汲取营养,但也不能丧失自身的特色与主体性,唯"洋"是瞻,而应努力提升自身的文化自觉,立足于本国实际,通过借鉴、超越与创新,走出一条具有中

---

① 肖海涛、殷小平编:《潘懋元教育口述史》,北京师范大学出版社2007年版,第114页。

国特色的发展道路。

对处于变革、转型中的中国高等教育来讲,潘懋元的中国特色高等教育发展道路思想明确了中国高等教育发展的基本立场与发展方向。在全球化浪潮兴起的时候,西方学者提出的"依附论"曾一度引起我国高等教育界的重视。"依附论"学者阿特巴赫认为,西方发达国家与第三世界国家之间分别处于世界学术系统中的中心与边缘地位,二者之间存在控制与被控制的不平等关系,无论是在政治、经济,还是在教育、学术领域,发展中国家对发达国家都存在无法避免、不可逆转的依附,未来似乎也只能在这一格局之下走依附性发展的道路。这种思想得到我国一部分学者的认同,他们援引中国高等教育发展初期曾移植、模仿日、德、美、苏等国教育模式的客观事实,认为依附理论可以解释清末以来中国高等教育发展的历程,中国与西方国家确实存在教育与学术上的"边缘—中心"关系,且在相当长的一个时期内难以摆脱这种依附发展的局面。[1] 潘懋元从理论与现实两个维度对"依附论"进行了批判。在理论维度上,他提出依附理论是站在强势的西方文化立场来为东方代言,只强调教育的外部因素,而对第三世界的民族文化、政治体制等内在发展动力置若罔闻;在现实维度上,他认为依附理论对中国高等教育的近代发展同样缺乏现实解释力。对西方教育模式的借鉴固然是所有"后发外生型"国家在高等教育发展初期的必经之路,但从我国的实际情况来看,所谓的"依附"是在逐渐减少的,

---

[1] 陈兴德、潘懋元:《"依附发展"与"借鉴—超越"——高等教育两种发展道路的比较研究》,《高等教育研究》2009年第7期,第11页。

随着民族性和本土性的日渐浓厚,中国的高等教育事实上也在不断探索适合自身发展的独特模式。潘懋元还进一步从学术理念、学术语言与学术评价三个角度阐述了影响中国高等教育自主发展的相关问题。[①]

有鉴于此,潘懋元提出以"借鉴—超越"论取代"依附论",认为中国高等教育一百多年来的发展实际上是一个学习、借鉴西方但有所创新的过程。通过大胆创新与不断超越,中国完全能够走上一条非依附发展的道路。尽管他关于这一思想的明确表述是在与"依附论"的论争中提出的,然而,从潘懋元高等教育思想的总体脉络来看,中国特色高等教育发展道路思想实际是他一贯的立场与主张,贯穿于他对中国高等教育发展的整体设计之中。比如,在建构高等教育的理论体系时,他始终坚持对学科建制与中国现实问题的关注,开创了与国外"问题领域式"高等教育研究截然不同的中国高等教育学科体系与学科范式;在研究高等教育大众化问题时,他将美国学者马丁·特罗(Martin Trow)的理论与中国的实际情况相结合,最终对大众化理论进行了适应性修正,并影响了高等教育大众化相关政策的制定与实施;在研究高等教育国际化问题时,他认为应将"引进来"与"走出去"相结合,要在引进国外有益的教育思想与教育模式并保持自身主体性的同时积极作为。近年来,随着我国综合国力与国际地位的提升,潘懋元进一步指出我国高等教育要在世界上持续发展自己的鲜明特色和话语权,既要尊

---

① 杜祖贻:《大学正业与国际排名孰重?——序潘懋元教授〈借鉴—超越:中国高等教育发展路径研究〉》,《北京大学教育评论》2009年第1期。

重中国的文化传统,又应广泛地吸取其他国家办教育的经验和优点,还要尊重联合国教科文组织所提出来的一些国际理念,如《教育 2030 行动框架》中提出的"全纳、公平、有质量和终身学习"的教育发展愿景等①,不断优化、完善中国特色高等教育发展道路,彰显中国特色高等教育的优越性与影响力。中国特色高等教育发展道路思想体现了潘懋元对于中国高等教育发展的基本立场,在他的教育思想体系中具有十分重要的地位。

(二)中国高等教育大众化、普及化思想

大众化是现代高等教育发展的重要趋势之一,20 世纪中期以来在东西方很多国家中都得到了实践。马丁·特罗最早对这一现象开展理论研究,他从美国、西欧的高等教育发展经验出发,提出了著名的"高等教育大众化理论"。这一理论认为,高等教育"量"的增长将引起"质"的变化,当高等教育毛入学率进入 15% 以上的大众化阶段后,高等教育的观念、功能、模式、管理,以及与社会的关系等都将发生一系列的改变。②为此,教育政策与教育制度应当进行相应的调整。大众化理论对世界许多国家的高等教育政策产生了重要影响,但却在很长一段时间内并没有引起我国高教界的重视。由于我国高等教育毛入学率长期处于较低水平上,比如,

---

① 潘懋元、蔡宗模、朱乐平、张海生:《中国高等教育改革发展 70 周年:回顾与前瞻——潘懋元先生专访》,《重庆高教研究》2019 年第 1 期,第 8 页。

② 潘懋元主编:《高等教育大众化的理论与政策》,福建教育出版社 2004 年版,第 2 页。

1980年毛入学率仅为2.22%,到1996年也仅为8.03%[①],大众化、普及化直到20世纪末都还几乎是无法想象的事情;不少人认为,大众化理论并不适合中国的国情,大众化所引发的教育质量、学生就业等问题是中国无法承受的。然而,通过研究20世纪后期我国经济社会发展需要以及新世纪经济社会发展的必然趋势,潘懋元运用教育外部关系规律的理论武器,敏锐地捕捉到了中国高等教育发展的历史性契机,指出中国高等教育需要"适度超前发展"[②],大众化道路是我国高等教育发展的必然选择。有鉴于此,他开始组织学生译介、研究马丁·特罗的有关论著,成为国内最早开展大众化相关问题研究的学者之一。在研究的理论视角上,潘懋元并没有拘泥于马丁·特罗的思想,而是结合我国的实际情况开展适应性研究。通过研究,他发现马丁·特罗的理论并不足以完全解释我国高等教育的大众化进程,我国在距离毛入学率15%的大众化底线标准很远的时候,就已经出现了若干大众化,甚至普及化阶段的特征,是一种质变先于量变的发展,即存在一个质的局部变化先于量的总体达标的过渡阶段。[③] 这一发现有力地弥补、修正了传统大众化理论的不足,为大众化理论在后发外生型国家的实际运用提供了适应性基础。在这一认识的基础上,潘懋元开始全面思考与我国高等教育大众化进程紧密相关的种种议题,最

---

① 《中国历年高等教育毛入学率数据一览》(1978—2012)[EB/OL]. http://wenku. baidu. com/link? url = AGWfgD0ffB − 0ID − nhtNZXVHhSn2JBnjPVT 974ywxAXx1SkIl6d_68CjB0ZsQZ0EYK7ObAyZvSKA2BZZoOeFjj8JBP5z−G9owxy ZQcTpNaFm.

② 潘懋元:《潘懋元论高等教育》,第365页。

③ 肖海涛、殷小平编:《潘懋元教育口述史》,第219页。

终形成了富有中国特色的高等教育大众化思想。

潘懋元的中国高等教育大众化思想首先体现在他的高等教育结构观上。他认为,大众化阶段的高等教育有两个特点:一是应用性,更多的要求培养具有应用能力的人才,而不是像精英教育阶段那样强调学术人才培养;二是多样化,应用型人才应该是多样化的,用传统的办学思路、办学手段来实施、规范大众化时代的高校办学既不经济、也不科学,用传统精英教育的标准来引导、衡量大众化时代的高等教育更是一种误导。[①] 因此,高等教育大众化的实现需要正确定位高等学校的层次、结构与指向,以全面适应大众化时代的高层次人才需要。在洞悉我国经济社会发展需要和精准透视高等教育发展可能的基础上,他指出发展民办高等教育和高等职业教育、鼓励高等教育通向农村等方式是实现中国高等教育大众化的主要途径,因此在这些方面组织开展了大量的原创性研究。比如,他指导的博士学位论文《高等教育通向农村研究》(高耀明著)就是国内第一部系统研究高等教育通向农村相关问题的著作。同时,他还明确指出,在实现高等教育大众化的过程中应高度重视对传统精英教育的保护,不能将大众教育与精英教育视为矛盾对立、非此即彼的概念,大众化时期的高等教育既应包括大量培养专业性、应用性、职业性人才的大众教育,也应包括一定比例从事高深学问研究与传播的精英教育,即应重视高等教育定位、分工与层次的合理化。[②] 此外,潘懋元的中国高等教育大众化思想还

[①] 潘懋元:《高等教育大众化面临的困难》,《光明日报》2014年9月23日。

[②] 潘懋元:《精英教育与大众教育》,《中国高教研究》2001年第12期,第16页。

体现在他的高等教育质量观上。他提出,高等教育大众化的前提是办学模式的多样化,而其核心在于教育质量的多样化。① 在大众化阶段,不同的高校处于不同的层次,有不同的教育目标与社会适应面,自然也应有不同的规格与质量标准。高校招生规模的扩张并不一定意味着教育质量的下降,通过保证高等教育的"适度超前发展",为不同类型、层次的高校建立不同的评估标准与指标体系等方式,大众化时代的教育质量问题是能够得到有效解决的。

在对我国高等教育发展的历史阶段性和特殊性的准确把握上,潘懋元很早即预见到我国高等教育将持续向大众化、普及化方向发展,将很快进入毛入学率50%以上的普及化阶段。在高等教育大众化思想的基础上,他开始进一步探索构建适应普及化阶段高等教育的新理念。潘懋元敏锐地指出,为主动适应我国经济社会的发展,高等教育应继续适度超前发展,因为人才的成长往往需要一个较长的培养周期。虽然21世纪初我国已具有了较大的人才培养规模,但如果因此就停下来,将很容易陷入中等收入陷阱,阻碍未来经济社会的转型发展。② 因此,普及化将成为未来15年我国高等教育发展的重要特征,这将引发高等教育新的变化:一是"全纳"将成为普及化的基本理念,接受高等教育已不再是精英化阶段少数人的特权或大众化阶段众多人的权利,而是所有适龄公

---

① 肖海涛、殷小平编:《潘懋元教育口述史》,第219页。
② 潘懋元、陈春梅、粟红蕾:《关于高等教育若干问题的思考——厦门大学博士生导师潘懋元先生访谈》,《社会科学家》2017年第2期,第8页。

民的义务;二是"质量"将成为教育永恒的核心,传统的精英化的学术质量将转变为多样化的质量,达到个人成长的素质同适应社会的知识能力的统一。① 在当前发展阶段,需要重点关注伴随高速增长而来的高等教育内外适应问题,包括高校学生数量激增与质量不高的矛盾、高校无序竞争与学生就业不充分的矛盾、高等教育中平等与优秀的矛盾,等等。② 潘懋元的中国高等教育大众化、普及化思想与其中国特色高等教育发展道路思想一脉相承,互为衬托,共同影响了他的高等教育结构观与质量观,为当代我国高等教育快速、持续、健康发展提供了重要的理论依据。纵观近二十多年来我国高等教育大众化的发展历程,可以发现其基本上遵循了潘懋元当时的判断与预测。

(三)终身教育思想

"终身教育"理念是由法国学者保罗·朗格朗(Paul Lengrand)1965 年在"成人教育促进国际会议"上提出的,其意涵主要包括:一是教育应贯穿人的一生,使每个人都能在任何时候接受教育,从而更好地适应社会需要,实现自己的抱负;二是教育应打破封闭、固化的学校体制,统合社会中各种教育与培训渠道,使每个人"在其生存的所有部门,都能根据需要而方便地获得接受教育的

---

① 潘懋元、李国强:《2030 年中国高等教育现代化发展前瞻》,《中国高等教育》2016 年第 17 期,第 6 页。
② 潘懋元、左崇良:《高等教育大众化:理论与实践的反思》,《攀登》2016 年第 2 期,第 140 页。

机会"。① 按照朗格朗的思想,终身教育并不是指某种具体的实体,而是泛指一种抽象的思想或原则,类似于我国古语所说的"活到老,学到老"。正因如此,虽然终身教育概念引发了国际社会的广泛关注,但在相当长的一段时间内并没有形成共识,关于终身教育的实现方式,迄今仍存在不小的争议。

潘懋元是我国最早关注、重视终身教育的学者之一,早在1970年代末进行学科建设的初步探索之时,他就考虑到传统的高等院校之外的高等教育形式很有可能在未来的教育体系中占据极为重要的地位,"高等学校教育学"这一称谓显然无法涵盖非学校形式的教育,因此,他坚持使用"高等教育学"来命名新学科。② 随着研究的进一步深入,终身教育思想在其理论体系中的地位越来越重要。

首先,在对终身教育的价值与意义的理解上,潘懋元指出,终身教育与高等教育存在紧密的联系,它代表了高等教育发展的一大重要趋势,甚至在很大程度上预示着高等教育的未来发展方向。在开展高等教育大众化相关问题的研究时,他开始关注并引介日本学者有本章的"后大众化阶段"理论。这一理论认为,当大众化进入后期阶段,不仅适龄青年继续增加并最终进入普及化阶段,越来越多的成年人也会为了满足工作和生活需要多次进入高等院校接受继续教育,高等教育的后大众化阶段很可能会出现终身学习

---

① 高志敏:《关于终身教育、终身学习与学习化社会理念的思考》,《教育研究》2003年第1期,第79页。

② 希建华:《中国远程与高等教育印象——访我国高等教育学泰斗潘懋元先生》,《开放教育研究》2005年第2期,第4页。

型社会。① 潘懋元看到了终身学习型社会的意义,并结合对中国高等教育大众化发展过程中"质变先于量变"的过渡阶段现象的考察,认为中国有可能借助现代远程教育、高等教育自学考试和各类培训班等方式,超前或部分融入终身教育体系。他高屋建瓴地指出,教育对人类而言是永恒的,而高等教育则只是一个历史概念;随着实践的发展,高等教育可能已无法涵盖中学后的多样化教育,而应使用"第三级教育""中学后教育"来标示,也就是说,未来的高等教育很可能是终身教育的一个组成部分。② 随着近年来我国高等教育普及化趋势日渐明显,潘懋元进一步指出终身教育将在不断适应社会发展所进行的系列教育变革中渐趋形成一种现实,高等教育最终将随着普及化的不断发展而融入终身教育体系中,成为终身教育体系的组成部分。"高等教育不再是人生学习生活的终点、学制层次的塔尖,而只是像初等教育、中等教育一样,作为终身学习的一个阶段。"③为此,需要将传统上各种被人为割裂的教学和学习形式加以整合,发挥各个教育阶段和各种教育环境的互补性,实现学历教育与非学历教育的有效融合,致力于构建一个学习型社会。④ 由此可见,潘懋元对终身教育的理解超越了一般意义上的现实或现象层面,而是从时代发展、历史趋势的高度来认识

---

① 肖海涛、殷小平编:《潘懋元教育口述史》,第 217 页。
② 潘懋元主编:《多学科观点的高等教育研究》,上海教育出版社 2001 年版,第 51 页。
③ 潘懋元、李国强:《2030 年中国高等教育现代化发展前瞻》,《中国高等教育》2016 年第 17 期,第 7 页。
④ 潘懋元、陈斌:《面向 2030 的高等教育发展:理念与行动》,《中国高等教育评论》2018 年第 1 期,第 9 页。

终身教育的现实意蕴。

其次,在对终身教育的意涵与实现路径的研究中,潘懋元并没有拘泥于国际上的理论争议,或照搬国外的相关经验,而是从国情出发,谋划具有中国特色的终身教育建设之路。在对我国当前的经济发展水平、教育结构体系,以及高等教育大众化发展阶段等问题进行深入研究的基础上,他提出终身教育体系本质上是一个包含所有教育形式的复合系统,我国高等教育的大众化、普及化发展不能仅仅依靠普通高校这一种形式,也应大量依靠远程教育、自学考试等多种教育形式。通过学历教育与非学历教育的结合、国民教育体系与非国民教育体系的结合,我国将有可能在短时间内实现终身教育体系与学习型社会的建立。基于此,潘懋元组织开展了一系列卓有成效的研究,他指导的博士学位论文《我国成人高等教育转型的研究》(余小波著)、《自学考试制度研究》(康乃美著)等,大大丰富了人们对终身教育及其实现方式的认识。

潘懋元的终身教育思想与其中国特色高等教育发展道路思想、中国高等教育大众化和普及化思想构成了一个关于我国高等教育宏观发展的思想体系。中国特色高等教育发展道路思想体现了潘懋元对我国高等教育发展的基本立场,大众化、普及化思想体现了他对我国高等教育发展态势的总体构思,终身教育思想则体现了他对我国高等教育发展趋势的长远预期。在这三种思想所框定的理论架构下,潘懋元组织开展了大量的理论与实践研究工作,为我国高等教育的宏观发展提供了许多具有科学性、建设性与创新性的思想和动议。

三、高等学校教育教学思想

潘懋元不仅关注高等教育发展中的宏大叙事与宏观命题,他同样也关注高等学校所面临的具体事务与微观问题。从潘懋元关于高等学校内部事务的研究与论著来看,他关注最早、着墨最多的,无疑是高校的人才培养与教育教学问题,这正是教育内部规律所约束的范畴,也是统摄高校内部绝大多数事务的核心问题。具体说来,他的相关著述主要聚焦于高校课程与教学、教师教育与教师发展两大领域。

(一)高校课程与教学论思想

人才培养是高等学校的基本职能,课程与教学是人才培养的两大关键要素,因此,高校的课程与教学也就是高等教育研究中最基本的领域。这可能是潘懋元关于高等教育学科建设的最初探索紧紧围绕高等学校中的教与学问题而展开的深层原因。从思想源流看,他的高校课程与教学论思想从一开始即具有鲜明的科学性与原创性,而非简单的教学现象归纳或教学经验总结,也并不是对普通教育理论或国外教育思想的简单移植,而是建立在他对高等教育的本质、特点与特殊性的理性认识和对教育基本规律的合理运用上。早在1956年组织编写《高等学校教育学讲义》时,他就初步总结了高等教育区别于普通教育、大学生区别于中小学学生的特殊性;而在1983年出版的《高等教育学讲座》中,他更将这种认识完整地概括为对高校教学本质的理解。他指出,高等学校教学的特殊性主要体现在三个方面:一是教学目标的特殊性,即高等教育是建立在普通教育基础之上的高等专业教育,高校教学应体现指向特定实践领域的专业方向性;二是教学对象的特殊性,即高等教育的主要对象是二十岁左右的青年,高校教学应对学生提出更具创造性、独立性的要求;三是教学过程的特殊性,即高校教学过程是人类一般认识过程和特殊认识过程相结合、学习已知和探索未知相统一的过程,因此应将科学研究和社会实践引进教学过程。[1] 潘懋元对高校教学特殊性的理性认识,揭示了高等教育区别于普通教育的本质特点与特殊规律,为科学、全面地理解高校课程教学提供了基本的思路指向。

在对高等教育的本质特征进行科学解释的基础上,根据他对教育基本规律的理性认识,潘懋元就高等学校的教学原则、教学方法、课程组织等问题展开了系统深入的探索,形成了一套层次清晰、结构严整的高校课程与教学论思想。在教学原则方面,他经过数十年来的研究、实践与修正,提出了高校教学的十大原则,即科学性与思想性相结合原则、知识积累与智能发展相结合原则、在教师主导下发挥学生主体性原则、理论联系实际原则、专业性与综合性相结合原则、教学与科研相结合原则、知识的系统性与认知的循序渐进相结合原则、少而精原则、量力性原则、统一要求与因材施教相结合原则。[2] 这十项原则兼顾一切教学活动中的普遍规律和高校教学过程中的特殊矛盾,上承他对高等教育的本质特征与教

---

[1] 曹如军:《潘懋元先生的大学教学思想探析》,载《潘懋元高等教育思想研究论文集》,厦门大学教育研究院 2008 年,第 97 页。

[2] 潘懋元主编:《新编高等教育学》,第 247 页。

育基本规律的理性认识,下启他对高校具体教学内容、教学方法、教学组织的系统设计。在教学方法方面,潘懋元根据他提出的教学原则对高校教学通常使用的课堂教学法(讲授法、讨论法、实验法等)、现场教学法(参观法、调查法、实习实训法等)、自学法、科研训练法等进行了科学化、系统化的阐述。在课程组织方面,潘懋元主张既不能墨守传统的苏联式学年制教学计划模式,也不能完全照搬美国式的学分制,而应结合中国的历史经验与现实情况,以及高校教育教学的普遍规律,制订具有中国特色的学分制课程教学计划与管理方案。①

尽管我国自近现代高等教育机构出现以来,就陆续出现了一些与高校课程和教学相关的研究,但直到 1980 年代初期,这些研究通常止于一般意义上的经验总结,或移植普通教育理论的思路与范式,并未形成兼具学理深度与现实针对性的高校课程与教学理论。潘懋元在高校课程与教学方面的研究成果无疑具有开创意义。随着这一思想的日渐成熟,他将其运用到更广义的高校人才培养问题研究中,如对大学素质教育的研究、对研究生教育问题的研究、对高校课程教学改革趋势与策略的研究等,取得了丰硕的理论成果。近年来,随着新技术手段在高等教育中的广泛应用,潘懋元也逐渐将研究视野投向新技术环境下的人才培养与课程教学改革问题,包括关注大数据、云计算、人工智能、脑科学、机器人(人工智能)与高等教育的关系;强调"互联网+教育"在开拓新教学模式、实现智慧教育目标、推进教育民主化进程中的重

---

① 潘懋元主编:《新编高等教育学》,第 293 页。

要地位,[①]等等。同时,这一思想体系在高校教育教学实践中也得到了推广运用,如潘懋元本人在研究生教学实践中摸索出的"学习—研究—教学"三结合的教学法、"学术沙龙"教学法等,从不同的侧面展现了他的高校课程与教学论思想的实践魅力。

(二)高校教师教育与教师发展思想

教师是高校办学的主体,是高校人才培养与教育教学活动的主要承担者,高校教师群体的学术水平、教学能力和师德,在很大程度上决定了高校的教育质量、办学水平和社会声誉。潘懋元很早就意识到了教师对高等教育事业的重要性,并开始了高校教师相关议题的研究工作。比如,在他1956年组织编写的《高等学校教育学讲义》中,就有专门章节探讨高校教师在教学中的地位、作用、任务及其与学生的关系等。随着世界高等教育的发展变化,以及90年代以来我国师范教育的转型变革,潘懋元逐渐将研究视野聚焦到高校教师教育与教师发展问题上。

潘懋元是师范教育出身,曾参加中等师范培训和接受系统的大学师范教育,具有深厚的师范教育理论修养和丰富的师范教育实践经验。同时,作为高等教育理论工作者,他也深知师范教育的发展趋势和适应性变革要求。2004年,他发表《从师范教育到教师教育》一文,阐明了以"教师教育"取代传统"师范教育"的必要性。他指出,传统的师范教育仅仅强调教师职业的伦理性,是一种

---

① 潘懋元、陈斌:《"互联网+教育"是高校教学改革的必然趋势》,《重庆高教研究》2017年第1期。

封闭、定向的教师职前教育,已不再适应大众化进程中高等教育领域所呈现的新趋势、新变化,应以"教师教育"取代这一概念。与师范教育相较,教师教育具有两大特征:首先,更强调教师职业的专业性,将教师视为一种拥有异于一般知识的专业知识,能够根据特有的专业经验为特定对象提供专业服务的专业化职业,因此,必须经过专门化的专业教育与专业训练;其次,更强调教育的开放性、多样性与长期性,是一种贯穿教师职业生涯始终的终身教育体系。① 在 2006 年召开的第四届高等教育质量国际学术研讨会上,潘懋元发表报告《大学教师发展与教育质量提升》,正式提出"大学教师发展"这一概念。他认为,随着知识经济时代大学成为社会的中心,以及高等教育大众化趋势在世界范围内的普遍出现,大学教师的角色与功能正在发生巨大变化,传统上从外部社会、组织的要求出发建构的教育、培训已不再契合高校教师的成长规律与成长需要,应提倡注重自主化与个性化的"教师发展"。② 潘懋元指出,大学教师发展与一般所说的教师培训也是两个有密切联系的不同概念,教师培训着重从社会或组织的要求出发,教师发展则着重从教师的主体需要出发,其虽然会借助某种形式的培训,但更加重视教师的自主性、个性化,促进教师的自主学习与自我提高,更加彰显了"以人为本"的特点。③ 结合国际高等教育研究的普遍共识和中国高等教育的实际情况,他在后续的研究中将广义

---

① 潘懋元、吴玫:《从师范教育到教师教育》,《中国高教研究》2004 年第 7 期。
② 潘懋元:《潘懋元文集》卷三下,第 503 页。
③ 潘懋元:《大学教师发展论纲——理念、内涵、方式、组织、动力》,《高等教育研究》2017 第 1 期,第 63 页。

上的高校教师发展界定为"所有在职大学教师,通过各种途径、方式的理论学习和实践,使自己各方面的水平持续提高,不断完善"的过程[1],并将高校教师发展的内涵界定为学科专业水平(包括基础理论知识、专业知识、跨学科与跨专业知识、实践能力)、教师职业知识与技能(包括教育理论、教学能力)、师德修养(包括服务精神、自律精神、创新精神)等三个方面[2],同时对高校教师发展的方式、组织、动力及经验借鉴等问题展开了深入系统的研究。

纵观潘懋元高校教师教育与教师发展思想的发展历程,可以发现二者之间有着内在的逻辑一致性和理论包容性,主要体现在以下三个方面。其一,从宏观层面明确了教师教育与教师发展的基本性质。传统的教师职业缺乏对专业化的重视,传统的教师发展也缺乏专业化的机制,这种专业化的缺失已经严重偏离了现代高等教育发展的要求,这也是高校教师教育与教师发展问题引人关注的主要原因。潘懋元对教师教育、教师发展概念的解读与论述,紧紧围绕着教师职业与教师发展的专业化而展开。近年来,高等教育质量建设已经成为研究与实践中的核心议题,潘懋元进一步指出了大学教师发展在高等教育质量建设中的重要地位,强调大学教学文化是质量建设的核心,而大学教师发展是质量建设的基础,二者在质量建设上密切地联系在一起:优质的教学文化生态系统为大学教师所营造,而优质的教学文化生态环境激发了大学

---

[1] 潘懋元、罗丹:《高校教师发展简论》,《中国大学教学》2007年第1期,第5页。
[2] 潘懋元、夏颖、胡金木:《教师发展与教师教育——访潘懋元先生》,《当代教师教育》2018年第1期,第2页。

教师的发展。[①] 其二，从中观层面明确了教师发展的基本特征与主要模式。潘懋元从现代教师发展的要求出发，一针见血地指出了传统师范教育、教师培训中的诸多问题，如强制性、封闭性、短期性等，强调发挥教师发展的积极性、自主性，构建开放化、多元化的终身发展体系。其三，从微观层面明确了教师发展的具体路径与实现方式。潘懋元的高校教师教育与教师发展研究既重视对国外相关经验的引介与借鉴，又强调立足本国的优良传统与实际情况；既重视对普遍性、一般性问题的探索，又强调结合各种具体的高等教育类型，如研究型大学、应用型大学、高职院校等，寻找能够满足不同高校特殊需要的工作方法。

四、高等教育分类发展思想

在世界各国的高等教育发展中，与大众化相伴而生的是高等教育的多样化发展，它既表现在高等教育类型的多样化上，又表现在高等学校办学模式的多样化上。潘懋元很早就看到了世界高等教育发展的这一共同趋势，并对我国高等教育多样化发展的理论与实践展开了长达近三十年的研究，形成了他的高等教育分类发展思想。他认为，分类发展应成为我国高等教育大众化、普及化阶段的重要思路，特别是针对近年来我国开展的"双一流"建设，他更指出"双一流"建设不能够仅限于几十所大学几百个学科，而应辐

[①] 潘懋元：《高等教育质量与大学教师发展》，《高等教育研究》2015年第1期，第48页。

射全国不同类型、不同层次的高校，所有有实力、有特色的高校和学科，形成不同层次、不同类型的"双一流"。①"全国两千多所高等学校，数以万计的学科，大家都应该是各自不同的一流。"②潘懋元的分类发展思想涵盖各种类型、各个层次的高等教育，以及学历与非学历、全日制与非全日制等各种高等教育形式，然而，其中着墨最多，也最具开拓性、典型性的部分，主要集中于民办高等教育、高等职业教育和应用本科教育等三大领域。

(一) 民办高等教育发展思想

我国现代高等教育发展史上曾出现过私立大学的兴盛时期，但1949年新中国成立后到改革开放前，民办高等教育几乎销声匿迹了。改革开放后，民办高等教育开始得到恢复发展，但是，受制于国家的政策法规和人们的传统观念，民办高等教育长期被置于边缘地位，不仅未能受到应有的重视，反而因诸多歧视和不公平政策的制约而举步维艰。潘懋元是我国最早关心和研究民办高等教育问题的学者之一，也是最早积极支持、推动民办高等教育发展的行动者之一。早在80年代民办高校复苏之初，他就指出，随着中国经济体制的改革，民办高等教育的重现不是不可能的，并预见到民办高等教育将成为我国高等教育发展中不容忽视的重要力

---

① 潘懋元:《高等教育"质量下降"是一个真命题也是一个假命题》,《中国青年报》2018年12月25日。

② 潘懋元:《对高等教育若干问题的思考——潘懋元先生访谈》,《西北工业大学学报(社会科学版)》2018年第2期,第29页。

量。① 他认为,随着改革开放后城乡合作经济、个体经济和私营经济的持续发展,民办高等教育的出现有其合理性与必然性,符合教育的外部关系规律。同时,民办高等教育的发展有利于鼓励社会各方力量集资办学,广开财路,缓解高等教育日益严峻的供需矛盾;有利于调整高等教育结构,促进新的教育体制、办学机制的建立;还有利于社会智力资源的开发。② 从这个角度看,发展民办高等教育将成为中国高等教育大众化的必由之路,这也为亚洲和东欧多个国家的高等教育发展经验所证明。对民办高等教育历史意义的理性认识,以及对民办高校办学者的情感认同,促使他日益重视并积极推动民办高等教育的发展。1988年,他在《光明日报》撰文,着重阐明了民办高等教育的性质,提出"学校的社会性质,并不决定于经费的来源,而是决定于办学方针、教育宗旨以及体现方针、宗旨的教育内容、教育方法、管理制度"③,因此,民办高等教育同样应纳入国家教育体系中,享有与公立院校一视同仁的待遇。这一论述在很大程度上导正了当时关于民办高等教育究竟是姓"公"还是姓"私"的社会争议,使人们开始重新思索民办教育的性质、地位与意义。1990年国家教委委托厦门大学高教所进行"民办高等教育立法的前期研究",1998年厦门大学高教所成立"民办高等教育研究中心",以此为基础,潘懋元和他的同事、学生就民办高等教育发展的相关议题展开了持续不断的研究。

---

① 肖海涛、殷小平编:《潘懋元教育口述史》,第223页。
② 潘懋元:《潘懋元论高等教育》,第341页。
③ 同上书,第340页。

民办高等教育的发展一方面取决于民办高校的办学理念、办学方式等,另一方面取决于国家相关法规和改革的支持。因此,潘懋元不仅关心民办高校的内部建设与发展,而且非常重视相关法规和政策研究,努力为民办高等教育发展营造适宜的环境。在他看来,民办高校的发展面临着一系列重大问题,如办学宗旨、独立性与自主性、产权、投融资体制等,而解决这些问题的关键,主要在于相关法律、法规和政策的完善。在1995年召开的亚太地区私立高等教育国际研讨会上,他作了题为"立法——私立高等教育发展的保障"的主题发言,指出立法对保证私立高等教育质量、促进私立高等教育健康发展具有重要意义。他认为,在当时的实际情况下,我国民办高等教育立法应着重扶持、引导,而非限制;必须明确私立高等教育的社会性质,确保其与国家的社会制度相一致;必须尊重其相对独立性、自主性和灵活适应性;必须公平对待,鼓励竞争;必须明确责任;必须建立评估制度。[①] 这些论断紧扣当时我国民办高等教育发展所面临的争议、问题和矛盾,为民办高等教育相关法律政策的出台奠定了重要的理论基础。2002年《民办教育促进法》颁布,这一关键性法律的出台使民办高等教育的法律地位和发展环境有所改善,但仍有许多悬而未决的问题。潘懋元指出,产权问题已成为制约民办高校发展的重要法律问题,根据现有的政策法律,民办高校的投资者和法人基本不享有财产所有权,这种延续公立高校管理的思维模式在很大程度上制约了民办高校举办者

---

① 潘懋元、魏贻通:《立法——私立高等教育发展的保障》,《高等教育研究》1996年第1期。

的积极性,需要有进一步的法规或条例对民办高校产权进行规范与保护。① 2010年《国家中长期教育改革和发展规划纲要(2010—2020年)》颁布后,他又针对将民办高校划分为"营利性"与"非营利"的简单二分法所引发的矛盾与困境,提出我国民办高等教育发展需要走出区别于"捐资举办的民办高校"和"营利性民办高校"的第三条道路,即"投资举办但不要求取得回报和要求取得合理回报但又不是营利性的民办高校",同时,也在积极倡导高等教育混合所有制办学改革。② 他指出,如果把营利性与公益性对立起来,势必导致营利性民办高校的办学结余只能按企业的有关法规处理,而不能按公益事业处理,因此需要多个社会部门相互协作,消解民办高校办学过程中营利性与公益性的矛盾。教育领域的"混合所有制"办学改革,有助于突破公私二元对立的理论传统,破解教育产权改革的理论难题,也有利于促进现代大学办学主体多元化发展,优化大学的产权结构与治理模式,完善现代大学的收益分配与回报机制。③ 这些观点对民办高等教育的公益性与营利性问题进行了辩证思考,为民办高校在新时期所面临的法律、政策与办学困境提供了合理的解决之道。

除此之外,潘懋元还对民办高校内部的管理、办学和人才培养质量等议题保持了高度的关注,如建言民办高校在高等教育大众

---

① 潘懋元、胡赤弟:《民办高校产权制度改革的若干问题》,《高等教育研究》2002年第1期。

② 潘懋元、邬大光、别敦荣:《我国民办高等教育发展的第三条道路》,《高等教育研究》2012年第4期。

③ 潘懋元:《中国民办教育四十年专题笔谈》,《华南师范大学学报》(社会科学版)2018年第6期,第20页。

化的大背景下积极瞄准市场,适应市场经济对高技能型人才的需求,大力发展高等职业教育[1];发挥民办高校办学自主权较大、办学者和核心成员的成就感与认同感更高的优势,推动民办高校精兵简政提高效率、贴近社会以生为本、精打细算运营资产、长远规划重视创新[2];等等。这为民办高校在中国高等教育大众化进程中的路径选择贡献了许多富有创见的思想,得到了很多民办高校办学者的认同。近年来,潘懋元又针对新形势下的高校混合所有制办学问题、独立学院等特殊类型民办高校的转型发展问题等展开了专门研究,如指出高校混合所有制办学形式应兼顾所有制属性和法人属性的分类;独立学院转设为独立设置的高等学校时应积极向应用型本科转型,克服"重学轻术"的思想认识阻力与政策上的歧视,着力改革专业设置与课程教学,提高产学结合度,促进产学融合、校企合作;等等。[3] 鉴于潘懋元对于民办高等教育发展的重大贡献与重要影响,中国民办高等教育委员会特授予他"中国民办高等教育创业奖(理论奖)"。

(二) 高等职业教育发展思想

与高等教育发达国家相比,我国高等职业教育发展相对滞后。到 20 世纪后期,为适应高等教育大众化发展的需要,我国高等职

---

[1] 林金辉主编:《潘懋元高等教育思想》,广东高等教育出版社 2010 年版,第 77 页。
[2] 潘懋元、罗先锋:《民办高校机制优势研究》,《浙江树人大学学报》2014 年第 5 期。
[3] 潘懋元:《独立学院的转型定位和发展》,《西南交通大学学报》(社会科学版) 2014 年第 5 期。

业教育才走上了持续快速发展的道路。潘懋元高度重视高等职业教育的发展,因为在他看来,中国高等教育大众化的发展,关键就在于民办高等教育和高等职业教育,如果高等职业教育的问题解决不好,大众化的质量将受到整体性的影响。[①] 与民办高等教育类似,我国的高等职业教育长期处于被轻视、被误解的边缘地位,自身的发展路径与办学模式也存在诸多亟待解决的问题。潘懋元将高等职业教育作为其主要研究领域之一。他认为,解决高等职业教育问题的首要条件,是端正学校、教育主管部门乃至全社会对于职业技术教育的认识。早在1993年,他就指出,高等专科教育与本科教育是高等教育系统中同一层次的两个并列的子系统,二者的区别在于培养目标与规格,而不在于年限与水平。专科教育更重视应用技术与工艺,是一种技术性、职业性的教育,其在德、日等国的经济发展中扮演过极为重要的角色。[②] 这一观点对于纠正社会对职业教育的偏见,以及谋划职业教育的现实发展路径起到了积极的推动作用。1999年为了适应"大扩招"的要求,我国开始在普通高校中增设高等职业技术学院,并以"三补一改"等方式增办独立的高职院校,高等职业教育进入了快速发展阶段。然而,对职业技术教育的偏见、歧视仍普遍存在,有些甚至是制度化、政策性的歧视,比如,政府对高职院校的财政投入总是远远低于普通本科院校,高考中存在"先本科后高职高专"的录取顺序,公务员和企

[①] 肖海涛、殷小平编:《潘懋元教育口述史》,第228页。
[②] 潘懋元:《必须重视专科教育研究》,《上海高教研究》1993年第4期。

事业单位在招聘政策上歧视、拒绝高职高专学历等。潘懋元将以上问题归结为"正确战略决策和不配套的政策措施的矛盾",指出政府以高等职业教育为重点的大众化发展战略是正确的,但在具体的政策措施上并不配套,甚至在阻碍高等职业教育的发展。①因此,必须通过调整有关高等职业教育的政策,如按照办学需要而非学校类型进行教育财政拨款、改革"重学轻术"的招生就业制度、依据行业或岗位而非学科目录来设置专业、建立以市场为导向的评估标准和评估体系,等等,来转变人们对高等职业教育的态度与观念。②

在对高等职业教育的历史与现状,以及国外经验进行充分研究的基础上,潘懋元提出了高等职业教育发展走向的构想。2003年,他明确提出,高等职业教育并非一种教育层次,而是一种教育类型,不应将高职院校限制在专科层次,应允许它们"升本",但前提是不能一哄而上,且升本之后还是高职,不能变成普通本科。③2005年,根据现代化建设的人才结构、高等职业教育的类型属性,以及世界高等教育的发展趋势,他提出了建立高等职业教育的独立体系。这一体系中的高校应具有更适宜于造就各层次职业技术人才的培养目标、教学计划、课程内容与教学方法,向上应涵盖专

---

① 潘懋元:《当前高等职业教育发展的几个主要问题》,《高等职业教育(天津职业大学学报)》2003年第6期。

② 潘懋元:《黄炎培职业教育思想对当前高等职业教育的启示》,《教育研究》2007年第1期。

③ 潘懋元:《当前高等职业教育发展的几个主要问题》,《高等职业教育(天津职业大学学报)》2003年第6期。

科、本科乃至专业硕士、专业博士研究生层次,向下则与中等职业技术教育相衔接。① 这一构想的提出引发了教育界的强烈反响,许多学者和办学者认为这一体系的建立将在很大程度上扭转社会对职业教育的认识,也有助于巩固高职院校的地位,保持职业教育的连贯性,改善高职的办学质量和办学特色。在这一宏观构想提出后,潘懋元又针对如何建立特色化的高职教育人才培养模式、如何提高高职院校学生的人文素质、如何构建高职院校的评估标准、如何谋划高职院校的师资队伍建设等具体问题展开了探索,取得了大量具有理论与实践意义的研究成果。同时,他也持续关注教育政策与高等职业教育转型发展的关系。潘懋元指出,我国高等职业教育已经历了"需要发展主导型政策阶段(1978—1989)"、"巩固发展主导型政策阶段(1990—1998)"、"改革发展主导型政策阶段(1999—2009)",正处在"深化发展主导型政策阶段",推动产业转型、变革管理机制和满足个体需求是高职教育政策变迁的主要动力。② 在新的政策阶段,高职教育政策对高职院校发展的引领、指导作用日渐清晰、显著,随着 2014 年国务院《关于加快发展现代职业教育的决定》、教育部《现代职业教育体系建设规划(2014—2020 年)》等政策文件的颁布,高等职业教育的地位和社会对高等职业教育的重视程度与日俱增,现代职业教育体系的建立也有了较为清晰的蓝图。当前我国高等职

---

① 潘懋元:《建立高等职业教育独立体系刍议》,《教育研究》2005 年第 5 期。
② 潘懋元、朱乐平:《高等职业教育政策变迁逻辑:历史制度主义视角》,《教育研究》2019 年第 3 期,第 117 页。

业教育政策与实践的整体推进方向,大体上符合潘懋元十几年来的理论预设。

(三) 应用型本科教育发展思想

应用型本科是近年来逐渐为社会各界所关注的一种高校类型。对于这一概念,目前理论界与实践界还未形成共识,只在大体上用以指称那些以应用型为办学定位,以高层次应用型人才为培养目标的本科院校。十多年来,潘懋元对应用型本科教育保持了高度的关切,主要是基于两个方面的原因。

一是基于从宏观层面对我国高等学校分类定位与高等教育学制改革的总体把握。他指出,目前我国高等教育发展的一大突出问题,是高校单一化的发展方向与社会多样化人才需求之间的矛盾:一方面,许多高校,无论其办学基础、特色如何,都在谋求向多科性、综合性、研究型的巨型大学发展;另一方面,教育主管部门仍然依循单一化的政策取向、质量观与评估标准来引导高校,更加剧了高校的同质化。这种单一的发展方向与多样化的社会需求产生了尖锐的矛盾,严重影响了高等教育大众化的健康发展。[1] 通过参考卡内基教育促进基金会和联合国教科文组织的高校分类法,他提出建立类型多样、层次分明的新型高等教育学制系统,将高校分为三种基本类型:第一类是综合性研究型大学,主要培养研究型人才;第二类是专业性应用型大学或学院,主要培养理论基础宽厚

---

[1] 潘懋元、吴玫:《高等学校分类与定位问题》,《复旦教育论坛》2003年第3期。

且适应不同层次社会需要的专门人才;第三类是职业性技能型高校。① 目前,第一类和第三类在宏观方向上大体定位明确、道路清晰,而第二类(大部分为应用型本科)应如何在高等教育系统中寻求自身的位置,发挥自身的作用,体现自身的价值,还缺乏普遍性的共识与整体性的擘画,需要给予重点关注。

二是基于微观层面对我国近年来大量出现的新建本科院校发展定位、发展取向的具体设计。1999年"大扩招"以来,我国出现了大量新建本科院校,多为专科院校经合并、重组或升格后形成,不仅数量众多(占我国普通本科高校数量的一半以上),而且门类繁多,情况复杂,历史长短不一,水平参差不齐。这些高校肩负着高等教育大众化的重要使命,理论上应朝着应用型本科的方向发展,然而,它们在办学定位、发展路径、教育模式等方面还存在不少差距,并没有形成成熟的发展模式。

为解决上述两大关键性问题,潘懋元首先从宏观层面对应用型本科进行了清晰的界定,明确了其在高等教育系统中的地位与价值。他提出,应用型本科应具有四大基本特点:一是以培养应用型人才为主,二是以培养本科生为主,三是以教学为主,四是以面向地方为主。② 与研究型大学相比,它应更贴近社会实际,主动适应现代经济与社会发展的人才结构,积极培养符合社会需求的应用型人才;与高职院校相比,二者间虽然有一定的交集和"模糊地带",但仍存在必要的分野,比如"高职学习的理论够用就行,应用

---

① 潘懋元、石慧霞:《应用型人才培养的历史探源》,《江苏高教》2009年第1期。
② 潘懋元:《什么是应用型本科?》,《高教探索》2010年第1期。

型高校要求理论知识坚实,但不要太厚太深"。① 在具体的发展方向上,应用型本科可以着重向以特定行业为依托,与市场、产业、行业和岗位群紧密联系的"特色型大学"发展②,也可以着重向立足于地市,为地方生产、生活服务的地方性高校发展。随着近年我国高等教育"双一流"建设的全面开展,潘懋元更明确指出不同类型的高校都有争创一流的潜质,不仅传统学术性研究型大学可以办成世界一流大学,在某些领域具有特色的应用型大学也有望办成世界一流大学。同时,中国的转型发展,要超越"中等收入陷阱",也非常有必要加快发展地方性应用型高等教育,培养大量创新型技术人才。因此,各个层次、各种类型的高等教育都应有其一流大学、一流学科,达到统筹推进;③应用型高校需要加快转变体制机制,推动投资体制、招生体制、话语平台机制等方面的转变,实现专业群与区域经济社会发展产业链的紧密对接,培养具有创新性和创造力的高水平应用型人才。④ 在微观层面的发展路径上,潘懋元则对应用型本科的发展目标定位、学科专业定位、人才培养定位、课程教材建设、师资队伍建设等问题进行了深入探索。比如:在发展目标定位方面,他提出一方面要从培育自身特色出发,另一

---

① 赵文青:《对我国应用型本科院校发展战略的思考——潘懋元先生访谈录》,《高校教育管理》2014年第1期,第7页。

② 潘懋元、车如山:《特色型大学在高等教育中的地位与作用》,《国家教育行政学院学报》2008年第4期。

③ 潘懋元:《建设一流本科 全面统筹推进》,《中国大学教学》2016年第6期,第5页。

④ 潘懋元、贺祖斌:《关于地方高校内涵式发展的对话》,《高等教育研究》2019年第2期,第35页。

方面要从社会需要、市场需求等实际情况出发;①在课程教材建设方面,应从实际问题、实践经验,而非传统的学科理论出发;②在师资队伍建设方面,应从培养、引进既掌握专业知识,又熟悉岗位操作,更善于运用教学方法的"双师型"教师出发;③等等。在开展理论研究的同时,他不辞辛劳、亲力亲为,亲自调研、走访了许许多多的应用型本科高校,足迹遍布全国大部分省份,积极为这些高校介绍经验、指导工作。在这一过程中,他对于应用型本科教育发展的种种构想,也得到了诸多教育决策者和高校领导者的认同,对许多地区的高等教育政策、许多高校的发展战略产生了深远的影响。

潘懋元高等教育思想是中国高等教育学科的宝贵财富,不止影响了中国高等教育的理论发展和实践走向,而且受到国际高教界的重视。潘懋元的高等教育思想深刻而恢阔、博大而思精,在我国高等教育改革与发展实践中产生了重大而深远的影响。他的高等教育学科创立和发展思想为我国高等教育学科建设奠定了重要的基础,他的高等教育宏观发展思想为我国高等教育事业擘画了清晰的总体蓝图,他的高等学校教育教学思想为高校办学和人才培养工作的完善提供了必要的理论依据,他的高等教育分类发展思想则为大众化、普及化时期我国不同类型的高校指明了合理的

---

① 潘懋元、车如山:《略论应用型本科院校的定位》,《高等教育研究》2009 年第 5 期。

② 潘懋元:《什么是应用型本科?》,《高教探索》2010 年第 1 期。

③ 潘懋元、车如山:《略论应用型本科院校的定位》,《高等教育研究》2009 年第 5 期。

发展路径。本文主要基于他几十年来的研究成果与思想理路,对他在四大范畴、十大领域的主要学术贡献进行了初步归纳与概述。限于文章篇幅与笔者水平,本文对潘懋元高等教育思想的论述难免有疏漏之处,有待在今后更深入的研究中加以补救和完善。

(别敦荣,厦门大学1997届博士,厦门大学教育研究院院长、教授;
　　李家新,厦门大学2015届博士,广州大学教育学院讲师)

高等教育学科发展的中国特色
——学习潘懋元先生的高等教育思想

胡建华

紧随着四十多年前开启的改革开放,我国社会科学迎来了发展的春天。高等教育学科正是在这样的背景下,由最初的"星星之火",逐渐发展,形成了现在的"燎原之势"。高等教育学科由当初是不是一门独立的学科的讨论发展到现在,已然在教育学科群中占有了重要的位置;数以百计的高等教育学研究生培养单位培养了众多的从事高等教育研究与管理实践的专门人才;上千所高等学校设有高等教育研究机构,大批专职研究人员进行着高等教育的理论与实践研究;一批高水平的学术期刊成为高等教育研究成果的重要交流平台,高等教育学科的研究成果对我国高等教育的改革与发展实践产生着积极的影响。高等教育学科四十多年的发展过程也是中国特色的高等教育学科形成过程,这其中,高等教育学科的创始人潘懋元先生作出了重要的贡献。

一、建立学科体系

高等教育学科的建立以高等教育研究的开展为基础,这是不言而喻的。但是，高等教育研究的开展并不必然导致高等教育学科的建立。早在1893年，克拉克大学校长斯坦利·霍尔就创设了美国高等教育研究领域的第一个哲学博士和文学硕士项目，他所开设的"高等教育学（higher pedagogy）研究"课程的主题与内容包括："大学的组织结构（其中带有对欧洲和美国典型机构的历史概要与描述）、各国政府与科学的关系、学术团体/协会与学会、三种需要高深学识的职业、技术教育、艺术学校，等等。"[1] 20世纪50年代中期，哥伦比亚大学、加州大学伯克利分校和密歇根大学成为美国高等教育研究的中心，哥伦比亚大学高等教育研究所以研究高等教育管理与财政问题为重点，加州大学伯克利分校高等教育研究中心的研究主题包括高等教育公共政策与治理、本科生与影响大学入学的因素以及社区学院问题，密歇根大学高等教育研究中心则主要研究高等教育公共政策问题及其对大学的影响。尽管美国的大学现在拥有约230个与高等教育有关的博士和硕士学位项目[2]，且这些项目"已经鼓励了其教师从事与高等教育主题或问题相关的研究，同时也使得高等教育的多学科领域拥有了一个广泛的知识基础"[3]，但是高等教育研究在美国仍然被普遍看作是一个研究领域，而非一门学科。

日本高等教育研究在1970年代高等教育步入大众化之后逐

---

[1] 莱斯特·古德柴尔德：《在美国作为一个研究领域的高等教育：历史、学位项目与知识基础》，《北京大学教育评论》2011年第4期。

[2] 高野笃子：《アメリカ大学管理運営職の養成》，东京：东信堂株式会社，2012：196—231。

[3] 莱斯特·古德柴尔德：《在美国作为一个研究领域的高等教育：历史、学位项目与知识基础》，《北京大学教育评论》2011年第4期。

渐发展起来，1972年5月第一个高等教育研究机构——广岛大学大学教育研究中心成立。关于高等教育研究，日本著名高等教育研究学者喜多村和之认为："大学研究是指将现代社会的高等教育以及以学术研究为主要机能的大学这一社会制度的各个方面作为学术研究的对象，运用科学的方法进行分析、评价与综合化。在几乎所有的社会中大学是高等教育制度的核心机构，因此大学研究在很多场合下，又可被称为高等教育研究。"[1]在组织化的高等教育研究机构产生以来的四十多年间，日本高等教育研究以大学研究、比较研究、领域研究为基本特征，伴随着90年代初开始的第三次高等教育改革的不断推进，高等教育研究的规模持续扩大，作为全国性学术交流机构与平台的日本高等教育学会终于在1997年成立。虽然2005年广岛大学大学教育研究中心主任有本章主编出版了具有体系性质的《高等教育概论》，但是从总体上讲，日本的高等教育研究与美国一样，关注的是高等教育问题，而非高等教育学科。

我国的高等教育研究发展走了一条与美国、日本等国家不同的道路，这就是以建立学科体系作为开展高等教育研究的一个主要目的。虽然在1970年代之前有过一些零星的关于高等教育的研究论说，我国高等教育科学研究的起步还是在1970年代末的改革开放政策实施之后，其重要标志之一是高等教育研究的组织化。1978—1979年间，厦门大学、北京大学、华中工学院等二十余所高

---

[1] 引自胡建华、周川：《日本高等教育研究二十年》，《高等教育研究》1994年第1页。

等学校相继成立了高等教育研究机构。1983年,筹备了三年多之后中国高等教育学会正式成立。在高等教育研究起步之初,潘懋元先生就为我国高等教育研究的开展提出了建立学科的重大任务。1978年,潘懋元先生在《厦门大学学报》上发表了题为《必须开展高等教育的理论研究——建立高等教育学科刍议》的论文,指出:"高等教育理论研究,有重大的意义,有广阔的天地,是客观需要,势在必行。必须像'学前教育学'那样,逐步地建立一门以研究高等专业教育为对象的'高等教育学',作为整个教育科学的一个分支学科。"①

1979年,潘懋元先生领导的厦门大学高等教育研究室开始编写《高等教育学》。"从编制大纲、组织编写、反复修改、油印试用,到定稿出版,前后经历六年,《高等教育学》终于出版。它的出版成为中国第一部高等教育学著作,成为高等教育学作为一门学科正式建立的标志性著作。"②在这部《高等教育学》著作中,第一次构建了高等教育学的学科体系。潘懋元先生在书中写道:"从我国高等教育的实际出发,根据高等教育的基本特点,参考教育学的一般体系,我们认为:高等教育学的基本体系首先应当论述高等专业教育在社会主义物质文明和精神文明建设中、在社会生活中的地位与作用,专业设置原则和专业培养目标,受教育对象的大学生的生理和心理的基本特征和教育者的职责任务;其次,应当论述全面发展教育的各个组成部分在高等学校实施中的任务、过程、内容、方

---

① 潘懋元:《必须开展高等教育的理论研究——建立高等教育学科刍议》,引自《潘懋元文集》卷二上,广东高等教育出版社2010年版,第23页。

② 潘懋元等:《潘懋元教育口述史》,北京师范大学出版社2007年版,第175页。

法、形式等；再次，论述高等教育工作的组织制度、领导、管理及其方法。"①这部《高等教育学》的框架体系虽然在一定程度上与当时的教育学一般体系有相似之处，但是"它已经初步构建了高等教育学的知识体系，为高等教育学的学科建设确定了一个基本的框架。同一般的教育学相比，它在体系的构建和内容的处理上具有一定的创新性，初步体现了高等教育学和高等教育研究的特点"。②

潘懋元先生主编的第一部《高等教育学》不仅奠定了我国高等教育学科发展的基础，而且引导着起步阶段我国高等教育学科研究的发展方向，开启了学科体系研究与构建的潮流。1992年，潘懋元先生建议召开了"全国高等教育学科建设研讨会"，在会上作了题为"关于高等教育学学科建设的若干问题"的报告，指出："一门社会科学的学科，可能有三种相互联系的不同体系：第一，理论体系；第二，知识体系（经验体系、工作体系）；第三，课程体系（教材体系）。""一门成熟的学科，必须有它完整的科学理论体系。"③在1993年召开的全国高等教育学研究会成立大会暨第二届学术研讨会上，高等教育学科体系的建设问题仍然成为会议的一个重要主题。"这次会上，不少代表对如何构建理论体系问题作了深入探讨。有同志从方法论角度出发，提出高等教育学的科学理论体系的框架应包括存在论、本质论、实践论三大部分。……另有同志则

---

① 潘懋元主编：《高等教育学》（上），人民教育出版社、福建教育出版社1984年版，第6页。

② 李均：《中国高等教育研究史》，广东高等教育出版社2005年版，第152页。

③ 潘懋元：《关于高等教育学学科建设的若干问题》，《高等教育研究》1993年第2期。

提出学科体系构建应由五个大部分组成,即导论篇、历史篇、现实篇、未来篇、方法篇。还有同志从宏观、微观、中观来划分不同的理论体系,提出构建微观高等教育学的构想。"①

正是在潘懋元先生的积极倡导与第一部《高等教育学》的影响下,到1990年代中期,学术界又陆续推出了十余部以"高等教育学"为名的著作。这些著作的出版进一步推动了高等教育的理论研究,为我国高等教育学的学科建设打下了坚实的基础。可以这么认为,创建学科体系是潘懋元先生高等教育思想的重要内容,也是高等教育学科发展的中国特色之一。为什么在我国高等教育学科的发展过程中,尤其是在起步阶段创建学科体系十分必要?"形成独立的体系是一门学科建立的重要标志。这是因为,我们所研究的任何事物都存在着各种不同的属性和关系,而这种属性和关系都是相互联系的,构成为一个统一体。反映在理论上,就不能不是由许多相互联系着的概念、范畴所构成的一个体系。"②

二、拓展学科视野

在美国、欧洲以及日本的学术界,高等教育研究通常被看作是一个领域而不是一门学科,这与高等教育领域的广泛性、问题的复杂性、研究的特殊性有着重要的关系。德国卡塞尔大学国际高等教育研究中心的乌利希·泰希勒就认为:"在欧洲,高等教育一般

---

① 王伟廉:《全国高等教育学研究会成立大会暨第二届学术研讨会综述》,《高等教育研究》1994年第1期。
② 南京师范大学教育系编:《教育学》,人民教育出版社1984年版,第5页。

不是被看作一门学科或一个子学科,而是被看作一个融入了多学科的专题领域,尤其是教育学、心理学、社会学、政治学、经济学和商学、法律和历史等学科,均为研究高等教育做出了贡献。来自这些学科的学者可能会偶尔或定期参与到高等教育研究中来。环顾欧洲著名的高等教育研究中心,我们会注意到,高等教育直接与公共管理、社会学、教育学、政治学、科学学等相关,或者被直接正式定义为多学科领域。"①

如何从多学科的视角来认识高等教育,研究高等教育? 1982年美国加州大学洛杉矶分校召开了一场题为"高等教育系统:八个学科的和比较的观点"的研讨会,25位不同学科的专家与会,其中八位学者从历史、政治、经济、组织、地位、文化、科学、政策等八种观点出发,以高等教育系统为主要对象所形成的研究成果结成了论著《高等教育新论——多学科的研究》。伯顿·克拉克在该书的导言中就以多学科的视角来研究高等教育的目的做了精辟的论述。他认为:"没有一种研究方法能揭示一切;宽阔的论述必须是多学科的。……高等教育的研究也是这样。如果我们手边没有进行这种研究的各种不同的分析观点,没有历史学、政治学、经济学、组织理论等所提供的观察方法,我们将不得不发明它。""因此,当学科专家们研究高等教育时,我们可以跟随他们,要求他们解释他们的聚光灯所揭露的东西,并给他们相互介绍,这是有意义的事。……可以通过其他领域的专家的坚持在树丛中多看一下森

---

① 乌利希·泰希勒:《欧洲高等教育研究与高等教育政策及实践的关系》,《北京大学教育评论》2011年第4期。

林并且帮助各个领域的专家开阔思想。……有助于博学之士了解各专业的特殊贡献,融会贯通,促进更为广泛深入的理解。"①《高等教育新论》正是汇集了8位学者分别从历史学、社会学、政治学、经济学、文化学、组织理论等视角对高等教育系统研究的成果,"使我们认识到,一个国家的高教系统越来越不仅仅是一种依靠政治秩序,或生产的经济力量,或'世界系统'决定方向的附带现象了。在高教系统的内部和外部有决定性的过程,生长和定性变化的机制,这是高教系统运行的组成部分。"②

20世纪90年代我国高等教育学学科建设初见成效、学科体系的探讨与研究渐成潮流之时,潘懋元先生敏锐地看到了高等教育学学科建设中存在的一些问题。一是作为学科体系建设的研究基础尚嫌不足。他认为:"建构一门学科的理论体系,不是拍脑袋所能顿悟出来的。它需要:第一,有宽厚的实践经验为基础,虽然理论体系是高度抽象的概括,似乎远离实际,但归根到底,它是建立在既宽又厚的实践经验基础上的;其次,要有一系列的理论准备,并且这些理论能在某一点上深入到高等教育的内在本质而不是泛泛而谈,它的科学性能经得起实践的检验和时间的考验;再次,还要运用科学的方法论,使之能综合已有的抽象的理论,并从抽象到具体,形成严谨的、能充分反映学科自身内在逻辑的科学体系。"③二

---

① 王承绪等编译:《高等教育新论——多学科的研究》,浙江教育出版社1988年版,第2—3页。

② 同上书,第312页。

③ 潘懋元主编:《多学科观点的高等教育研究》,上海教育出版社2001年版,第2页。

是高等教育学的学科研究视野过于狭窄。由于我国的高等教育学在产生之时"脱胎"于教育学的理论与方法,因此,"只从普通教育学的观点认识高等教育,往往忽视高等教育的特殊性与复杂性,很难全面深入。""高等教育的基本理论,不论是宏观的外部关系或微观的内部结构的研究,都涉及诸多学科,需要诸多学科的支持,从多学科、多视角审视、探索,才能比较全面和深入理解高等教育的本质、功能、价值,掌握高等教育的内外关系规律。"[1]

在上述认识之下,潘懋元先生遂于1996年开始组织多学科的高等教育研究,并于1997年获得"全国教育科学九五规划"国家重点课题立项。潘先生就开展这项研究的意义写道:"在我组织编写《新编高等教育学》之后,就同一群青年学者讨论结合世界高等教育发展的新趋势、新理念和中国高等教育的实践经验,编写一本有中国特色的高等教育多学科研究专著,作为建构高等教育学理论体系的准备工作。"[2]经过四年的研究,具有中国特色的高等教育多学科研究论著《多学科观点的高等教育研究》2001年面世了。与《高等教育新论》相比,这部著作的意义在于:第一,《高等教育新论》的"内容主要反映几个发达国家的传统理念与知识经验",《多学科观点的高等教育研究》则主要基于我国高等教育发展的历史与现状,从多学科的视角来解释中国高等教育的问题;第二,《高等教育新论》出版于1984年,《多学科观点的高等教育研究》面世于2001年,两者相隔的近20年间,无论是世界高等教育还是中国高

---

[1] 潘懋元主编:《多学科观点的高等教育研究》,上海教育出版社2001年版,第3页。

[2] 同上书,第17页。

等教育都发生了很大的变化,《多学科观点的高等教育研究》基于发展的新变化、改革的新趋势,提出了适应新形势的高等教育新观点;第三,《高等教育新论》主要从八个观点出发,以高等教育系统为对象展开论述,《多学科观点的高等教育研究》在此基础上增加了哲学、心理学、系统科学等观点,视角更为丰富。总之,潘懋元先生领导的多学科的高等教育研究,进一步拓宽了高等教育研究的学科视野,为我国高等教育学科的发展开辟了新的途径与方法。

三、关注改革实践

我国高等教育学科的发展从起步阶段开始就伴随着高等教育改革与发展的进程。20世纪80年代以来我国高等教育的改革与发展,无论在高等教育规模扩张的速度上,还是在高等教育制度改革的深度上,都是中国近代高等教育制度形成以来前所未有的:就高等教育法制而言,1998年颁布《中华人民共和国高等教育法》,标志着我国的高等教育法制建设进入了一个新的阶段;就高等学校类型而言,90年代后期开始的大规模的学校合并以及高等学校综合化的扩张趋势,改变了50年代初期院系调整后形成的以单科院校为主的高校类型结构,多科性综合大学成为高等学校的主体部分;就高等学校所有制结构而言,50年代初期至80年代初期的单一、公有的高等学校所有体制已经被打破,民办高等学校迅猛发展,民办高校的学生数量已经达到普通高校学生数量的20%左右;就高等教育经费来源结构而言,80年代之前单一的基本上由政府财政拨款的状况已经一去不复返,财政支付、社会出资、受益者负担的多渠道经费来源结构已经形成;就高等教育人才培养而言,通识教育、创新教育等理念正在改变着大众化时代的人才培养模式。四十多年来的高等教育改革与发展不仅构成了高等教育学科发展的极好的时代背景,也是高等教育学科赖以成长的基础条件。

面对生气勃勃、不断变化的高等教育改革与发展实践,高等教育(学科)研究不能视而不见,置之度外。潘懋元先生从创建高等教育学科之始就十分重视对高等教育改革问题的研究,将高等教育的问题研究作为研究者的重要使命、高等教育学科发展的基本要素。

改革开放以来,我国的社会、经济发展处于不断变革的过程之中,如何适应社会的发展变化成为高等教育界一直要面对的课题。潘懋元先生在1989年的第二次全国大学教育思想研讨会上,做了题为"高等教育主动适应经济与社会发展的理论思考"的报告。潘先生在报告中指出:"一定社会的经济、政治、文化发展过程中,往往存在积极面与消极面,尤其是在改革的探索过程中,很难避免出现某些偏差。教育主动适应经济社会发展需要,指的是对积极面的适应,不是不加判别被动地去适应一切,包括不利于社会进步的、消极的、落后的、错误的、偏差的东西。……高等教育应当发挥它的主体判断与选择的作用,趋利避害,力求主动适应而不是被动适应。"[①]改革开放之后我国经济社会的最大变化莫过于计划经济向市场经济转型和社会主义市场经济制度的建立。这一转变对高

---

① 潘懋元:《高等教育主动适应经济与社会发展的理论思考》,《潘懋元文集》卷三上,第49—50页。

等教育的影响是巨大的,因为直到 80 年代的我国高等教育体制是以计划经济为基础的。高等教育如何面对社会的转变,如何主动适应社会主义市场经济,潘懋元先生就这一问题展开了深入的研究。他在多篇论文中探讨了市场经济冲击高等教育的必然性、市场经济影响高等教育的两重性以及高等教育应如何主动适应市场经济。譬如,潘先生认为:"为使高等教育能更好地主动适应市场经济,一个重要的前提,就是高等学校要有办学自主权。而'自主权'这个概念,应当包括权力与责任两个方面。只有权与责统一了,高等学校才能在主动适应市场经济的过程中,不断地自我完善、自我约束、自我发展。"[①]

在我国四十多年的高等教育改革与发展过程中,90 年代末开始的跨越式规模增长是十分引人注目的。1998 年之前,我国的高等教育毛入学率还一直在 10% 以下徘徊,1999 年启动的高校扩招使高等教育毛入学率首次突破了 10%,2002 年达到 15%,2018 年高等教育毛入学率提高到 48.1%。也就是说,在 21 世纪初我国的高等教育发展进入了大众化阶段。大众化理论是 70 年代美国学者马丁·特罗在分析美国等发达国家高等教育发展过程的基础上提出来的,这一理论是否适用于解释我国高等教育的大众化过程,大众化会给我国高等教育带来什么样的影响与变化,这不仅是理论研究需要回答的,也是实践中需要解决的问题。潘懋元先生在这一问题上展开了深入的研究,提出在分析我国高等教育大众化时必须充分注意区别于其他国家的特点。他认为:"必须用历史

---

① 潘懋元:《市场经济的冲击与高等教育的抉择》,《潘懋元文集》卷三上,第 99 页。

的眼光看待当前在我国风行的马丁·特罗的高等教育发展阶段论,切勿削足适履,用其理论来框定我们的发展道路与模式,而是要充分发挥我国高等教育'后发外生型'的优势,借鉴适合我国国情的国外先进经验,闯出一条中国特色的高等教育大众化道路,同时在总结我们的发展经验的基础上,进一步修正和充实舶来的高等教育大众化学说和理论。"①

80年代以来,民办高等教育的复兴、《民办教育促进法》的出台、民办高等教育制度的确立成为我国适应从计划经济体制向市场经济体制转变的高等教育制度改革的主要特征。民办高等学校经过三十余年的发展,无论在数量上还是办学水平上都有了较大幅度的增长与提升,2018年,全国普通民办高校达749所(含独立学院265所),占当年普通高等学校总数2663所的28.1%;民办普通高校本专科在校生649.60万人,占全国普通高校本专科在校生总数2831.03万人的22.9%。② 民办高等教育在我国高等教育大众化的进程中发挥了不可忽视的作用。当然,在民办高等教育迅速发展的过程中,还存在着诸如制度不完善、办学不规范、师资队伍水平不高、办学资源不足等问题,影响着民办高等学校办学水平的提升和民办高等教育的健康可持续发展。在民办高等教育发展的初期,潘懋元先生就开始关注,用他自己的话来说,他"对民办高等教育情有独钟"。潘先生对民办高等教育的研究既深入又广

---

① 潘懋元:《试论从精英到大众高等教育的"过渡阶段"》,《潘懋元文集》卷三下,第428页。

② 2018年全国教育事业发展统计公报[EB/OL]. http://www.moe.gov.cn/jyb_sjzl/sjzl_fztjgb/201907/t20190724_392041.html.

泛,涉及民办高等教育体制、民办高等教育立法、民办高校产权制度、民办高校的教学与评估、民办高等教育可持续发展、独立学院等。在深入分析民办高等教育发展面临的困境及走出困境的举措的基础上,潘先生认为,宏观环境给我国民办高等教育发展提供了机遇,"随着人们思想观念的转变、民办高校自身质量的提高、内外部环境及政策的成熟,中国的民办高等教育必将以活力与稳健兼具的姿态,拥有一个美好的发展前景。"①

建立学科体系、拓展学科视野、关注改革实践是高等教育学科发展的中国特色,充分体现了潘懋元先生高等教育思想中的高等教育研究必须做到理论与实践相结合的基本原则。我国高等教育学科发展至今虽已过"不惑之年",但无论是在学科基本理论的研究深度,还是在改革与发展现实问题的解释力度方面,都还存在着许多不足。学习潘懋元先生的高等教育思想,总结高等教育学科的发展经验,为的是更加明确高等教育学科的未来方向,更加坚定理论研究、学科发展有助于实践改进、社会进步的信心。

(胡建华,日本名古屋大学博士,
南京师范大学教育科学学院原院长、教授)

---

① 潘懋元:《2020:中国民办高等教育前瞻》,《潘懋元文集》卷三下,第310页。

潘懋元先生的高等教育理念与实践

赵婷婷

许美德(Ruth Hayhoe)教授在她的《思想肖像:中国知名教育家的故事》一书中,从一个外国学者的视角讲述了她对潘懋元先生以及他所从事工作的理解。她这样写道:"是什么使这位来自贫苦家庭的谦谦君子,保持着发展一个新学科的热忱和忠诚,50年从不言悔?潘教授谈到早年所受的中国传统教育时所说的一番话也许能给我们答案……在他早期教育中,首先学会了怎样做人,同时也学会了用汉语表达自己的思想,他把对文学的热爱转化成了从事教育工作的关键财富。最后,他学会了把从各处学来的有用知识融入他学生时代形成的知识框架中。"[1]

许美德教授提出的问题也引发了我的思考:潘懋元先生自15岁在家乡的一所小学任教以来,就与教育结下了不解之缘,他经历过战争、政治运动、工作变动,但始终不变的是他对教育的深情。2014年,他被评为全国教书育人楷模,在对他的访谈中,他深情地说:"我一生最为欣慰的是,我的名字排在教师的行列里。"所以如

---

[1] 〔加拿大〕许美德著、周勇等译《思想肖像:中国知名教育家的故事》,教育科学出版社2008年版,第112页。

果让我回答,是什么使得他始终保持着对教育的热情,历经多年而不变?是什么支持他在百岁高龄依然坚守在教育工作的最前沿?我的回答是:在他的心里,教育不只是一种职业,更是毕生的事业,他将教育融入到他的生命里,在一字一句、一言一行中践行着他对教育的坚守和热爱。正是这种对教育的热爱赋予了他不断前进的动力和勇气,也正是多年的坚守打磨出他对教育更加鲜明和深刻的认识,这些最终深深地烙印在他的教育理念和实践当中,并孕育出他强烈的教育自觉意识、敏锐的理论创新意识、鲜明的实践导向意识和深刻的社会责任意识。在急功近利思想盛行、学术研究心态浮躁的今天,重新研读潘懋元先生的著作和文章,重新回顾他所经历的那些教育实践,其目的不止在于研究他本人,我们更希望能够从老一辈的教育家身上找到对教育事业那种最原初的热爱,深切地体会到作为一个教育工作者的骄傲和责任。

一、强烈的教育自觉意识

为什么潘懋元先生教过的学生无不对他的人品及学识崇敬仰慕?为什么潘懋元先生能够提出建立高等教育学科?为什么从1978年高等教育学科正式建立到今天,潘懋元先生始终能够在学科的发展中起到引领和带头作用?我想最关键的一点是,他始终保持着强烈的教育自觉意识,不断反思自己的教育实践和中国的教育实践,既默默坚守着作为教师的职责,又不忘履行作为研究者的责任。

什么是意识?所谓意识,主要是指人对环境及自我的认知能力以及认知的清晰程度，因此意识的获得，既要求个体在一定的环境中实践和体验，又要求个体能够在这一过程中进行理性思考，并将实践体验上升到理性认识。在行动过程中，意识能够在个体需要作出判断和选择时起到导向作用。因此，从某种意义上讲，它与个体的理念、价值观一脉相连。什么是教育自觉意识？这里可以借用费孝通先生的"文化自觉"观点来理解。"文化自觉"是费孝通先生于1997年首次提出的，其涵义可以概括为：生活在一定文化中的人对其文化要有自知之明，要善于自我认识和理解，在多元文化的世界里确立自己的位置；在此基础上，还要主动地适应和调整，与其他文化共存，取长补短，共同发展。简而言之，文化自觉就是文化的自我觉醒、自我反省和自我创建。教育自觉与此同义，就是教育工作者要对一定的教育实践进行自我认识和理解，并在此基础上进行反思、调整与创新。进一步分析，教育自觉意识可以分为两个层面的涵义：一是教育工作者对自我教育实践活动的觉醒和反思，以及在此基础上所进行的教育创新，我们常常会看到有很多优秀的教师，他们在自己的教育实践活动中善于思考问题、总结经验，善于根据不同的教育情景和具体的教育对象调整和创新自己的教学方法，可以说，这种教育自觉意识的养成是他们得以成为优秀教师的前提条件；二是教育工作者对他所处的整体教育实践和环境的觉醒和反思，以确立本国教育实践在世界教育体系中的位置，并努力地适应、调整、促进其发展，应该说，这种教育自觉意识是成为一名高水平学者的前提条件。

潘懋元先生的独特经历使得这两个层面的教育自觉意识能有机地统一在他的身上。他从15岁开始就担任小学教师，之后担任过中学、大学教师,还担任过小学、中学、大学的教务长和校长。可以说,他经历了一个教育工作者所能经历的所有阶段、关键岗位的教育实践。当然,并不是经历了教育实践活动,就一定会具有教育自觉意识,从个体的角度讲,最原初的自觉意识都来源于想把事情做好,这种强烈的愿望会赋予个体觉醒和创造的力量。潘懋元先生15岁第一次在小学上课的教学经历是不成功的,"这使得他认识到教学必须讲究方法"①,这一意识深深地扎根于他的教育生涯之中。无论是当时作为一名小学教师,还是后来作为一名博士生导师,他一直都在反思、寻找着"最恰当"的教学方法。在第一次不成功的教学经历以后,潘懋元先生开始接触一些教育方面的研究,他的第一本教育学启蒙著作是庄泽宣先生撰写的《教育概论》;1937年,"他插班进入汕头私立海滨中学(现华侨中学前身)高中师范科当旁听生,开始较为系统地学习教育学、教育行政学、教学法、教育心理学等科目"②;1941年,他考取了厦门大学教育系,主修教育学。在这一过程中,他始终关注把所学知识应用到自己的教育实践当中,改进教学效果。

潘先生的这一自觉意识贯穿于他几十年的教育生涯当中,在他成为中国高等教育学的第一位博士生导师以后,他也丝毫没有因为所取得的成就和地位而忘记他作为一名普通教师的责任。他在培养博士生的过程中,深刻地认识到博士生培养的特殊性,他认为,"对于博士生的培养,研究所和导师只能提供必要条件,成才靠

---

① 韩延明等:《潘懋元教授纪事年表》,见《潘懋元文集》卷八,第94页。
② 同上书,第95页。

自己。所谓必要条件,包括一个具有优良学术气氛的环境,必要的图书资料以及其他教师的某种帮助。"①为了营造这种良好的学术环境,潘先生从课堂教学、学术研究、论文写作、思想品德等多方面入手,形成了他独特的研究生培养模式。尤其值得一提的是,他非常重视潜移默化的教育作用,建立了研究生家庭访谈制,学生称之为"先生家的周末沙龙":"周末晚上,是我接待研究生的时间,自由参加,从天下大事到个人生活,从学术争论到工作方法,清茶一杯,无所不谈。一般没有预定的谈话中心,发表意见没有什么拘束。这样,谈出了许多真实思想,也密切了师生感情。研究生对此很感兴趣,感到从中颇有得益;其实,导师也可以从中得到许多有价值的知识。"②潘懋元先生把他的"周末沙龙"描述得如此朴实,乍看没有什么惊人之处,但是自从他开始担任研究生导师以来,只要周末他在厦门,他的客厅里就会飘来他和学生们的朗朗笑声,三十多年始终如一。他的一代又一代学生,无论他们毕业多久,身在何处,最念念不忘的就是"先生家的周末沙龙",他们中的很多人甚至把这种教育的形式复制到自己的教学中去,它对学生影响的深刻程度由此可见一斑。而潘懋元先生之所以能够寻找到这种教育的形式,并坚持几十年,最根本的原因还是在于他已经把对自我教育实践的反思和创新发展为一种近乎"本能"的意识,他把他的学生放在心里的最深处。他所做的一切不必粉饰成华丽的词藻,这一切最纯朴的目的就是把学生教好。

---

① 潘懋元:《选才·培养·指引——我对博士生培养的一些看法和做法》,见《潘懋元文集》卷三上,第470页。

② 同上。

作为教师的教育研究和作为学者的教育研究是两种不同的研究，前者更强调具体的教育情景和可操作的教学方法，后者更重视教育的一般特性和抽象的理论研究。潘懋元先生在这两种研究中都付出了自己的心血与努力，他在早期丰富的一线教育实践中，从作为教师的教育研究中获取了大量的宝贵经验，并逐步形成了将经验性研究提升到理论性研究的能力，他的教育自觉能力也因此从对自我教育实践的反思扩展到更广阔领域，这些成为他创建中国高等教育学的基础。

1945年，潘懋元先生从厦门大学教育系毕业，开始发表理论性教育研究论文，一些论文如《马克思主义教育思想传播者杨贤江》《作为社会现象的教育之本质及专门特点》《试论理论联系实际的教学原则》《全面发展的本质意义是什么》等产生了较大影响。与此同时，1946年年底，应校长汪德耀、系主任李培囿的邀聘，潘懋元先生回厦门大学教育系任助教。之后的十余年间，他一边在厦门大学担任教师，一边在厦大附属小学、侨民师范学校、厦门一中、厦门大同中学等各级各类学校任兼职教师或管理人员。[①] 从某种意义上说，这些经历使他有更多的机会在实践中接触到高等教育与普通教育的不同，但是，促使他能够敏锐地发现这种不同的根本原因还是他对教育实践的不断反思和觉醒，以及他在长期的教育研究过程中积累的理论研究功力。

他在高等教育研究方面自觉意识的更直接体现，是他每过一段时间都会发表一篇关于高等教育研究或者高等教育学学科建设

---

① 韩延明等：《潘懋元教授纪事年表》，见《潘懋元文集》卷八，第99—103页。

的文章，如1988年发表的《十年来高等教育科学研究的进展》、1991年发表的《高等教育研究的比较、困惑与前景》、1993年发表的《关于高等教育学学科建设的若干问题》、1998年发表的《高等教育研究在中国发展的轨迹》、2001年发表的《中国高等教育科学：世纪末的回顾与前瞻》、2004年发表的《中国高等教育学科建设之路》、2006年发表的《中国高等教育研究的历史与未来》、2009年发表的《高等教育研究60年：后来居上 异军突起》等，这些文章从历史研究或者比较研究的视角，系统回顾、反思、展望了我国高等教育研究的成绩与问题，力图在世界高等教育研究的宏观背景中勾勒出中国高等教育研究的发展脉络和特征，以不断加深对中国高等教育研究的认识和理解。正是他的这种教育自觉意识使得他总是能够站在高等教育研究的最前沿，发现并研究我国高等教育发展中的重大问题，孜孜不倦地探索着那些已知和未知的领域，为中国高等教育的发展贡献自己的力量。

二、敏锐的理论创新意识

自觉意识和创新意识是紧密相连的，从广义上讲，自觉意识就是内在自我觉醒、外在超越创新的思想解放过程，真正的自我觉醒和反思一定会走向自我突破和超越，一定会在寻找出路中走向创新和创造。因此，这里所说的理论创新意识，着重强调人们在社会实践活动中对新出现的各种问题所进行的理性思考和理性回答。这些回答有助于我们更深刻地认识实践活动的本质和规律，丰富人类的理性认识，对实践活动的未来发展进行更准确的判断和预见。

什么样的理论研究是理论创新？要理解这一问题，需要从理论创新中的两对辩证关系入手：破旧与立新、继承与创造。首先，破旧既有破除的意思，也有突破的意思，前者是对旧理论的否定，后者是对旧理论的发展；但是，破不是目的，只是过程，破旧的目的是立新。其次，任何的理论创新都是在已有理论的基础上完成的，人类对自然界的理性认识都是世世代代积累的结果，现代的理论创新自不必说，就是那些古代的先哲，他们的理论及思想也是当时人类认识成果的集中反映。[①] 所谓理论创新，主要有三种情况：第一，对原有理论体系或框架的新突破，也就是说，原有的理论体系和框架已经无法涵盖所有的现实问题，当它在一些领域和方面失去解释力的时候，就需要进行理论创新；第二，对原有理论和方法的新修正和新发展，在这一点上，理论创新有可能是观点创新、方法创新、研究视角创新等；第三，对理论禁区和未知领域的新探索，所谓原创性的研究大多属于这种情况。但无论如何，理论创新的标志不只是批判，更在于建构，是要提出或者构建自己的理论观点和框架。

正像前面所说的那样，潘懋元先生的理论创新意识来源于他的教育自觉意识，他在教育实践中倾注了大量的心血，他的理论创新动力来源于对实践问题的解决。通过潘懋元先生创立中国高等教育学科和提出教育内外部关系规律的过程，我们可以更清楚地

[①] 马佩：《试论理论创新的几个问题》，《西南大学学报》（社会科学版）2014年第4期。

理解这一点。

潘懋元先生从厦门大学教育系毕业后的十多年间,丰富的教育实践经验使他敏锐地意识到高等学校教学与中小学教学的不同,此前,应厦门大学培养师资的需要,潘先生还曾经尝试开设过高等学校教育学课程,并编写了教材。[①] 1957年,"在厦门大学《学术论坛》第3期上,他发表了《高等专业教育问题在教育学上的重要地位》一文,从智能教育、大学生身心发展和社会经验的特殊性等方面论述了高等专业教育与普通教育的不同之处,并建议建立一门'高等学校教育学'或'高等专业教育学'"。[②] 他认为,教养的目的是传授基本知识技能,由普通教育来承担,而智能教育的目的是传授专门知识技能,由专业教育来承担,因此高等教育的教学内容、教学方法、教育对象与普通教育都有很大不同。[③] 这篇文章"被认为是中国第一篇倡导高等教育研究的论文"[④],其中的创新性观点成为以后潘懋元先生研究高等教育学的基础。正像潘懋元先生在他的《九十感言》中写的那样:"在人的一生中,青年时代是思想奔放、想象力活跃的时期,可谓'后生可畏'……我的一些创新性的设想,大多是在三十多岁时形成的。"[⑤]

1978年5月27日,"中国第一个以高等教育为研究对象的专门科研机构——'厦门大学高等学校教育研究室'成立,潘懋元先

[①] 韩延明等:《潘懋元教授纪事年表》,见《潘懋元文集》卷八,第108页。
[②] 同上书,第109页。
[③] 潘懋元:《高等专业教育问题在教育学上的重要地位》,见《潘懋元文集》卷二上,第5页。
[④] 韩延明等:《潘懋元教授纪事年表》,见《潘懋元文集》卷八,第109页。
[⑤] 潘懋元:《九十感言》,见《潘懋元文集》卷二下,第540页。

生被任命为研究室主任(兼)"。① 与此同时,潘懋元先生在《厦门大学学报》上发表了《必须开展高等教育的理论研究——建立高等教育学科刍议》一文,进一步强调建立高等教育学科的必要性和重要性。在潘懋元先生的呼吁和努力下,1979年10月,"由厦门大学高教研究室和华东师大高教研究室发起并召开了'全国高等教育学会筹备工作第一次会议'",会议决定向全国部分高校和省、市高教局(处)发出建立全国高等教育学会倡议书,并讨论了高等教育研究规划。② 1983年5月,教育部召开中国高等教育学会成立大会,"潘懋元先生作了'关于中国高等教育学会筹备经过说明'的报告,并被选为中国高等教育学会常务理事,教育部部长蒋南翔任会长,何东昌、曾德林、季羡林、唐敖庆、李国豪、钱令希任副会长,于北辰任秘书长"③;8月,《高等教育学讲座》一书由人民教育出版社出版,这是我国第一本正式出版的高等教育学专著,包括高等教育学的研究对象和任务、教育的基本规律及其对高等学校教育的作用、教学的基本规律和若干教学原则、培养目标和教学计划、课堂讲授五部分内容。④ 从高等教育学科创立的过程可以看出,正是由于普通教育学的原有理论体系和框架已经无法涵盖高等学校的现实情况,当它在一些领域和方面失去解释能力的时候,理论创新才得以实现。因此,潘懋元先生创立高等教育学科、构建高等教育学科体系框架,是理论创新中突破原有理论体系框架的

---

① 韩延明等:《潘懋元教授纪事年表》,见《潘懋元文集》卷八,第120页。
② 同上书,第123页。
③ 同上书,第131页。
④ 同上。

典型案例。

对教育内外部关系规律的总结和提升是潘懋元先生的又一理论贡献。1980年11月,潘先生"应邀到湖南大学为一机部所属院校教育科学研究班作题为《高等教育学及教育规律问题》的报告,不仅讲述了高等教育学的研究对象和内容,而且第一次提出了教育内外部关系规律学说"。① 其实,潘懋元先生对教育本质和教育规律的关注由来已久,早在1954年,他就发表了题为《作为社会现象的教育之本质及专门特点》一文,但是,促使他更深入思考教育规律的原因是"文革"后整个教育界的大讨论。作为"文革"的重灾区,当时教育界在反思"文革"中教育的失误时发出了这样的疑问:教育的本质到底是什么? 怎样才能按照教育的规律办事? 潘懋元先生也加入了这场大讨论,他同意教育是上层建筑的观点,但是他认为,要想加深对教育的认识,"不应只满足于认识它具有上层建筑的共同属性,而且应该深入研究它的特殊属性,探索它的特殊规律。"② 他试图理清教育的哪些方面将随着上层建筑的变化而被扬弃,哪些方面会随着上层建筑的变化而被继承下来,这样的分析实际上已经超越了教育本质是什么的争论,而是尝试着对教育的规律进行思考。潘懋元先生在湖南大学的讲学引起了很大的反响,尤其是教育内外部关系规律的观点更是被很多实践工作者认可,他们认为对教育规律的认识有助于指导实际工作。1983年,潘懋元先生在《高等教育学讲座》一书中,对教育的内外部关系规律有

---

① 韩延明等:《潘懋元教授纪事年表》,见《潘懋元文集》卷八,第125页。
② 潘懋元:《在教育是否属于上层建筑讨论中若干有待商榷的问题》,见《潘懋元文集》卷二上,第473页。

了更明确的表述：教育的内部关系规律即"社会主义教育必须培养全面发展的人，或者说社会主义教育必须通过德育、智育、体育、美育，培养全面发展的人"①，而教育的外部关系规律是指"教育与政治、经济、文化的关系。这条规律可以表述为：教育必须与社会发展相适应。社会主义教育必须与社会主义社会发展相适应。适应，包括两个方面的意义：一方面教育要受一定社会的政治、经济、文化科学所制约；另一方面教育必须为一定政治、经济、文化科学服务。教育必须受一定社会的政治、经济、文化科学所制约，并为一定社会的政治、经济、文化科学服务。"②

应该说，在教育内外部关系规律提出以前，人们就已经充分认识到了教育具有促进人发展和社会发展两大基本功能。但是，从功能的角度认识教育与人、与社会发展的关系，强调的是教育的作用，是单向的关系；而从规律的角度认识教育与人、与社会发展的关系，强调的则是教育的规律性特点，是双向的关系，它更加全面也更加客观地反映了教育的规律性特点。因此可以说，教育的内外部关系规律是对原有理论的新的发展，是对教育活动认识的深化。

有学者认为，理论创新的动力可以来源于实践的发展所提出的新问题、理论之间的论战、理论之间的互启、人们对旧理论的怀疑和批判③，但是从个体的角度讲，要想进行理论创新，其动力最

---

① 潘懋元：《教育的基本规律及其相互关系》，见《潘懋元文集》卷二上，第492页。
② 潘懋元等：《潘懋元教育口述史》，北京师范大学出版社2007年版，第180页。
③ 许玉乾：《理论创新的前提、动力和阻力》，《国家教育行政学院学报》2008年第4期。

终来源于社会责任感。当个体把理论创新看成是事业发展的需要时,他才可能敏锐地捕捉到理论创新的契机,迸发出敢为天下先的胆识,也才能在创新理论提出以后,拥有容纳不同观点的广阔胸襟。教育内外部关系规律一经提出,就得到了很多教育管理者和学者的认同,但也有人提出了不同的意见。对这些意见,潘懋元先生都认真加以研究,2015年,他发表了《2014年中国高等教育研究回顾与述评》一文,对近年来关于教育内部关系和外部关系的争论给予了充分的关注,他说:"关于高等教育适应论的讨论对高等教育学科发展是有益的,这也是近年来少有的学术自由争鸣。"[1]

三、鲜明的实践导向意识

20世纪60年代以来,在世界范围内,人文社会科学研究的实践性越来越受到重视。在科学主义盛行时期,人文社会科学研究自身的特点得不到承认,它与自然科学研究的不同被当成缺乏科学性而饱受诟病。在经历了科学化的改造之后,人文社会科学研究回归自身特点,重新认识到自身的不同,就像韦伯所说的那样,"社会科学的意图在于对社会行为进行诠释性的解释,并从而对社会行为的过程及结果予以因果性的解释。"[2]因此,从实践中来,到实践中去,对人文社会科学研究十分必要。另一方面,人文社会科

---

[1] 潘懋元:《2014年中国高等教育研究回顾与述评》,《高校教育管理》2015年第2期。

[2] 马克斯·韦伯著、胡景北译:《社会学的基本概念》,上海人民出版社2005年版,第22页。

学研究对实践的关注,从根本上说是对人真实状况的关注,是对不同社会文化和制度的关注,因此,实践导向研究是当今人文社会科学本土化的必然要求。近年来,在国内的管理研究领域,一些学者提出了"实践导向管理研究"①的倡议,针对中国管理研究过分重视模型建构而轻问题解决的现象,提出管理研究应直面中国管理实践,注重研究与本土管理实践的结合。因此可以说,实践导向是当前人文社会科学研究的趋势。潘懋元先生的研究与实践中体现着十分鲜明的实践导向意识,这可以从他如何把握和创造参与实践的机会、如何看待实践工作者的研究、如何发挥理论研究在实践中的作用等方面体现出来。

第一,如何把握和创造实践机会。从 15 岁开始从教,潘懋元先生从没有离开过教育实践,他利用一切机会深入体验教育实践的点点滴滴,通过作为教师的教学实践、作为管理者的教育管理实践、作为专家学者的教育政策咨询实践以及各种访学、考察、参加学术会议、讲学等活动,时刻保持着与教育实践最紧密的接触。潘懋元先生反对书斋式的空洞研究,把教育实践作为理论研究的源泉,他认为,研究不能"唯书"和"唯上",因为"正确的理论是要经过调查、讨论、探索之后才能取得"。② 他不仅自己重视实践,更希望把这种观念和意识传递给学生,因此他总是尽可能地为学生创造各种接触实践的机会:只要条件允许,一些国内重要的高等教育学

---

① 乐国林:《实践导向管理研究评价的基本问题探讨——兼论由"出路与展望:直面中国管理实践"引发的学术争鸣》,《管理学报》2012 年第 8 期。

② 潘懋元:《要鼓励并支持教育理论工作者争鸣》,见《潘懋元文集》卷二上,第 69 页。

术研讨会他都会带学生参加；在周末的学术沙龙上，他总会把在各地的所见所闻讲给学生听，然后一起讨论；从90年代开始，潘懋元先生就在厦门大学高等教育研究所建立了研究生游学制度，使得这种教育实践教学得以制度化。每年他都会带领学生到一些高校去交流、访学，并在这一过程中，结合具体实践问题给学生上课，组织学生研讨。比如，2003年4月13—21日，潘懋元先生带领2002级博士研究生11人赴宁波调研，考察了宁波大学、万里学院、宁波职业技术学院、服装学院、大红鹰学院以及杨贤江中学等学校[①]；2004年5月10—19日，他率领2003级博士研究生20余人前往西安调研民办教育，考察的高校有外事学院、思源学院、欧亚学院、翻译学院、西京学院等五所全国知名的民办高校，并参观、访问了陕西省教育厅、陕西师范大学、西北工业大学、东方亚太学院等单位。[②] 通过这种方式，他把自己的实践意识生动地传达到学生那里，并在实践中加深学生对高等教育的认识。

第二，如何看待实践工作者的研究。与其他人文社会科学相比，在教育研究尤其是高等教育研究中，大量从事教学和管理实际工作的人员在整个研究队伍中占据重要地位，人数之多、覆盖面之广是任何其他学科无法比拟的，这和我国高等教育产生、发展的条件和环境紧密相关。在中国，高等教育研究机构不仅存在于师范院校，而且在综合院校中普遍存在，它应高等教育教学和管理实践的需求而出现，并始终围绕和服务于高等学校的教学和管理，所以

---

① 韩延明等：《潘懋元教授纪事年表》，见《潘懋元文集》卷八，第219页。
② 同上书，第229页。

应该说，中国高等教育研究具有非常鲜明的开放性特点。对此，一些专门从事高等教育研究的学者颇有微词，认为实践工作者的研究理论性差，导致中国高等教育研究整体水平无法提升。但是，潘懋元先生本着客观和开放的心态，始终积极肯定高等教育领域各类实践工作者在高等教育研究中所做的努力和贡献。他认为，"从事高等教育研究需要各种各样的人才，需要有丰富的实践经验，所以说，高等教育研究队伍来自各个方面，不一定是坏事，在某种意义上是好事"，因为"高等教育不论改革或发展，最终决定于能否调动广大教师和干部的积极性，高等教育研究能否繁荣兴旺，最终也决定于能否得到广大教师与干部的支持与参与。理论的源泉来自实践，只有广大有实践经验的教师和干部支持了，参与了，高等教育研究领域才能富有生气；高等教育科研成果，只有对教师与干部的教育实践与管理实践起指导作用并为他们乐于接受，才能发挥它的社会效益"。[1] 同时，要坚持实事求是的原则，不能用专业研究的标准来要求实践工作者的研究，他认为，"如果一位教师或干部，在教育实践中确有深切的体会，有一定价值的经验，把这些体会、经验整理出来，并力求在理论上有所论证，能解决一两个具体问题，就是一篇值得重视的文章。这种文章，对自己是提高，对他人有影响，这就有了实际的效益。"[2] 应该说，他本人的这种客观、开放和宽容的心态在中国高等教育研究的实践导向形成过程中起到了关键作用。

---

[1] 潘懋元：《高等教育研究的比较、困惑与前景》，见《潘懋元文集》卷二上，第109页。

[2] 同上书，第131页。

第三,如何发挥理论研究在实践中的作用。潘懋元先生认为研究成果应该具有科学性和可行性:"研究成果的科学性和可行性,就其本质来说,应当是一致的,可行性必须建立在科学性的基础上,才能经得起实践的检验;科学性必须具有可行性,才能转化为'生产力'——对于社会科学的研究成果来说,就是转化为社会实践。"①那么,社会科学的理论研究成果要如何理论转化为实践呢?他认为,"必须经过这样一些中间环节:基本理论—应用研究(开发研究)—政策(一般指宏观的)—操作性措施—实践,或基本理论—应用研究(开发研究)—操作性措施(一般指微观的)—实践。"②也就是说,理论转化为实践并不会自动完成,需要进行一些应用性的研究。在这方面,西方的一些学者也有类似的看法,如美国学者亨普尔认为,"一个理论实际上是由两类原理构成的,第一类称为内在原理,它详细说明了由理论指涉的实体和过程,以及假定由这些实体和过程确证的定律;第二类称为桥接原理,它指出了理论所假定的基本过程和可观察现象之间的关系……正是桥接原理,使得理论具有了解释力及产生检验意蕴。"③社会科学研究要想真正实现本土化,必须"在各种宏观理论中引入能够与微观实际相联系的桥接原理(对应规则)",它"远没有理论术语那般精确",但是它关注内在原理得以确立的"初始条件和辅助性假定",因此

---

① 潘懋元:《高教研究要重视科学性与可行性》,见《潘懋元文集》卷二上,第73页。
② 潘懋元:《高等教育理论研究必须更好地为高等教育实践服务》,见《潘懋元文集》卷二上,第175页。
③ 姚传明:《社会科学本土化:反思、批判与限度》,《甘肃行政学院学报》2011年第5期。

它更有助于理解本土实际。① 可以看出,桥接原理与潘懋元先生所说的应用研究(或理论与实践的中介研究)有相似之处,而正是这种研究的存在,人文社会科学研究的本土化才得以实现。潘懋元先生在他自己的理论研究中始终践行着实践导向的原则,在他所发表的论文中,有一半左右的文章是关于中国高等教育发展问题的研究,这些问题大多是发展中的难点问题,如民办高等教育、高等教育大众化、高等学校的分类和定位等,潘懋元先生对这些问题持续跟踪研究几十年,根据实际发展情况不断深入探索,为中国高等教育研究的本土化作出了重要贡献。

四、深刻的社会责任意识

知识分子不仅要有知识,更要用他的知识为社会服务。这里的服务,既包括探索世界、为人类社会长远发展服务,也包括关注现实问题、为国家和民族利益作出贡献。中国现代知识分子群体形成于国家忧患之时,应该说,正是由于19世纪国门被迫打开、西方文化强力入侵,中国传统以士大夫为代表的知识分子才渐渐为具有新观念的现代知识分子所取代。也许是因为中国现代知识分子的特殊成长环境,他们"高度关注国家富强的目标,关注民族的前途和命运,关注相关公众、公益利益之事"②,把国家的命运和自

---

① 姚传明:《社会科学本土化:反思、批判与限度》,《甘肃行政学院学报》2011年第5期。
② 俞祖华:《中国现代知识分子群体的形成、世代与类型》,《东岳论丛》2012年第3期。

己的命运紧密联系在一起。

潘懋元先生在少年时期接受的是中国传统教育,但在青年时期,他开始接触到西方文化和社会新思想。他经历过战争,体会过民不聊生的痛苦,因此他深刻理解个人命运和国家、民族命运之间的联系:他通过"救亡同志会"积极参加各种抗日活动;他利用自己所学,为农民上课扫盲;他在报刊上发表文章,分析各种社会问题并提出自己的看法……潘懋元先生青少年时期的这些独特经历造就了他深刻的社会责任意识,并贯穿于他长期的教育研究和实践当中。

对社会责任感,每个人都有自己的理解,但无论怎样理解,社会责任感不是空谈,尤其作为知识分子,社会责任感一定是和自己的所学、自身的实践紧密结合在一起的。从潘懋元先生身上,我们可以看到对知识分子社会责任感的最好诠释:作为教师,他的心里时刻装着学生,他的教案每年都会更新内容,他对学生的关怀体现在学习、生活的方方面面,他不仅教学生怎样做事,更教学生怎样做人,他告诫学生,"只有理想才是战胜困难、敢于面对失败的永恒动力"[①],而这种理想虽然因人而异,但一定应该是做对国家和社会有益的事情;作为研究者,他以"文章不写半句空"自勉,始终把促进中国高等教育研究和实践的发展当成自己的责任,百岁高龄仍笔耕不辍,殚精竭虑;作为中国高等教育学科的创始人,他没有固步自封,而是始终以饱满的热情投入到高等教育实践中去,他的

---

① 潘懋元:《敢为天下先——在广东博士后工作 20 周年纪念大会上的讲话》,见《潘懋元文集》卷三上,第 497 页。

研究始终散发着新鲜的实践体验和本土气息,最重要的是,他几十年如一日,始终以这种深刻的社会责任意识约束、激励和鞭策自己。

当今的中国正面临社会转型,各种社会思潮涌现,各种现实问题需要研究,知识分子应该在这一过程中清醒地认识到自身的社会责任,用自己所学发挥更大的作用。在这一过程中,作为学者,不能只是针砭时弊,还需要在发现问题的基础上,提出科学、可行的解决问题对策。要通过自身的研究与实践,减少社会在转型过程中所付出的代价,维护民族和国家的利益,关注社会弱势群体的生存状况,促进社会的公平发展。应该说,这些都是当今中国知识分子需要深入思考、认真实践的课题。

"人生如逆水行舟",不仅要时刻奋力前行,更要注意激流险滩,明确前进目标。本文所提到的这些意识,恰似人生征途中的灯塔、教育事业中的路标,无论遇到怎样的境遇和情况,心中有了这样的意识,才能不为一时的得失所左右,才能拥有克服困难的勇气。正像前面所说的那样,研究潘懋元先生的思想和实践,其意义不只在于研究他本人,更在于从老一辈教育家身上体会到对教育事业的那种热爱和执着,体会到他们怎样将对教育的热爱化为内心的强大信念。从这一角度说,他自身就是最有说服力的教育,而这是作为一个教育工作者最值得骄傲的地方。

(赵婷婷,厦门大学1999届博士,厦门大学教育研究院教授)

潘懋元高等教育思想:全球化视角

李盛兵

潘懋元高等教育思想既是中国的,也是世界的。他的国际学术经历非常丰富,与国际高等教育界的诸多学者保持着良好的联系。他对国际高等教育理论与实践的态度既是开放的,也是批判性的。他的高等教育思想包括高等教育大众化理论、民办高等教育理论、高校分类与定位理论、多元质量观等,是在借鉴与批判国际高等教育理论和实践基础上形成的。他对国际高等教育理论建设作出了自己的贡献:一方面,他致力于高等教育理论的中国学派建设,为国际高等教育研究提供了中国模式和经验;另一方面,他对高等教育学的一般理论进行了诸多原创性和开拓性研究,丰富了国际高等教育理论体系。

一、引 论

在中国高等教育学的发展历程中,潘懋元是其中最重要的人物。他不仅是中国高等教育学科的创始人,也是该学科建立三十多年后仍然站在高等教育研究前沿的世纪老人。他几十年来奔走于国内外各种高等教育国际学术论坛和高校,始终站在国际国内高等教育研究的最前沿,发表关于中国高等教育重大发展问题的演讲、论文,为我国高等教育学科建设(包括高等教育学科体系、人才、学会、刊物和各种研究平台)作出了卓越贡献。潘懋元高等教育理论体系及其在我国高等教育研究中的突出地位,既源于他孜孜不倦地致力于高等教育学科创建和发展的兴趣、使命和坚韧,也由于他学术视野的兼容并蓄,在高等教育的国际比较和观察中,为本国高等教育学科建设以及问题解决提供充足的营养。可以这么说,他的高等教育理论体系得益于对域外高等教育发展经验以及研究成果的持续关注,但更重要的是,他积极参与国际高等教育理论大厦的构建,为世界高等教育学术研究提供了中国模式。

在潘懋元几十年来专心致志的研究中,他与国际高等教育界的联系如何?他的高等教育思想在多大程度上受到国际高等教育理论和实践的影响?他对国际高等教育理论的态度以及贡献如何?本文试图从全球化视角来分析潘懋元高等教育思想,以寻找他的教育思想与世界的联系及其对国际高等教育理论的贡献。

全球化理论,主要有两种观点。一种是文化排他主义,主张同质化发展。彼特斯认为:"全球化最通常的解释是这样的观念,即通过源于西方的技术、商业和文化同步化,世界变得更加统一和标准化,并且全球化是与现代性联系在一起的。"[①]他把全球化看做一个混合过程,而这个混合过程产生了一个全球"大杂烩"。另外一种是文化的地方主义,主张异质化发展。罗兰·罗伯森提出了"全球地方化(glocalization)",认为"全球化涉及那些习惯上被叫

---

① J. N. Pieterse,"Globalization as Hybridization,"in M. Featherstone, S. Lash, and R. Robertson (eds.),*Global Modernities*. London:Sage,1995.

做'全球的'和'地方的',或者——用一种更抽象的说法——普遍的和特殊的东西的同步进行和相互渗透"。① 在教育上,全球化表现为全球模式与国别模式,二者同步进行且相互渗透。前者表现为全球共同认可的高等教育观念、价值和发展模式,后者则体现在丰富多彩的国别和地区高等教育研究特色方面。虽然潘懋元高等教育理论产生、形成和发展于本土,但离不开国际高等教育理论和经验的滋养、启发、批判和借鉴。他在批判和借鉴(全球的)理论中,基于我国高等教育发展的特殊国情,在构建中国特色的高等教育学科和解决我国高等教育实践问题的同时,形成了颇具特色的中国学派(地方的),丰富着国际高等教育理论。

二、潘懋元的国际学术经历

国际化分为内部国际化和外部国际化。潘懋元国际学术生涯也分为内部国际学术交流与外部国际学术交流。他早期国际学术经历由 1941—1945 年在厦门大学学习时期和 1951—1952 年在中国人民大学(后改至北京师范大学)研究生课程学习时期构成,属于内部国际学术交流。在厦大求学期间,他的教育思想受到了留美教授的影响。"当时在厦门大学担任教授的多是留美学者,其中教育系主任李培囿是杜威的学生……另一名在教育系工作的知名学者陈景磐教授,于 20 世纪 30 年代在多伦多大学获得博

---

① R. Robertson, "Globalization: Time-Space and Homogeneity-Heterogeneity," in M. Featherstone, S. Lash, and R. Robertson (eds.), *Global Modernities*. London: Sage,1995.

士学位……潘懋元成为杜威著作的敬慕者。"[①]在中国人民大学研究生进修期间,给他们上马克思主义课程和教育理论课程的是来自苏联的四位教授。进修期间,潘懋元撰写了三篇介绍苏联教育的论文,并在返回厦大后向广大教师做了关于苏联教育实践的报告。他的教育思想在此有了美、苏教育理论的贯通。

随着中国的改革开放,潘懋元在努力创建高等教育学科的同时,开创了高等教育研究国际交流的新时期。40年来,他多次出国考察和参加国际高等教育会议,邀请海外学者讲学,出国访学和举办国际高等教育会议。后期,他又在海外发表论文和出版专著,培养国际人才,借鉴国外高等教育理论和实践经验来研究中国高等教育问题。根据韩延明编著的《潘懋元教授纪事年表》,我们对潘懋元国际学术交流的以下三个方面进行了统计分析。

(一)广泛参加国际学术活动

潘懋元参加的高等教育学术交流活动,分为国外和国内两个方面(表1)。在国外学术活动方面,他出访七次,考察了泰国、英国等12个亚洲和欧洲国家的高等教育,每次回国后都写文章介绍这些国家的高等教育;他还参加在四个国家举办的七次高等教育国际学术会议,与国际同行分享他的高等教育研究成果。这些在国外的高等教育学术活动,让他直接观察和了解了欧美亚多国高等教育实践和高等教育理论热点问题,以思考我国高等教育学科

---

① 〔加拿大〕许美德:《潘懋元:中国高等教育研究的奠基人》,见《潘懋元文集》"代序"。

的建设与高等教育的发展。在国别选择上,他既注重对欧美、日本高等教育的观察和思考,还特别注重对发展中国家和欠发达国家高等教育的研究,形成了他对世界高等教育图景的整体认识。

表1 潘懋元参加的高等教育国际学术活动(1951—2015年)

活动类型		活动次数	活动涉及的国家
国外活动	出访活动	7次	泰国、尼泊尔、科威特、英国、菲律宾、日本、挪威、荷兰、法国、丹麦、卢森堡、德国等
	国外学术会议	7次	泰国、日本、美国、挪威、立陶宛等
国内活动	邀请外国专家	22次	美国、加拿大、英国、日本、菲律宾、联合国教科文组织统计局等
	国际学术会议	32次	美国、澳大利亚、菲律宾、日本、加拿大、挪威、俄罗斯、英国、韩国、印度、马来西亚、蒙古、印度尼西亚、泰国、越南、新西兰、德国、瑞士、芬兰、法国、荷兰、立陶宛、瑞典等
	举办学术沙龙	8次	英国、马来西亚、日本等
	国际高等教育活动	81次	苏联、美国、澳大利亚、菲律宾、日本、加拿大、挪威、俄罗斯、英国、欧盟、东盟、韩国等

资料来源:表1、表2、表3均根据韩延明编著的《潘懋元教授纪事年表》(厦门大学出版社2015年版)整理。

在国内学术活动方面,潘懋元利用他的学术威望和影响力,通过"引进来"的方式,积极开展和参与143次各种高等教育国际活动。其中,他22次邀请包括阿特巴赫、许美德、有本章、斯科特等国外高等教育专家来校讲学,32次参加国内举办的高等教育学国际会议,8次举办有国际高等教育专家的学术沙龙,81次参加其他国际高等教育活动。参加各种国际学术活动的外国专家来自30

多个国家,包括欧美亚的发达国家和发展中国家。潘懋元主持和参加的近160次国际学术经历,形成了他高等教育理论的国际性以及与国际高等教育发展和研究的同步性等特征。

(二)重视外国高等教育研究和国际发表

潘懋元从事高等教育学科研究,立足国内,放眼世界是其重要特色(表2)。1988年,他宣布将"加强国际教育学术交流,打进'国际市场',使中国的高等教育科学在国际上有较大影响"作为厦大高教所第三阶段的发展战略。他在国内刊物发表23篇关于外国高等教育的论文,向国内同行介绍了苏联、美国、英国、日本、泰国、菲律宾、尼泊尔等国家高等教育的发展经验。在国际刊物发表10篇论文,阐述了他的高等教育学科思想,并向国际同行介绍了中国高等教育发展的经验与问题。在著作出版方面,他在国内主编出版了8本国际学术会议的论文集或专著。他还为国内出版的有关外国高等教育研究的18本专著作序,反映了他对国际高等教育研究者的关怀与鼓励,并提出了自己的国际教育观点。

潘懋元在中国高等教育研究的成就,在国际高等教育研究界引起了重视(表2)。1999年,英国赫尔大学授予他荣誉博士学位。赫尔大学校长在致辞中说:"他是中国高等教育学理论的创始人,他对中国高等教育改革,作出了突出的贡献。"[1]挪威学者阿里·谢沃出版了英文版的《潘懋元——一位中国高等教育研究的创始

---

[1] 赖铮、高晓杰:《让中国的高等教育研究走向世界——〈潘懋元——一位中国高等教育研究的创始人〉(英文版)评介》,《教育研究》2006年第1期。

表2 潘懋元著作出版和论文发表国际化情况（1952—2015年）

	类型	数量	涉及的国家
著作出版	国内出版	8本	东南亚国家、发达国家等
	国际出版*	4本	挪威、加拿大、荷兰等
文章发表	国内发表	23篇	苏联、美国、英国、日本、泰国、尼泊尔、科威特、菲律宾等
	国际发表	10篇	日本、澳大利亚等
	序文写作	18篇	亚太地区、日本、美国、法国、英国、德国等

*潘懋元在国际出版一本著作，其他三本著作或章节由其他人在国外出版。

人》（2005），向国际推介了潘懋元在高等教育学上的研究经历和成果。加拿大教育家许美德著的《思想肖像：中国知名教育家的故事》（2008），专门介绍和研究了潘懋元在中国创建的高等教育学科及其学术思想。2015年12月，荷兰博睿出版社（Brill Press）出版《潘懋元文选》英文版，该书精选了潘懋元1950年代以来各个时期20篇关于高等教育的代表性论文，涉及高等教育学科、教育内外部关系规律、教育发展战略、课程与教学论、教育管理等方面的教育思想。该书被认为是中国高等教育学研究走向国际的典范。

（三）任职多个组织机构和刊物

潘懋元除了曾任厦门大学副校长、中国高等教育学会副会长、全国高等教育学专业委员会理事长等重要职务外，还在多个国际研究和办学机构、刊物任职，组织开展国际高等教育交流与研究（表3）。例如，1978年他创办"文革"后第一份外国高等教育研究刊物《外国高等教育资料》，也是迄今为止唯一的国际高等教育研究专业刊物,开辟了一个介绍国际高等教育发展经验和研究成果的平台。在任厦门大学海外函授学院院长期间,潘懋元制定了学院的海外发展计划,开展了留学生教育工作和华文教育研究。在福建省东南亚学会任顾问期间,他组织研究和编写了《东南亚教育》。

表3 潘懋元担任相关组织的职务情况(1978—2015年)

时间	职务名称
1978—1992年	《外国高等教育资料》主编
1980—1987年	厦门大学海外函授学院院长
1985年9月	福建省东南亚学会顾问
2012年7月	郑州大学西亚斯国际学院聘请为客座教授
2013年12月	厦门大学中外合作办学研究中心国际顾问委员会名誉主席

三、国际高等教育理论和实践对其思想的影响

作为我国高等教育学科的主要创建人,潘懋元领导、组织、参与和见证了我国高等教育学科的建设,并对我国高等教育诸多重大问题进行了开创性研究,包括教育的内外部关系规律、民办高等教育、大众化理论、高校定位与分类、多学科研究、依附发展与自主发展、应用型人才培养等。阅读他的著作和论文,我们能够强烈地感觉到他的高等教育思想与国际高等教育理论与发展实践经验的紧密联系。一方面,他的理论与国际高等教育理论在同步交流和发展;另一方面,其研究的终极关怀是服务于中国学派的建立与建设现代化的中国高等教育体系。

潘懋元早在1991年就表达了关于比较教育和国际教育研究

较为成熟的观点,即"比较教育既是外国与外国比较,也是外国与本国比较。前者着重于探讨教育发展规律,而后者着重于借鉴外国经验";"要从中国教育改革与发展的需要出发,实事求是地借鉴外国的经验、教训,从中找出规律性的东西。以'洋为中用'为目的,出发点和归宿都是中国。"①因此,他研究高等教育理论与实践问题时,重视借鉴外国高等教育理论与经验。这里,我们选取他关于如下四个问题的观点,来观察国际高等教育理论与经验对他的影响以及他对国外理论和经验的态度。

(一)高校的分类与定位

高校分类与定位问题是高等教育大众化后出现的一个突出问题,关系到一个国家高等学校体系建设和高校的个性化发展。潘懋元非常关注该问题的理论探讨。当时,美国卡内基分类法和加州大学系统在国内影响很大,那么中国高校分类到底依据哪个标准呢？2003年,他在分析了美国卡内基的高校分类和联合国教科文组织的《国际教育标准分类法》后指出:"《国际教育标准分类法》关于高等教育类型的划分,更值得我们重视。因为联合国教科文组织所考虑的不只是某一个国家的高等教育现状,它必须全面概括发达国家与发展中国家的基本情况,因而大体上能适用于不同国家的高等教育分类。"②他认为,作为精英教育的学术性研究型大学和作为大众化主力的实用性职业技术型高职高专定位比较明

---

① 潘懋元:《比较高等教育的产生、发展与问题》,《上海高教研究》1991年第3期。
② 潘懋元、吴玫:《高等学校分类与定位》,《复旦教育论坛》2003年第3期。

确,但二者之间还有大量中间型高校定位不明。根据《国际教育标准分类法》理论型(5A)与应用技术技能型(5B)的分类,他指出学术研究型大学相当于5A1,中间型高校偏于5A2,高职相当于5B。5A1与5A2都属于理论型,但是5A2不是为研究做准备,而是应用科学理论从事高技术要求的专业工作,培养专业硕士研究生和本科生。通过上述分析,他把我国高校分为研究型大学、高职高专和中间类型。

2009年,他再次以世界高等教育发展的趋势(美、英、法、德、日、韩和新加坡的高校类型)与《国际教育标准分类法》为参照,把我国高校分类置于全球视野,提出了学术型(研究型)大学、应用型本科高校和职业技术高校的分类法。[①] 他认为,三种类型的区别主要在于人才培养目标不同,并无层次高低之分,更无社会地位之别。各种类型之间,可以架设"立交桥"。

从潘懋元对高等学校分类与定位的两次论述来看,他非常重视国际高校分类理论和经验,但他是批判地分析和研究它们,并将其应用于我国高等学校发展历史和现实之中,形成了独立的关于我国高校分类与定位的认识。

(二) 民办高等教育

潘懋元关于民办高等教育的研究论文多达二十多篇,反映了他对民办高等教育在市场经济条件下我国高等教育发展中作用的

---

① 潘懋元、董立平:《关于高等学校分类、定位、特色发展的探讨》,《教育研究》2009年第2期。

重视,并寄予厚望。毫无疑问,他对民办高等教育研究和实践发展作出了开创性的贡献,提出了诸如立法、政府扶持、特色办学、创新创业转型等重要观点。其实,民办教育对潘懋元来说不是新鲜事物,他早年求学的中学和大学都是私立学校。因此,他对改革开放后的民办高等教育发展投入了极大的研究热情。在其民办高等教育思想形成中,我们发现国外高等教育理论和实践对他产生了较大的影响。

在论证民办高等教育重要性时,他说:"当今不论发达国家或发展中国家,私立高等学校都为数甚多,如美国为 54.4%(1983 年)、日本为 75.6%(1985 年)、菲律宾为 72.4%(1986 年)、印度尼西亚为 92.8%(1985 年),其中不乏学术水平高的大学。"在谈到民办高等学校的经费时,提出"以自筹为主,政府给予必要的资助"。例如日本文部省 1984 年补助私立学校经费 3000 多亿日元,占该财政年度教育经费预算的 5%,其中的 81% 用于补助私立大学;1981—1982 年美国全国私立大学的总经费约 16.9% 是由联邦政府资助的。[①] 在民办高等教育发展速度与规模问题上,潘先生指出,在精英教育阶段,私立高等学校就已存在,但许多国家政府采取不支持或限制的态度,日本、印尼、泰国都是如此;但到接近或已经进入大众化阶段,大多数国家转为采取鼓励、支持态度。根据这样的分析,他大胆预测在我国高等教育大众化阶段,民办高等教育必将快速发展,并在高等教育体系中占据相当大的规模。[②]

[①] 潘懋元:《关于民办高等教育体制的探讨》,《上海高教研究》1988 年第 3 期。
[②] 范跃进、王玲、刘福才等:《潘懋元先生思考民办高等教育问题的八个基本逻辑》,《山东高等教育》2015 年第 4 期。

在民办高校分类上,他提出要改变传统的西方"二分法"即两条道路,创新性地发展"第三条道路"。[①] 他认为传统二分法不能解决民办高校举办者普遍存在的两种心态:第一种是可以申请非营利,但不要求取得回报的学校;第二种是要求取得合理回报,但又不想成为营利性民办高校。而之所以提出第三条道路这一命题,是基于我国民办高等教育产生的特殊背景和现阶段遇到的特殊问题,也是兼顾国外私立大学发展的经验得出的。20世纪以来,国际上出现了公立和私立高校之间的界限越来越模糊的趋势,将私立高校限定在"私人"领域的认识已为很多国家所抛弃。英国、美国和日本从20世纪初就开始为私立大学提供财政拨款,支持私立大学的发展。[②] 因此,可以这么说,他的"第三条道路"思想在一定程度上是受到发达国家民办高等教育政策和经验影响的。

(三)高等教育大众化理论

马丁·特罗(Martin Trow)在1970年代根据美国高等教育发展的经验,提出了高等教育发展阶段理论,其中大众化理论在全球高等教育学术界和政府系统流行甚广,传到我国后成为高等教育学的热门理论。90年代,有本章在研究日本高等教育发展实践的基础上,提出了后大众化理论,也在国内获得了一定的赞誉。在我国进入大众化前后,潘懋元在深入研究国际高等教育大众化理论和政策的基础上,对从精英教育到大众化教育的过渡阶段和大

[①] 潘懋元、邬大光、别敦荣:《我国民办高等教育发展的第三条道路》,《高等教育研究》2012年第4期。

[②] 同上。

众化高等教育教育质量等问题提出了自己独到的观点。

在批判特罗"只有在数量增长到15%之后,质的变化才开始"的观点后,他指出:"在大众化进程中,量的增长与质的变化的非均衡性,使发展中国家从精英教育到大众化教育的进程存在一个质的局部变化先于量的总体达标的'过渡阶段'。"①他认为特罗关于"量变先于质变"的断言,只是从西方发达国家(实则只是美国)的发展历程所总结的经验,不符合发展中国家大众化进程的实际。

在高等教育大众化质量的研究上,他的思想来源于两个方面。一是逻辑分析,他说:"既然高等教育大众化的前提是多样化,包括办学的层次与类型、培养目标与规格、课程与教学内容的多样化,那么,大众化高等教育的质量也必然是多样化的。"②二是联合国教科文组织宣言,他认为1998年联合国教科文组织发布的《21世纪的高等教育:展望和行动世界宣言》提出"高等教育质量是一个多层面的概念",就是高等教育大众化的质量观。可以说,没有特罗的高等教育大众化理论,就没有过渡阶段理论。当然,后者也从发展中国家的视角丰富了国际高等教育大众化理论。

(四) 多学科研究方法

1988年,伯顿·克拉克(Burton Clark)主编的《高等教育新论——多学科的研究》在国内翻译出版后,对国内高等教育学研究影响很大。克拉克组织八位专家分别从历史学、政治学、经济学、

---

① 潘懋元:《中国高等教育大众化的理论与政策》,《高等教育研究》2001年第6期。
② 同上。

组织学、文化学、科学学、社会学和比较学的不同视角研究高等教育问题,开创了一种新的研究框架。潘懋元给予很高评价,他说:"从更广泛的意义上进一步说,这是一本高等教育方法论的专著,为从多学科观点研究高等教育开辟了一条新的路子。"①

在该书的影响下,潘懋元认为,"高等教育学独特的研究方法可能就是多学科研究方法,多学科的高等教育研究,对于高等教育理论体系的建设,是一项重要的准备工作。"②因此,他组织了11位专家分别从11个学科入手,对高等教育的本质、功能、价值进行了全新的探讨。他认为,心理学的观点、哲学的观点、系统科学的观点同样重要并且更加密切,需要纳入高等教育多学科研究体系中来。不仅如此,他还把多学科研究方法与高等教育学科建设和教育内外部规律联系起来,并赋予更大的学术价值和意义。他认为,"高等教育的基本理论,无论是宏观的外部关系研究还是微观的结构研究,都涉及诸多学科,需要诸多学科的支持,从多学科、多视角进行审视、探索,才能比较全面和深入理解高等教育的本质、功能、价值,掌握高等教育的内外部关系规律。"③

四、对国际高等教育理论的贡献

参照罗伯森的"全球地方化"之"全球的"和"地方的"模式,我们认为,潘懋元对世界高等教育理论的贡献主要表现在以下两个

---

① 潘懋元:《多学科观点的高等教育研究》,《高等教育研究》2002年第1期。
② 同上。
③ 同上。

方面：一是致力于建立高等教育理论的中国学派，二是探索和丰富了高等教育的一般理论，并且二者同步进行，互相渗透。

（一）致力于高等教育理论的中国学派建设

坚持独立自主的高等教育发展道路。在全球化浪潮兴起时期，依附论传入我国，为一些高等教育学者所重视。在经典现代化理论、依附理论和边缘-中心说的影响下，我国部分学者提出了中国高等教育依附发展的结论和主张，引起了高等教育学术界的广泛议论。潘懋元对此观点进行了分析和批判，提出中国高等教育发展应坚持独立自主和创新发展的道路。他认为，"有关中国高等教育发展路径选择问题上，依附发展与借鉴-超越代表着两种根本不同的发展路径，具有本质区别。"[①]中国高等教育发展道路必然是借鉴-超越发展而不是依附发展。他指出高等教育的依附发展，往往是有依附而无发展，至多是低度发展；中心与边缘的关系不仅没有消解，控制与依赖关系反而不断因此强化，所以，要通过批判的学习与借鉴，探索高等教育的中国模式。

坚持独立自主的高等教育研究道路。潘懋元认为，"中国高教研究发展二十多年，走出了一条本土化、自主发展之路，并初步形成了自己的特色。"[②]他创建了中国高等教育学科体系，形成了国际高等教育研究的中国模式，认为依附发展和从属理论不仅解决

[①] 陈兴德、潘懋元：《"依附发展"与"借鉴-超越"——高等教育两种发展道路的比较研究》，《高等教育研究》2009 年第 7 期。

[②] 潘懋元：《中国高等教育研究的历史与未来》，《中国地质大学学报》（社会科学版）2006 年第 5 期。

不了中国的实际问题,还会对高等教育研究的健康发展产生负面影响。他认为,中国高等教育学科是在中国本土产生与发展起来的,其特点是紧密追踪中国高等教育的重大现实问题和热点问题;重视学科建制,和西方高等教育的问题研究取向有明显的不同。他致力于建设的高等教育理论中国学派,成为各国高等教育研究的典范,尤其为发展中国家开展独立自主的高等教育研究提供了理论探索的勇气和榜样。

(二)丰富了国际高等教育的一般理论

教育内外部关系规律 教育是有规律的,教育学是研究教育现象及其规律的。潘懋元非常重视教育基本规律的研究,并以此作为高等教育理论研究与高等教育实践发展的基础。他提出和不断论证教育内外部关系规律,指出教育必须与社会发展相适应,教育必须全面地协调德育、智育、体育、美育,使学生全面发展。他的教育规律学说是其高等教育思想中最重要、最核心的内容之一,也是他本人及诸多学者开展高等教育研究的重要理论基础,对我国高等教育理论研究和实践探索产生了深刻的影响。[①] 高等教育学是研究高等教育规律的科学,潘懋元提出的教育内外部关系规律,把国际上关于高等教育与社会、高等教育与人的关系的研究提升到了一个规律性认识的层面。

高等教育发展的过渡阶段论 潘懋元在特罗和有本章研究的基础上,结合我国高等教育发展的历程,提出了过渡阶段理论,指

---

① 别敦荣、李家新:《潘懋元高等教育思想论纲》,《山东高等教育》2015年第7期。

出发展中国家从精英教育到大众化教育的进程，不是简单的量变先于质变，存在一个质的局部变化先于量的总体达标的过渡阶段。一些国家在精英教育阶段，就已经出现了若干大众化甚至普及化阶段的特征，如高校类型的多样化、师生关系的多样化等。他的高等教育发展的过渡阶段理论，揭示了后发国家高等教育发展的一些规律性特征，使高等教育大众化理论更具全球性。

高等教育多元质量观　质量问题是国际高等教育理论界和各国政府始终关注的。高等教育大众化意味着适龄青年入学机会的增加与高等教育类型的多样化，培养社会所需要的学术型、应用型、技术型、职业型的各级各类专门人才。因此要转变传统的精英教育学术型质量观，不同类型、不同培养目标与规格的高等教育，应有各自的质量标准，努力达到各自的高质量要求。他的高等教育多元质量观，丰富了国际高等教育质量理论，为国际高等教育尤其是发展中国家高等教育大众化过程中出现的质量问题的解决提供了理论上的指导。

五、结　论

在引论中，我们提出了三个问题。通过上述分析，我们现在可以比较清晰地回答它们。

第一，潘懋元的国际学术经历是非常丰富的，他与国际高等教育界的诸多学者保持着良好的联系，尤其在联合国教科文组织亚太组织比较活跃，多次参加其组织的国际高等教育会议。他不仅与发达国家的高等教育界保持着密切联系，也与发展中国家的高等教育界联系不断。

第二,他对国际高等教育理论与实践的态度既是开放的,也是批判性的。他的高等教育视野是开放的,其高等教育思想在许多方面都受到了国际高等教育理论和实践的影响,包括高等教育大众化理论、民办高等教育理论、成本分担理论、高校分类与定位理论、多元质量观等。但是,他不是人云亦云,而是在批判性思考的基础上,结合我国及发展中国家高等教育的实际,提出自己的高等教育理论、观点和思想。

第三,他对国际高等教育理论作出了自己的贡献。一方面,他致力于建设高等教育理论的中国学派,为国际高等教育研究提供了中国模式和经验;另一方面,他对高等教育学的一般理论进行了诸多原创性和开拓性研究,丰富了国际高等教育理论体系。

潘懋元指出:"没有借鉴,很难建构一国的高等教育体系;从而,没有比较就很难弄清楚高等教育理论的脉络。"[1]同样,对潘懋元高等教育思想而言,我们也可以认为,没有借鉴与超越,也就没有他对中国高等教育诸多问题所进行的广博研究和理论构造,形成颇具特色的中国高等教育学研究模式和体系。反过来,他的理论也逐步走向国际,在国际高等教育研究领域产生着广泛影响。

(李盛兵,厦门大学 1994 届博士,
华南师范大学教育科学学院院长、教授)

---

[1] 潘懋元:《比较高等教育的产生、发展与问题》,《上海高教研究》1991 年第 3 期。

走近高等教育规律研究

——缅怀敬爱的潘懋元先生

李枭鹰

说走近"高等教育规律研究",是因为只是走近了"高等教育规律研究"而非"高等教育规律"。说"走近"而非"走进",是因为压根还没有"走进"高等教育规律研究。毫无疑问,只是走近高等教育规律研究是远远不够的,我们还得走进高等教育规律研究和走出高等教育规律研究,即做到"入乎其内,出乎其外,超乎其上"。今天,我只说"走近",还主要是说我走近高等教育规律研究的来龙去脉和生发过程,讲清我走近高等教育规律研究之背后潜藏的某些故事,尤其是那些与教育内外部关系规律密切相关的故事,借以缅怀敬爱的潘懋元先生。

一、播种:仰望高等教育规律

寻求统摄性的总体规律,探索普适性的一般规律,找寻局域性的特殊规律,构建集总体规律、一般规律和特殊规律为一体的规律体系,是人类进入文明社会以来的不懈追求,也是人类求知天性和本质力量的一种释放和证明。尊重规律且按规律行事,可以事半功倍，至少可以少走弯路或避免脚踩西瓜皮的尴尬，这是人类寻求或探索规律的内在动力和根本原因。万事万物各有其规律，不同的领域存在不同类型或层次的规律，不同的学科为了揭示不同领域的规律而诞生、存在和发展，同时也因为揭示了相应领域的各种规律而获得合法存在的理由和资本。

探寻、发现和建立相应领域的规律体系是一个学科的责任，也是一个学科的目标，还是一个学科成熟的标志。高等教育学是一门致力于探寻、发现和建立高等教育规律体系的学问。这意味着高等教育规律在高等教育学中占有无可争议的尊贵地位，可谓高等教育学理论体系建构的"拱顶石"。鉴于此，在高等教育学创建之初，高等教育学创始人或奠基人没有怠慢对高等教育规律的探究。20世纪80年代初，基于对高等教育独特的研究对象、大学生身心发展的特殊性以及大学生成长发展规律、高等学校教育教学规律的把握，潘懋元先生认为有必要建立一门有别于普通教育学的高等学校教育学（高等教育学），以指导高等学校的教育教学或高等教育实践。源于这种强烈的责任感和使命感，潘懋元先生以唯物主义实践论和系统论为理论依据，选择性地吸纳了普通教育学关于教育与人的发展、教育与社会发展的研究成果，创造性地提出"教育内外部关系规律"。潘懋元先生认为，在诸多的教育规律中，有两条教育规律最为基本：一条是关于教育与社会发展关系的规律，称为"教育外部关系规律"；一条是关于教育与人的发展关系的规律，称为"教育内部关系规律"。[①] 教育内外部关系规律是潘

---

① 潘懋元：《新编高等教育学》，北京师范大学出版社1996年版，第12—14页。

懋元先生1980年提出的,他说:"教育两条基本规律的名称是我提出的,但这两条基本规律并不是我所发现的。许多教育理论专著或教科书,对这两条规律的内涵已有所阐述和论证。但一般只从社会与环境对教育的制约性和教育对学生成长的主导作用来揭示教育基本规律的内涵,没有把两者作为基本规律进行明确的界定,在内涵的论述上也不够全面。"[①]回眸高等教育学学科建设的四十年,我们可以这样说:教育内外部关系规律是潘懋元高等教育理论与思想的主轴,是高等教育研究厦大学派的生成元,是中国高等教育学的源理论,是中国高等教育学理论的标志,是中国高等教育学理论体系构建的基石。鉴于教育内外部关系规律的理论意义与实践价值,走进教育内外部关系规律,进而建立完整的高等教育规律体系,是我们每一个高等教育研究者的内在要求和理性诉求。我一直想"走进"教育内外部关系规律,也想"传承"高等教育学理论的学术基因,更想"建立"高等教育规律体系。然而,天赋有限,加上勤奋不足,我一直"徘徊"在教育内外部关系规律的边缘,只是在"走近"教育内外部关系规律,也因此只是走近"高等教育规律研究"。

或许是过于偏爱公式化的知识或规律性的知识或必然性的知识,我一直是一个典型的"偏科生",就算今天也没有多大改观。这种偏科成了我后来着力于探寻、发现和建立高等教育规律体系的某种动力。坦率地说,在相当长的一段时间内,我对人文社会科学

[①] 潘懋元、郑宏:《实践—理论—应用:潘懋元口述史》,华中科技大学出版社2019年版,第36页。

毫无兴趣，自然也就毫无灵感。作为一名高中理科生，我在高考结束填志愿时，只是在第一批录取志愿的末尾"胡乱"填了一个教育管理专业。就这样，我与教育学结下了"不解之缘"，即本科、硕士、博士以及数十年的工作都在与教育学打交道，也被迫尝试着去寻找教育管理领域那些公式化的知识或规律性的知识或必然性的知识，后来慢慢发现在人文社会科学领域也存在"弹性的必然性知识"，即我们常说的人文社会科学规律或统计性规律知识。

　　偏好公式化的或规律性的或必然性的知识可谓人的天性。唯物主义认为，我们不应该按照主观的"人的尺度"去看世界，而应该按照客观的"宇宙的尺度"去看世界。按照"宇宙的尺度"去看世界，世界是有秩序的、有规律的、有逻辑结构的，我们称之为"统一性"。这种统一性超出了我们的感官经验，但我们不能否定它的客观存在，用赫拉克利特的话说，世界存在一种"看不见的和谐"，它"比看得见的和谐更好"。[①] 这种看不见的和谐，是一种统摄、支配和规约世界运行发展的"逻各斯"，即一种类似于我们今天常说的"规律"。追求变动不居的现象背后的永恒不变的本质或规律，是西方传统形而上学的终极关怀，也是一切自然科学的终极关怀。事实上，理性的人类一直不愿也没有放弃对世界统一性的探究，这种统一性包括世界的本质、规律和同一性。可以说，一部西方传统哲学史或自然科学史，就是一部探寻变动不居的现象背后那个永恒不变的本质的历史。

　　高等教育规律是变动不居的高等教育现象背后的永恒不变的

---

① 〔英〕恩斯特·卡西尔著、甘阳译：《人论》，上海译文出版社1985年版，第282页。

东西,即本质的或本质之间的高等教育关系。探寻、发现、揭示高等教育规律以及建立高等教育规律体系,是为了认识高等教育和改造高等教育。当然,探究高等教育规律首先是基于这样一种前提或假设,即高等教育是一个有规律、有秩序、有统一根据的符合理性的世界。不管这是不是客观事实,我们必须承认这种前提或假设,否则,高等教育规律探究就缺乏生发的信仰基础、心理认同基础,即便这种探究发生了,也只能是言不由衷的,抑或非心甘情愿的。历史地看,不同的哲学家或哲学流派对规律的客观性,是存在这样或那样的分歧的。比如,后现代哲学推崇不确定性、或然性、模糊性、碎片性、多元性和差异性,拒绝总体性、同一性、确定性、必然性、本质主义、普遍主义、基础主义和逻各斯中心主义以及宏大叙事风格和传统理性所构建的秩序。按照后现代哲学的观点,杂多或杂乱的高等教育表象或现象背后,并不存在一个本质的高等教育规定或永恒不变的高等教育本质规定性,充满不确定的高等教育不会按照某种必然性或确定性运行发展。与此相反,辩证唯物主义和历史唯物主义则承认规律的客观性。按照辩证唯物主义和历史唯物主义的观点,高等教育存在不以人的意志为转移的客观规律,高等教育的运行发展要受到这种客观规律的统摄、规约和支配。

辩证唯物主义和历史唯物主义是科学的,经得起理性的雄辩和实践的检验,我们坚持辩证唯物主义和历史唯物主义关于规律的观点和看法。就高等教育而言,我们承认高等教育规律的客观性,而且坚信规律性或原理性的高等教育知识更值得传授,也更易于流传千古。当然,这种信念还源于自然科学的启迪,即各种自然科学主要由规律性或原理性知识构成,包括各种公理、定理、定律、推论等,而我们学习和掌握的也主要是这些规律性或原理性知识。当然,这并不意味着我们是纯粹的规律主义者,抑或公式化、数字化和规则化主义者,即试图通过科学的或理性的思维,将这个混沌的世界塑造为一个可以被测量、可以被计算的纯粹的有序世界,任何事物和现象都将被纳入这套科学的系统之中。就高等教育学而言,我们迄今尚未建立起严格而完备的高等教育规律体系以及以此为脊梁或支柱的高等教育学理论体系,面临着"高等教育规律不足"和"不足高等教育规律"的双重困境,以致经常遭受这样或那样的质疑和诟病,合法性危机始终没有获得彻底性的解除。作为高等教育研究者,我们每一个人都有责任和义务在高等教育规律研究方面做一些力所能及的工作。

二、发芽:聆听高等教育规律

理论是在历史中逻辑化形成的,因而理论既是历史的也是逻辑的,表征为历史与逻辑的统一。我对高等教育规律的研究与认识也是如此。从接触高等教育规律到研究高等教育规律,再到形成对高等教育规律的些许认识,既是一个与教育内外部关系规律结缘的过程,也是一个走近高等教育规律研究的过程,还是一个不断逼近高等教育规律的过程。这个过程开始于读大学本科,经由读硕士和博士,然后延伸到后续的学术生涯。1993年我考取华中师范大学教育管理专业本科生,按照人才培养方案,我们全年级同学第一学期学习了由扈中平教授主讲的"教育学"。正是通过这门课程的学习,我头脑中第一次有了"教育内外部关系规律"的概念和观念。2002年我考取广西师范大学教育经济与管理专业硕士生,师从唐德海教授。唐老师博士毕业于厦门大学高等教育学专业,博士论文由潘懋元先生和王伟廉教授联合指导,是一位教育内外部关系规律的捍卫者和发扬者。在读硕士期间,唐老师只要有机会就会给我们讲述自己在厦门大学读书的故事,我们也因此多次聆听到教育内外部关系规律及其相关的学术争鸣和学术故事。2004年10月,经唐德海教授的极力推荐,并获邬大光教授同意,我2005年考取厦门大学高等教育学专业博士生。在读博第一学期,我们聆听了潘先生主讲的"高等教育学专题",这是高等教育学专业所有博士生的必修课,潘先生采取专题式教学,其中有一个专题就是"教育内外部关系规律及其应用"。潘先生在主讲这个专题时,多次提到"希望你们当中将来有人愿意去专门研究高等教育规律",并反复强调他自己只是提出了教育内外部关系规律,并没有对高等教育规律进行系统性研究,希望有人对高等教育规律研究感兴趣,甚至可以将其作为博士论文选题。记得当年,潘先生在课堂上还讲到高等教育学理论研究有三个较大的难题:一是高等教育规律,二是高等教育原则,三是高等教育研究方法论,而在这三个大的难题中,对高等教育规律进行研究的难度可能最大。当然,潘先生的意思不是说"研究高等教育规律只是少数人的专利",恰恰相反,正是因为研究高等教育规律比较难,需要更多的人到这块领地来耕耘。2008年博士毕业后,得潘先生偏爱,我有幸整理了他主讲的"高等教育学专题"和"中国高等教育问题专题"的讲课录,其中"教育内外部关系规律及其应用"这个专题的录音是最长的,整理成文字有15000多字。这种特别的求学经历,让我有机会多次聆听和反复学习教育内外部关系规律,也让我对教育内外部关系规律有了一种与众不同的认识和情感。不过,真正推动我研究教育内外部关系规律或走近高等教育规律研究的主要是以下两件事:

一是唐德海教授领我撰写《论教育规律与似规律现象》一文。2005年下半年,亦即我到厦门大学上学的第一个学期,唐老师给我列了教育规律与似规律现象、教育目的的前置与生成、教育研究的本质主义与反本质思潮三个论文题目,希望我逐一去写一写,我首选了第一个题目。现在想来,如果没有唐老师给我开出的论文题目,或者我首选的不是"教育规律与似规律现象"这个题目,今天的情形或许就完全不一样了。从此意义上来说,教师对学生的学术影响经常是节点性的、不经意的,某一件偶发性事情或许会产生持久性的"链式反应",影响、塑造与改变学生一生的研究方向。《论教育规律与似规律现象》一文成稿于2006年上半年,当时我将其呈送陈武元教授以求指导,他读完此文觉得挺不错,然后就推荐给了邬老师,同时毫不吝啬赞美之词夸赞了我一番。今天想来,正是陈武元教授的极力推荐,我很快入了邬老师的"法眼",在后续的学习中获得了更多的发展机会。当时,邬老师是利用午休时间读完此文的。当天下午,邬老师便将我叫到办公室鼓励了一番,肯定了此文的学术贡献和学术价值。后来,邬老师又在一次学术沙龙上评价了此文所阐发的教育规律的"统计属性",同时讲述了马丁·特罗高等教育大众化理论的"统计学意义",并强调高等教育大众化理论只是一种"预警理论"而非"目标理论"。《论教育规律与似规律现象》一文几经"兜兜转转",最后发表于《华东师范大学学报

《教育科学版)》2007年第2期,然后又获中国人民大学复印资料《教育学》2007年第9期全文转载以及《新华文摘》2007年第19期摘录,并于2008年获得广西壮族自治区社会科学优秀成果奖(论文类)二等奖。该文认为,"教育存在不以人的意志为转移的客观规律,揭示教育规律和按教育规律办事是教育理论工作者和教育实践工作者的理性诉求。长期以来,人们认为教育规律是一种'确定性规律',具有纯粹客观性、必然性和普遍性等属性,把探求教育规律等同于寻找教育的确定性和有序性,相对忽视教育的不确定性和无序性。事实上,教育是一种复杂性社会实践活动,是有序与无序、确定性与不确定性的有机统一,教育中没有严格的必然性,只存在弹性的必然性,教育规律本质上应为统计性规律"。[①]

二是为了撰写博士论文《高等教育选择问题研究》中的"高等教育选择的规律性",我不得不去系统了解一些关于规律、教育规律和高等教育规律的常识。也正是因为这种特殊的需要,我对教育内外部关系规律进行了较深入的研究和挖掘,形成了3000多字关于教育内外部关系规律的简评:第一,教育内外部关系规律不仅揭示了教育因果关系的客观性和决定性,同时也揭示了教育因果关系的统计性和选择性,辩证地将决定性和选择性统一到了教育规律之中。这种统一不仅抓住了教育规律的本质特性,也革新了人们对教育规律的认识,还丰富了教育规律研究乃至教育哲学的园地。教育内外部关系规律的表述中所使用的"适应""制约"等词

[①] 唐德海、李枭鹰:《论教育规律与似规律现象》,《华东师范大学学报(教育科学版)》2007年第2期。

汇,直接揭示了教育因果关系的决定性与选择性。同时,这些词语的恰切使用还揭示了教育规律的统计性,无论是"适应"还是"制约",它们所揭示的因果关系都是弹性的必然性,而非刚性的必然性。第二,教育的内外部关系规律揭示了教育因果关系的非线性和多向度性,走出了线性、单向度的确定性规律观的思维框架,抓住了教育规律的本质特征。"教育要受经济、政治、文化等的制约,并对社会的经济、政治、文化等的发展起作用"的表述,昭示着教育的运行发展受到多种因素的影响,多值的教育因果关系呈现出多向度性。另外,在教育与经济、政治和文化等的相互关系上,表述中使用"制约"而不使用"决定",深刻地揭示了教育因果关系的非线性特征。第三,教育的内外部关系规律揭示了教育系统除了要不断优化自身的结构之外,还必须与社会各子系统(如政治、经济、文化等)形成功能耦合关系。教育受制于又作用于经济、政治、文化等的发展,内在地表明教育系统惟有与社会各子系统形成功能耦合关系,才能充分发挥教育的社会和个体功能。相比之下,国内很多学者虽然看到了教育与人、教育与社会、社会与人之间的内在联系或辩证关系,但却鲜有人将"教育要与社会的发展相适应""教育要与人的发展相适应"看成两条辩证统一的教育基本规律。另外,多数学者虽然看到了教育规律的客观性和决定性,但却很少有人洞察到教育规律的统计性和选择性,很少有人洞悉教育因果关系的非线性和多向度性,对教育规律的理解或所作的释义,基本上没有走出自然规律观特别是确定性规律的思维框架。[①]《高等教

[①] 李枭鹰:《高等教育选择论》,中国社会科学出版社2011年版,第192—194页。

育选择问题研究》于2009年获得中国高等教育学会第五届"高等教育学"优秀博士学位论文提名奖,尽管这与"预期的目标"(厦门大学第四期"优秀博士学位论文培育工程"的对象)相距甚远,但邬老师对"高等教育选择的规律性"这一章所写的近3万字高度认可,给出了"这一章很精彩"的评语,可惜这本写有邬老师"真迹"的打印稿,在我从南宁搬家到大连时不小心整理掉了,这种"把孩子和脏水一起泼掉了"的行为及其后果,让我难受并自责了好一阵子,现在想起来还有隐隐作痛之感。

总而言之,上述的这两件事对我走近高等教育规律研究具有决定性的影响,至少引导我走进了高等教育规律研究的领地。有时想想,人生就是如此神秘,好像总有一种如同规律一样的神奇力量,左右着我们的人生之路到底何去何从,我走上高等教育规律研究之路大概就是如此。

三、出苗:躬耕高等教育规律

在厦门大学求学的三年,是我最为幸福快乐的三年,也是我快速成长的三年。2008年9月博士论文答辩之前,潘先生和邬老师有意将我留在厦门大学教育研究院工作,由于我是单位委托培养的博士生,留校必须经过委培单位同意。为了促成此事,2008年暑假,潘先生和邬老师不辞辛劳专门走了一趟广西南宁,恳请广西民族大学党委书记钟海青教授"放人",但没有达到预期目的,事后逐渐了解到钟海青书记也对我寄予了厚望,希望我可以举起广西民族大学教育科学研究的大旗,协助他在广西再开辟一块民族教育和东盟教育的领地。钟海青教授博士毕业于华东师范大学,是陈玉琨先生的得意弟子,是我硕士期间最重要的任课教师,当年刚调任广西民族大学党委书记,正在筹建教育科学学院。他善意地利用委培协议和民族地区政策让我按时回到广西民族大学工作,并按自己对潘先生和邬老师的承诺很快破格提拔我担任教育科学学院常务副院长,主持行政全面工作,让我获得了很多的成长与发展机会。与此同时,我也开始深陷繁琐的行政沼泽地,学术研究变得有些支离破碎,只能偶尔挤点时间就高等教育规律做点不连续的研究。好在我以学校科研启动项目"潘懋元高等教育思想研究"为契机,以教育内外部关系规律为核心研究对象,撰写过《走出教育规律的认识困境——兼论潘懋元先生提出的教育内外部关系规律》(发表于《中国高教研究》2009年第3期),这在一定程度上让我保持了对高等教育规律进行研究的连续性。2013年北京大学的展立新博士和陈学飞教授联袂发表了论文《理性的视角:走出高等教育"适应论"的历史误区》(《北京大学教育评论》2013年第1期),对教育内外部关系规律的科学性提出了自己的反思、质疑和批判,引发了国内关于教育内外部关系规律的又一次"交流对话"。2013年12月,应唐老师之邀,我们一起去厦门看望潘先生,先生与我们谈到了《理性的视角:走出高等教育"适应论"的历史误区》,希望我从系统科学的视角写一篇商榷性的文章,因为教育内外部关系规律是以系统论为理论依据之一,而我主要以系统科学为研究方法论。回到工作单位后,我运用系统科学的关系思维,写了一篇题为《论高等教育的关系属性》的论文。该文认为,高等教育是一个关系集合体,高等教育在关系中孕育、诞生、存在和发展,在关系中才能被定义、刻画、描绘和认知。高等教育规律本质上是一种特殊的关系规律,具有统计性、非线性、多向度性和双向互动性,表征为一种弹性而非刚性的必然;高等教育内外部关系规律揭示了教育因果关系的客观性和决定性,辩证地将决定性和选择性统一到教育规律之中;揭示了教育因果关系的非线性和多向度性,抓住了教育规律的本质特征;揭示了教育系统除了要不断优化自身的结构之外,还必须与社会各子系统形成功能耦合关系;教育内外部关系规律是一个整体,教育外部关系规律制约着教育内部关系规律的作用,教育外部关系规律只能通过教育内部关系规律来实现。[1]

2015年7月,我慕名投奔大连理工大学高等教育研究院,开启了新的学术征程,围绕高等教育规律或教育内外部关系规律,陆续发表了《高等教育内外部关系规律的元研究》(《中国高教研究》2016第11期)、《教育内外部关系规律的提出、对话和源流》(《厦门大学学报(哲学社会科学版)》2020年第5期)、《教育内外部关系规律的间性思想及其理论价值》(《江苏高教》2021年第1期)、《高等教育关系是什么——关于潘懋元教育内外部关系规律的本体论探问》(《江苏高教》2022年第8期)、《教育内外部关系规律的前提性追问与辩证性反思》(《中国高等教育评论》2022年第2期)等系列论文。《高等教育内外部关系规律的元研究》一文认为,"高等教育规律本质上是一种特殊的关系规律。高等教育内外部关系规律的提法是科学的,它暗合了教育既是一种'自成系统'的存在,又是

---

[1] 李枭鹰:《论高等教育的关系属性》,《教育研究》2014年第9期。

一种在相互关联中'互成系统'的存在。高等教育内外部关系规律昭示着关系是考察教育系统的认识论起点。"[1]《教育内外部关系规律的提出、对话和源流》一文认为,"2020年正值教育内外部关系规律提出40周年。借此之际,阐明教育内外部关系规律的提出背景、运用法则和适用范围,廓清教育内外部关系规律交流对话的议题、焦点、立场和观点,辨明教育内外部关系规律的理论源流,意义特殊而重大。这一方面有助于客观把握教育内外部关系规律的来龙去脉和系统论证教育内外部关系规律的科学性,另一方面有助于夯实中国高等教育学的理论根基、增进中国高等教育的理论自信、助推中国高等教育理论体系的构建。"[2]《教育内外部关系规律的间性思想及其理论价值》一文认为,"教育内外部关系规律是高等教育学的'理论符号',走进教育内外部关系规律的'理论世界',一方面可以夯实中国高等教育学学科的理论根基,另一方面可以增强中国高等教育的理论自信。从生态学和系统科学的视角看,教育内外部关系规律呈现了教育内部各子系统以及教育与社会各子系统之间的生态平等性、辩证共生性、共和共运性和全面协同性,蕴含着丰富的生态间性和系统间性思想,挖掘、阐明和弘扬这些间性思想有益于释放教育内外部关系规律的理论潜能,延拓主体间性教育理论的疆域,催生多样化、系列化和一般化的间性教育理论以及中国特色教育理论体系。"[3]《高等教育关系是什

---

[1] 李枭鹰:《高等教育内外部关系规律的元研究》,《中国高教研究》2016年第11期。

[2] 李枭鹰:《教育内外部关系规律的提出、对话和源流》,《厦门大学学报(哲学社会科学版)》2020年第5期。

[3] 李枭鹰、袁开源、唐德海:《教育内外部关系规律的间性思想及其理论价值》,《江苏高教》2021年第1期。

么——关于潘懋元教育内外部关系规律的本体论探问》一文认为,"高等教育关系既是一种'存在原因',也是一种'存在范型',还是一种'存在场域'。作为一种'存在原因',高等教育关系对高等教育具有发动、牵引、维持和再生的作用;作为一种'存在范型',高等教育关系与高等教育伴生同出、相互规定、相互寄生;作为一种'存在场域',高等教育关系是高等教育的生境,它与高等教育相互作用、相互反馈、相互适应,共成高等教育生态。这三种型态的高等教育关系交互作用,形成'存在原因—存在范型—存在场域'三联式复合结构,构成理解、论证、反思、透视教育内外部关系规律的本体论前提。这意味着探寻教育内外部关系规律,必须探寻高等教育关系作为'存在原因'的规律、作为'存在范型'的规律以及作为'存在场域'的规律。"[1]《教育内外部关系规律的前提性追问与辩证性反思》一文"探讨了教育内外部关系规律的'前提性追问',即教育规律是否存在,教育规律是否可以创造、改造和改变,以及教育内外部关系规律的'辩证性反思',即如何理解教育内外部关系规律的四重表述,教育内外部关系规律的提法是否科学,教育内外部关系规律的理论依据是否可靠,关于教育内外部关系规律的交流对话应该聚焦于什么"。[2]为了不误读或曲解教育内外部关系规律,上述这些论文皆经过潘先生审阅并得到首肯后才投稿发表的。

---

[1] 李枭鹰:《高等教育关系是什么——关于潘懋元教育内外部关系规律的本体论探问》,《江苏高教》2022年第8期。

[2] 李枭鹰:《教育内外部关系规律的前提性追问与辩证性反思》,《中国高等教育评论》2022年第2期。

鉴于"规律就是关系……本质的或本质之间关系",鉴于一部"高等教育规律论"可谓一部"高等教育关系论",除了上述系列性论文之外,我还撰写出版了《高等教育关系论》(中国社会科学出版社2017年版),即一部"广义的高等教育规律论"。《高等教育关系论》出版之后,我在第一时间将书寄到厦门大学,并请陈武元教授代为呈送潘先生,先生利用三天时间看完此书后,与陈武元教授进行了长时间的电话交流,并在电话中给予了我莫大的鼓励和鞭策(陈武元教授代为转达)。后来的几年,每次我去拜见潘先生,他总要提起此书,并说"你的《高等教育关系论》是对教育内外部关系规律的丰富、发展和深化"。

《高等教育关系论》也得到了国内一些学者的鼓励和媒介的推荐。大连理工大学原党委书记张德祥教授认为,"关系思维具有特殊的高等教育研究方法论意义,而李枭鹰的《高等教育关系论》提供了这种方法论。"唐德海教授发表的《科学理解教育内外部关系规律——兼评李枭鹰教授的〈高等教育关系论〉》指出:"李枭鹰教授的新作《高等教育关系论》依据理论与实践两个逻辑,运用辩证思维、关系思维、过程思维、整体思维和非线性思维,对教育内外部关系规律给出了一种与以往完全不同的解读,即展示了教育内外部关系规律认识的新的路线图谱,建构了教育内外部关系规律生发的新的逻辑起点,表陈了教育内外部关系规律存在的新的合理性要件,揭示了教育内外部关系规律作用的新的因果关系。"欧阳常青教授发表的《在关系中审视高等教育——兼论李枭鹰教授的〈高等教育关系论〉》认为,"《高等教育关系论》是一部探索关系范畴的哲学著作,是一部探索高等教育的实践著作,是一部高等教育的开创性著作。"《现代教育论丛》2018年第6期对《高等教育关系论》进行了专门推介,认为"本书怀揣从经验世界走进理性世界、从实践世界走进理论世界、从现象世界走进本质世界、从有形世界走进无形世界、从规范世界走进自由世界的责任感和使命感,以关系为元范畴、思维工具和认识论起点,立足于高等教育的关系属性,运用辩证思维、关系思维、过程思维、整体思维和非线性思维,依据理论与实践两条逻辑,探讨了高等教育领域的一系列永恒命题,并重点回应了长期以来教育界对教育内外部关系规律的质疑和诘难,全面而系统地诠释了教育内外部关系规律的科学性,丰富和发展了教育内外部关系规律理论"。目前,我正在修订《高等教育关系论》,一方面删除了原有版本的后六章内容,另一方面拟增加高等教育关系的本体论意蕴、价值论意蕴、目的论意蕴、认识论意蕴、方法论意蕴、实践论意蕴等内容。

以上这些人生经历和学术研究,为我走近高等教育规律尤其是教育内外部关系规律奠定了较好的基础,也时不时让我产生一种再写一部《高等教育规律论》的冲动。限于天赋,我一直未敢行动,但潘先生的"两次电话"和"一个希望",让我决心试一试。2021年1月《教育内外部关系规律的间性思想及其理论价值》一文刊发出来以后,有一天我突然意识到,要讲清教育内外部关系规律必须先讲清高等教育关系是什么,然后就潜下心来写了一篇题为《高等教育关系的三重本体论意蕴——兼论教育内外部关系规律的元视点》的论文,于2021年9月16日用特快专递寄给潘先生审阅,并恳请先生领着我一起发表。潘先生看完此文后,2021年9月18日傍晚给我打来电话,再三表达了他对这篇文章的认可,并再三叮嘱我"不用挂他的名字,但可以将他的名字放在副标题上"。①2021年9月20日下午(中秋节的前一天),潘先生再次给我打来电话,一方面问我"为什么要写这篇文章",另一方面再三叮嘱我"这篇论文发表后,一定要告诉他发在哪里,他一定要去看的"。也就在这次电话里,潘先生还希望我在2017年出版的《高等教育关系论》的基础上再写一部《高等教育规律论》,我当时明知这是一项难度很大的任务,但还是毫不犹豫地认领了,因为我知道这一"希望"的厚重和分量。打那以后,我头脑中总是转动着与高等教育规律有关的事情,时刻留心捕捉每一个与高等教育规律有关的信息,但数月过去却毫无头绪和灵感,深感高等教育规律就在那里,却又藏得那么深,又是那么晦暗不明。直到2022年元旦以后,我开始有所顿悟和有所突破,逐步完成了《高等教育规律的定性与定位》《高等教育规律的逻辑结构》《高等教育规律的元点与回归点》等若干篇章的写作,同时对以往发表过的关于教育内外部关系规律以及与高等教育规律密切相关的论文进行了梳理、重组、拓展和升华,数月之后形成了《高等教育规律论》的雏形。2022年7月底,我突闻潘先生身体不适住院了,我立马将正在修订的《高等教育关系论》放在一边,全心全意投入到《高等教育规律论》的写作、修改和完善中,希望《高等教育规律论》的速成可以加速先生身体之康复。潘先生于2022年12月6日8时50分安详辞世,享年103岁,这部待完成的《高等教育规律论》成了一份"未交的作业"。稍

---

① 经过再三考虑,我将题目调整为《高等教育关系是什么——关于潘懋元教育内外部关系规律的本体论探问》,刊发在《江苏高教》2022年第8期。——笔者注。

微让我心安的是,潘先生已经知晓这份"未交的作业"。2022年11月23日下午,邬老师对我说:"潘老师想我们了,潘世墨告诉我拍一个小视频,我的已经拍好了,他叫我转告你也拍一个,现把我拍的发给你,照此办理。"我思忖良久,拍了一个1分钟45秒的小视频,向潘先生汇报了三件事情:一是由先生作总序的"高等教育学学科建设丛书"(由广西师范大学出版社出版)的第一部即《教育学基本理论十二讲》(李枭鹰、唐德海著)已经出版,《高等教育学元研究十二讲》(李枭鹰著)、《高等教育社会学十二讲》(李冲著)已经送交出版社,其他相关著作正在顺利推进;二是先生特别关心的《高等教育关系是什么——关于潘懋元教育内外部关系规律的本体论探问》一文,已经发表在《江苏高教》2022年第8期;三是先生希望我撰写的《高等教育规律论》已经完成初稿,邬老师还专门为该书写了序,题目为《重申高等教育规律研究》。

尽管《高等教育规律论》尚未出版,但身边的同侪已经将《高等教育选择论》《高等教育关系论》《高等教育规律论》誉为"高等教育关系论三部曲"。对此,我诚惶诚恐,同时也觉得这三者之间确实存在无法割舍的内在关联。《高等教育规律论》酝酿于和萌芽于《高等教育选择论》,脱胎于和根基于《高等教育关系论》,又延拓了和深化了《高等教育选择论》和《高等教育关系论》。从根本上看,这三本书都是关系论的,将其誉为"高等教育关系论三部曲"也说得过去。

《高等教育选择论》以系统科学和辩证唯物主义为指导,以复杂性思维、多学科研究和历史比较法为方法论基础,运用选择学和高等教育学的理论与方法对高等教育选择研究的理论支点、高等教育演化的选择性、高等教育选择的规律性、高等教育选择的本质与特征、高等教育选择主体的构成及其关系、高等教育选择的复杂性思维等命题进行了探究,初步构建了一个高等教育选择研究的分析框架。该书认为,高等教育选择是"在既定的时空条件下,高等教育主体根据一定的需要和价值判断,保留或建立与高等教育客体间的某种或某些特定关系,同时摒弃或消除彼此之间可能建立的其他种关系的行为过程";"作为一种复杂的行为过程,高等教育选择着眼的不是高等教育选择主客体之间的'实体属性',而是主客体之间的'关系属性'。不同的高等教育主客体具有不同的性质和特征,但这并不影响高等教育选择本质上作为一种关系范畴而呈现。也就是说,无论高等教育选择主客体的性质如何,也不管他们随着时空的改变而发生怎样的变化,高等教育选择都表现为一种主客体之间肯定或否定、保留或排除、挑选或摒弃、创建或消除、适应或制约的特殊关系。"[1]

《高等教育关系论》以关系为元范畴、思维工具和认识论起点,立足于高等教育既在关系中自成系统,又在关系中与其他系统互成系统,还在关系中生成演化的客观事实,探讨了高等教育的属性、本质、规律、原则,剖析了高等教育与高深知识、高等教育与人的发展、高等教育与社会发展的辩证关系,诠释了关系中的为师之道、为教之道、为学之道和学问之道,描绘了关系视域中高等教育强国的本质特征与生发机制,探析了整体有序而局部无序的高等教育治理逻辑,透视了作为元研究而存在和呈现的关联性文献研究。

---

[1] 李枭鹰:《高等教育选择论》,中国社会科学出版社2011年版,第219页。

《高等教育规律论》分上篇、中篇、下篇。上篇认为,高等教育是总体性、一般性和特殊性的辩证统一,因而要受到高等教育总体规律、高等教育一般规律和高等教育特殊规律的统摄、规约和支配,三者相互关联而构成高等教育规律的逻辑结构。高等教育规律是一种统计性规律而非确定性规律。高等教育规律兼具关系性、统计性、类层性、互生性和互规性等基本属性。高等教育规律潜藏在自然、人和社会的深处,是谓高等教育规律的元点,元理化则是高等教育规律的回归点。中篇认为,高等教育内外部关系规律是潘懋元高等教育理论与思想的轴心,是中国高等教育学的源理论,是中国高等教育学理论的标志,是中国高等教育学理论体系构建的基石。作为高等教育一般规律,高等教育内外部关系规律从高等教育总体规律分形而来,受高等教育总体规律的统摄、规约和支配。高等教育既在关系中自成系统,也在关系中与其他系统互成系统,还在关系中生成演化,可谓第一高等教育总体规律。其中,高等教育在关系中自成系统决定了高等教育内部关系规律的客观性与科学性,高等教育在关系中与其他系统互成系统决定了高等教育外部关系规律的客观性与科学性,高等教育在关系中生成演化决定了高等教育内外部关系规律之间的关系规律的客观性与科学性。高等教育内外部关系规律是类型性的、家族性的和集合性的。下篇认为,高等教育的运行发展受高等教育规律的统摄、规约和支配。高等教育是分类分层的,高等教育规律也是分类分层的,不同类型或层次的高等教育之运行发展受不同类型或层次的高等教育规律的统摄、规约和支配。在该意义上说,高等教育及其规律具有无限可分性和不可穷尽性,高等教育特殊规律具有不可数性。鉴于此,本篇聚焦于若干高等教育核心领域或问题,立足于高等教育与人、社会和知识的内在关系,研究和阐发了高等教育强国的整体生成规律、大学办学的系统关联规律、大学学科发展的生态生命规律、大学课程教学的知识相变规律和学术发展的超循环运转规律。这些高等教育特殊规律脱胎于教育内外部关系规律,又延展了教育内外部关系规律,与教育内外部关系规律具有一脉相承性。这些只是从某个侧面进行的有限求索,也只是高等教育规律研究的冰山一角。

理论在对话中形成与发展,在对话中延拓与深化,在对话中彰显其独特的意义与价值。从生发过程来说,《高等教育选择论》主要是在与形形色色的高等教育决定论或高等教育预成论的对话中孕生的,立足于高等教育的复杂性,揭示了高等教育运行发展兼具规律性与选择性;《高等教育关系论》主要是在与高等教育认识论、高等教育政治论、高等教育生命论、高等教育文化论的对话中孕生的,即在这种内在的对话中,抽象出上述这些高等教育理论的关系论本质,即高等教育认识论、高等教育政治论、高等教育生命论、高等教育文化论皆是在高等教育关系中描绘、刻画和定义高等教育的,故而在本质上都是高等教育关系论的,如果说上述这些高等教育理论分别处在平面坐标系的不同象限内,那么高等教育关系论则处在坐标系的原点,即蕴含着上述高等教育理论的本质规定性。《高等教育规律论》主要是在与教育内外部关系规律理论的对话中孕生的,前者孕生于和脱胎于后者,又论证、生长、延拓和深化了后者。"高等教育关系论三部曲"在系统关联中相互倚辅、相互对话、相互批判,以求至真、至善和至美为终极关怀。从时间上来看,"三部曲"是递进序发的三部曲,这种依次递进序发折射或呈现了我走近高等教育规律研究的历史生态,即《高等教育选择论》是学着说与跟着说,《高等教育关系论》是接着说与重新说,《高等教育规律论》是首先说与从头说。"三部曲"是稚嫩的和不成熟的,愿意接受一切合理的批判,以便在适当的时候修订和完善。

高等教育是一片浩瀚无垠的海洋,高等教育规律是这片海洋中星罗棋布的群岛。目前,我们还只是认识到了高等教育规律的一个小岛,亦即对高等教育规律认识严重不足,此乃"高等教育规律不足"。近二十年来,我一直关注、思考和探究高等教育内外部关系规律、高等教育规律和高等教育关系,勤耕不辍并发表了若干论著,但这些依然无法支撑起高等教育规律这座大厦,此乃"不足高等教育规律"。这种"高等教育规律不足"与"不足高等教育规律"的并存与交织,既让我们望而却步,又催促我们不能稍有怠慢。"高等教育规律不足"与"不足高等教育规律",二者既互为表里,也互为条件,还互为结果。面对高等教育规律这种"双重不足",我们没有其他选择,也没有捷径可走,唯有为之付出永不满足的努力和汗水,恪守"路漫漫其修远兮,吾将上下而求索"的古训,真正做到"我不去想是否能够成功,既然选择了远方,便只顾风雨兼程"(汪国真)。诚如此,也算是对去天国教书的大先生——敬爱的潘懋元先生,有一个说得过去的"交代"。

(李枭鹰,厦门大学2008届博士,
大连理工大学高等教育研究院院长、教授)

潘懋元的研究生教育思想

陈 斌

2018年,中共中央、国务院发布的《关于全面深化新时代教师队伍建设改革的意见》指出,教师是教育发展的第一资源,是国家富强、民族振兴、人民幸福的重要基石。党和国家给予教师如此崇高的地位,是教师的光荣,也是对教师的殷切期望,更是教师幸福之源泉。2014年教师节来临之际,我国著名教育学家、高等教育学科倡建者和奠基人潘懋元先生荣获"全国教书育人楷模"荣誉称号。作为我国高等教育学界公认的泰斗,潘懋元先生辛勤耕耘教坛88载,以学术为志业,倾其一生于教育事业,获此殊荣乃实至名归。

自20世纪50年代中叶以来,潘懋元先生数十年如一日躬耕于教学科研第一线,承担了饱满的教学工作任务,立德树人,作育英才。他15岁开始从教,曾执教于小学、中学直至大学。他曾先后担任过小学校长、中学教务主任、大学教务处长、大学副校长等职务。在他所走过的一个多世纪的岁月中,他把一生奉献给了中国高等教育事业和他培养的学生,为中国高等教育发展的理论与实践做出了杰出贡献。他曾深情地说:"我一生最为欣慰的是,我的名字排在教师的行列里。"潘懋元先生始终认为,教师是幸福的职业、幸福的人生——"如果我有第二次生命,我的选择仍然是教师。"

"在中国高等教育研究中,研究潘懋元先生,本身就是一种高等教育研究,因为他是这个学科的开拓者和奠基者,是这个学科的化身。"[1]同样,要全面识读潘懋元先生的高等教育思想,自然会涉及他的研究生教育思想,因为潘懋元先生高等教育思想的核心精髓便是源于如何更好地培养人才的学术研究。作为我国高等教育学的第一位硕士生导师和第一位博士生导师,潘懋元先生始终如一地重视人才培养,为我们时代树立了学人风范和育人楷模。

一、人才培养,首重选才,"得天下英才而教育之"

潘懋元先生早在20世纪80年代末就敏锐地觉察到对博士生选拔应有别于本科生和硕士生。他多次强调,本科生的培养是以学习为主,通过课程学习和初步的科研训练,以培养某一专业的专门人才;硕士生的培养是课程学习与科研并重,通过自主学习和有指导的科研活动,使之具有从事科学研究或独立承担技术工作的能力,以培养某一学科的高层次专门人才;博士生的培养则是以科研为主,通过自主的科研活动,表明具有独立从事科研的能力并能做出创造性的成果,以培养某一学科的带头人。[2] 因此,科学、全

---

[1] 张应强:《像潘懋元先生那样做高等教育学大学问》,《高等教育研究》2010年第8期。

[2] 潘懋元:《选才·培养·指引——我对博士生培养的一些看法和做法》,《研究生教育理论与实践》1989年第3期。

面地选拔合适的生源,是研究生教育过程中的首要环节。

在对博士生进行选拔过程中,潘懋元先生提出了具体要求。首先,要具有与学科专业相关的基本知识水平,包括理论知识的深度与广度;还要有丰富和切实的实践经验,对本学科专业的实践领域有亲身的实践和体悟。其次,要具备一定的研究能力,包括资料搜集能力、逻辑思维能力和语言文字表达能力。潘懋元先生强调,选拔一名合格的博士生除了知识、能力等智力因素外,非智力因素同样值得关注,包括动机、兴趣、意志、学术规范与职业道德等,其中,博士生的学习兴趣尤为关键。潘懋元先生有句名言:"板凳敢坐十年冷,文章不写半句空。"这个"敢"字彰显了潘先生积极、主动的学术态度,也反映他笃定的学术勇气与崇高的学术情怀,一字之差亦凸显出学术勇气对于从事学术研究人员的重要性。

针对博士生应具备哪些基本素质,潘懋元先生认为主要包括三个方面。首先是宽厚的理论基础和一定的业务知识,但更重要的是要有活跃的学术思想、深厚的思维能力和敢于创新的科学精神。若仅有较为丰厚的知识却无法形成自己的创见,认识事物始终停留在表面而难以深入精髓,广泛罗列却难以把握问题的精髓,往往难以培养成为博士之才。其次,要实事求是、踏实肯干,对推动科学事业富有强烈的欲望和执着的信念。若只是习惯于急于自炫、夸夸其谈,则其所学之内容必然难以深入,也就不可能牢靠,其未来之成就也就相对有限。再次,要对本门学科具有基本的认知并持有浓厚的兴趣,对所从事的研究有理想、有信心,并愿终生为这一学科的发展作出贡献。若仅仅把对某一学科的学习当成获取学位乃至谋生之手段，必然会在遭遇困难时退避三舍，尤其是对从事作为一门新学科的高等教育研究而言，有许多未知的难题有待探究，学界必然存在歧见，甚至是批评、责难、诋毁，如果认识不足，信心不定，很可能半途转行。①

博士生不同于硕士生和本科生。这种差别不仅体现在课程设置与教学方式上，其首先体现在选拔标准上。潘懋元先生在选拔人才的过程中除了对统一的书面考试、考题与答题作出一定的要求之外，还注重考查学生将理论与实践紧密结合的文章、著作与学术报告。相较于书面考试成绩，代表性论文更能体现考生的知识水平和研究能力。除基本的书面考试和代表性著作之外，还有一项更为关键的程序——面试。通常而言，潘懋元先生要求入围的考生选择某个自己感兴趣的话题作一次学术汇报。报告过程中，会邀请本院的师生参与，共同探讨、提问、质疑，博士生录取工作小组会在此基础上决定是否录取。这种面对面的考核方式，弥补了纯粹的书面考试和论文审查的不足，在开放的氛围中更好地认识和了解考生的知识、能力以及其他非智力因素。

就博士生导师的自主选择权而言，潘懋元先生认为，政府要给予高校更多的自主选择权，才有利于导师更加全面、综合地考核学生，并由此作出科学的选择。据潘懋元先生回忆，他第一次招收研究生始于1981年，当时全国研究生总数仅有1.88万人，每位导师每年招收的学生也就一两名，基本上属于师徒式，而且当时的招生

---

① 潘懋元：《潘懋元文集》卷三上，广东高等教育出版社2010年版。

方式也较现在更加灵活。① 在考核博士生时,潘懋元先生认为,博士生专业课程考试不应像统一高考那样附录统一的标准答案作为评卷的参考依据。他认为,若有考生作答的内容与给出的答案完全一样,充其量只能反映考生的记忆能力与求同思维,很难充分展现考生的求异思维和学术潜力,后者对博士生的学术成长而言是至关重要的。关于考试标准的说明,潘懋元先生认为,博士生考试不应设定"标准答案",但应符合基本的要求,包括基本的政治观点要正确,基本的专业理论知识要准确,观点陈述要能够有所发挥,并言之有理、持之有故。

二、创造条件,自学成才,彰显育人之道

潘懋元先生始终认为,教师是最能给人带来幸福感的职业。他用自己深厚的学识修养、高尚的道德情操、不懈的精神追求影响和教育学生,他独特的人才培养理念和独创的教学方法造就了一批又一批优秀的高等教育学人。潘先生认为,博士生关键在于自我成长,导师只需提供必要的条件。概而言之,潘懋元先生的研究生教育思想大致可概括为三个方面。

(一)重视课堂教学,夯实理论基础

在高校发展过程中,人才培养始终是大学的第一要务和中心工作,教学则是实现培养目标的主要途径。要有效提升教学质量,

---

① 余斌:《潘懋元教授谈我国三十年研究生教育》,《高教探索》2009 年第 1 期。

尤其是博士生的教学质量，需要不断探索教学规律，创新教学方法，并坚持科学的教学原则。① 潘懋元先生在结合现有的教学规律和教学原则的基础之上，构建了我国高校教学的原则体系，它涵盖十项具体原则：(1)科学性与思想性相结合原则；(2)理论联系实际原则；(3)知识积累与智能发展相结合原则(或称传授知识与发展智能相结合原则)；(4)在教师主导下发挥学生自觉性、创造性与独立性原则；(5)专业性与综合性相结合原则；(6)教学与科学研究相结合原则；(7)量力性原则；(8)系统性与循序渐进原则；(9)少而精原则；(10)统一要求与因材施教原则。② 这十条原则中，绝大多数均能够客观反映中小学教学的基本规律与基本矛盾，而第五、六条原则反映了大学教学过程中的特殊规律。其中，教学与科研相结合原则，要求在大学所有教学环节中，注重对大学生进行科学精神、方法态度的训练，需要通过学年论文、课程设计、毕业论文、毕业设计等主要环节对学生进行科研基本功的训练。③

在博士生培养过程中，潘懋元先生特别提倡"少而精"原则："少"，是指数量而言；"精"，是指质量而言。任何事物都有其量的规定性与质的规定性，量与质在具体事物中，既是相互矛盾的两面，又是相互依存的两面。事物的存在是一定数量与质量的对立统一，离开了质量而片面地追求数量，势必破坏了事物的统一性；

---

① 韩延明：《哈佛归来重温潘懋元先生"少而精"教学原则的感悟》，《中国大学教学》2009年第4期。
② 潘懋元：《新编高等教育学》，北京师范大学出版社2009年版。
③ 杨广云：《大学教学论体系的构建——潘懋元学术思想研究之三》，《高等教育研究》1997年第5期。

缺乏一定数量而孤立地强调质量,质量也无法保障。同时,数量与质量的对立统一,又是处于一定条件之下,离开了一定条件而谈数量与质量的关系,只是主观设想而已。总之,量与质是不可分割的对立统一体,而量与质的对立统一又是依存于一定客观条件的。①潘懋元先生始终认为,博士生区别于本科生、硕士生,就在于他们已具备独立从事科学研究的能力,学会学习是一名合格的博士生必须掌握的能力。"教师的职责现在已经越来越少地传递知识,而越来越多地激励思考;除了他的正式职能以外,他将越来越成为一位顾问,一位交换意见的参与者,一位帮助发现矛盾论点而不是拿出现成真理的人。"②

潘懋元先生在博士生教育过程中,始终强调要兼顾"深入浅出"和"由博返约"。所谓"深入浅出"即"深要在思想上,要在理论上,要深入到事物的本质特征和基本规律,而能真正揭示本质和基本规律的理论总是具有简明的表达形式。这就是我们常说的一种科学美。自然科学如此,社会科学也是如此。因此,只有真正深入到了本质,把握了基本规律,才能浅出,浅出就是要用简明的方式表达出来,做到明白易懂"。③"文贵约而指通,言尚省而趋明。"在潘懋元先生看来,其实最高深的学问往往可以用最简明的话语来表达,而如何运用最简单的语言表达最高深的学问本身也是一门

---

① 潘懋元、王增炳:《少而精教学原则初探——高等学校教育专题研究之六》,《厦门大学学报》(社会科学版)1964年第2期。

② 联合国教科文组织:《学会生存——教育世界的今天和明天》,教育科学出版社1996年版。

③ 潘懋元:《得天下英才而教育之》,《医学教育探索》2006年第10期。

学问，需要深入研究。在研究生教育过程中，除端正学风外，还需下苦功夫。"由博返约"其实由两个阶段组成，一是"由约到博"，二是"由博返约"。"由约到博"是一个通过不断占有研究资料，逐步累积的过程，相对容易实现；"由博返约"则要求对资料进行深入思考，探究材料蕴含的内在特质和基本规律。"由博返约"是一个艰难的探索过程，需要吸收、消化既有材料，予以创造性转化，实现融会贯通，化为己有，这也是取得突破性发现的关键。

现实中，不少学人习惯于把简单的东西讲得深奥难懂，故作高深，以彰显自己的学术水平和能力。殊不知，这种故作高深的表现，往往反映作者并未吃透和消化现有材料。因此，对于研究生而言，探寻学问之路应始于端正态度，"只有端正了思想，才能进一步把学问做得深透。"

潘懋元先生认为，高等教育质量建设关系到大学办学的方方面面，其中教学的改革、创新、提高和大学教师发展是质量建设的核心。2014年，年届94岁高龄的潘懋元先生以"大学教师发展的理念、内涵、方式与动力"为研究课题，专门组织了一批青年学者进行系统研究。该课题主要包括大学教师发展的理念与内涵、方式与途径、动力与机制以及大学教师发展机构的建设与运作等四大方面。与此同时，在研究的总体设计和具体的研究中均有两条线索贯穿始终：一是不同类型高等学校教师发展的理念、内涵、方式与动力问题，这涉及对研究型大学、地方应用型本科以及高职高专等三类高校教师发展问题的研究与探索，既要在课题的顶层设计和统领下，把握高校教师发展的共性特征与共同问题，又要突出不同类型高校教师发展的特殊性与侧重点，希望能为不同类型高校的教师发展提出有针对性的指导和建议;二是不同国家和地区高等学校教师发展的理念、内涵、方式与动力问题,这涉及高等教育发达国家高校教师发展的理念、内涵、方式和动力问题的比较与分析。欧美等高等教育发达国家在高校教师发展方面起步较早,对高校教师发展理念和内涵的理解和演变已具备了相当扎实的基础,并形成了一系列系统化、规范化、科学化的运作方式,在实践中积攒了相当丰富的经验。潘先生希望通过国际比较分析,总结和凝练高等教育发达国家和地区在高校教师发展方面的成功经验和有效方式,为我国不同类型高校教师发展提供借鉴和参考。

潘懋元先生从1981年开始承担硕士研究生培养任务,并于1984年成为我国第一位高等教育学专业博士生导师。在近四十年的研究生教育教学工作中,潘懋元先生进行了有效的教学改革尝试。他认为,以往的教学方法过于重视灌输式教学,学生被当作被动的服从者,严重影响学生创新意识和创新能力的培养。潘懋元先生认为:"课堂讲授仍是大学教学的重要方法。但作为教师,还要积极关注了解国内外先进的教学方法。我在《高等教育学讲座》中,除了讲'课堂讲授'如何运用之外,还介绍过发现法、问题教学、案例教学、自学指导法等国外先进教学方法。"[①]据潘懋元先生回忆:"在1985年,我曾同时招收3名硕士生和一个由10人组成的硕士课程班。我给这13人上了《高等教育学》《中外高教史》和《比较高等教育》三门课,后两门我都只是开个头,布置了一些相互

---

① 曹如军:《潘懋元谈大学教学改革》,《高校教育管理》2008年第5期。

衔接的专题，让他们自己去钻研，写讲稿，做报告，一起讨论。当时的培养口径比较窄，不过也让他们掌握了一些基本理论，所以可以说是宽窄结合，即使再宽，也没有按照一级学科来培养。"①

潘懋元先生在多年的高等教育理论和实践的基础上，逐步探索了一套适合博士研究生培养的"学习—研究—教学实践"三位一体的研究生课程教学法。潘懋元先生完成一门博士课程通常需要历经以下多个环节：一是总体组织课程，对本门课程做必要的准备和说明，包括修订讲义，拟定讨论话题，说明本门课程的目的、意义和争论之处，并为大家推荐必要的参考书；二是从本门课程中选取几个基础话题进行深入讲解；三是在经过一轮的课程教学后，大家从潘懋元先生提供的话题中选取某个话题进行一个月的自由学习、研究，潘懋元先生也会随时提供必要的咨询；四是每位博士生就自己的研究成果在全班进行讲课和答辩，其他博士生展开讨论，每位博士生的报告时间大约一个小时，潘懋元先生会就每个学生的讲课内容和教学能力进行全面恰当的点评。

潘懋元先生非常重视学生课程汇报和点评环节。一次，在某位博士生汇报过程中，潘懋元先生发现他的报告中同一组数据反复出现三次，前后却不一致。报告人重新核对，才发现自己的疏忽。潘懋元先生还有意先让在座的博士生先找出这个问题，结果在场的十余名博士生竟无一人发现此问题。大家对潘懋元先生的严谨细致无不惊讶，自叹弗如。同时，潘懋元先生还会对每位博士生的报告进行现场录像，汇报结束后将报告录像发给每个人，让大

---

① 余斌：《潘懋元教授谈我国三十年研究生教育》，《高教探索》2009第1期。

家从"他者"的视角审视自己的报告全过程。潘懋元先生认为,大家在报告中存在的问题只有通过自己反复观看录像才能察觉,然后自我改进。潘懋元先生同样非常重视批改作业和评定成绩。每学期结束后,潘懋元先生往往需要花费数个月的时间用于博士生课程作业的批改。以2019—2020学年秋季学期为例,潘懋元先生连续为两类博士生班(一类是学术型博士生,一类是教育博士生)讲授《高等教育学专题研究》课程。其中,学术型博士生共13人,每人需提交5篇论文(2篇专题报告,2篇读书报告,1篇自选论文);教育博士生共25人,每人需提交2篇论文。如果以每篇论文5000字计算,潘懋元先生完成该学期作业批改需阅读差不多60万字,而事实上不少学生的论文会超过5000字,有的甚至上万字。潘懋元先生在阅读论文时并非走马观花,而是对每篇论文逐一进行评阅,包括文章的总体思路、逻辑框架、研究方法、观点以及文字表达等各个方面。此外,潘懋元先生还凭借其敏锐的洞察力充分挖掘每位学生的优点和潜力,对论文的精辟见解和创新点给予肯定,对论文不足之处也会提出中肯的修改意见。潘懋元先生"学习—研究—教学实践"三位一体的教学法是对研究生培养的教与学关系最好的诠释:师生之间互相讨论,相互问难质疑,体现了中国传统书院中师生关系融洽,教师乐教学生好学的学术氛围。

(二)直面社会现实,把脉中国教育

教育部2000年9月在祝贺潘懋元先生从教65周年的致函中指出:"作为一位著名的教育理论家,教育理论研究硕果累累,为创建我国高等教育学学科,丰富和发展我国高等教育理论体系做出了重要贡献；作为一位杰出的教师，培养了大批高层次教育人才，桃李满天下，为建设我国高等教育理论骨干教师队伍和研究队伍做出了重要贡献；作为一位优秀的教育活动家，对我国若干重要教育改革决策提出了许多宝贵的意见和建议，为我国高等教育宏观决策的科学化做出了重要贡献。"[①]潘懋元先生作为一位著名的教育理论学者和教育活动家，始终不忘把自身的学术理论研究同中国高等教育的现实紧密结合在一起。

社会科学研究领域时常会因为理论脱离实际或者说是理论研究成果难以有效地解决现实问题而饱受诟病。教育研究作为典型的应用性社会科学也自然难逃苛责。潘懋元先生总能凭其深厚的学术底蕴和睿智的学术眼光洞悉这一长期困扰教育研究者的难题。在潘懋元先生的学术研究中，全然看不到理论脱离实际的情况，因为他的所有理论思想均有着丰厚的实践基础，是针对中国高等教育改革和发展中面临的问题予以理论阐释和前瞻预测。在潘懋元先生数十年的学术生涯中，他始终高度关注中国和世界高等教育的改革与发展动向，并将中外高等教育的现实问题上升为科学理论。潘懋元先生的学术来源于现实又超越现实：一方面努力实现高等教育理论与现实之间的有效融合，另一方面又保持着彼此间的张力。数十年来，潘懋元先生正是在这种方法和理念的引领下从事着高等教育教学、研究工作，开创了一系列高等教育学新观念、新理论，并且他的所言所思皆为神赋之思、神来之笔。更为关键的是，他还将这种方法和理念有效地融入教学实践过程中，他

---

① 韩延明等：《潘懋元教授纪事年表》，见《潘懋元文集》卷八，第 194 页。

总是设法为学生参与社会实践调查创造有利条件,把学生从课内引向课外,在实践中学习和研究中国高等教育的历史、现状与未来。

潘懋元先生时常提及,教育理论的源泉来源于三大方面:一是教育史研究,二是国际比较研究,三是基于实践和现实的总结与提升。三个来源在本质上是一致的,前两个理论源泉是借鉴前人和国外已有的理论研究成果,第三个则是根据中国教育实践和教育研究者个人实践总结提炼而成。相较而言,"教育实践是我们进行理论探索的最重要的基础,历史研究和比较研究所获得的经验、理论,必须结合当前的实际,通过实践检验,才能被确认并体现它们的社会价值"。[①] 在引导学生成才的过程中,潘懋元先生除了重视学生课程学习外,还特别强调博士生的学术活动、论文写作和思想修养。潘懋元先生认为,从某种程度来看,对于博士生而言,学术活动往往比理论课程的学习更重要。因此,他始终坚持为学生的学术成长创造良好的环境,让学生在其中深受熏陶。潘懋元先生提倡研究生应积极参与各种类型的学术活动,他鼓励大家在学院的学术会议上作学术报告并积极参与讨论。与此同时,潘懋元先生还竭尽全力与校外的学术机构密切协商,勉励学生撰写有一定质量的论文去参加校外学术会议。学生在参会的过程中活跃了学术思想,扩大了学术视野。潘懋元先生不仅要求博士生具有独立从事科研的能力,还要使其成为未来学术带头人,要求具备组织、领导集体学术研究的能力。

广博的基础知识,深厚的专业知识,是见解深刻的基石,是思

[①] 高宝立:《潘懋元先生的学术风格与治学特色》,《教育研究》2010年第9期。

考周密的源泉,也是治学成功的关键。早在80年代初撰写《高等教育学讲座》和主编《高等教育学》时,潘懋元先生就指出:"正确认识高等教育学同其他有关学科的关系,掌握并运用有关学科的信息,交流渗透,交互为用,以促进研究工作的深入和发展,这是研究高等教育学的前提条件。"潘懋元先生认为:一个现代化专门人才合理的知识结构,应包括比较宽厚的基础知识、一定深度的专门知识、一般的前沿知识、必要的横向学科知识和科学方法论知识,以及一般基本文化知识五个方面。潘懋元先生多年来一直在倡导一种符合人类认识发展规律的思维方式——从单义性向多义性、从线性研究到非线性研究、从绝对性到相对性、从精确性到模糊性、从单面视角到多维视角、从单一方法到系统方法。[1]

潘懋元先生思想活跃、与时俱进,他始终倡导要密切关注、时刻了解中国高等教育改革与发展的动向,并且强调高等教育的理论研究应着力于服务高等教育发展的现实需求,而非仅限于公开发表高等教育的研究成果,甚至束之高阁。他指出,高等教育学科在中国的发展是与中国高等教育改革与发展的实践紧密结合、同步发展的。[2] 潘懋元先生谙熟高等教育的基本规律,对高等教育的许多问题往往比常人看得更远,抓得更准,想得更深。他和他的学术团队合作研究过诸多高等教育课题,包括民办高等教育的机制问题、高等教育自学考试、高等教育与市场经济的关系、高等教育通向农村、高等教育地方化、可持续发展与高等教育、高等教育

---

[1] 肖海涛、殷小平:《潘懋元教育口述史》,北京师范大学出版社2007年版。
[2] 潘懋元:《30年来中国高等教育研究的发展轨迹与成就》,《高等教育研究》2008年第8期。

的分类发展以及职业教育中的人文教育等等。他大多是在这些话题初见端倪之际甚至是未有任何迹象时,就已看出或抓住了关键线索,如在2018年厦门大学教育研究院建院40周年庆祝会上,潘懋元先生就率先提出高等教育研究者要思考如何将机器人培养成为专门人才。

早在高等教育学创建之初,潘懋元先生就认识到,学术乃天下之公器,高等教育学绝非一种庙堂之学,而是一门理论应用型学科,要规避英国史学家科林伍德指出的隐藏在象牙塔里、可能造成自我囚禁的危险,摆脱中国传统文化中"言静而戒动"的思想束缚,注入儒家的入世精神,走出房间,直面教育实践,在"田间地头"把脉现实问题,铸成一种新兴的践行学术,建构中国学术新的知识生产平台。值得称道的是,他几十年如一日,积极倡导并实践着这一理念。为了将才思从腿脚提升到头脑,即便到了期颐之年,他一年中有至少三分之一的时间"在路上",不辞辛劳,奔波于全国各地,开展调查研究和学术交流,致力于将高等教育研究事业带出书斋、推向社会,实乃"思之无垠,行者无疆"。

数以万计的教育行政人员、高等教育理论工作者、高校教师和青年学生听过潘懋元先生的报告;中国绝大多数的大中型城市都曾留下他拓荒高等教育研究事业的闪光足迹。他那不倦的身影,他那关注现实、广泛倾听的精神,他那敏捷的思路和判断力,他豁达的人生态度,总是满心欢喜的笑容,都一点一滴地形成了潘懋元先生的人格魅力。而这种魅力是一种巨大的力量,感染着年轻一代,推动着中国高等教育研究一步一步前进。仅以2014年为例,94岁高龄的潘懋元先生仍先后前往北京、上海、湖北、湖南、四川、广东、浙江、广西等十余个省、自治区、直辖市进行实地调研、讲学。一人倡之,百人和之,学子景从,风气大开。

立足国内,放眼全球,跨出国门,走向世界,是他一直以来的追求。改革开放以来,中国的各项事业都迎来了新的春天,走出国门开展学术交流成为可能。潘懋元先生曾多次率领中国高等教育代表团出国考察、访问、参加学术交流活动,曾到访过日本、菲律宾、泰国、英国、新加坡、尼泊尔、科威特、美国、俄罗斯、荷兰、立陶宛等国家,将中国的高等教育研究成果向国际推介,努力促成中外高等教育的密切合作。加拿大著名中国教育问题研究学者许美德曾在《思想肖像:中国知名教育家的故事》一书中,深入分析了潘懋元先生的学术生涯及其对中国高等教育所作出的杰出贡献。21世纪初,挪威学者阿里·谢沃《潘懋元——一位中国高等教育研究的创始人》一书以自传体方式全面介绍了潘懋元先生卓越的学术成就,并同时以中、英文两种语言出版发行,将潘懋元先生为高等教育所作出的杰出贡献推向世界。2015年,《潘懋元文集》英文版由享誉国际的荷兰博睿出版社(Brill Press)出版,成为迄今为止中国高等教育研究领域唯一由该出版社出版的专著。

潘懋元先生高度重视研究生尤其是博士生实践能力的培养。从80年代末开始,潘懋元先生每年都会定期带领博士生赴全国各地高校开展为期一到两周的高等教育专题实践调研活动。厦门大学教育研究院历届博士生调研团曾赴西安、北京、宁波、成都、南京、长沙、武汉、南宁、赣州、上海、广州、泉州、汕头等地的数十所高校开展深入调研。博士生专题实践调研活动已成为厦门大学教育研究院博士生教育的重要环节,对提高博士生培养质量发挥着重要作用。2014年5月,94岁高龄的潘懋元先生率领厦门大学教育研究院二十余名师生远赴四川电影电视学院开展实践调研,深入了解该校在应用型艺术人才培养模式、学生管理工作和校园文化建设等方面的办学特色。其间,潘懋元先生还拜访了四川国际标榜学院、西南交通大学、西南财经大学等多所高校,并就办学定位、发展理念、战略规划以及大学教师发展等问题与各高校主要负责人进行了交流、探讨。通过这种实践育人方式,博士生可有效获取完整的高等教育研究第一手资料。与此同时,为全面深入地认识和研究高等教育发展的现实问题,潘懋元先生还积极推动厦门大学教育研究院与浙江工商职业技术学院、上海电机学院、四川电影电视学院、龙岩学院、泉州职业技术大学等十余所高校建立合作伙伴关系,并在各合作高校建立实习基地,每年定期派送数位研究生前往实习基地进行为期一个月的实践学习,帮助学生增进对高等教育实践的感性认识,以更深入地了解中国高等教育的现状。2023年,由潘懋元先生首创并坚持20年之久的通过实践调研培养博士生实践能力的培养方案,荣获2022年度高等教育(研究生)国家级教学成果二等奖,为探索中国特色研究生教育新模式提供了可借鉴、可复制、可推广的理论成果和制度方案。

(三)赓续沙龙传统,构筑精神家园

80年代初,学风转好且日益淳厚,国内大学之中师生课外交流还是比较频繁的。然而,90年代以来,市场经济洪涛滚滚,学风不敌商风,人文精神黯淡,校园平静不再,不少人纷纷走出"象牙塔",跻身商海。即便是那些"象牙塔"的坚守者,也不时心旌摇荡,浮躁不安。至此,昔日师生之间密切往来之风渐行渐远,甚至染上功利色彩,"学术老板"与"学术打工仔"称谓流行,把昔日师生之间精神纽带截然分开。步入21世纪,大学渐成社会中心,学者群体的经济社会地位不断提升,虽非锦衣玉食但已衣食无忧,本应静下心来谋道治学。然近百年来中国持有之"赶超"心态难以根除,大学人在各种口号的牵引和体制的驱使下,自觉不自觉地把自我变成持续旋转的陀螺,难得消停。因此,师生关系似乎并未因经济的进步而得以改善,特别是研究生扩招之后,一把茶壶配数十个茶杯的故事,在不同大学频频上演。从全局来看,早年导师与研究生的亲密关系,成为正在逝去之风景线。

潘懋元先生始终与厦门大学教育研究院的研究生保持着平等和谐的师生关系。南方之强,凌云之巅,一座二层居家小楼里,潘懋元先生与登门拜访之三五研究生弟子,不经意间创设"周末学术沙龙"之雏形。初始之时,沙龙并无定制,久而久之,便成惯习。自20世纪80年代中期以来,每周六晚上潘懋元先生家的学术沙龙成了研究生的精神家园,没有课堂上的正襟危坐和刻板拘谨,大家畅所欲言,既谈学问中的人生,也谈人生中的学问,伴以满室茶香、咖啡香和各种点心,精神食粮与物质食粮双丰收,使一直以来倡导的"自由讨论,平等对话,启迪思维,追求真理"的沙龙学术原则得以彰显。林语堂在《论趣》一文中有一段精彩描述与之有异曲同工之妙,"据李考克(Stephen Leacock)说,剑桥的教育是这样的。导师每周请你到他家交流一次,就是靠一支烟斗,一直向你冒烟,冒到把你的灵魂冒出火来。"而潘懋元先生也是抽烟的,或兴致高涨,或陷入沉思,他总是点上一支烟,在那忽明忽暗的烟火中,用充满智慧而又通俗易懂的话语指点迷津。在潘懋元先生的率先垂范下,其他教授也纷纷开设学术沙龙,成为厦门大学教育研究院的宝贵学术传统。

寒来暑往,四十余载岁月已成过往,潘懋元先生在家中开设的学术沙龙却从未停辍。其间,沙龙虽经历了规模和影响从小到大之发展历程,地点也随潘懋元先生之迁居而由校内与研究生公寓毗邻的小楼转到距离校园14公里的海滨高层,而始终不变的是以提升学术修养、阐扬学术理念、熏染做人之道的根本宏旨,通过显性知识之言传和隐性知识之意会,以实现知识和精神的交融与传承。"铁打的营盘,流水的兵。"四十多年来,一届又一届的研究生从潘懋元先生家中走出,走向更为广阔的地域,却难以走出那份沙龙中用浓浓师生情凝固下来的心理空间。无论乘桴海外,还是散居国内,他们心灵深处,无不涌动着一种"乡愁",一种重回沙龙这座"精神家园"的驿动的心(表1)。

表1 2014年潘懋元先生家庭学术沙龙统计表

时间	沙龙主题	主讲人
2014年1月1日	如何对待"大学生留级现象"	2013级博士生
2014年1月11日	台湾大学教师发展调研报告 厦门大学教师发展中心介绍	徐岚、吴凡
2014年2月23日	辛均庚博士论文进展汇报、 "大学教师发展"课题汇报、寒假见闻	辛均庚、课题组成员
2014年3月1日	欧洲之行	黄珊
2014年3月15日	讨论《论高等教育变革背景下高等教育发展研究》论文	潘懋元
2014年3月22日	校长职业化问题	黄福涛

续表

时间	沙龙主题	主讲人
2014年3月29日	2014级教育博士(Ed.D.)考核,沙龙暂停	
2014年4月5日	校庆,沙龙暂停	
2014年4月19日	哈尔滨远东理工学院介绍	李敬来、杨德广
2014年4月26日	先生出差,沙龙暂停	
2014年5月3日	2014级学术型博士(Ph.D.)面试,沙龙暂停	
2014年5月10日	2013级博士生成都考察,沙龙暂停	
2014年5月17日	漫谈"驻马店共识"	潘懋元
2014年5月24日	"大学教师发展课题"汇报	课题组成员
2014年5月31日	讨论PISA(国际学生评估项目)	潘懋元
2014年6月7日	2000级课程班院友谈成功之道	2000级院友
2014年6月14日	民办高校发展问题与困境	罗先锋、吴滨如
2014年6月21日	民办高等教育问题研究	鲁加升、康乃美、吴滨如
2014年6月30日	高等教育思想体系	叶之红、胡赤弟、卢晓中、高晓杰等
暑期放假		
2014年9月20日	讨论2014年高等教育国际论坛(博士生论坛)会议论文	唐汉琦、汤俊雅、袁礼、陈斌、矫怡程
2014年9月27日	先生出差,沙龙暂停	
2014年10月4日	三位奖学金获得者谈成功经验	胡天佑、李玲玲、刘梦金
2014年10月11日	教师发展调研、2014级学术型博士(Ph.D.)课程作业	徐岚、2014级博士生
2014年10月18日	嘉庚精神与抗战时期的厦门大学	石慧霞、郑宏
2014年10月25日	博士生预开题、讨论《终身教育对话录》	沈曲、罗先锋、李国强
2014年11月1日	先生开会,沙龙暂停	
2014年11月8日	先生出差,沙龙暂停	
2014年11月15日	讨论"大学教师的责任内涵与边界"	郑宏
2014年11月22日	对高校课堂"呲必中国"现象怎么看?	陈斌
2014年11月29日	应用技术大学的研究体会	魏晓艳
2014年12月6日	2014年高等教育研究大事件评点 当前民办高职院校发展困境与政府扶持	陈斌、董立平

续表

时间	沙龙主题	主讲人
2014年12月13日	全面解读2014年高等教育研究大事件	魏晓艳、王严淞、李胜利、陈斌
2014年12月20日	南方科技大学过去、现在与未来 西安欧亚学院办学经验与现代职业教育发展	马东梅、胡建波
2014年12月27日	从"周鼎自白书"看中国高校教学与科研关系 如何看待大学生休学创业	郑宏、陈斌

信息来源:笔者自行整理而成。

唐代一首名为《仙山》的诗中说,"一炷心香洞府开,偃松皱涩半莓苔",比喻师生真诚的心意;朱庆余在《近试上张水部》诗中曰:"妆罢低声问夫婿,画眉深浅入时无?"体现了渴望交流的心境。人与人之间理应打开心扉,坦诚相见,率真交流。人,不是一座孤岛,需要与他人交流情感,需要设立"感情账户"。而能够激励情感账户持续存款的,是礼貌、诚恳、仁爱、信赖与交流。师生之间,最需要也最珍贵的是理解和真情。德国著名诗人荷尔德林曾言:"人,诗意地栖居在大地上。"这种弥足珍贵的"诗意"在无意间唤起人们对昔日美好生活的念想,怀揣着对未来理想生活的憧憬,引领大家在头脑风暴的过程中放飞囚禁的思绪,开启智慧的阀门,生成思想的睿智,从而去感悟与体认那些人类千百年来积淀的最富有价值的精神财富和文化精品。[1]

2013年,潘懋元先生的门生、临沂大学原校长、中共山东省委

---

[1] 韩延明:《历久弥新的"沙龙"意境与"潘师"情结》,《国际高等教育研究》2006年第1期。

党史研究室一级巡视员韩延明教授在回顾即将过去的一年时，认为这一年最难忘、感到最幸福的事情便是一年内与敬爱的导师潘懋元先生的七次幸会，并写下了一篇近万字的长文，他写道："14日晚，我和别敦荣、刘少雪、陈武元匆匆共进晚餐后，火速来到潘懋元先生家中参加热气腾腾的'学术沙龙'。我们还以为是'先遣部队'呢，但到了一看，先生书房内已是高朋满座，欢声笑语，茶香四溢。茶几上、小桌上摆满了诱人的瓜子、糖块、花生、开心果、西红柿、各类水果和各种小吃，琳琅满目，令人垂涎欲滴。除了教育研究院的领导、老师和硕、博士生外，还有从外地赶来参加会议的院友张德祥、周川、张应强、胡建华、卢晓中等，济济一堂，正如王羲之在《兰亭集序》中所言，'群贤毕至，少长咸集。'""按照惯例，潘懋元先生首先发言，讲明了本次沙龙的主旨，就是为2012级博士生论文进行一个'预开题'。三位博士生刘丽建、辛均庚、胡永红分别介绍了论文的缘由、框架和创新点，然后我们这几位师兄师姐畅所欲言，直抒己见，分别发表了自己的一些想法和看法，而且同学们也积极发言提问，气氛热烈，讨论激烈。先生时而倾听，时而询问，时而点头微笑，时而择机点评，还不时地起身劝大家吃吃喝喝。先生之点评高屋建瓴、切中要害，而又让人感到如沐春风。回山东后，我还给先生发了一个短信，其中一句便是：'这次有幸参加沙龙特别高兴，身临其境，蓦然回首，使我仿佛回到了那激情燃烧的读博岁月，没齿难忘！'"①

---

① 韩延明：《2013：我的幸福不是梦——追记2013年与恩师潘懋元先生的七次幸会》，《国际高等教育研究》2014年第1期。

寂寞为学，天地闭焉。沙龙是学术活力的源泉之一，可以使人超越日常生活和个人空间。一个好的学术与一所好大学一样，都具有自由的探讨气氛和宽容的人生态度。细心体会，潘懋元先生欣赏激情，但绝不纵容过度；先生喜欢冷静与理性，但不使之陷于技术操作与分析。先生常用的手法之一便是抑强扬弱，适时运用表扬与温和的批评。他不是让你改变立场，也不是让你放弃某一观点去迎合另一种观点，而是更加包容，让自己更加丰富和多元，实际上就是一种开阔。以感性见长的，往往对世界保持新鲜敏锐的发现，但它与理性一样是把双刃剑，它可能让人洞见，也可能让人盲目和武断。当出现争执不下的情况时，先生成为最后的仲裁者。先生关心世事和时事，但却不混迹其中，而是留有时空余地，这种不即不离的态度使先生往往具有高屋建瓴和统揽全局的洞见，并以平实无华的语句予以综合阐述。我们不得不承认，这种平实的观点实乃一矢中的，也终于明白，冷比热好，真知灼见也不会烫手。

潘懋元先生盛名在外，那些生活在世界各地并从事各种职业的人们，携带各自的闻见慕名而来。博士和硕士、在学与在职、学生与官员、学者与实业家、老外与"海归"，老中青汇聚一堂，时空可以骤然拉近，常常有意想不到的效果。这样一种闻名而开放的沙龙，就像是花香，真到近处闻又仿佛没有。这正是人世间奇妙之处。大象无形，大音希声，留念总在沙龙之后。

四十年来，世事变迁，人事更迭，但每周六晚上潘懋元先生家漫谈式学术沙龙都会如期举行，主题有时是先生事前拟定，有时是即兴而谈；既可能是学理上的探讨，也可能是生活中的感性交流。

师生平等对话,各抒己见,畅所欲言,相互切磋。漫谈中,一篇篇论文和成果渐渐孵化催生。多年来,不少研究生的学位论文选题或源自沙龙,或在沙龙中得到完善。潘懋元先生还经常在沙龙中就某个热点问题组织大家共同撰写文章,并组稿发表,如2008年金融危机对高等教育的影响、高校引领社会文化、民办高等教育发展、高职教育与应用性本科院校的发展等。此类文章因集众人智慧而成,质量较高,学术影响和社会影响较大。①

潘懋元先生的家庭学术沙龙是潘先生和学生共同打造的学术共同体。深圳大学教育学院肖海涛教授认为:"无论是教师还是学生,一旦进入厦门大学教育研究院这个具有浓郁学术氛围的集体,便会被一种无形的力量所感染和推动,不断追求上进。所谓'蓬生麻中,不扶自直',这其中便有一种精神的动力。"②这种动力,可以概括为潘懋元先生学术沙龙所具有的人文精神、潘懋元先生本人所彰显的人格魅力以及一贯坚持弘扬学术价值的核心指归。潘懋元先生家庭学术沙龙展现的不仅是知识的力量,更是人格的魅力和精神的感召。

在潘懋元先生家庭学术沙龙的示范作用下,近年来,厦门大学教育研究院的邬大光教授、别敦荣教授、王洪才教授等也纷纷以不同形式组织学术沙龙,各具特色,相映成趣。在厦门大学教育研究院学子的心中,无论是在读的硕、博士生还是已经毕业的院友,无

---

① 李静、马跃华:《厦大:学术沙龙育人"看得见"》,《光明日报》2014年7月29日。
② 肖海涛:《试论师生学术共同体的构建——以潘懋元先生的家庭沙龙为例》,《江苏高教》2007年第5期。

论是留在国内还是身居海外,潘懋元先生的学术沙龙都已成为他们心中的精神家园,成为他们心中的一份念想。值得一提的是,这个看似平常的家庭学术沙龙,曾被中央电视台、《光明日报》、《中国教育报》、福建电视台、《厦门晚报》以及《厦门大学报》等十余家中央和地方媒体进行过专题报道,慕名而来的校内外学生、学者络绎不绝,成为厦门大学教育研究院一道亮丽的学术风景。

三、立德树人,薄名精艺,引领师德风范

在厦门大学教育研究院众多学生眼中,潘懋元先生不仅是一位倾其一生于传道授业解惑的良师,更是自己人生道路发展中的榜样与航标。潘懋元先生时常对我们说:"导师对学生在专业知识上的具体帮助不是最重要的,重要的是方向上的指引、方法上的点拨以及人格上的影响。"他始终在用自己的言行不断地教育学生,"欲为学,先做人"。

(一)爱生如子,视院如家

爱生如子是潘懋元先生一直秉持的理念。曾任厦门大学常务副校长的潘世墨教授在他的博士论文后记中这样写道:"我父亲'弄错了'一件事,他把学生当儿子,把儿子当学生。"爱生如子,不只是弟子们对先生的中肯评价,更是先生数十年如一日用爱与行动躬身践行的人生操守。2014年,教育部高等教育教学评估中心主任吴岩仍然记得二十多年前的"一件小事":"我有一个硕士师弟,家境贫寒。先生就把我叫到家里,给我一个信封让我转交给他,里面是厚

厚一沓人民币。先生就是这样把每个学生都牵挂在心里。"①

早在1994年,当时潘懋元先生被汕头大学聘为兼职教授,月薪6000元,他仅从中抽出1000元作为往返路费和基本的生活费用,剩余的部分悉数捐给了厦门大学高等教育研究所(现在的厦门大学教育研究院)。2000年,从教65周年之际,潘懋元先生从个人有限的积蓄中拿出20万元设立"懋元奖",在每年厦门大学校庆之日对优秀的师生进行奖励。此后,2006年和2008年先后又向"厦门大学潘懋元高等教育研究基金"各捐赠20万元。

潘懋元先生对待学生始终是慷慨的,他自己的生活却依旧朴实。他曾说:"我个人在物质生活上已经没有什么可追求的了,最大的乐趣便是得天下英才而育之。"如今,更多的师生加入了捐赠"懋元奖"的行列,2010年潘懋元先生九十寿辰时,许多师生、校友纷纷捐赠,如今基金已达数百万元,每年有十几名师生获得奖教(学)金。

"学高为师,身正为范",这是对人民教师的品质最好的阐释。2010年底,潘懋元先生带领博士生到番禺职业技术学院考察。一天晚上,潘懋元先生乘车前往广州参加学术研讨会。临上车前,潘懋元先生主动跟番禺职业技术学院的两个保安握手,一直说:"你们辛苦了!"潘懋元先生告诉博士生:"他们真的很辛苦,天气那么冷,他们值班的地方只有顶棚,四面是透风的,每天晚上要巡视,很不容易呀。"生活中的点点滴滴都成为潘懋元先生的教育素材,他

---

① 邓晖、马跃华、高田:《潘懋元:高教泰斗 学人典范》,《光明日报》2014年9月14日。

总是用自己的行动给学生以启迪。

2014年,厦门大学校庆期间,潘懋元先生因其对厦门大学作出的杰出贡献,被厦门大学授予"南强杰出贡献奖"(厦门大学最高荣誉奖),并获得20万元奖金。潘懋元先生始终认为此项荣誉是全院师生共同努力的结果,因此,他给学院每位教职工发放2000元,包括教育研究院的勤务人员等均享有此项"礼遇"。近年来,每年春节将至,教育研究院总会有一部分学生因种种原因无法回家过年,潘懋元先生总会在年前邀请所有不能回家过年的研究生一起吃个团圆饭。

(二)杏坛传道,薄名精艺

潘懋元先生对待学生向来一视同仁,没有门户之见,对那些不是自己指导的学生也同样热情提携。记得教育研究院有位博士生(导师并非潘懋元先生)博士论文是关于中国近代大学本科毕业论文的研究,其中需要做案例研究,该博士生向潘懋元先生请教,想访谈潘懋元先生当年撰写大学毕业论文的具体情形,潘懋元先生欣然应允,并对选题给予肯定评价。访谈中,潘懋元先生不仅提供了生动的论文素材,还找出不少当年他学习的材料供其参考。之后,潘懋元先生还不辞辛劳,在百忙之中抽空参加了学位论文答辩,并提出了富有启发性的评价。

"先生的言传身教是我们受之不尽、用之不竭的榜样力量和精神食粮。……经师易得,人师难求。潘懋元先生既是著名学者,也是难得的良师。他不仅自己敦品立德、率先垂范,还教导学生欲作学问,先学做人,真正做到了古人所说的立功、立德、立言的统一,让我们认识了一位追求真善美统一人格的教育家、全国'教书育人楷模'的精神风范。他不仅是我们治学的导师,更是为人的榜样。"[①]这便是所有受过潘懋元先生教诲的学生的共同心声。

2013年9月,厦门大学举行首届"我最喜爱的十位教师"评选活动,潘懋元先生高票当选。在颁奖典礼上,颁奖嘉宾给潘懋元先生的贺词是:"十五从教,他历八十载春秋,鲐背之年仍居教学科研第一线。爱生如子,他关怀晚辈,作育英才,桃李遍天下。敢为人先,他开创新学,尊为中国高等教育学科奠基人。杏坛传道,他著作等身,荣膺中国高等教育研究终身成就奖。从教乐教,他治学严谨,无愧中国教育界的师范楷模。一心研学,他薄名精艺,当仁治学先锋,新学泰斗。"在厦门大学教育研究院的学生眼中,潘懋元先生不仅是一位"传道授业解惑"的导师,还是做人的榜样。他一直身体力行,用"敢为天下先"和"欲为学,先做人"的精神与理念培育一代又一代的教育学人。

潘懋元先生对教育研究院的中青年学者也是关爱有加。最令笔者难以忘怀的是,2014年暑期,我院一位老师因病住院,潘懋元先生冒着酷暑炎热,两次去厦门市第一医院探望,这对患病老师的康复是一个莫大的鼓舞。老师出院之后,潘懋元先生仍记挂他的康复状况,并坚持要前去探望,后因那位老师所住小区没有电梯才被劝住。大师的点滴言行都具有极大的示范效应,在无形中为我们树立了一座为人的丰碑,永远值得我们后辈学习。

[①] 汤晓蒙:《化学术为德性——潘懋元先生的为学与为人》,《赣南师范学院学报》2010年第4期。

(三) 诚心务教,桃李满园

加拿大学者许美德教授在对潘懋元先生进行专访时曾问及什么因素对他的教育事业影响最大,潘懋元先生开玩笑地回答道,受益最大的是"文革"中批判的三种意识形态——"封"、"资"、"修"。潘懋元先生早年学习中国古典文学,从中获得了受用终生的良好道德基础,一生的教育经验使他感到儒学的确是适应任何时期的一种哲学,此之谓"封";潘懋元先生在大学时代曾修习过美国的教育思想,尤其是杜威的教育理论,这对潘懋元先生此后的课程设置、教学改革和开展高等教育研究有着显著影响,此之谓"资";20世纪50年代,潘懋元先生曾广泛接触苏联的教育理论和模式,逐渐理解并重视苏联主张全国统一的学术标准,结构严密的教材和教学工作中精细备课的价值,此之谓"修"。在思考影响自己的两种国外教育思想时,他曾言,基于欧洲理性主义的苏联教材和教育方法,比美国的更加适应中国的环境,因为中国有着集中知识模式的传统,也因为苏联模式更符合当时中国发展的现实需要。[1]

潘懋元先生始终认为,教师这个职业是最能给人带来幸福感的职业,他用自己深厚的学识修养、高尚的道德情操、不懈的精神追求影响和教育着学生,他独特的人才培养理念和独创的教学方法造就了一批又一批优秀的高等教育人才。常言道,"事事培元气,其人必寿;念念存良心,其后必昌。"从中国首批高等教育学硕

---

[1] 许美德著、周勇等译:《思想肖像:中国知名教育家的故事》,教育科学出版社2008年版。

士和博士到现在,潘懋元先生(合作)指导的博士后研究员、博士生、硕士研究生近两百人。在他指导的学生中,有多位大学校长、副校长,有些在教育部门身居要职,很多学生成为教授、博导、学科带头人,有些学生担任高校教育研究院院长、高教所所长,有些学生担任高教研究杂志主编、副主编,有些学生分管高校规划处、教务处、社科处……他们遍及全国各省市高校,还有的在大洋彼岸深造和工作。我们无法具体罗列这些弟子的突出成就,也无法一一表达他们对既是经师又是人师的潘懋元先生的景仰和感激,我们只能追本溯源,窥斑见豹,探究一下潘懋元先生的育人之道。

《诗经·小雅》云:"高山仰止,景行行止。"《论语·子罕》曰:"仰之弥高,钻之弥坚。"在我国教育界,学人和学生们相沿成习地一致称潘懋元为"先生",既不带姓,也没有任何职衔。这样一个融聚敬仰与亲切之情的特殊尊称,是潘懋元先生学高为师、德高为范,数十年来辛勤耕耘教书育人的最好注脚。吾师典范,德配天地;虽不能至,心向往之。

(陈斌,厦门大学 2017 届博士,厦门大学教育研究院副教授)

潘懋元高等职业教育思想

廖 益

在这个世界上，有这样一群人，人数虽然不多，但如果没有他们的思想带来的影响，历史的进程和人类的文明可能还将继续在漫漫征程中摸索。他们虽然属于少数，但却是关键少数。他们为了所有人、为了崇高事业而不懈努力。潘懋元先生就是这样的人。潘懋元所建构的教育理论体系和实践范域博大精深，他敏锐的学术触角也深入到了高等职业教育领域。潘懋元对高等职业教育的研究既有整体宏观的把握，又有具体措施的关注；既源于总结多年教学科研实践，又善于用逻辑辩证思维提出前瞻性创新性观点，为整个高等职业教育的发展指明了方向；通过不断厘清和把握高等职业教育各个历史阶段变革和社会发展的脉络与需求，不断丰富和完善高等职业教育理论，最终形成了自成体系的潘懋元高等职业教育思想。潘懋元高等职业教育思想丰富了中国高等职业教育思想，并对中国高等职业教育改革和发展的实践产生了重大而深远的影响。

一、潘懋元高等职业教育思想的哲学意蕴与价值取向

潘懋元高等职业教育思想兼容并包、内涵丰富，既吸取中国传统文化教育的思想，又采纳西方教育思想，思想中既有中国哲学的求善、求道的理想，又有西方哲学的求真、求施的追求；在价值层面，既注重教育对人的人文关怀，又注重教育对社会经济发展的促进、协调功能。这些理性信念、价值取向和哲学意蕴等，共同撑筑起潘懋元高等职业教育思想体系的大厦。

（一）求善：止于至善

潘懋元高等职业教育思想中起支撑作用的理念首先是"善"。善是无条件的，善是爱的前提，爱的升华，"善"是大真、大爱、大诚、大智的体现，是从自我小我进入到无我的境界。陈嘉庚先生创办厦门大学，选定的校训是"止于至善"，潘懋元从1941年进入厦门大学求学始就深受"止于至善"的熏陶。潘懋元"止于至善"的精神不仅体现在他对人生格局的完美把握、对教育事业的孜孜追求、对学术研究的永无止境，还体现在他对教育公平的长期关注、对弱势群体的体察安抚和与人为善的大师情怀。

追求教育公平　潘懋元对高等教育大众化的关注和对民办高等职业院校的支持，在高等教育公平方面作出了重大贡献。半个世纪以来，中国高等教育走的是一条精英主义的路线。改革开放后，在以经济建设为中心的政策指引下，国家对高等教育大众化提出了迫切的要求。对此，他提出过许多好的建议，提出实现高等教

育大众化的主渠道是大力发展高等职业教育,必须在精英型高等教育体系之外发展大众化的高等教育体系来承担这一任务,"发展高等职业教育是推进高等教育大众化的必然选择"。① 他也经常在论文、报告、讲话中呼吁大力发展高等职业教育。他 2008 年提出了"高等教育应该融入终身教育体系"的宏大构想。② 2013 年,潘懋元去民办应用型职业教育本科院校山东英才学院调研指导,详细阐述了我国民办高等职业教育存在发展的理论依据和实践依据,提出民办高等职业教育发展有两个重大的意义:一是利用社会的资金来发展教育,可以减少国家财政负担,有利于发展教育事业;二是民办学校、民办高等职业教育事实上是站在教育现代化的前头,有利于教育事业的改革发展。潘懋元乐意为草根的事业鼓与呼,鼓励民办高等职业教育要有信心,民办职业教育不是一个职业,而是一项事业。

心系弱势群体 就读职业院校的孩子,很多是来自社会中下阶层或弱势群体的家庭,家庭条件较差。潘懋元特别推崇黄炎培"应收寒素子弟求学,费用务使减轻"的招生原则,认为中职免费、高职高收费、本科低收费的不公平现象是国家对高职投入不够造成的。国家对高职的财政投入,十年来虽不断地有所增加,但到 2011 年,也只达到普通本科的五分之一,高职院校财政投入仅为本科的一半(大体上是 51%—54%),他呼吁政府要出台相关政策,保证并提高对高等职业院校的投入。从社会公平的角度出发,

---

① 潘懋元:《中国高等教育的大众化之路》,《有色金属高教研究》1999 年第 1 期。
② 潘懋元:《2008 亚太国际教育会议大会报告》,2008。

降低收费标准,提高高等职业教育办学者的积极性,增强高职学校对学生的吸引力。①

常驻大师情怀　潘懋元的"家庭访谈制"沙龙每周六晚如期举行,也经常讨论到职业教育问题。虽然没有约定俗成,但"周末沙龙"这个惯例多年一直坚持下来,不管是本科生、硕士生、博士生,还是邀请的或慕名前来的教师和访问学者,都可以到他温馨整洁的书房内、客厅里参与"周末沙龙"活动。每次他都事先准备好果品、糖块、茶水、咖啡,"话说天下大势"。他总是作为敦厚慈善的长者,平等地倾听,保持着微笑的表情,偶尔出题引发,不时择要短评,智慧而通俗,亲切而自然。

(二) 求真:不偏不倚

潘懋元提倡理论研究既要求真也要求用,不偏不倚,体现了高度的社会责任感。他认为,总的原则应该是在求真的前提下求用。既要坚持真理,又要心中有个实际,把科学性与可行性结合起来,用科学的理论解释、说明或论证实际现象或问题,并根据主客观实际条件,探讨解决问题的可能途径或方案。

敢说真话语　潘懋元求真务实、睿智过人,是因为他有深厚广博的教育学、经济学、历史学、哲学、心理学、逻辑学和文学功底,再加上他"板凳敢坐十年冷,文章不写半句空"的治学态度。1998年他为《高等职业教育的研究与探索》一书作序,探讨高等职业教育

---

① 潘懋元:《黄炎培职业教育思想对当前高等职业教育的启示》,《教育研究》2007年第1期。

的真谛,敢于为真理仗义执言。他说,1980年代初,适应科技产业和第三产业的发展,各地办起100多所职业大学,但由于定位不明,走过了一段弯路,受重学术轻职业的传统思想影响,纷纷向综合大学以及其它普通高等学校看齐,职业技术教育特点不突出,甚至讳言"职业"二字。因此,他认为1993年创办的深圳高等职业技术学院的积极意义,不仅在于探索一套有中国特色的高等职业技术教育的办学模式,更在于办学思想明确,定位准,措施到位。他告诉人们:发展高等职业技术教育是符合世界科技产业发展的大趋势,也是中国走向21世纪、实施科教兴国战略的重要举措。[①]

　　发现真问题　潘懋元认为,高等职业技术教育是高等教育的一个新的领域。高等教育学的一般规律、原则,对高等职业教育的运作有理论指导的作用,但不能照搬,必须充分注意它的特殊性。例如,在学术性与职业性的关系上,职业性是第一位,也要兼顾学术性。首先应当面向职业岗位(或某种行业、某类技术),培养出来的学生能够对口上岗,很快适应职业岗位的需要,因而普通高校本科所提倡的"拓宽专业口径"、"淡化专业,加强通识"等要求,不一定可照搬。但培养职业技术人才,不是培养"工匠",也应当兼顾一定的理论基础与自学能力,使之能在工作中进修提高。因此,专业口径与教学计划应当根据实际情况,或宽或窄,或粗或细,机动灵活。又如,从普通高校本科所总结的许多教学原则,一般上也适用于高等职业技术教育的教学,但有的重要性更加突出,有的则退居

[①] 潘懋元:《高等职业教育:体系、定位、发展与模式(笔谈)》,《教育研究》2005年第5期。

次要地位，在具体要求上也有所不同；并且应当根据职业技术教育教学的特点，有所补充。这些观点切中了问题的实质，具体可行，针对性强。

找到真方法　针对高等教育大众化过程中，很多高等职业院校纷纷遭遇发展中的瓶颈，如何"专升本"，"专升本"后学校的办学该如何定位，潘懋元提出高等职业教育的合理定位问题，建议改革学制，构建一个类型多样、层次分明、相互贯通的高等职业教育的独立体系，将高等职业教育发展为与普通高等教育并列的另一个轨道，从而打破职业教育低人一等的传统观念，从根本上解决职业教育面临的挑战。① 同时针对我国出现的人才结构失调的问题，潘先生提出应用型本科院校应通过产学研结合的方式，设置应用性课程专业，培养服务地方的应用型创新人才。

(三) 求道：全面发展

包国庆认为，潘懋元教育思想的核心是人道主义。② 中国哲学的根本精神，"在由思辨，趣入体认。即由智入，而极于仁守。"把学问当作修养，是中国哲学有别于西方哲学的根本精神之所在。因此，中国的教育侧重对人的修养的培养和完善，重视人的整体的素质的不断发展，从而达到"天人合一"的人生境界。

全面发展是人道　潘懋元有一个著名理论，就是教育的内外

---

① 潘懋元：《高等职业教育：体系、定位、发展与模式（笔谈）》，《教育研究》2005年第5期。
② 包国庆：《潘懋元教育哲学与高教热点问题研究——学习潘懋元教育思想的体会》，《高等教育研究》2010第8期。

部关系规律。① 在讲到教育的内部规律的时候,他认为:"教育必须全面地协调德育、智育、体育、美育,使学生全面发展。"任何只强调一育而忽视其它各育,都是违反教育规律的,至少是不能很好按教育规律实施教育的。重智育轻德育不行,重德育轻智育也不妥。在高等教育价值观方面,把片面的唯社会价值观或片面的唯主体价值观转变为在满足社会发展需要的前提下,充分尊重人的主体价值,使社会价值与主体价值协调平衡发展。②

职业人文不可少 潘懋元不仅重视对职业院校学生技能方面的培养,还注重学生职业素质的培养。"高职院校学生也是大学生,也应当培养成为全面发展的专门人才。因而,也应当对他们进行人文素质教育,但显然不能按普通本科院校的素质教育的要求与做法。因为一方面,它所实施的是职业技术教育,除了素质教育的基本要求外,应当着重职业人文教育,培养学生的诚信、合作、责任、敬业、创业等等职业精神、职业道德、职业态度。"③他从真实的社会需求出发,从职业院校的学制实际出发,建议将职业人文素质教育渗透于课程教学或技能培训中,把职业人文素质教育融合、渗透于职业教育的全过程和全方位中。

分类考试是方向 现行的高考制度是以理论型本科的招生标准来考试的,无法考察学生的动手能力和职业潜能,不适合作为高

---

① 潘懋元:《教育基本规律及其在高等教育研究与实践中的应用》,《上海高教研究》1997 第 2 期。

② 潘懋元:《走向 21 世纪的高等教育思想的转变》,《辽宁高教研究》1998 年第 6 期。

③ 高宝立:《高等职业院校人文教育问题研究》,厦门大学 2007 年博士学位论文。

等职业教育招生的工具。对于高考改革的方向,他提出了两个设想,一是分类型考试,二是统考加单考。① 这些观点提出的操作方式非常人道,也深深地影响了后来的高考制度改革。

(四)求施:服务社会

潘懋元提出的教育外部关系规律可简略表述为:"教育必须与社会发展相适应。"潘懋元先生强调教育要适应地方经济的发展,为地方发展服务,特别指出高等教育地方化可以为适应地方经济发展不平衡提供一条有效的途径。②

服务经济社会 他认为作为中坚力量的高等职业教育要适应社会经济发展的需求,应主要面向地方、面向行业、面向企业培养应用型人才。应用型本科院校应找准自己的优势,办出自己的特色,确定自己的发展方向,以培养基础扎实、知识面宽、应用能力强、综合素质高的高级专门应用型人才为总体目标。

重视政策措施 他特别关注高等职业教育的战术措施,从战略上来说我国对高等职业教育已经高度重视,发展职业教育已经被写进国家政策,但是,在战术上的政策措施与战略目标却并不配套。因此,需要改变"低投入、高收费"的财政政策,不能将社会上重本轻专的偏见进一步制度化,不能让"录用人才、学历划线"的偏见影响学生的入学,不能让行政级别管理祸害高职院校,不能

---

① 潘懋元、覃红霞:《从选拔性到适应性——高等教育大众化阶段的高考制度》,《湖北招生考试》(理论版)2003年第12期。

② 潘懋元、邬大光:《关于中国高等教育地方化的理论探讨》,《教育研究》1990年第3期。

让非市场导向的专业设置影响高职院校办学特色和为地方服务功能。①

二、潘懋元高等职业教育思想的型构原理与逻辑推演

思想是富有独特思维和智慧的观点的体系化,或自成体系的对客观现实的独到观点,观点形成体系就是思想。思想是人类行为的基础,思想的价值在于让生活有意义,让人与自然和谐,让世界更美丽。观点就是在客观存在的事实的基础上,遵循推理的规则或逻辑的规则所推演出的结论。潘懋元高等职业教育思想就是这样一系列自成体系的独到见解。在潘懋元视域开阔、内涵丰富、内容深刻的高等职业教育思想体系中,我们重点选取与目前高等职业教育发展密切相关的几个重要观点作为案例进行分析,选择"历史与逻辑相统一""事实判断+前提判断+逻辑=观点""超协调逻辑"和"前提+假设(隐含前提)=结论"等逻辑推理模式作为分析框架,对潘懋元高等职业教育思想进行推演和剖析,以期探索和追寻潘懋元高等职业教育思想的型构原理与思维发轫。

(一)历史与逻辑相统一的唯物辩证思维——提出"产学研密切结合"

历史与逻辑相统一的唯物辩证思维要求在认识事物时,把对

---

① 潘懋元:《黄炎培职业教育思想对当前高等职业教育的启示》,《教育研究》2007年第1期。

事物历史过程的考察与对事物内部逻辑的分析有机地结合起来，逻辑的分析应以历史的考察为基础，历史的考察应以逻辑的分析为依据，以达到客观、全面地揭示事物的本质及其规律的目的。

潘懋元在研究高等职业教育的过程中，充分运用了历史与逻辑相统一的辩证思维方法，把研究高等职业教育的相关历史和解决高等职业教育现实问题结合起来，深刻地揭示了高等职业教育的规律性，并提出了一系列正确的高等职业教育改革和发展的意见和建议。例如，他对福建船政学堂做过深入研究，侧重研究了船政学堂的"厂校一体化"的体制。创办于1866年的福建船政学堂是中国近代第一所高等实业学堂，在中体西用、道器纷争的近代思想转型时期，它将西方的科技之"器"由理论转化为实际应用，可以说是我国高等职业教育的真正源头。"福建船政局一开始就创办了三个单位：铁厂、造船厂和学堂。三个单位统一规划、统一筹款、统一管理。既不是厂办学校，也不是校办工厂，更不是厂校联合体，而是厂校一家。总监督既是工厂监督，也是学堂监督；工厂的工程师就是学堂的教师；工厂的技术员、技工，有许多就是学堂的学生。""船政学堂之所以能够教学与实践密切结合，培养应用性技术人才，在于拥有零距离的实习基地，船政局得以对生产与教学做统一的安排。学生在实习基地参加生产劳动，承担一定的生产任务和研发任务，可以说是产、学、研的高度结合。当前中国高等学校，特别是高等职业技术院校，虽然十分重视产、学、研结合，但由于实习实训基地不足或不能很好配合，往往流于形式。如何借鉴船政学堂的成功经验，创办学校同时创建实习实训基地，统一规划、统一管理，在教学过程中实现教学和实践的密切结合，也有重要的现实意义。"①

早在1957年,潘懋元就针对产学研结合问题发表了重要观点:"因为教学、生产劳动、科学研究三种活动,存在着内在的本质联系——理论与实践的联系。三者正确的结合,必然能起相互促进、相辅相成的积极作用:对教学说,生产劳动使学生所获得的知识建立在生动的直接经验基础上,科学研究使学生对所获得的知识做进一步的理论提高和培养学生运用知识解决实际问题的能力,又以科学研究的成果直接地丰富教学内容与提高了教学质量。"②潘懋元运用历史的方法考察研究福建船政学堂,对其办学模式、人才培养等自然过程进行追踪描述,从中揭示出某种规律;同时也运用逻辑的方法运用概念进行判断、推理,用以揭示职业教育本质和发展规律,并证明其必然性,通过提炼总结出"产学研紧密结合"等职业教育规律。这种历史与逻辑相统一的辩证思维,对职业教育改革和发展有着现实的指导意义。

(二)"事实判断+价值判断+逻辑=观点"——提出"建立高等职业教育独立体系"

事实判断 我国普通高等教育形成了自己的独立体系,但高等职业教育尚未形成自己的独立体系。高等职业教育领域由于教育层次低,没有衔接通道,已经产生了天花板效应,难以提升发展空间。《国家中长期教育改革和发展规划纲要(2010—2020年)》

---

① 潘懋元:《船政学堂办学模式的现实意义——在船政教育模式研讨会上的发言》,见《潘懋元文集》卷三下,广东高等教育出版社2010年版。
② 潘懋元:《教学、生产劳动、科学研究的矛盾与统一》,《厦门大学学报》1959年。

拟定在2015年高等教育总规模从2009年的2979万人达到3350万人。这意味着高等教育规模扩张将主要依靠高等职业教育增长来实现，高等职业教育系统结构必须为这种转变提供准备，然而已经产生了天花板效应，难以提升发展空间的高等职业教育难以肩负起后大众化的责任。

价值判断　相对独立的开放系统是良性循环的系统，形成自己独立体系的教育是良性循环的教育。逻辑（根据事实和前提进行的推理）：建立高等职业教育独立体系，能促进职业教育更好适应经济社会发展，是高等职业教育多出人才出好人才的有效措施。

观点　我国应建立具有中国特色的高等职业教育独立体系。根据国际教育标准分类法，可以将高等教育分为两个阶段，第一阶段（5）相当于专科、本科和硕士生教育，第二阶段（6）相当于博士生阶段。其中第一阶段又分为5A、5B两类，5A类是理论型的，5B类是实用技术型的（相当于我国的高等职业教育），而我国目前高等职业教育的构成主要是高职高专。因此，潘懋元先生提出5B类两三年的年限较短，可以将学制延长至四年以至五六年（相当于职业教育的本科至硕士生层次）。中等职业学校、技工学校和多科性或单科性技术型或技能型专科学校或学院与本科职业教育衔接，就构成了完整的从低到高的独立体系。这一体系在培养目标、教学计划、课程内容、教学方式方法上都不同于传统的普通高等教育体系，更贴近社会实际，能够提供经济与社会发展所需要的人才。[1]

---

[1] 潘懋元：《建立高等职业技术教育独立体系的思考》，《顺德职业技术学院学报》2005年第1期。

(三)"超协调逻辑"——提出"大力发展应用型(职业教育)本科"

超协调逻辑又称弗协调逻辑、次协调逻辑、悖论逻辑等,是一种可以容纳"矛盾"的非经典逻辑。科斯塔(N. C. A. da Costa),超协调逻辑的开创者,定义了一系列逻辑系统 $C_n (1 \langle = n \langle = w)$。在 C1 系统中,$\neg (A \wedge \neg A)$ 成立时("$\neg$"是"非"的意思,"$\wedge$"相当于取交集,"$\vee$"相当于去并集),归谬律才成立。在 C2 系统中,$(\neg (A \wedge \neg A)) \wedge \neg ((\neg (A \wedge \neg A)) \wedge (\neg \neg (A \wedge \neg A)))$ 成立时,归谬律才成立。如此类推,可以定义到 Cw。超协调逻辑是人类思维的一个大胆飞跃,它大胆地否定了"矛盾律"的普遍有效性,在系统里面引入了"不一致",它是能够容纳矛盾却不能从矛盾推出一切的逻辑理论。如此,就引入了一个不一致但却足道的逻辑系统。在这个逻辑系统里,A 和 $\neg$ A(A 的否定形式的写法)可以同时成立。

2006 年,潘懋元提出:"依据中国大陆国情,我们需要大量的专业层次的实用型、技术型人才,这一点毫无疑问。但是仅仅靠高职高专教育,不能完全胜任大量中高级应用型、技术型人才的培养任务,需要有本科院校的参与。也就是说,我们需要发展职业技术教育本科。这种职业教育技术本科院校,不应单纯追求学术性,而应在一定理论性基础上注重实用性和技术性教育,体现明确的职业性特征。如何发展职业技术教育本科呢?一方面,少量办学条件优秀的高职高专可以升格,发展为本科教育的职业技术院校。

更为主要的,一些地方本科院校可以发展为职业技术教育本科。"[1]应该试办本科层次的专业(与本科院校合办),探索发展本科层次职业教育,引导一批普通本科高等学校向应用技术类型高等学校转型,重点举办本科职业教育。

这就提出了一个悖论,举办本科职业教育的普通高等学校究竟是属于普通高等教育系统呢,还是属于高等职业教育系统?或者,发展本科层次高等职业教育的职业技术院校究竟是原来意义上的高等职业教育呢,还是已经属于一定意义上的普通高等教育呢?这里就出现了超协调或不协调性。那么,是否我们以前关于普通高等教育和高等职业教育的定义就不能做出恰当的判断而不起作用了呢?显然不是。从超协调逻辑的观点看,处理悖论的最好办法,也许不是拒斥,而是应该采取容纳的态度。超协调逻辑具有消解悖论的逻辑机制,实际上是隔离了悖论对系统的不良影响,隔离后悖论就消解了。如果采取经典逻辑主张协调性的态度,不容忍矛盾,从矛盾推出一切,那么出现不协调性后的系统也就没有用了,所造成的损失当然也会是很大的。因此,有必要改变一下态度,要容忍矛盾,不要从矛盾推出一切,把矛盾控制在合理的限度使之不在系统中任意扩散。这种态度就是超协调逻辑所要求采取的态度。实际上只有存在不协调才能产生创新性的突破。我们认识世界的原有模式可以根据实际情况来进行合理修正和拓展,潘

---

[1] 潘懋元:《论我国高等教育学制改革——基于专升本的视角》,《高等教育研究》2006年第7期。

懋元提出探索发展本科层次职业教育就是一种大胆的对原有不合理模式的创新、突破和超越。

（四）"前提＋假设（隐含前提）＝结论"——提出"民办高等职业教育必须立法加以引导、扶持和加强管理"

前提就是已经得到的信息、证据、事实或用来支持总结论的间接观点和意见，它们为得出已知结论提供支持。假设从逻辑上来理解就是人们认为理所应当的观点，不需要事实的论证，仅建立在预设的基础上。结论就是在假设和前提的逻辑支持下推导出来的意见或观点。

前提　经济体制的改革使地方政府在协调、规划本地区经济方面有更大的自主权，地方经济的发展必然要求所在地方高等职业教育为之服务，也必然乐于更多地投入发展高等职业教育的资金，这是高等教育地方化发展的必然趋势。然而，高等教育地方化需要国家的宏观调控，从而协调地方与全国高等教育的平衡发展。改革开放使我国的经济结构呈现多元化，这将对高等教育的办学体制产生深远的影响，非公有制经济成分必然对高等教育提出新的要求。

假设（隐含前提）　民办高等职业教育是值得肯定的，民办高等职业教育的发展是必然的。

结论　民办高等职业教育必须立法加以引导、扶持和加强管理，民办高等职业教育大有作为。

2000年，潘懋元在《高等教育大众化的教育质量观》一文中指出，积极鼓励和支持社会力量以各种方式举办高等职业教育，以

"三改一补"和鼓励民办高等职业技术教育来加快高等教育大众化的进程,是正确的决策,相信民办高等职业教育的教育质量,认为积累一定经验的民办高校,能更好地培养出符合高等职业技术教育培养目标的职业型人才(《中国高教研究》2000年第1期)。2006年,他在《民办高等教育发展的困境与前瞻》一文中率先对民办高等职业教育体制和发展问题进行了预测性的理论探讨,这些预测性的理论在我国正在逐渐成为现实(《中国高等教育》2006年第1期)。

总之,潘懋元高等职业教育新思想的诞生,没有拘泥于原有思想的束缚,而是通过概念的不断思索形成判断,在判断的基础上形成推理,通过逻辑推理不断涌现新的思想灵光。他曾经说过"即使是锻炼身体也要从锻炼大脑和锤炼思想开始"。思想是人创造的,但人也受思想控制,两者相辅相成。只有解放思想才能实现人的全面充分自由和谐发展,也可以说只有人获得真正的解放才能让思想轻舞飞扬。观点的体系化就是思想,集腋成裘,聚沙成塔,他有关高等职业教育方面所有观点的全方位集合形成潘懋元高等职业教育思想。

三、潘懋元高等职业教育思想的发展阶段与基本内容

潘懋元15岁从教,青年时期参加青抗会革命活动,毕业于厦门大学教育系,并在中国人民大学、北京师范大学进修研究生课程,后来一直在厦门大学工作,其思想发展的脉络紧贴社会的发展,来源于实践而又高于实践。潘懋元高等职业教育思想大致经

历了萌芽期(1945—1983年)、成长期(1984—2002年)、成熟期(2003—2010年)和继续发展期(2011年以后)。

(一)萌芽期(1945—1983年)

1941年潘懋元考入因抗战迁往福建长汀的厦门大学,1945年大学毕业后到江西雩都县立中学任教,1946年任厦门大学附属小学校长,同时任教育系助教,1951年潘懋元先生进入中国人民大学进修教育学研究生课程。通过这十多年的历练,他对职业有了自己的认识,对职业教育也有了自己的初步理解。

潘懋元受到了黄炎培思想的影响。民国初年,由于民族资本经济快速发展,对初级职业技术人才的需求日益强烈。许多教育家和实业家应时代需求,大力提倡职业教育,典型代表和领军人物就是黄炎培。潘懋元成长求学的过程中,还深受另一位伟大教育家陶行知的影响,陶行知"生活即教育、社会即学校、教学做合一"的思想让潘懋元在思考职业教育的过程中,更加重视教育的职业性和实践性。

50年代初期的职业教育体系是根据计划经济模式构建的,在结构上注重发展中等专业教育和技工教育,导致在很长时期内忽略了我国职业教育的层次性和多样性。过分强调采取整齐划一、简单一律的职业教育模式培养技术人才,既影响了我国职业教育的整体发展,也导致职业教育缺乏应有的职业性和灵活性。

潘懋元敏锐地认识到"不能把大先生当成小先生一样来教育",当时他刚过而立之年,在厦门大学讲授教育学并负责教务行政工作。他认为忽视高等教育的特点、硬把普通教育理论搬到高等教育中行不通，必须建立有别于普通教育学的高等教育理论。

1956年，潘懋元和教育学教研室几位教师做出新的尝试，将"高等教育学"第一次作为一门独立的课程搬上了课堂。1957年，他主持编写了《高等学校教育学讲义》。1957年潘懋元撰写了《高等专业教育问题在教育学上的重要地位》的论文。他指出："一方面，综合技术教育应当与专业教育联系起来，换言之，综合技术教育是高等专业教育的基础。""但是另一方面，综合技术教育与高等专业教育的关系，毕竟不同于与普通教育的关系。"他认为，综合技术教育是高等专业教育的基础，但也不能仅仅作为普通教育中的一部分。高等专业教育是建立在普通教育与综合技术教育基础上的高等的、专业的教育，在高等学校中也有综合技术教育的因素。"专业教育上的主要问题，是专业理论与有关部门生产实际结合的问题，即理论联系实际这一更本质的问题。"[①]可见，综合技术教育在普通教育和高等专业教育中的内涵、要求、作用等都是不一样的。

1959年，潘懋元在《厦门大学学报》上发表《教学、生产劳动、科学研究的矛盾与统一》一文，重点研究了教学与生产劳动的关系，是"产、学、研"思想的萌芽。"教学、生产劳动、科学研究的结合，应以教学为中心，围绕教学，进行生产劳动和科学研究。在教学与生产劳动的关系上，总的来说，必须把生产劳动纳入教学过程（教学计划或教学大纲）之中，而不是把教学纳入生产过程（生产组织、生产计划）之中。"他提出教学与生产劳动要"全面安排，有机结合"，但同时"教学与生产劳动结合，就必须保持各自特点，不能取

[①] 潘懋元：《潘懋元论高等教育》，福建教育出版社2000年版。

消或歪曲一个方面来凑合另一个方面。割裂学科系统性或以生产劳动代替教学是不对的；人为地改变生产过程来凑合教学的需要，失去其本来面目也是不对的。"鼓励学生通过多种方式，参加生产劳动，"在方式上，有的在学校自办工厂劳动，有的以下乡下厂为宜；有的直接参加工农业生产劳动，有的则在调查考察中参加一定的工农业生产劳动。"潘懋元认为，"学校和工厂协作，工厂在学校设立车间，是保留学校办厂有利条件，解决办厂困难的良好形式"，"从总的安排来说，要保证完成教学任务；在学生参加业务管理时间，多考虑工厂生产的需要，协助工厂推进业务改革，遇工厂有突击任务时，也利用机动时间协助工作。"潘懋元认为现场教学是教学与生产劳动相合的直接形式，"现场教学是在现场中进行教学，在现场教学过程中，可以只是看一看、摸一摸，也可以真刀真枪参加生产劳动或实际工作；可以作为系统的课堂教学的一个辅助部分如参观或自然观察，也可以以生产活动为中心来组织教学。"最后他提出即便是在课堂教学中，理论也必须与实践紧密结合，这些思想是先生最早提出的"产学研密切结合"的思想。

1956年至1983年，职业教育的层次性和多样性缺乏，高等教育理论缺乏，高等职业教育理论就更为缺乏，潘懋元将高等教育作为独立的研究对象在当时的中国是首创，从而奠定了高等职业教育研究的基础。在这一阶段，他已经认识到职业教育与普通教育的区别与不同，深刻提出了教育与生产劳动的辩证关系，已经具有"职业教育独立体系"和"产学研相结合"思想的萌芽，但这一时期他的高等职业教育的思想还是零星的，不系统的。

（二）成长期（1984—2002年）

1983年，潘懋元在《高等学校教育学讲义》基础上编著出版《高等教育学讲座》，继而在1984年出版了《高等教育学》。在1984年版《高等教育学讲座》第四讲《高等教育结构》中，潘懋元先生指出："专科与本科，并不是两个相互衔接的高低层次，而是同一层次中，两个培养目标有所不同的子系统。专科教育是应用技术的工艺性、职业性的教育，所培养的专门人才主要从事生产、生活、管理第一线的工作，能够较好地适应基层部门及事业单位的实际工作。"世界各国无论发达国家还是发展中国家，相当于专科教育的高等职业教育，其发展大都比本科教育迅速。因此，他认为专科教育与本科教育是同一层次不同子系统，在一定时期，专科层次比本科教育发展迅速，这也适应了二战后的经济发展。

1987年以前，在所有制问题还是"雷区"的时候，潘懋元先生就已经关注中国民办高等教育的发展问题，提出"中国能否发展好民办教育"的问题。在高等职业教育发展的过程中，一直存在着投入不足的问题，研究民办高等职业教育的发展，有利于解决高等职业教育的投入问题。他提出政府要加大对高等职业教育的投入，应引导和鼓励企业、社会团体和个人对高等职业教育的投入。

1992年，潘懋元在《高等专科教育学》序中指出，高等专科教育是高等教育系统中一个重要的子系统，"专科教育有许多不同于以本科教育为主要研究对象的高等教育学所能概括的，必须进行专门的研究。"如高等专科教育的性质、地位与作用、培养目标与规格、专业设置、课程结构、教材编写、教学过程的理论与方法、技能培训与实践训练、师资队伍建设、学校管理与评估,以及改革与发展,都有其特殊性。现实中出现的许多问题,大多由于对专科特殊的性质、任务、地位、作用不明所致。他明确指出,"高等专科教育与本科教育,是高等教育(或称第三级教育)系统中的同一层次的两个并列的子系统。它们的基本区别在于培养目标与规格,不在于年限与水平"。[1]

2000年,在高等教育大众化领域,潘懋元先生再次体现了作为睿智的教育研究者的前瞻眼光。潘懋元持续关注并研究高等教育大众化问题,他认为中国走高等教育大众化道路是必然的选择,需要提前研究。随后,他陆续写了《中国高等教育大众化之路》《高等教育大众化的教育质量观》等系列文章。积极推进高等职业教育发展,是我国加快实现高等教育大众化的有效途径之一。从1990年代开始,我国高等教育发展政策逐步由"适度发展"转向"积极发展",特别是大力发展高等职业教育。不管是从整体上的在校生人数来看,还是从整个教育事业的发展状况来看,高等教育大众化的任务都将由高等职业教育的发展来衡量,高等职业教育的发展关系到我国高等教育大众化的进程。

在2002年,潘懋元在《新世纪的技术与职业教育》序[2]中,对技术与职业教育中遇到的新问题进行了系统思考,如对于技术与职业教育的性质问题,技术与职业教育是否也应实施素质教育,中等技术与职业教育和高等技术与职业教育、普通高等教育的沟

---

[1] 忻福良:《高等专科教育学》,山西教育出版社1993年版。
[2] 郑国强:《新世纪的技术与职业教育》,中国文联出版社2002年版。

通问题,技术与职业学历教育的专业设置问题,技术与职业的质量及评估问题以及职业学校教师的素质等问题,提出了一系列真知灼见。

从1984年到2002年,潘懋元的高等职业教育思想已经相对比较完整,针对职业教育独立体系、高等职业教育在大众化进程中的重要作用、民办高等职业教育发展的重要性、高等职业教育中的师资、专业设置、素质教育、评价方式等问题进行了探讨。这一阶段是潘懋元高等职业教育思想的关键发展期。

(三)成熟期(2003—2010年)

2003年,潘懋元在复旦教育论坛发表《高等学校分类与定位问题》,提出要引导全国高校分类发展,解决多样化的社会需求与单一化的发展目标的矛盾。这是中国高等教育事业发展中亟待解决的难题。类型划分是高校定位及确定发展方向的前提。他通过对联合国教科文组织《1997国际教育标准分类法》等三种分类标准的介绍,就中国不同类型高校,尤其是处在学术性研究型大学和高职高专学校之间的中间类型高校提出了发展的方向性建议,认为在高等教育分类中,5B相当于中国的高职高专。

潘懋元在2005年和2006年连续探讨建立高等职业教育独立体系和改革学制的构想,发表了《分类、定位、特点、质量——当前中国高等教育发展中的若干问题》《建立高等职业教育独立体系的思考》《论高等教育学制改革——基于专升本的视角》等文章。在《建立高等职业教育独立体系的思考》中,潘懋元从我国的文化背景出发,独创性地提出借鉴联合国教科文组织的教育标准分类,建立我国独特的学制:"参考联合国教科文组织的分类,结合中国高等教育机构实际,全日制普通高等学校可分为三种基本类型。第一种类型是综合性研究型大学,主要以基础学科和应用学科(专业)的基本理论为主,研究高深学问,培养拔尖创新人才。这一类型是从本科(学士学位)→硕士(硕士学位)→博士(博士学位)。第二种类型是多科性或单科性专业型大学或学院。它可以是多科性的,也可以是单科性的。它主要以各行各业的专门知识为主,培养应用性高级专门人才,将高新科技转化为生产力(包括管理能力、服务能力)。这一类型从本科(学士学位或专业证书)→硕士(专业硕士学位或高级专业证书)→博士(专业博士学位或高级专业证书),也可进入研究型博士。现在实行双证制度,即学位证书和专业证书。有的国家单位专业证书比学位证书更加重要,因为就业承认的是专业证书。第三种类型是多科性或单科性职业技术型院校(高职高专),以各行各业实用性职业技术为主,培养生产、管理、服务第一线专门人才。它从专科(毕业证书或岗位证书)→职业性本科(学士学位或岗位证书)→硕士(专业硕士学位或高级专业证书)。"[1]

2005年,潘懋元发表《中国高等教育的定位、特色和质量》,他提出:"5字头分为5A和5B两类。5A是理论型的(包括应用型的理论),5B是职业型的、技能型的。5A又可细分为两小类。一类是为准备搞研究工作而设置的,如4年后上博士,但是大量的是第二类,它培养的不是搞研究而是培养各种专业的应用人才,即培

---

[1] 潘懋元:《我看应用型本科院校定位问题》,《教育发展研究》2007年7-8A。

养高级工程师、律师、医师、教师等应用型人才。5B相当于职业技术型的高职高专。"

2006年,潘懋元发表《论新建本科院校的定位问题》,首先谈到了新建本科院校"专升本"之后面临重新定位的问题,又阐述了正确定位对高等学校发展的重要意义。关于新建本科定位的问题,潘懋元提出:"我个人的态度就是'专升本'之后的新建本科院校大多数(不是所有)都仍然应该坚持走本科高职院校之路,培养高水平的职业技能型人才",最后提出高职应该建成独立的高等教育体系,即包括中专、大专、本科及硕士以上层次,与普通高等教育系统相平行的高职教育体系。

2006年,潘懋元发表《论我国高等教育学制改革》,提出需要大力发展职业技术教育,并延长职业技术教育的学习年限。专升本热潮也从一定程度上反映出社会对延长学习年限的合理需求;要合理引导,转变专升本之后这些本科的定位取向,即不是定位于普通理论型本科,而是仍定位于职业技术教育。

2007年,潘懋元发表《黄炎培职业教育思想对当前高等职业教育的启示》,认为当时我国高等职业教育所面临的形势是:机遇与挑战并存,战略与战术矛盾。高等职业教育必须采取措施,改革不配套的战术措施:改变"低投入、高收费"的政策;改变"先本后专"的招生和就业制度;改变专业设置方式,让学校依市场需求自主设置专业;通过制度变革来改变社会对高等职业教育的传统认识。高等职业教育发展路径应从数量增长转变到质量提高。在高职院校发展的目标上,当前不宜提倡"专升本",也不宜一刀切地限制"专升本";衡量高等职业教育质量,应以知识、技能是否与社会对职业技术人才的要求相适应为标准;合格的职业技术人才应是全面发展的职业技术专门人才。潘先生认为近代著名职业教育家黄炎培的职业教育思想和实践对我们仍有启示作用。

2008年,潘懋元发表《再论新建本科院校的定位、特色与发展》,进一步为新建本科院校的科学定位与特色发展把脉问诊,对新建本科院校的定位与特色发展等重大战略性、方向性问题,提出了更富有针对性的深刻睿智的思想和见解。

2009年,潘懋元发表《从高校分类的视角看应用型本科课程建设》,提出课程建设是实现高校分类发展、提高教育质量的重要环节。重构课程理念、吸纳校外人士参与人才培养方案的编制、建设知行融合的教材体系、构建专业学习共同体和面向实践能力的学业成就评价是落实应用型本科课程建设的一系列活动。他在《略论应用型本科院校的定位》一文中提出:应用型本科院校的定位直接关系到我国高等教育应用型创新人才的培养。应用型不是层次的高低,而是类型的不同。国家应从宏观上进行分类指导,促进高等教育的多样化发展。应用型本科院校应通过产学研结合的方式,设置应用性课程专业,培养服务地方的应用型创新人才。

2010年,潘懋元发表《什么是应用型本科》《应用型本科教育特点与建设重点的探讨》等文章,对应用型本科做出界定:第一,以培养应用型的人才为主,"为主"不是所有学科专业都只能培养应用型人才,应用型的高校可以培养非应用型人才,但是主要的、大量的任务应该是培养应用型人才;第二,以培养本科生为主,某些学科专业可以培养研究生,许多院校已经有研究生了,但当前不应以培养研究生为主;第三,应用型本科应该以教学为主,以教学为主不等于不能开展科学研究,应用型的高等学校以教学为主,同时也要开展研究,不过它开展的研究是应用性的、开发性的研究;第四,应用型大学应该以面向地方为主,某些专业也可面向地区,甚至面向全国,但它主要是面向地方,为地方服务。

2003—2010年间,潘懋元高等职业教育思想日臻成熟,他针对高等职业教育理论和实践中的许多问题,进行了深入的调查研究、实践探索和理性思考,所提出的观点产生了重大的影响。比如他提出的建立高等职业教育独立体系、关注高等职业院校的定位、发展职业技术教育本科、改革高等职业教育投资体制、改革高等职业教育招生就业制度等思想对国家高等职业教育政策产生了积极的导向作用;他提出的高等职业教育与地方区域经济的发展相适应、重视高等职业教育学生人文素质培养、关心民办高等职业院校财政投入、提高高等职业教育质量等思想为高等职业教育的进一步发展提供了重大的推动力;他提出的教学与生产劳动相结合、高等职业教育的培养目标问题、专业设置与社会需求相结合、教师素质和结构要合理等思想对高等职业教育实践产生了积极的影响。

(四)继续发展期(2011年以后)

在形成了高等职业教育思想体系之后,潘懋元不辞辛苦、躬行实践,积极传播和推广其思想和理念,全力推动高等职业教育和应用型本科的改革实践。

2011年,潘懋元在《大学不应只比"大"不比"学"》一文中指出:同质化是中国高校发展中应该认真解决的问题。同质化,首先表现在高等职业教育与普通高等教育的同质化。许多高职院校想

"专升本",升本之后想招硕士,招了硕士又想招博士,最终都想办成研究型大学。这样大家都在一条道上走,势必形成"千校一面"的现象。同质化,还表现在由于扩招与合并,许多本科高校办学规模求大,专业设置求全,行业特色型高校的特色专业被"稀释"。以前,地矿院校专门搞地矿,农林大学专门研究农林,各有所长,但现在很多高校,都朝着学科齐全的方向努力,专业设置也差不多。潘先生对高等职业院校如何避免办学的"同质化"提出了要求,同时建议改革对高等职业院校的考评模式和评价标准,在评价体系上不能根据精英教育、研究型大学的标准来设定。

2011—2013年,潘懋元走访了多所高等职业院校,关注职业院校的信息化建设,并关注MOOC在高等职业院校的开展情况,以及职业院校教学手段的革新。

四、潘懋元高等职业教育思想的物化成果与社会贡献

潘懋元高等职业教育思想在教育实践中结出了累累硕果,为高等职业教育事业培养了大批优秀人才,诸多专著和论文丰富了高等职业教育理论,对我国若干重大教育改革和宏观决策的科学化作出了重要贡献。

(一)培养了一批高素质的高等职业教育领域的优秀人才

在教学方面,以潘懋元先生为核心的厦门大学教育研究院多年来注重提高研究生教育质量,"学习、研究、教学三结合"、"情景交融的学术沙龙"等教学方式提供了一种创新的中国研究生教育

培养模式。潘懋元将高等职业教育作为专题进行教学、讨论,并提出有关理论联系实际的问题,让研究生思考。他经常带领硕士和博士研究生去一线的高等职业院校调研,教育研究院不少研究生以高等职业教育问题作为学位论文选题。在硕士研究生中,如1988届张宝昆的论文《蔡元培高等教育改革实践与高等教育思想的探讨》、1996届谭强的论文《高等职业教育地位与作用的探讨》、2001届常小勇的学位论文《高等职业教育课程设置的初步研究》、2003届唐拥华的论文《高职教育教学质量评价体系的初步研究》,都是高等职业教育方面的选题。在博士研究生中,如2001届柯佑祥的博士学位论文《民办高等教育盈利问题研究》,涉及民办高等职业教育的问题。2007届,多名博士生以高等职业教育作为研究视角,如高宝立的博士学位论文《高等职业院校人文教育问题研究》、洪彩真的论文《高等教育服务质量与学生满意度研究——以福州、厦门、泉州高职院校为例》、罗三桂的博士学位论文《广东高职院校毕业生就业问题研究》、彭志武的博士学位论文《高等职业教育学制研究》,还有2009届李青霞的博士学位论文《高职教师发展研究——中挪比较视角》等,这些学位论文都对高等职业教育做了深入分析和研究。

在高等职业教育问题研究与实践方面,潘懋元培养的学生已成为高等职业教育领域的骨干力量,有的担任校长、院长职务,有的晋升为副教授、教授,成为硕士生、博士生导师,有的成为学科带头人和学术骨干。在积极对高等职业教育理论进行探索的同时,他们共同将潘懋元高等职业教育思想付诸实践。如先生弟子、本文作者廖益,曾在应用型本科高校担任教务处长,2010—2016年担任广东工贸职业技术学院党委书记,在潘懋元思想的影响和理论的指导下,所在学院仅仅用了四年多的时间,就建成了一个占地1100亩的新校区。全日制在校生规模从2010年的5000人发展到2014年的15200人,实现了规模的快速发展,同时注重内涵建设与质量提升,招生分数逐年提升。2014年,文、理科录取线分别高于同类学校录取分数线40分和30分,招生分数与报到率位列省属高职院校前列,就业率每年均在99%以上。我们提出并践行"外延发展与内涵提升并举,党的建设与中心工作结合"的工作思路,办学质量与水平明显提高,社会影响力和知名度明显提升;成功进入省一流高职院校,现又成为国家一流高职建设学校。同时作者也十分注重理论研究,近年来主持了国家社科基金项目《中高职教育职业能力培养有效衔接的研究与实践》、广东省教育科研重大项目《广东省中高职衔接管理体制创新的研究与实践探索》等多项课题;2013年发表《高职院校学生党建工作的党员质量保障研究》,2014年发表《大时代为职业教育信息化助力》,2015年发表《粤台高校专升本人才培养课程衔接问题研究》,2016年发表《中等和高等职业教育有效衔接的价值论研究》,2017年发表《英德新三国中高等职业教育的衔接及其启示》和《加拿大高等职业教育有效衔接机制研究》等系列文章。我还获得广东省优秀出版基金赞助,出版了专著《大学学科专业评价》(2014年,广东教育出版社),潘懋元先生为之作序。2015年出版专著《高等职业教育专业改革研究》(北京理工大学出版社,获得广东省哲学社会科学优秀成果二等奖)。我主持的职业教育改革成果"产教融合理念下'本科-高职-企业'协同育人的探索与实践"和"中职-高职-本科有效衔接的核心要素、技术路径和实现模式的探索"分别获得广东省优秀教学成果二等奖和一等奖。

(二)身体力行推动高等职业院校改革和发展

潘懋元密切关注高等职业院校的改革与实践,尽管已入耄耋之年,但仍亲临高等职业院校进行指导,推动高等职业院校的改革和发展。他曾多次莅临深圳职业技术学院、番禺职业技术学院、荆楚理工学院、宁波职业技术学院、华厦职业学院、四川电影电视职业学院、厦门华天涉外职业技术学院、浙江工商职业技术学院、佛山科学技术学院、黄淮学院等高职院校和应用型本科高校考察和指导。潘懋元在番禺职业技术学院就国家示范性高职院校建设情况进行调研时提出如何建设应用型本科教育问题。他认为从高职教育着手发展应用型本科教育可能是条正确的道路,因为阻力相对较小,转换较为容易。台湾在这方面的经验值得借鉴,他们的技职院校发展比较好,高职教育已形成从专科到博士层次的独立体系,社会的认可度高,其毕业生就业情况也不错,这使他们能够坚持职业教育,而不是转为传统本科院校。

潘懋元对民办高等职业院校也非常关心,调研了多所民办职业院校,如武汉商贸职业学院、山东英才学院、泉州理工职业学院等。2013年,在民办应用型本科山东英才学院,他提出民办教育发展有两个重大的意义:可以减少国家财政负担,利用社会的资金来发展教育,有利于发展教育事业;民办学校、民办教育事实上是站在教育现代化的前头,有利于教育事业的改革发展。2013年潘懋元指出泉州理工职业学院两大特色:一是依托汽车和建筑两大品牌专业,率先实现了产学研的高度融合,产学研一体在这个学校体现得淋漓尽致;二是将大学生的创新教育、创新能力培养在潜移默化指导中付诸实践,学校注重学生能力的培养,以马拉松精神强化、感染学生的健康体魄和坚毅品质,很有特色。

潘懋元关心应用型本科的发展,经常莅临应用型本科院校如嘉应学院、南宁学院、南京审计学院、吉首学院等进行调研。2014年,他建议南宁学院应继续坚定应用技术大学办学方向,均衡本专科发展,加大宣传力度,不断提高学院的知名度与美誉度。

(三)影响并促进高等职业教育改革和发展政策文件的出台

高等职业教育理论研究需要与之配套的政策措施,也需要将理论转化为政策咨询意见。潘懋元高等职业教育思想具有前瞻性、先进性、时代性和实践性的特点,他和其他高等教育理论家的思想和理论对我国高等职业教育改革和发展政策文件的酝酿和出台也产生了重大影响。我们欣喜地看到,在国家教育发展的各个历史阶段,相继出台了促进高等职业教育发展的相关政策,极大促进了我国高等职业教育的快速发展和质量提升。例如:1996 年 5 月 15 日,全国人大通过《中华人民共和国职业教育法》;1999 年 1 月 13 日,国务院批转了教育部制定的《面向 21 世纪教育振兴行动计划》;1999 年初,教育部、国家计委印发《试行按新的管理模式和运行机制举办高等职业技术教育的实施意见》;2000 年 3 月,教育部颁布《高等职业学校设置标准(暂行)》;2002 年国务院召开第四次全国职业教育工作会议,会议下发了《国务院关于大力推进职业教育改革与发展的决定》;2004 年 4 月教育部下发《关于以就业为导向、深化高等职业教育改革的若干意见》；2005年召开的职业教育工作会议，下发了《国务院关于大力发展职业教育的决定》。

2014年6月国务院印发的《国务院关于加快发展现代职业教育的决定》指出："创新发展高等职业教育。专科高等职业院校要密切产学研合作，培养服务区域发展的技术技能人才，重点服务企业特别是中小微企业的技术研发和产品升级，加强社区教育和终身学习服务。探索发展本科层次职业教育。建立以职业需求为导向、以实践能力培养为重点、以产学结合为途径的专业学位研究生培养模式。研究建立符合职业教育特点的学位制度。形成定位清晰、科学合理的职业教育层次结构。"

2014年6月，六部门联合印发《现代职业教育体系建设规划（2014—2020年）》，明确建立我国高等职业教育独立体系，系统构建从中职、专科、应用型本科到专业学位研究生的培养体系。

潘懋元高等职业教育思想所产生的影响和辐射作用，仍在社会的方方面面聚合、发酵，对高等职业教育的发展产生了巨大的推动力，同时也伴随着理性的思考，使高等职业教育的发展更加科学化、规范化和现代化。

（廖益，厦门大学2007届博士，广东韶关学院校长、教授）

深厚的友谊　永远的怀念

顾明远

潘懋元先生走了！噩耗传来，万分悲痛。教师节前夕，我给厦大教育研究院别敦荣教授打电话，问候潘先生。别教授告诉我，潘老4月中旬因肺炎住院，神志清楚，正在恢复中。我想，潘老身体底子较好，一直注意锻炼，九十多岁还每天做俯卧撑，一定能恢复过来。没想到，这次竟然没能挺过来，使我无限悲伤。

潘老长我9岁。1952年，他在北师大教师进修班研修。如果当时我不是在苏联学习，他就是我的老师了。直到1979年第一次教育科学规划会议期间我们才认识，至今40多年了，我们的交往最多、最频繁、最亲密。如果以10年为人生的一代人，潘老是我的先辈，我们的友谊可谓忘年之交了。

1978年，厦门大学成立高等教育研究室，不久成立研究所。1979年，北师大在外国教育研究室的基础上成立外国教育研究所。20世纪80年代初，我们都开始招收硕士研究生。当时，大家对学位研究生培养都没有经验。在潘老的倡议下，80年代初，曾经在北师大召开过有厦大、北大、北师大参加的如何培养高等教育硕士研究生问题的研讨会。潘老在那次会议上提出了许多宝贵意见。

1983年9月,我们共同参加了国务院学位委员会教育学科评议组会议,以后又共同担任了第二、三届教育学科评议组的召集人。从此,我们几乎每年都会见面,研究、讨论教育学科的研究生专业目录和研究生培养工作,评议硕士、博士授权点和博士研究生导师资格等事宜。在教育学科评议组工作期间,我们同住一个房间,共同主持会议,合作得非常愉快。

1986年秋,国家教委高教司在泉州华侨大学召开高等教育研讨会,潘老和我都参加了。会后,潘老邀请我到厦大讲学,这是我第一次访问厦门大学。潘老热情地招待我,陪我参观了厦大花园般的校园、周边的名胜古迹。因为我是北师大校友会副会长,潘老是北师大厦门校友会会长,还特地安排了一次北师大校友与我见面,热情的场面至今难忘。

90年代初,国家酝酿制定高等教育法,成立专家组,我和潘老都参加了。1994年1月,在四川大学召开了高等教育法第一次专家咨询会。此后,讨论、起草、修改,开了无数次会议。我记得,修改稿共有18稿之多。经过多年磨炼,《中华人民共和国高等教育法》终于在1998年8月29日由第九届全国人大常委会第四次会议通过。我和潘老参与了制定高等教育法的全过程,潘老在讨论过程中提出了许多有益的意见。

2000年,厦门大学以高教所为依托获批成立高等教育发展研究中心,成为全国普通高等学校人文社会科学重点研究基地,潘老任中心主任。中心成立学术委员会,潘老聘任我为学术委员会主任委员。此后几年,每年毕业季,潘老都邀请我到厦门大学主持博士论文答辩会,与研究生座谈、讲演。中心举办的多次国际教育论坛和研讨会，我几乎都参加了。所以，每年我们都能见面，交流教育工作中的问题。最近一次见面是2017年11月，我参加厦大高教研究中心举办的高等教育论坛。潘老以97岁的高龄参加了两天的会议，倾听各位代表的发言。我着实佩服他的精神。可惜的是，2020年潘老百岁华诞庆典，我因疫情未能参加，成为永久的遗憾。

以上是我和潘老的几次重大合作，至于其他交往就更多了。我们都受聘为原教育部教育发展研究中心专家咨询委员，每年开会都在一起讨论教育发展的战略问题和热点问题。我们还共同参加了许多教育学术会议。1991年6月，我们一起作为中国高等教育代表团成员访问了苏联。那时正是苏联解体前夕，我们亲眼看到苏联的衰败景象，心里十分难过。

在同潘老的密切交往中，我学习到许多东西。在学术上，潘老是我国高等教育学的奠基人、创始人。潘老总是站在时代的前沿，高瞻远瞩，放眼世界，在耄耋之年仍出访欧美各地，奔走于中国大江南北，调查研究，发表演讲，推动着教育改革，为我国高等教育的发展作出了重要贡献。

在教学上，潘老严谨治学，诲人不倦。他一直亲自授课，从没有离开过讲台，培养了一大批高等教育研究人才。前年，我的一名学生到厦大教育学院访学，参加了潘老每周六晚上在家里举行的学术沙龙，几十名学生济济一堂，热烈讨论，直到晚上10点钟才结束，感到十分震惊，十分钦佩，真是一位大先生、教书育人的楷模。

在为人上，潘老真诚朴实，平易近人，一点儿没有学术权威的架子。他喜欢和年轻人在一起，听取他们的意见。他乐于助人，我们在合作交往中,他给予我很大的帮助和支持。我在编纂《教育大辞典》时,请他担任顾问,他欣然答应,并且认真地参加编委会会议,给予了很多指导。

我们的友谊真的说不完。现在他走了,但他的精神永存,我永远怀念他!

(顾明远,北京明远教育书院名誉院长、北京师范大学资深教授)

一座尚待挖掘的宝藏

——纪念潘懋元先生逝世一周年

朱崇实

潘懋元先生一生从教87载,研究高等教育70年,是中国高等教育学科的开拓者和奠基人。在潘先生从事高等教育的70年里,无论是理论上还是实践上都对中国高等教育事业作出了杰出的贡献。在他的一生中,他把自己的学术生涯始终跟国家需求、社会发展紧紧相连。在他学术研究的70年里,我个人认为,前35年,他的研究重点与精力主要是放在如何创建独立的高等教育学科,包括组建独立的高等教育研究机构并培养与之相应的专门人才;而后35年,他的研究重点与精力则主要是放在高等教育体制机制的改革,包括办学模式、招生制度、学科评价等,特别是用了很多精力研究如何促进、推动民办高等教育在中国的重生与发展。这是对中华民族伟大复兴具有重大意义的事业。做这样一件事,在改革开放之初是要有极大勇气的。

1988年,潘懋元先生在《上海高教研究》(1988年第3期)发表了《关于民办高等教育体制的探讨》一文。文章开宗明义提出:"民办学校,实质上相当于私立学校。中国的私立高等学校,在建国初期,经过接收、调整,全部改为公办或合并于公办院校,30多年来,中国不复存在民办高等学校体制。随着经济体制的改革，多种所有制经济成分的发展，民办高等学校的出现与发展不是不可能的，事实上也已经出现了。因此，重新探讨民办高等教育的体制问题，在社会主义初级阶段教育体制改革中，是有现实意义的。"在这篇文章中，潘先生从历史与现实、国际与国内、意义与困难、理论与政策等多个方面系统地阐述了他对民办高等教育在中国重生与发展的见解和思考，提出了若干极有远见的意见与建议。其中包括："对民办高等教育，应当适时立法。立法的意义不在于限制，而在于扶持、引导，在政治上要与公立学校一视同仁，在政策上要明确界限，以便将民办高等教育纳入国家教育体系之中，确定其社会性质，确认其社会地位，引导其向正确的方向健康发展。"在 1988 年就提出这样的见解是相当不容易的。2002 年 12 月 28 日国家颁布了《民办教育促进法》，2003 年 9 月 1 日实施。

1988 年以后，潘先生怀着强烈的历史责任感，投入极大的热情研究中国的民办高等教育问题。用他自己的话来说，就是"我对民办高等教育情有独钟"。数十年来，他不仅坚持从理论上为民办高等教育的发展释疑解惑、引导推动（在百度学术上查找他有关民办高等教育的各类文章、演讲稿达 1971 篇），更是注重从实践上帮助民办高校的建设与发展。特别令人钦佩的是，他十分清醒地知道，中国民办高校要发展好，关键是要有一批有情怀、讲政治、懂教育、会管理的大学管理者。因此，他积极推动厦门大学高教研究所及后来的教育研究院多为民办高校培养教育管理人才。他的远见卓识，现在已经显现成效，中国诸多民办高校的管理者都毕业于厦门大学高教所或教育研究院，无论原来已是民办高校的校长或其他职位的管理者，后面再进厦大深造；或是厦大毕业后到民办高校工作，逐步成长为校长或其他职位的管理者，他们都为自己学校的发展作出了杰出的贡献，也推动了中国民办高等教育的健康发展。有人说，厦门大学高教所或教育研究院是培养中国民办高校管理人才的"黄埔军校"。我觉得，这一评价名副其实。

厦大的校园很大，两个人特别是两个都很忙的人要想在校园里偶遇是很困难的。这么多年，我在校园里偶遇过潘先生几次，每次见到他，我问他，最近都好吗？在忙些什么呢？他都是告诉我，都很好，最近又访问了、考察了哪几所民办高校，了解到一些什么情况或问题；或是到了哪几所学校去演讲，跟这些学校的创办人或校长一起讨论了哪些问题，交流了哪些看法与见解；或对民办高等教育的发展又有了哪些思考，对国家近期出台的有关政策、法律有些什么见解，准备写文章表达自己的观点……他对中国民办高等教育的关心和热爱，真是溢于言表，确实如他自己所说"情有独钟"。他深深地知道，民办高校在中国消失了几十年之后重新发展有很多困难；要真正做到立德树人，培养出有理想、有品格、有知识、有本领的社会需要的人才，更是不易。所以，他非常关注民办高校建设发展的点点滴滴，从方方面面去研究民办高校的问题，提出自己的意见和建议，供学校、企业及政府各相关部门做决策时参考。可以说，在中国的教育学家里，潘先生是最熟悉、最了解、最关心民办高等教育的人。

作为改革开放的一个重大成果，中国的民办高校几十年来为中国的经济社会发展培养了数以千万计的适用人才，已成为中国高等教育的一支重要力量。但是，整个社会对民办高等教育的看法还是很不一致的,特别是一段时期以来,社会上对民办高等教育各种非议的声浪是一浪高过一浪。作为一个改革开放后重生与发展的新生事物,不可能没有不足和缺陷。正确的态度应该是真心爱护、善意批评、努力帮助完善它,而不是简单地否定它、扼杀它。为此,潘懋元先生有关民办高等教育的思想特别值得我们更加重视、更加深入的研究,这是一座尚待挖掘的宝藏,存有许多有助于民办高等教育健康发展的思想和智慧,这些思想和智慧一定能够帮助我们更好地认识和对待中国的民办高校。

(朱崇实,南斯拉夫贝尔格莱德大学博士,厦门大学原校长、教授)

先生之风　炳如日星

贺祖斌

2022年12月6日上午，刚刚参加完大会，打开手机，满屏信息：先生离我们而去。虽然，自从5月份得知先生因病情加重入院以来，一直在牵挂着，但突然得知这一消息，回想与先生交往数十年的点点滴滴，不禁泪如雨下……

2020年7月，在庆祝先生百岁诞辰的时候，我应约写了一篇《我与潘先生的故事——智者风范　仁者襟怀》。今天，2022年12月10日，厦大在厦门举行先生的告别仪式，由于疫情影响，没能前往厦门参加现场告别仪式。在原文基础上，修改补充，深切缅怀，以纪念我敬爱的潘懋元先生。

百年风雨，世纪沧桑。潘懋元先生，一代鸿儒，学养渊深；智者风范，仁者襟怀；德术弘通，明道致远；高教泰斗，学人典范；桃李芳菲，誉满天下。

初识潘先生是1997年6月，学校邀请潘先生到桂林讲学，主题是"面向21世纪中国高等教育面临的挑战及可持续发展战略"，我有幸接待潘先生。先生学界威名如雷贯耳，我仰慕已久。但当面认识先生，深深被他的平易近人、和蔼可亲的长者风范所感染！

2001年，全国高等教育学专业委员会常务理事会在桂林召开，主题是讨论女性高等教育。受理事长潘先生的委托，会议具体由我在桂林承办。会议规模虽不大，但会议开得还算成功。会期不长，但近距离领略了大师的风采：大家风范，仁厚谦逊。从此以后，学术之路一直得到先生的提携和关照，感恩之情，长怀于心。

三次赐序

令我感到自豪和骄傲的是，自己先后有三本专著是先生赐序的。

第一次，2005年，在我的博士论文《中国高等教育系统的生态学分析》基础上修改而完成的专著《高等教育生态论》正式出版，先生在百忙中为本书欣然作序，还给了我这个晚辈受宠若惊的评价："本书的出版，一方面可以丰富中国高等教育发展理论，同时为高等教育问题的分析增添了一个新的研究视角；另一方面本书研究所得出的有关高等教育生态问题的相关结论，可为有关部门和高等学校的决策提供重要参考。"他还在多种不同场合对我的研究方法给予评价和鼓励。

第二次，2012年，我的国家社科基金项目研究成果《区域高等教育发展论》出版。这本专著也是先生特别为我作的序，对学术要求很高，他十分慎重，为了写该书序，先后几次致电和我讨论相关问题，并审阅了该书全部章节，如此重视和认真，既让我心存感激，又不敢轻易怠慢。先生在序中写道："2005年，我曾为贺祖斌的《高等教育生态论》一书写序，他所阐发的高等教育生态观有重要的启示。"结合我这本《区域高等教育发展论》，他评价道："两本著作，一本是以社会生态学的原理与方法研究高等教育问题，一本是从区域经济学的原理与方法研究高等教育问题，所体现的不仅是多学科观点的研究方法，还可看到两门不同学科在高等教育发展研究上的结合。"先生言语中充满着对后生晚辈的鼓励和提携。

2012—2013年，经广西壮族自治区党委推荐、教育部安排，我有幸到厦门大学挂职校长助理。厦大面朝大海，怀抱芙蓉湖，底蕴深厚，风景绝佳。当然，我知道，先生在厦大，我心中满怀欣喜，这是我近距离跟先生学习的最好机会。工作期间，协助邬大光副校长分管教学工作，同时经常与别敦荣、刘海峰、史秋衡等教授学习、交流，参与研究院的学术活动。因此，每到周末，如没有其他安排，我会参加先生的周末学术沙龙，那是我在厦大最愉快的一段岁月时光。先生的学术沙龙在周末准时开始，从来都是济济一堂，春夏秋冬，寒来暑往，二十多年从不间断。沙龙内容丰富，品茗谈心，学术、生活、时事畅所欲言，在这种融洽的氛围中，先生的人格潜移默化感染着学生，并逐步形成了他独特的讲授方法和育人方式。正所谓：淡若清气，桃李满天下；雅如馨兰，书中任岁月。

挂职结束后，我将我多年对大学的思考以及在厦门大学期间对高水平大学的深度观察整理成书，取名为《思考大学》，并将书稿寄给先生审阅指点。因为已经有两本书麻烦先生作序了，如果再次提出写序之事，显然过分了，尽管心里想，但仍然不敢。先生看完书稿后，主动跟我说：需要我写几句？这天大的好事，我简直不相信自己的耳朵！于是，我就有了先生第三次赐序的荣幸。他在序中写道:"《思考大学》是从多角度与前瞻性来思考大学何为的佳作之一,从实践出发,追踪大学历史、考察大学文化、思考大学问题、沉思大学理念、比较中外大学、评论大学改革、发扬大学精神。既从大学校长的角色研究大学,又从旁观者的角度观察大学。鉴古而不泥古,前瞻而不脱离现实。将古与今、理论与现实,较好地结合起来。相信这本书的出版,将会引领更多学者思考今日的'大学何为'。"如此厚爱,实在受之有愧。

深夜访谈

2012年夏,我参加教育部组织的厦门理工学院本科教学工作合格评估,拜访先生自然也是我这次厦门之行的目的之一。白天忙评估之事,到先生家里已是晚上9点多了,深夜打扰,心里十分内疚。一进门,就听到先生爽朗的招呼声:"哈哈,是什么风把你吹到厦门来啦!"这热情的招呼声,顿时拂去白天疲惫,备感到家的轻松、无拘无束。一坐下来,先生连问了我三个问题:忙什么?干什么?写什么?我一一做了汇报。三句不离本行,直接就进入讨论主题。记得2001年在华中科技大学的高等教育质量研讨会上先生提出:"解决高等教育质量虚假下降的对策是转变教育质量观,采取多样化的招生方式与评价标准。"当时这些观点在学界还有一些争议,现在回头来看,这些观点一一被高等教育实践证实其正确性。我笑着说:"先生具有超强的战略眼光。"他听后哈哈大笑:"我只是陈述一个事实,高等教育研究必须要有前瞻性。"在众多的赞誉声中,先生从不独揽功绩,尤为澹泊。

话题谈到刚刚结束的高考,先生对目前的高考制度不满意:现在的高考制度,按照分数高低录取,大学选拔不出按专业要求所需的人才,学生所学也非自己的兴趣专业,造成了人才培养的"扁平化",缺乏个性,目前这种考试制度亟需改革。我还清楚地记得,那次深夜访谈,话题涉及区域高等教育研究、开放大学办学、学术沙龙等。原计划半小时的拜访,我们一聊将近两小时。当我告辞先生时,已是深夜。看着他那慈祥的目光、温和的微笑,就像感受厦门夏天的海风,能使烦躁的心安静如水,舒服无比。我忍不住上前拥抱着先生,紧握着先生的手,舍不得离开,只想在先生身边得到更多的教诲。先生一直目送着我离开,就仿佛父亲一样,目送着孩子,转身,又再回首。在不舍的归途中,回想起先生叮咛,心中默默地祝福先生健康、平安,期待再请教先生,再听先生上课。那次深夜访谈,我写了一篇文章《清气若兰　厚德泽人——访著名教育家潘懋元先生》,发表在 2012 年 6 月 29 日的《广西日报》。

"潘公树"

2015 年初,组织决定我任玉林师范学院校长,当时从我本意讲,的确有些犹豫。于是,我打电话征求先生的意见,他听完我的想法后对我说:"有很多教育学者有自己的教育理想,但缺乏实现理想的平台,这里是你实现教育理想的很好平台,你应该去,到时我去看你。"顿时,如醍醐灌顶,我豁然开朗,就他这一句话,我愉快地接受了组织安排。正如先生所言,三年的玉师岁月,给了我实现理想的平台、施展才华的舞台。我到玉林的第二年 6 月,自治区教育厅委托我主办"应用型高校建设与转型发展高峰论坛",我非常希望先生能驾临,但考虑到路途遥远,从福厦鹭岛到岭南都会,需要乘飞机、坐汽车,舟车劳顿,先生会来吗?我试着向他表达我的想法时,他十分爽快:"哈哈,我去年说过要去玉林看你,这是个好机会!"先生不顾高龄,远道而来,参加了论坛,并做"高等教育转型发展"的主旨报告。当时担心他太辛苦,初定报告的时间控制在40分钟左右,可先生兴之所至,话匣打开,就讲演了一个半小时,说历史、谈改革、讲故事,旁征博引,深入浅出,娓娓道来,初闻之而沉醉,深思之而灌顶。报告结束后,先生婉拒了众人扶他休息的请求,表示不能早退,一定要好好听听与会高校的发言。先生又拿出早就准备好的纸笔,细细倾听,认真记笔记,全程参加了会议。先生的演讲和行为,诠释了一名优秀人民教师的深刻含义,展现了一位学术大家的学者风范。在先生讲演结束之后,与会人员全体起立,以经久不息的热烈掌声,向先生表达了最由衷的崇敬与谢意。那一刻,我默默地看着先生,虽然已是高龄,但精神矍铄,思想永远年轻。和先生交往二十多年过程中的一幅幅画面,浮现眼前,仿佛就在昨日。

先生的参会,本身就是对学校和与会者的最大支持和鼓励,让我终生难忘!除了做学术报告外,他还为学校留下具有历史意义的礼物:一是他为学校题写"服务地方,建设应用型高水平大学",这既是为学校立定了办学目标,也是他对学校的寄语;二是在校园亲手种下一棵榕树——"潘公树"(别敦荣教授命名)。如今榕树叶茂如盖,四季常青,不畏寒暑,傲然挺立。

两次对话与题字

2017年7月，我调任广西师范大学校长，报到的第二天，就接到先生打来的电话祝贺，同时给予我很多鼓励，让我感动不已！2018年10月22日，我带队学校中层干部参加由厦门大学教育研究院专门为学校开设的教育管理培训班。当然，专程去看望先生也是任务之一。当天到厦门的晚上，我来到家里看望他，机会难得，我就大家关心的高等教育发展的热点问题一一请教，特别是就地方高校"双一流"建设，加强本科教育，地方高校内涵式发展、转型发展和协调发展，人工智能等相关高等教育热点问题进行了讨论。先生虽已98岁高龄，但精神矍铄，在两个小时的讨论和请教中，他思维清晰，逻辑严密，学养深厚却又仁厚谦逊。结束谈话时，我请他为学校题字，先生挥毫泼墨："为建设国内一流、国际知名、教师教育特色鲜明的国内高水平大学而奋斗。"如今，我将珍贵的墨宝镌刻在学校办公楼，每当走过办公楼，我就想起先生的谆谆教诲，念起先生对学校寄予的期待和厚望，心中充满了使命与责任。

本次访谈，我将其整理成文，以《对话潘懋元：地方高校内涵式发展》发表在《高等教育研究》2019年第2期，该文发表后，反响很大，特别是先生的一些学术观点引起高等教育界的高度关注："一流大学既可以是具有卓越科研实力的研究型大学，也可以是特色鲜明的行业型院校；既可以是学科齐全的综合性大学，也可以是'小而精'的学院；既可以是历史悠久、底蕴深厚的老牌大学，也可以是锐意变革、勇于创新的后起之秀。"在谈到地方大学转型发展时,他说:"每所大学都有转型发展的话语权。"关于人工智能教育,他指出:"高等教育既要培养自然人,还要培养机器人,使之成为专门人才。"他的高瞻远瞩、视野宽广令人钦佩!先生不愧为"高教泰斗、学人典范",言谈之中,窥见其端方、勤学、善教、豁达。

2021年4月,应厦门大学邀请,参加厦门大学一百周年校庆。校庆前夕,我有个想法:就高等教育普及化问题对先生进行一次访谈。为这次访谈,提前预约了多次,2021年3月26日,与我的研究团队再次对先生进行专访,受到先生热情接待。我们围绕高等教育普及化背景下的大学治理问题进行了对话,就高等教育高质量发展的特征——多样化发展,高校治理关系的现代化建设——完善政府与大学、大学与社会的关系治理,高校内部治理结构现代化——正确处理学术与行政、学校和学院的关系,高等教育评价机制的现代化建设——多样化分类评价,高等教育学科展望与厦大百年愿望等话题,进行了无拘无束的畅谈。此次访谈,我们整理成文,以"高等教育普及化背景下的大学治理"为题,发表在我校学报2021年第5期上,在学界引起了广泛的关注。当时,我还与先生相约,今后找时间就高等教育领域的其他热点话题对他进行访谈,他十分愉快地答应了。而今想起,万分遗憾,今生再也没有与先生面对面访谈请教的机会了……

厦大高教讲座

厦大高教讲座是厦门大学教育研究院面向师生开设的一个学

术讲堂，不定期邀请国内外学者和专家开讲。我有幸两次做客厦大高教讲座，并得到先生循循善诱的指导。

第一次是2013年1月，当时我正在厦门大学挂职，应邀做客第22期"厦大高教讲座"，主题是高等教育生态系统研究。报告结束后，在潘先生的引导下，老师和博士生纷纷就相关问题谈了自己的见解，现场就一些生态问题展开了一场小辩论，讨论氛围浓厚，原计划一个半小时的报告会开了半天。在先生开明、民主的师风影响下，学术氛围浓厚，大家畅所欲言，让我真正找到了学术对话的平台。在大家的讨论与争论中，我也懂得了先生的良苦用心，先生用讨论来理解教育，用对话来传道授业解惑，我受益匪浅。经过这次讨论，我对过去自己的一些学术观点也进行了反思。

第二次是2019年11月第121期"厦大高教讲座"，报告主题是高等教育生态承载力。仍然是关于高等教育生态这方面的话题，因为我觉得在厦大这个中国高等教育研究的殿堂，只有最新的研究成果和思想才配得上荣登这个讲台。这次讲座，事先并不知道先生要参加，到了现场见到先生，高兴之余多了几分忐忑。而让我受宠若惊的是，在大家提问、讨论结束后，先生对我这次报告，足足用了半小时进行点评。他说："作为一名校长，能够坚持研究，坚持理论研究，坚持大学生态学的研究，而且今天研究得更具体、更深入，同时还能结合他的工作，我认为这样的校长是很不错的。他和厦门大学关系很深，他曾经在厦门大学挂职校长助理，挂职的时候写了许多文章，其中一些随笔，都是很多人平时关注不到的内容，又生动、又深刻，文笔也好。比如他到厦大咖啡屋去享受咖啡，关注大学咖啡文化，等等。"先生对我的关注与褒扬让我感激之余不敢懈怠。

我们都知道学术上有一条"潘氏守则"：板凳敢坐十年冷，文章不写半句空。这是先生一生秉持的治学之道。先生对晚辈的关爱和厚望是我一生的精神财富！先生严谨的治学态度、前瞻的学术视野、渊博的人文知识，更是深深地影响了一代代聆听过先生教诲、拜读过先生大作的后学晚辈。高山仰止，景行行止。先生，永远是一座巍峨的高山，永远是我学术和成长道路上的明灯。

（贺祖斌，华中科技大学博士，广西师范大学校长、教授）

中国高等教育学学科奠基人潘懋元先生

王湘蓉

有"海上花园"之称的厦门,冬天依然明媚生动,繁花树树,宁静中透着质朴,海风携着丝缕凉意,吹面而来。沐着绵绵细雨,记者走进了著名教育家、中国高等教育学科创始人、厦门大学教授潘懋元先生的家中,对先生进行了采访。

一窗青山,一袖云。潘先生家中布置简洁,满墙的书柜,典藏云集。茶几的花瓶里插着一枝高洁的雪莲花,给人一种无处惹尘埃的超脱与宁静。在"城中有山水"的厦门,居住着"胸中有山水"的先生,该是厦门之幸。先生浅浅地微笑着,步履缓缓,虽然已近期颐之年,但精神矍铄,神思敏捷,举手投足间尽显学者气度,感染着每一个接触他的人。98岁高龄的潘先生,如今依然躬耕在教学、科研的第一线,每周定时定点地给自己带的二十多位博士生上课,在高等教育这块广袤的田野上孜孜不倦地耕耘。"我延缓衰老的办法就是勤于用脑。"先生笑言。

1920年8月潘懋元出生于广东汕头一个贫穷的小商贩家庭。父母虽无学问,但非常重视教育,潘懋元的启蒙是跟着在小学教书的二哥念《千字文》《幼学琼林》等。上学时他非常喜欢读儿童文学,为了读中国的经典小说、国外的侦探小说和冒险小说,他常常将吃饭的钱节省下来去买书而落下胃病。图书馆馆长见潘懋元爱书成痴,便经常给他推荐一些好书。读书,让潘懋元的视野不断开阔。

失败的"第一次"课堂教学。15岁那年,潘懋元到揭阳私立树德小学教书。潘懋元回忆:"第一次上课以失败告终。事先我花了很多心思备课,准备了很多材料,也制定了计划。可是到讲课那天,一上讲台就紧张得不知所措。结果才十几分钟,就将备课的内容讲完了。学生们见老师没话可说,就在下面叽叽喳喳、打打闹闹。"潘懋元十分懊恼。

不成功的"第一次"使潘懋元认识到,教学里有"大学问"。为了教好书,潘懋元开始去阅读一些教育学书籍,比如庄泽宣的《教育概论》、意大利作家亚米契斯的《爱的教育》等,喜欢读书的潘懋元一发而不可收,从此喜欢上了教育。潘懋元决心去念师范,他进入了汕头私立海滨中学高中师范科,系统地学习了《教育学》《小学教材法》《教育心理学》《教育行政学》等师范生课程。之后抗战爆发,学校停课,潘懋元去了一所叫锡金的农村小学当教师,并担任学校的训育主任,对学生进行抗日宣传,同时参加了当地青抗会。1939年汕头沦陷,胸怀报国之志的潘懋元离校从军,做了一名随军记者。

既是学生,又是老师。1941年,潘懋元考入厦门大学。在这里,他受到了著名爱国华侨领袖、厦门大学创办人陈嘉庚"教育不振则实业不兴,国民之生计日绌"思想的影响,一边学习一边兼课,为著名文学家施蛰存教授摘抄资料。由于事务繁杂,潘懋元便用一张纸片把每天要做的事情记下来,这个习惯保留至今。潘懋元笑言:"多年来,教书、科研、行政、社会活动,多面'作战',我就是靠这个习惯和方法安排脑袋的。"他还说,应该在学生时代,就学会合理安排时间,安排好自己的脑袋。

1945年抗战胜利,潘懋元从厦门大学毕业,进入江西南昌葆龄女子中学教书。1946年回到厦门大学教育系任助教,负责复建厦大附属小学,并兼任校长。他通过各种渠道聘请了一批好教师,并对杜威的"做中学"、陶行知的"生活即教育""社会即学校""教学做合一"、陈鹤琴的"活教育"等思想进行了深刻的学习与理解,将这些理念积极践行于办学实践中,取得了十分显著的办学成果。

1950年潘懋元任厦门大学教育系秘书,开设"教育政策法令""中国教育史"等课程,主讲"教育概论"。几十年来,潘懋元先后执教于小学、中学直至大学,其中担任过小学校长、中学教务主任、大学教务处长、大学副校长等职。不管职务如何变换,教师的身份却永远不变。

敢为天下先:竭力推动中国高等教育发展

20世纪50年代,高等教育学尚未独立门户,潘懋元意识到"不能把大学生当成小学生、中学生一样来教育",大学必须要有自己的教育理论,他指出,专门研究高等学校的教育与教学理论,是必要的。必须像"学前教育"那样,逐步建立一门称为"高等专业教育学"或"高等学校教育学"的教育学科。

1956年,潘懋元和同事们在厦门大学开设了"高等学校教育学"课程。这是"高等教育学"第一次作为一门独立的课程被搬上课堂。1957年8月潘懋元在厦门大学《学术论坛》上发表《高等专业教育问题在教育学上的重要地位》，论述了高等专业教育与普通教育的不同之处，并建议建立"高等学校教育学"或"高等专业教育学"，这被认为是中国第一篇倡导高等教育研究的论文。

正当潘懋元踌躇满志地将建立高等教育学学科的工作大踏步向前推进时，一场政治风暴席卷中国。潘懋元作为"革命大批判"对象在厦门大学接受批判，被下放到安徽凤阳"五七干校"进行"劳动改造"和"接受贫下中农再教育"，建立高等教育学学科的探索被迫中断。这一中断，使中国高等教育学学科建立的进程延迟了二十多年，也使中国高等教育研究错过了和西方高等教育研究并驾齐驱的一个发展机遇。在那个特殊时代，潘懋元坐了22年的冷板凳，但不管环境如何变幻，建立高等教育学学科的愿望在潘懋元心中始终没有泯灭。

中国高等教育学诞生。1978年，大地逢春，潘懋元终于等来了高等教育研究的发展机遇。他在光明日报上发表了《必须开展高等教育的理论研究——建立高等教育学科刍议》一文，第一次向人们展示了该领域广阔的发展前景。不久，他组织创建了我国第一个高等教育研究机构——厦门大学高等教育科学研究室；1979年，潘懋元参与发起并筹备成立中国高等教育学会；1981年，厦门大学招收了全国第一批高等教育学专业的硕士研究生，潘懋元成为我国第一位高等教育学的硕士研究生导师；1983年，潘懋元出版了《高等教育学讲座》，为第一本《高等教育学》的诞生和中国高等教育学学科的建立奠定了坚实的基础；1984年我国第一部高等教育学著作《高等教育学》出版,同年国务院学位委员会正式将高等教育学列为二级学科,这标志着一门新学科就此诞生。1986年,厦门大学获批准成为我国第一个高等教育学博士点,潘懋元成为中国第一位高等教育学科的博士生导师;1988年,经国家教委批准,以潘懋元为带头人的厦门大学高教所成为高等教育学领域唯一的全国重点学科点;1997年,该所被批准获得国家唯一的高等教育学科"211工程重点建设项目";2000年,以厦门大学高教所为依托而发展成立的厦门大学高等教育发展研究中心脱颖而出,率先获批成为全国高等教育领域唯一的国家级研究中心——普通高等学校人文社会科学重点研究基地;2004年以该所为基础,建立了厦门大学教育研究院,该院目前拥有中国高等教育研究领域唯一的国家"985工程"创新基地。

我国应该成为高等教育研究强国。厦门大学获得国家如此高度的认可,与潘懋元用毕生的精力致力于建立高等教育学这门新学科所做的贡献是分不开的。为了营造高等教育学的"满园春色",潘懋元积极鼓励学生毕业后到全国各个高等教育研究机构去工作,去帮助全国高等教育研究和学科的建设。

潘懋元认为,我们不仅要成为高等教育大国,而且应该成为高等教育强国。做强,不能光看有几所"一流大学",而要看全国高等教育的总体质量。这就需要按照高等教育的规律办教育,培养人才,因此必须要有审慎的研究和科学的理论指导,要让我国成为高等教育研究的强国,才能成为高等教育强国。如果中国高等教育学只有厦门大学一枝独秀的话,那我们几十年的艰苦努力就付诸东流了,那会是高等教育学的悲哀,我们要建立更多的研究机构,推动我国高等教育学科的发展。

他凭借个人的学术影响力和智慧,促成建立了全国最早的四个高等教育学博士学位点,并积极为它们创设良好的学科发展平台和空间。潘懋元数十年如一日,先后撰写了十余本著作和数百篇学术论文。他经常外出讲学,足迹遍布祖国大江南北,从高等教育实践中敏锐地发现问题,研究问题;他还到过美国、英国、俄罗斯、日本、新加坡、菲律宾、泰国、尼泊尔等多个国家,将中国的高等教育成果向境外推广,促进了我国高等教育的国际学术交流。

上下求索:独树一帜的教学法

在厦门大学教育研究院,"先生"一词是名誉院长潘懋元的专有称呼,虽然著作等身,声誉卓著,但他最在意的却是自己的教师身份。他说:"我一生最欣慰的是,我的名字排在教师的行列里。其他的职业,大多是'人一走,茶就凉了',当老师的,茶永远不凉,教师这个职业是最给人幸福感的职业,如果我有第二次生命,我的选择仍然是'教师'。我是'播种者',又是'收获者'。学生的成长是我最大的收获。"

贯穿教学始终的"实践"教学法。潘懋元的学术风格是在教育实践中锻炼出来的,他尊重实践,善于在实践中发现问题,解决问题。"八十多年的教师生涯是我事业的'资本'。高等教育学者要善于从教育实践中发现问题,并以教育实践检验理论。只有经过实践检验的理论,才是正确的。"潘懋元深有感触。

"实践"是潘懋元贯穿教学始终的重要环节。他针对研究生的特点,创建了"学习—研究—教学实践"三位一体的研究生培养模式。在前两个环节,学生不是放任式学习,而是带着他设计的主题进行学习和研究,并根据主题给学生开书单让学生阅读。"教学实践"环节,则让大家把学习心得和体会拿到课堂上讲,其他同学当评委来评析,并展开讨论。

三位一体的教学方法是潘懋元对研究生培养的教与学关系最好的诠释:师生之间互相讨论,相互问难质疑。这体现了中国传统书院中教师乐教、学生好学的学术氛围。由于成效显著,这一教学模式被推广至校外,2001年获得国家级教学成果一等奖,是迄今为止我国高等教育学科获得的唯一一个国家级教学成果一等奖。

家庭访谈式的学术沙龙。潘懋元提倡教学相长,与学生一直保持着平等和谐的师生关系。他说,导师的指导不一定在课堂上和论文指导中,而应该在平时的师生交谈中:"我一个人的想法是有限的,只有大家讨论、辩论,才会碰撞出思想的火花。"

1986年潘懋元创设了一种家庭访谈式的周末学术沙龙。每周六晚上,潘懋元家中胜友如云。沙龙是漫谈式的,大家围坐一堂,聊天下大事,说日常见闻,各抒己见。潘懋元作为宽厚长者,领首微笑倾听,时而点头不语,时而妙语释疑,谈笑皆在鸿儒间。学术沙龙是学生们的精神家园,在融洽的氛围中,他的品格和学养潜移默化地感染了学生。

在长期的沙龙实践中,潘懋元不断发展出"自由讨论,平等对话,启迪思维,追求真理"的学术原则,并将其很好地运用在沙龙之中。由于潘懋元先生率先垂范,其他教授也纷纷开设学术沙龙,成为厦门大学教育研究院一种宝贵的学术传统。

"积极学习是防止思想落后于时代的有效方法。"潘懋元喜欢与年轻人交流、讨论问题,注意发现和把握青年人思想的闪光点,并加以提炼和系统化。他说,年轻人思维活跃,与年轻人在一起总能感受到新思想、新观念的碰撞和冲击。他的许多高等教育的创新观点就是在与博士生讨论时受到的启发。这种敏而好学、海纳百川的精神和气度,正是潘懋元百岁高龄仍保持着对学术前沿的敏感,显示出旺盛的学术生命力的秘诀。

爱是教育的"最高法"。潘懋元虽身为高等教育领域的"泰斗",但他从不摆架子,他说:"导师对学生在专业知识上的具体帮助不是最重要的,重要的是方向上的指引、方法上的点拨及人格上的影响。"潘懋元对学生言传身教,他说,作为一名教育理论工作者,不能够随声附和,也不要事事反对;要敢为天下先,也要关注现实;学会包容,不要刻意追求"高深",要深入浅出,由博返约。

在治学上,潘懋元对学生要求很严格。有一位学生,本来已经约好了上课时间,但被安排去国外考察,打电话向老师请假。潘懋元笑着说:"这样吧,上课时间是早就定了的,去国外考察是后来定的,你自己看。"到了上课那一天,学生如期出现在课堂上。

潘懋元不仅在学习上指引学生,在生活中更是爱生如子,每年春节,他会组织学院里没有回家过节的学生一起吃年夜饭,饭后还会给学生包压岁钱,这让许多学生很感动。遇到家庭困难的学生,潘懋元总是伸出援助之手,为学生交住宿费。一些家在外地的学生,逢寒暑假回家时,潘懋元会亲自打电话询问路上是否顺利;有学生家乡发生自然灾害时,潘懋元总是第一时间联系学生问平安。深圳教科院院长叶文梓是潘懋元的学生,谈及先生,他眼中充满了敬仰与尊崇:"先生给我们的爱是大爱,他教会我们要直面现实,解决问题。先生的眼光特别超前,他的研究专题一般会超前于现实十到二十年。先生在1980年代初就研究民办高等教育,1990年代就提出地方大学本土化,这种超前的思维令人信服惊叹。"

潘懋元学识广博精深,治学态度严谨,他不仅在教育理论方面造诣精深,而且对哲学、经济学、逻辑学、历史学、心理学、文学等学科广有涉猎。他在高等教育学学科理论建设方面有精深研究,独树一帜,而且在教育内外部关系规律、精英教育与大众教育、民办教育、高考改革等方面都有精辟见解。潘懋元带领博士生行走江河,在行走中学习,挥斥方遒;在学术研究中激扬文字,为高等教育学理论的完善殚精竭虑;为人、为师、为学,影响着学界,更是推动了我国高等教育的研究和发展。潘懋元一生勤勤恳恳,躬耕在教学第一线,为探索人才培养模式而不遗余力。山川岁月近百年,"人不下鞍,马不停蹄"正是先生真实的人生写照。

后　记

采访即将结束的时候,我们问:"先生,您对目前的新高考改革有什么看法?"潘懋元表示,"一考定终身"违反了教育的规律,现在推进的新高考改革正在解决这个问题。应该用多种方式来考查学生,大学才能够录取到真正符合专业发展的人才。比如说分数最高的进清华北大,但这个分数是综合分数,并不能显示出学生的兴趣及优势。对一个学生的考查不能完全根据学科分数,还要看其他方面的表现,比如说动手能力,会动手的人不一定分数高,分数很高的人，将来成功率未必高。

我们又问："先生，有人表示，只有考试最公平，没有后门可走，分数面前人人平等，您怎么看？"潘懋元表示，那是消极的想法，是在其位不谋其政，是推卸责任，实际上是以结果的公平掩盖了过程的不公平。他认为，招收和培养学生是学校的事情，本身不应受到太多限制。"首先要把招生跟考试分开来，将招生自主权下放给培养单位，鼓励每个学校根据自身的定位和优势确定招生方式。只有多元的学校才能培养出各种各样的胚胎。"潘懋元强调，一刀切、一考定终身会埋没人才，对培养创新人才不利，也不利于培养真正符合国家要求的人才。

（王湘蓉，光明日报社《教育家》主编）

走向世界：潘懋元教授推动高等教育国际交流

方　晓

2022年12月6日，103岁的潘懋元教授驾鹤西去。作为中国高等教育学科的奠基人和开拓者，潘先生对我们的影响是深远的，尤其是他那高瞻远瞩的国际视野，他肩负历史使命，致力于推动高等教育国际交流，推动中国高等教育走向世界，更是让人高山仰止，受益终生。回顾我有缘受教于潘先生的四十多年，有太多的故事在脑海中掠过——

放眼世界

我与潘先生的缘分始于1970年代末。1977年8月，邓小平主持召开科学和教育工作座谈会，决定恢复高考制度。时任厦门大学教育革命处（后改为教务处）处长，潘先生倍受鼓舞。他主持拟定了《1977年厦门大学招生工作意见（草案）》，力求尽快恢复学校教学秩序。[①] 同年，作为时代的幸运儿，我赶上了"文革"后第一

[①] 韩延明：《潘懋元教授纪事年表》，见《潘懋元文集》卷八。

次恢复高考，成为厦门大学中文系77级学生，于1978年春季入读。

1978年底，潘先生被教育部任命为厦门大学副校长。恰逢我们在厦门大学集美农场集训，中文系领导特请刚上任不久的副校长潘懋元教授为我们做报告。他勉励我们放眼世界，珍惜来之不易的学习机会，把失去的时间夺回来，为建设四个现代化努力学习。

这是我第一次见到潘先生。在他的鼓励下，我在心中立下隐约的目标，将来要从事国际文化交流。在厦门大学学习期间，我除了修好中文系本科课程外，还到外文系旁听英语、法语、德语等外语课程，并利用课余时间和所有的寒暑假时间，自学了外文系所采用的《许国璋英语》等教材。时任中文系主任郑朝宗教授是著名学者钱锺书的清华大学同窗与挚友，曾留学英国剑桥大学。我常慕名旁听他专为中文系青年教师开设的英文课程。1982年2月，我以15A＋2B的优异成绩毕业留校，在中文系外国文学教研组任助教，与郑朝宗教授合作，为本系高年级学生开设专业英语课程。

在改革开放的东风鼓舞下，作为分管教务与国际合作的副校长，潘先生努力推动高等教育国际合作与交流。1979年年底，作为中国教育代表团成员，他第一次走出国门，出访泰国、尼泊尔、科威特，参观访问了三国的中小学、职业学校、幼儿园、特殊教育学校、研究机构和政府教育部门，并重点考察了泰国的朱拉隆功大学、尼泊尔的特里普文大学、科威特的科威特大学等高校，感触甚深。

回国后，潘先生撰文从三国经济发展和教育发展计划、教育体制和管理体制、高等教育的投资、高等教育事业的发展、高等教育的专业结构、培养人才的水平、师资、改革与发展等方面,客观介绍了这些国家的高等教育的一些情况。潘先生感慨道:"这三个国家中,有世界上按人口计算平均收入最高的国家,也有中等和最穷的国家,但都是发展中国家。""20 世纪 60 年代以来,它们的经济,在各自原来的基础上,都有了较快的发展,它们的教育事业,也有了超过我们原先估计的发展。""特别是泰国和科威特,有些方面已经走在前面,使我们感慨万千。"走出国门,潘先生既看到中国高等教育与世界之间的差距,认识到中国高等教育所面临的历史挑战,同时又对改革开放形势下中国加快高等教育发展充满信心。他深信:"只要认真总结经验教训,认清高等教育在建设现代化强国中的重要地位与作用,根据客观规律,研究和制定适应四个现代化需要的教育规划与教育体制,采取有效措施,落实知识分子政策,调动广大教师、干部的积极性,增加经费,充实设备,努力开展国际文化交流,学习先进东西,亡羊补牢未为晚也。"①

亚洲三国之行让潘先生充分认识到中国高等教育所肩负的历史使命。为把损失的时间追回来,更好更快地发展与提高,他放眼世界,努力开展国际文化交流。1981 年 12 月 10 日,他签发了《关于同尼斯大学签校际交流协议书》和《关于我校与澳大利亚国立大学学术交流协议修订意见》。他更加重视人才培养计划,加强师资队伍国际化:一是请进来,1979 年,他就开始积极推动厦门大学聘请加拿大和日本专家来校任教;二是走出去,积极派中青年教师出国进修。1981 年 1 月 11 日,他签批转发《关于拟定 1981—1982

---

① 潘懋元:《泰国、尼泊尔、科威特三国的高等教育》,《外国教育》1980 年第 5 期。

学年出国进修人员选拔计划通知》；1981年10月23日，签发了厦门大学《报送我校1982年待选出国预备研究生34名计划》。①

此前，外派留学生一般要先到北京、上海、四川和广州外国语学院等院校接受英语培训。为加快国际型人才培养，从1982年起，由厦门大学教务处师资科在本校举办了青年教师英语培训班，让更多的青年教师为出国进修学习打好基础。我毕业后，恰好赶上这难得的机会，与同时毕业留校的经济系的吴世农、陈浪南、林金定以及化学系的郭祥群、袁东星等二十多位青年教师一起，成了首批学员，先是在厦门大学集美农场进行三个月封闭式集训，后回到厦门大学校园继续集中学习半年多。学校除了派厦门大学公共英语组的教师为我们进行英语强化训练之外，还聘请了澳大利亚和加拿大的英语老师为我们上课。

1983年5月，我和英语培训班的其他学员一起到上海参加托福考试，获得了600分的好成绩，其他学员也都取得了好成绩。1980年代，厦门大学通过世界银行贷款和校际交流等多种项目和渠道，派出了一批又一批的中青年教师到欧美国家和日本等发达国家留学。他们学成回校后，成为各领域的学术带头人和各级管理人才，成为推进高等教育国际化的一股中坚力量。

英国加的夫之行

兴许是历史的机缘巧合，同样在1983年5月，应加的夫市政

---

① 韩延明：《潘懋元教授纪事年表》，见《潘懋元文集》卷八。

府邀请，潘先生在厦门大学外办主任钟兴国陪同下，随厦门市政府代表团访问英国加的夫市、南威尔士和伦敦等地。这是潘先生第一次访问英国，访问期间，厦门市和加的夫市结为中英第一对友好姐妹城市。

代表团访问加的夫大学学院（即现在的加的夫大学）时，校长贝文教授向潘先生提出，希望厦门大学派出两名教师帮助他们成立中国研究中心，以促进两个友好城市的友好往来和中英教育文化交流。

回国后，潘先生就开始着手安排师资科和相关院系选派两名教师去加的夫大学学院任访问讲师。经郑朝宗教授推荐，我有幸成了两位幸运儿之一。有一天，师资科科长肖丽娟建议我去见潘先生。记得那天中午下班时分，我守在潘先生回家必经之路——厦大校园芙蓉三楼前，见到了他。听了我的自我介绍后，潘先生说，"你就是方晓啊。学校要派两名教师去英国加的夫，郑朝宗教授向我推荐了你。你们呢，去的任务主要是帮助他们成立一个中国研究中心，传播中国文化，加强两国的教育文化交流。另外呢，希望你们去英国后有机会多学习。"

这是我第一次近距离向潘先生讨教。他叮嘱我，出国前要做好准备工作，抽时间去厦门大学海外函授学院找一些对外汉语等教材、资料。当时，潘先生兼任海外函授学院院长。在潘先生的引领下，我去海外函授学院找了林去病和姚慈心等老师，向他们讨教并索取了一些对外汉语教材，为出国做了充分的行前准备。

1984年10月28日，经厦门大学批准并由国家教委专家处正式派出，我和外文系的黄炎林老师一起飞到英国，在加的夫大学学院任访问讲师,帮助他们成立中国研究中心,任期三年。在潘先生的引领下,我从此开启了从事国际教育文化交流的生涯。

经过半年的筹备,我们开始挂牌开张。黄炎林老师主要负责讲中国经济,并帮助当地商人与中国开展经济合作。我负责教汉语和中国文化课程,包括中国历史、太极拳、保健操和针灸按摩示范等。赴英前从海外函授学院搬来的《对外汉语》等书籍正好派上用场,可谓"现买现卖"。我们在当地积极开展各种友好交流活动,与加的夫市政府和威中友好协会、加的夫和南威尔士商会等当地民间组织建立了友好合作关系,促进了中英双方友好往来。

我们的工作受到了中国驻英国大使馆、加的夫大学学院,以及当地政府和友人的肯定和支持,并顺利争取到加的夫市政府和当地商会对中国研究中心继续三年的赞助,为厦门大学继续派遣教师到加的夫工作打好了基础。1986年,中国驻英国大使胡定一和夫人谢恒到访加的夫市,与加的夫市市长和夫人一起为中国研究中心正式剪彩。如潘先生所说,我们的任务是帮助加的夫大学学院成立中国研究中心,旨在传播中国文化,促进中英经济和教育文化交流。其宗旨和二十年后的孔子学院有点相似,所不同的是,其经费主要靠当地市政府和商会的支持。

在加的夫工作期间,我谨记先生的嘱咐,利用在国外的机会多学习。中国研究中心属加的夫大学学院的教育学院院长泰勒教授领导。1985年,我向泰勒教授提出申请,希望在他的指导下攻读在职教育硕士学位,他欣然同意。于是我成了他的第273个弟子,并且是关门弟子。我利用寒暑假和所有的业余时间,从事教育研究。1988年2月,我顺利通过论文答辩,回厦门大学工作。同年夏天，收到了加的夫大学学院寄来的威尔士大学加的夫大学学院教育硕士学位证书。

我们任满回国后，厦门大学又先后派出了外文系的林纪熹、钟君玲、刘凯芳、傅似逸等老师到中国研究中心工作，为厦门大学与加的夫大学进一步发展友好关系打下良好基础。不久，加的夫大学成了厦门大学在英国的第一个友好姐妹大学。2007年11月，加的夫大学与厦门大学合作，成立了加的夫大学孔子学院，由当年曾在加的夫大学学院中国研究中心工作过的傅似逸教授出任首任中方院长。说来也巧，如今的加的夫大学孔子学院恰好坐落在当年中国研究中心旧址的隔壁。可以说，潘先生的加的夫之行，为促进厦门大学与英国大学的友好合作关系发展奠定了良好的基础。

加强国际教育学术交流

1978年5月，潘先生创建了中国第一个以高等教育为研究对象的专门科研机构——厦门大学高等学校教育研究室（后改名为厦门大学高等教育科学研究室），规划了研究室从1978年至2000年的三个战略发展阶段。其中，"第三个阶段（1990—2000年），进行较高水平与广泛领域的科学研究，加强国际教育学术交流，建成名副其实的国家重点学科点。"[①]潘先生非常关注国际高等教育的发展动向与趋势，重视收集国外的高等教育动态资料，于1978年10月创办了"文革"后第一份外国高等教育研究刊物——《外国高

---

① 韩延明：《潘懋元教授纪事年表》，见《潘懋元文集》卷八。

等教育资料》，并兼任主编。

我从英国回校的时候，高等教育科学研究室已经扩大升格为高等教育科学研究所，成为第一个高等教育学博士授予点。应潘先生邀请，我从厦门大学新闻系调到高教所任讲师。他给我的第一个任务是为高教所的《蔡清洁高等教育系列丛书》编辑两本书：一本是《高等教育论文集》，潘先生为主编，我负责编辑；另一本是《留学教育文集》，我为主编，魏贻通和陈武元为副主编。当时国内关于留学的研究尚在起步中，主要选用国外专家的研究成果。在潘先生的亲自指导下，我写信给美国著名国际高等教育专家菲力普·G.阿尔特巴赫教授，获得他的支持。我们收集了他有关留学教育的研究成果，并获得翻译出版权，将其翻译成中文，收入文集。此外，阿尔特巴赫教授还帮我们征得其他专家的同意，收集了他们的文章，并获得翻译出版权。时间紧，任务重，我们日夜加班，在高教所老师和研究生的共同努力下，终于在三个月内顺利地完成了潘先生交给我们编辑两本书的任务，交由厦门大学出版社出版。后来，这两本书还先后获奖了。

接着，潘先生又让我在魏贻通、陈武元、谢作栩等同事的协助下，主持编辑《外国高等教育资料》，介绍国内外学者有关世界各国高等教育的研究成果。潘先生非常重视这份由他自己创办的刊物，把它看作高等教育国际交流的重要窗口。他每次认真听完我们汇报后，都会对刊物内容及所体现的主题等问题提出具体的指导意见。有幸在潘先生的指导下，从事比较高等教育研究工作，近水楼台，言传身教，耳濡目染，收获匪浅。虽时间不长，却为几年后我再次走出国门，到英国攻读博士，从事比较高等教育研究，以及连任九年的英国国际刊物《高等教育教学》(*Teaching in Higher Education*)编委工作打下一定基础。

潘先生非常重视加强国际教育学术交流,他积极参加并亲自主持召开国际会议,经常邀请外国专家来厦大做报告。1992年5月24—27日,他在厦门大学主持召开全国首届比较高等教育研讨会,邀请国际比较教育专家、美国纽约州立大学布法罗分校比较高等教育研究中心主任阿尔特巴赫教授等国内外著名专家到会做学术报告。那是我第一次见到曾有过书信往来的国际高等教育专家阿尔特巴赫教授。

1993年10月,我荣获英国大学校长海外研究学生全额奖学金,正式开始在谢菲尔德大学继续教育学院注册攻读博士,研究中国和英国的社会政治经济的发展和成人的教育与培训的关系,并以香港为比较。同年11月,应香港浸会大学尹叶千千的邀请,我趁回国做实地调研之机,陪同潘先生一起赴香港,参加"继续教育发展国际研讨会:中西宏观之异同"国际会议。来自英国、美国、澳大利亚、新西兰、中国等国的50多位代表参加,潘先生向大会提交了《中国继续教育的现状》和《继续教育在中国社会经济发展中所扮演的角色:理论探讨与未来展望》的会议论文。在会上,我有幸聆听了潘先生的发言。不久,潘先生和我联名发表了《中国继续教育的现状》。[①]

1993年后,我在英国攻读博士和工作期间,每逢出差回厦门,总要找机会拜访潘先生,向他汇报我的学习和工作情况。每次见

[①] 潘懋元、方晓:《中国继续教育的现状》,《高教探索》1994年第2期。

面，潘先生总要详尽了解国外高等教育的新动态和新政策，或邀请我参加例会，为师生开讲座。应潘先生的邀请，我先后陪同我的博士导师、谢菲尔德大学终身教授比尔·汉普顿教授，赫尔大学常务副校长罗伯特·哈利斯教授、副校长埃克哈德·拜朴教授、校长大卫·朱鲁瑞教授、副校长严·帕斯比等，到厦门大学做了多场关于英国政治和高等教育的专题报告。潘先生总是认真听完每一场报告，每到报告答疑时间，他总要提出一些切中要害的关键问题，与国外同行切磋讨论，给客人们留下了深刻的印象。

荣获赫尔大学荣誉博士学位

作为中国高等教育学科的奠基人和开拓者，潘先生以其高瞻远瞩的国际视野，关注着国际高等教育的发展动向与趋势，与此同时，他也得到了世界高等教育界的关注。

1997年5月我从英国谢菲尔德大学毕业，荣获哲学博士学位。接着，留校继续做博士后课题研究——《通过互联网向中国传授课程》。同年9月，我接受英国赫尔大学聘请，准备出任赫尔大学助理教务长和高级国际顾问。此时，我想做的第一件事，就是把中国高等教育学科的奠基人和开拓者潘懋元教授介绍给世界，以推动国际高等教育交流。1997年10月，我在等候英国工作许可证审批期间，应潘先生邀请，陪同赫尔大学常务副校长罗伯特·哈利斯教授访问厦门大学高等教育科学研究所。访问期间，哈利斯教授做了题为"试论高等教育政治的当代问题"的学术报告。作为国际刊物《高等教育教学》的编辑，哈利斯教授与潘先生就高等教育的许多问题进行了认真的交流与探讨。回赫尔后,哈利斯教授在提交给校长大卫·迪克斯教授的访问报告中,对潘先生在中国高等教育理论与实践的研究领域所作的贡献给予很高的评价。这是英国赫尔大学对潘先生的第一次关注。

1998年1月,我到赫尔大学正式上任,负责国际招生和中国事务,成为当时最早正式应聘英国高校高管的华人。从此,我有了一个全新的平台,可以进一步实现我促进国际教育交流的梦想,回馈母校,回馈潘先生的教诲。不久,我应赫尔大学校长办公室邀请,协助筹备在北京举办一场赫尔大学学位授予仪式。按学校规定,我可以推荐一名在某一领域有突出贡献的人物,由赫尔大学在学位庆典上授予荣誉博士。我立即加紧通过传真与潘先生联系,收集申报所需相关材料。9月18日,我将申报所需的潘先生的主要贡献草稿和他的个人简历等相关材料传真给正在香港浸会大学访问的哈利斯教授,邀请他与我联名举荐潘懋元教授为赫尔大学荣誉博士,得到他的大力支持。

9月22日,我就筹备学位庆典专题给迪克斯校长发备忘录,强调了潘先生对中国高等教育发展的理论和实践方面的突出贡献与影响:

> 潘教授被认可为中国高等教育学科的奠基人;他出版了中国第一本关于高等教育学的书;他创建了中国第一个高等教育研究所;他成为中国第一位高等教育学科的博士生导师;他被中国国务院提名为有突出贡献的专家学者,享有国务院特别津贴待遇。

1998年10月,我与哈利斯教授联名,正式向赫尔大学荣誉学位提名委员会秘书,提交了赫尔大学荣誉学位推荐表和相关材料。我们在推荐报告中全面阐述了潘先生的高等教育思想,以及他作为中国高等教育学科的奠基人和开拓者对中国高等教育领域的重要贡献,获赫尔大学学术委员会和大学董事会的一致通过。

1999年2月22日,在中国留学基金委员会支持下,在国家教委逸夫会议中心成功地举办了赫尔大学学位授予仪式。下午4点,随着音乐声响,全场起立,潘先生身着赫尔大学玫瑰红博士袍,头戴黑色圆边博士帽,与赫尔大学代表团一起列队步入会场,登上主席台。

哈利斯教授向迪克斯校长介绍了潘懋元教授在中国高等教育领域所作的贡献。他称潘先生为高等教育的"泰斗",是"中国高等教育理论的奠基者"。他说:"1978年,潘教授创建了中国第一个高等教育研究机构,并于1981年招收了中国第一批高等教育硕士研究生。1984年,潘教授的倡议被国家采纳,国务院学位委员会将高等教育学列为独立的二级学科。潘教授被授权成为这一新学科的第一位博士生导师。而他的学术研究也同样受到国家的赞誉,早期的两部关于高等教育理论的著作荣获国家教委颁发的一等奖。"哈利斯教授对校长说:"可以毫不夸张地说,中国的高等教育学科的成熟与今天的荣誉毕业生的汗马功劳和智慧是分不开的。"他强调:"潘教授是十所中国大学的荣誉教授,但今天您授予他荣誉博士,却是西方大学对他的天才的首次正式认可。"①

---

① Robert Harris,"Professor Pan Maoyuan,"Email,6 Feb.,1999.

迪克斯校长欣然接受哈利斯教授的介绍,他对站在身旁的潘懋元教授说:"为认可您的杰出学术生涯,以及您作为中国高等教育理论的奠基者,我授予您荣誉科学博士。"说完,他脱下帽,与潘先生握手,向潘懋元教授颁发了赫尔大学荣誉科学博士学位证书。[①]

校长在致辞中说:"最热烈地欢迎潘教授如此杰出的学者加入我们的团队。"他说,"潘教授的加入,将为此增添光彩。"接着,他邀请荣誉博士潘懋元教授致辞。

站在这新的世界舞台上,潘先生向国内外高等教育同行介绍了中国高等教育学的发展和中国高等教育的成就。他说:

> 高等教育是一个有别于基础教育的领域,它有许多一般教育学所未涉及的理论和实践问题需要研究。1873年,英国教育家纽曼出版了《大学的理想》一书,首先对这一领域进行哲学的研究,其后各国教育家又有许多研究专著问世。我所作的工作仅仅是在前人的研究基础上,根据世界高等教育发展的新趋势,结合中国国情,提倡在中国建立一门高等教育学新学科,并主编了中国第一部《高等教育学》,论述了高等教育的基本原理,并应用教育基本规律以研究中国高等教育实践问题。这一学科建立以来,得到高等教育界的广泛支持,并在政府制定高等教育政策和战略上发挥了作用……如果说我对高等教育学科在中国的创立和发展作出了一些贡献的话,应

---

① The University of Hull,"Congratulation for the Conferment of Degrees and Presentation of Certificates,"Monday,22 Feb.,1999.

该完全归功于国家的改革开放政策和广大高等教育界的认可与支持。今天赫尔大学授给我荣誉博士学位,这是对中国高等教育学这一新学科的认可与支持。为此,我谨代表中国高等教育理论界的同仁再一次对赫尔大学表示衷心的感谢。①

最后,校长宣布学位授予仪式闭幕。在国家教委和中国留学基金委员会及其他合作院校的支持下,一场具有历史意义的赫尔大学学位庆典在北京圆满结束了。自1949年以来,赫尔大学是第一所外国大学在中国正式举办学位授予仪式。它标志着中国高等教育界对西方高等教育的进一步开放与包容,也标志着西方高等教育界对潘懋元教授所倡导创立的中国高等教育学科的认可,开启了中国高等教育界领军人物走向世界的新舞台,翻开了中国高等教育走向世界的新篇章,为高等教育国际交流增添了新的光彩。英国副首相、赫尔大学优秀校友约翰·普雷斯科特(John Prescott)为学位庆典发来贺信:"请允许我祝贺赫尔大学在北京举办学位授予仪式,特别要祝贺如此杰出的学者潘懋元教授被授予荣誉学位。"

此后,作为英国赫尔大学荣誉博士,潘先生又先后三次登上主席台,见证赫尔大学毕业季。其中两次在中国,包括2004年10月在北京和2007年4月在厦门举办的赫尔大学学位授予仪式;还有一次在英国赫尔。

---

① 潘懋元:《在接受荣誉博士仪式上的发言稿(1999年2月22日)》,见1999年2月9日发给方晓的传真。

到访母校

2006年7月9日,星期日,应校长大卫·朱鲁瑞教授邀请,在赫尔大学厦门办公室的周海明陪同下,86岁高龄的潘先生从厦门出发,途经北京和阿姆斯特丹机场,抵达赫尔市的汉伯塞机场。我和我先生一起到机场欢迎远方贵客,我们以热烈的拥抱欢迎潘先生。

为了让潘先生能更好地体验英国大学生生活,我们特意包房,把潘先生和周海明安排在紧挨校园的科兰布鲁克大街的一幢双层连排别墅中。这是英国当地典型的学生公寓,楼上楼下共五房两卫,还有活动室和设备齐全的开放式的厨房,可住五人。时值暑假,学校将宿舍改为临时宾馆。在这里,潘先生可以重回大学时光,自由地享受大学生的生活。

2006年7月10日,星期一,上午9点,我陪潘先生步行几分钟,来到校长办公室会见朱鲁瑞校长。校长办公室位于学校主楼文恩楼的二楼东南侧,这是一栋三层回形红砖建筑,建于1927年,由乔治六世即伊丽莎白女王的父亲奠基。

校长和潘先生早已是老朋友了。从2002年起,朱鲁瑞校长每年至少访问中国一次,每次必访厦门大学,每次必会见潘先生,与他探讨高等教育热门问题。这至少是他们第7次正式会面了。见到潘先生,校长热情地伸出双手,热烈欢迎赫尔大学的荣誉校友和老朋友到访。他用中文说:"欢迎回家!"与往常一样,一见面,校长就关心地询问潘先生的身体健康状况。紧接着,作为欧洲大学协会副主席，他便三句不离本行，开门见山地问道："潘教授，请您告诉我，最近您对所关注的高等教育问题的研究有什么新的进展吗？"

潘先生接过话题，滔滔不绝地开始阐述他的看法。两位世界级高等教育专家就他们所关注的当代高等教育的共同话题，包括在重视教育质量的同时如何看待市场在高等教育中的角色，进行了热烈的讨论。时间飞快，半小时的会见很快结束了。两位朋友只好中断讨论，待中午校长设宴为潘先生接风时再继续探讨。

离开校长办公室，我陪潘先生到主楼的另一侧，参观我所在的国际办公室。走廊尽头一拐弯，先到我的办公室。一进门，有两张沙发和一个方形小茶几，上面放了事先准备好的中式茶点和一盆迎宾花，热烈欢迎远方贵客。我请潘先生坐下，品尝用中国茶具泡的家乡茶和各式小点心。潘先生向四周打量了一下，看着靠窗直摆过来的加长办公桌和四周的书架和文件柜，笑着说："你这办公室算是中西结合。门口的会客区颇有中国风，靠窗的办公区保持了西洋风格。"我笑着回答："是的，因为来我办公室的客人有两类：其一，从中国来的老师、学生或合作伙伴；其二，校内老师或其他同事。如果是从中国来的，我按中国习惯，请他们在会客区边喝边聊，让他们有回家的感觉。如果是校内同事，我就按英国习惯，一般请他们坐在我办公桌对面或加长的半圆形会议桌旁，直截了当谈公事，也算是入乡随俗。"潘先生赞许地点点头。喝完茶，我陪潘先生到国际办的其他办公室，把潘先生一一介绍给同事们。

接着，我陪着潘先生与几乎同时到访的厦门大学管理学院代表团会合，参观赫尔大学图书馆、计算机 3D 实验室，以及著名的赫尔大学化学系实验室——液晶材料的发明地。1979 年，赫尔大学因液晶的发明荣获伊丽莎白女王颁发的第一个高等教育科技奖。潘先生兴致勃勃地和年轻人一起参观校园,仿佛回到他的大学年代,他不甘示弱,迈着轻快的脚步,走在前面。

参观完化学系,已是上午11点多,校长午宴1点才开始,中间还有1个多小时,我请潘先生到我家稍微休息一下。我家离学校很近,从学校北门到家,开车不到5分钟。半路上经过圣·玛丽中学和恩斯雷小学。因为小区离大学和中小学非常近,步行都只需几分钟,自然成了老师和其他专业人士所青睐的学区房。我们于2002年5月搬进新房,房子方方正正,自带车库和停车位,以及前后小花园,潘先生特别喜欢。我们请潘先生先在楼下客厅用了茶点,再上楼到客房休息一会儿。估计他心里惦记着校长的午宴,不敢睡着,没躺半小时,就起身了。

校长在大学教师之家的正厅举行欢迎午宴,大厅地面上铺着带有大学标志图案的玫瑰紫地毯,四周墙上挂着历任校长的油画肖像,东墙正中挂的是赫尔大学校主福伦斯(Ferens)的肖像。福伦斯曾是赫尔商会主席,与厦大校主陈嘉庚一样,1920年代出资办学,得到各方支持,成了赫尔大学第一任董事会主席。拉丁语 Ferens 是火炬的意思,在四处可见的大学标志物中,第一个图案是火炬,既是福伦斯家族的象征,也象征着知识是火炬;第二个是白玫瑰,象征约克郡;第三个是王冠,象征赫尔市;第四个是兰花,象征林肯郡;第五个是和平鸽,象征着知识为了和平。参加午宴的客人除了潘先生,还有厦门大学管理学院的翁君奕教授一行。陪同校长出席午宴的还有赫尔大学副校长贝利·维恩教授、教务长法兰克斯·欧文和国际办主任詹姆斯·理查斯、助理教务长兼国际办副主任方晓、国际开发经理周海亮和周海明。

交换礼物的时刻到了,校长送每位客人一件大学纪念品。潘先生有备而来,他把早就准备好的一幅三米多长的《清明上河图》送给校长。潘先生打开画卷,将其一端交到校长手中,自己拉开画卷的另一端,一边往外走,一边向校长解释画卷的时代背景。曾任英国文化委员会总主任的校长对传统的文化艺术精品特别感兴趣。两位老朋友一见面,又开始聊了起来,一下子从上午的教育话题,转到了文化和历史。午餐后,在历任校长的见证下,大家合影留念。

2006年7月11日上午,我们陪潘先生一起到赫尔市政厅大礼堂,参加大学学位授予仪式。这是赫尔市一年中最热闹的时候,一路上可以看到穿着学位袍的毕业生,手捧鲜花,由家长和朋友陪着,昂首挺胸地穿梭在从校园到市中心的路上。我们来到市政厅衣帽间,换上各自的博士袍。潘先生穿的赫尔大学的博士袍主色为玫瑰红,袖子和边为湖蓝色,配上带红穗的黑色圆形博士帽。我穿的谢菲尔德大学的博士袍为大红色,边为草绿色,配上带黑穗的黑色方形博士帽。尽管各大学的学位袍款式色泽不同,不同学位的颜色和式样也不同,却全部由英国皇家学位袍公司统一专供。

之前,潘先生曾两次应邀参加赫尔大学在中国举办的学位庆典。这是他第一次在赫尔参加大学本部的学位授予仪式。与在中国举办的学位庆典相比,程序大同小异,所不同的是,在赫尔的庆典规模更大,仪式感更强。

9点整,随着庄严的管风琴奏乐响起,全场起立。在手持仪仗、身着黑袍的仪仗员引领下,两队身穿不同颜色学位袍的教师从大礼堂的左右两边通道慢慢步入大礼堂，分别从主席台两侧上台，按顺序从后排到前排逐一就座。接着，在另一仪仗队的引领下，赫尔大学学联会代表、市长、教务长、副校长、校长、董事长等步入会场，登上主席台。名誉校长巴洛丽丝·波汤姆磊阁下在两名花童和手持权杖的仪仗员陪同下走在最后，来到主席台正中央。她宣布庆典开始，并请大家坐下。坐在她两旁的是市长、董事长、校长、副校长、教务长等。坐在她身后的是三位学联代表，象征着大学以学生为中心的理念。

首先，校长发言，向到场的毕业生和家长表示祝贺，并向大家汇报大学近来所取得的成就和毕业生的情况。接着，由商学院院长和教育学院院长分别宣读各院系的应届毕业生名单，请到场的毕业生逐一上台接受名誉校长和大家的祝贺。嘉宾代表发言后，名誉校长宣布庆典结束。整个学位授予仪式进行了将近两个小时。

庆典后，我们来到市政厅大礼堂门口的维多利亚雕像前，与来自中国的留学生合影，祝贺他们取得好成绩并顺利毕业。

接下来几天，潘先生还是希望多走走多看看，不肯休息。我们先后安排潘先生访问了学校的教务部门、教育学院、商学院、学联会、学生公寓园和斯卡波罗校园等，并利用周六的时间，陪同潘先生旧地重游，访问了牛津和周边地区。1989 年 6 月，应英国文化委员会的邀请，受中国国家教委和全国高等教育自学考试委员会的委托，潘先生率领中国高等教育自学考试考察团访问英国，曾到访过伦敦、牛津、爱丁堡和格拉斯哥等地。

在英国，潘先生广交朋友，我们陪他到住在大学附近的老师和学生家做客。星期天，潘先生应国际办主任詹姆斯·理查森先生的邀请，到他家和孩子们一起，度过了一个愉快的周末。2010年11月，詹姆斯·理查森先生访问厦门时，潘先生邀请他到自己家，共进晚餐，并参加在家举办的周末沙龙。詹姆斯在沙龙上介绍了英国高等教育国际化的近况与挑战。他为潘先生的热情好客与敏捷的思维所折服。

2006年7月17日，清晨，我们依依不舍地把潘先生和周海明送到汉伯塞机场，经阿姆斯特丹机场飞北京，再转回厦门。潘先生短短的一周访问母校虽已结束，但他充沛的精力、敏锐的观察力、乐观的精神，以及谦虚谨慎、友善待人的作风，给赫尔大学的同事和朋友们留下了深刻的印象，至今还深深地印在我的脑海中。

外国人眼中的潘懋元教授

几十年来，潘先生对创建中国高等教育学学科的贡献，以及他独特的国际视野，吸引了西方学者的关注。这里特别要提到两位西方学者，他们有幸多次与潘先生长谈，听潘先生讲述他自己的故事：一位是加拿大的许美德教授，另一位是挪威的阿里·谢沃教授。

1997年底，应潘先生邀请，加拿大驻华大使馆原文化参赞、香港教育学院院长许美德教授到厦门大学访学。12月6日至8日，她两次拜访潘先生，听他讲述自己的人生故事。回香港后，她把与潘先生的这两次长谈内容，加上她访问厦门大学时的所见所闻，整理成文——《潘懋元：中国高等教育研究的奠基人》。后征得她的同意,作为"代序",被收入 2010 年版和 2020 年版的《潘懋元文集》,成为研究潘懋元高等教育思想的重要代表作。这是一篇用外国人的眼光,向世界介绍中国高等教育研究的奠基人潘懋元的故事和他的高等教育思想的文章。许美德教授高度评价潘先生用毕生的精力,致力于建立高等教育学这门新学科所作的贡献,称他是这一领域中富有远见的领导者。[1]

2003—2004 学年,由美国著名学者阿尔特巴赫教授推荐,挪威奥斯陆大学的阿里·谢沃教授利用他六年一度的一年学术假,应邀到厦门大学教育研究院访学。在厦门大学教育研究院派出的四位博士生的帮助下,他成功地与潘先生进行了多次长谈,听他讲述人生故事。阿里·谢沃教授花了近两年的时间将长谈内容整理成书——《潘懋元——一位中国高等教育研究的创始人》,分别由挪威科技大学的教师教育项目和中国的高等教育出版社,出版了英文版和中文版。这是第一部用外国人的眼睛看潘先生的书,向西方学者介绍了潘先生的故事和潘懋元高等教育思想。[2]

2005 年 10 月,潘先生率领厦门大学教育研究院十名师生,到挪威科技大学,主持"第三届高等教育质量国际学术研讨会",做《中国高等教育质量研究》的大会报告。会议期间,举行《潘懋元——一位中国高等教育学科的创始人》(英文版)首发式。潘先生在会场亲自为读者签名,进一步推动中国高等教育走向世界。

---

[1] 许美德:《潘懋元:中国高等教育研究的奠基人》,见《潘懋元文集》"代序"。
[2] Arild Tjeldvoll, *Pan Maoyuan: A Founding Father of Chinse Higher Education Research*, NTNU, 2005;阿里·谢沃:《潘懋元——一位中国高等教育研究的创始人》,高等教育出版社 2006 年版。

校长来信

　　潘先生以其独特的国际视野，关注着世界各国的高等教育发展，努力开展国际高等教育交流。1979年，中国改革开放后，他三次访问英国，三次访问日本，两次访问挪威，并先后访问过泰国、尼泊尔、科威特、菲律宾、苏联、美国、丹麦、卢森堡、立陶宛、俄罗斯、荷兰、德国、法国等国家。他走向世界，一边参观学习，研究国外经验，一边讲好中国高等教育故事，得到世界高等教育界的认可和高度赞誉。

　　2020年，潘先生百岁华诞庆典之际，海内外朋友们的祝福纷至沓来。母校赫尔大学三任校长分别发来的百岁华诞贺信，令他特别高兴——

　　2020年2月22日，赫尔大学原校长（1991—1999年）大卫·迪克斯教授在给潘先生的百岁华诞贺信中写道：

　　　　21年前的今天，我们在赫尔大学高度评价了您对中国高等教育理论和实践以及更广泛的领域所作的前瞻性的贡献，我荣幸地授予您荣誉学位。在值得纪念的那天，您接受了大学的荣誉博士学位，不仅标志着我们大学与许多中国学生及高校之间建立了密切的联系，更重要的是以此表达我们对您为教师和学者树立楷模的感激之情。

　　同一天，赫尔大学校长苏珊·简·李教授在给潘先生的贺信中写道：

在您的百岁华诞之际，请允许我代表大学为您送去最热烈的祝贺！而您的辉煌成就绝非仅此，据我所知，今年您还要庆祝您那令人震惊的跨越长达85年的教师生涯！这是对您的学生们，也是对我们所有人的真正启示。

潘先生非常珍惜两位校长来信。2020年3月，他亲自提笔，用传统的方格稿纸写了两封回信。

潘先生在给大卫·迪克斯教授的回信中说：

尊敬的大卫·迪克斯教授和夫人：

21年前，感谢赫尔大学授予我荣誉博士学位，这一荣耀，使我能够更好地从事教学、科研和社会服务工作。更感谢您们在21年后仍然记住这一事情和我的百岁寿辰，并从地球的另一边发来贺信。

潘先生在给苏珊·简·李校长的回信中写道：

尊敬的苏珊·简·李校长：

21年前，我在北京接受了赫尔大学荣誉博士学位，成为赫尔大学海外的一名荣誉毕业生。对此，我感到无限荣耀。更令我感到荣幸的是您不但知道今年我的百岁寿辰，而且知道我从15岁就开始当教师（包括在大学学习时课余当兼职教师）。我今年虽然已经一百岁，耳聪目明，仍能为研究生们上课,指导博士生们的学位论文。

　　谢谢您的关心。祝贺赫尔大学在您的领导下越办越好!

2020年7月15日,欧洲大学协会副主席、英国联合国教科文组织科学组主任、赫尔大学原校长(1999—2009年在任)大卫·朱鲁瑞教授发贺信给潘先生,祝贺他的百岁华诞,并对潘先生对中国高等教育的贡献和影响予以很高的评价。他说:

　　多年来,您对中国的高等教育方向与发展以及中国大学教育进程的角色的辩论作出了巨大的贡献。这些包括您早年的教育理论著作和后来的关于高教改革和战略方向,包括在保持与加强质量和评估的同时,关注市场力量的角色和作用。您的关注已经成为当代的话题。我记得曾和您探讨的中国高等教育的大众化以及您对政策的影响。

　　1999年赫尔大学荣幸地授予您荣誉博士学位,这是大学对您多年来在中国高等教育所起的重要作用以及您与英国大学的持续友好联系的充分认可。

2022年12月6日,潘先生功德圆满,完成了他的人生使命。潘先生之子、厦门大学原常务副校长潘世墨收到了赫尔大学原校长大卫·迪克斯教授和现任校长大福·培特雷教授于当日签发的唁电:

　　请允许我代表赫尔大学向您和您的家人为您父亲潘懋元

教授的辞世致以我个人诚挚的慰问。

  我虽未与您父亲潘教授谋面,但我知道,他是中国高等教育的泰斗,是赫尔大学的荣誉校友。他留下巨大的精神财富,深受众人怀念。

  谨致以深切的哀悼。

潘先生留下的巨大精神财富,不仅属于中国,也属于世界!作为中国高等教育学科的创始人,潘先生几十年如一日,致力于中国高等教育学科的创立与发展,他以高瞻远瞩的国际视野,致力于推动高等教育国际交流,推动中国高等教育走向世界。

潘先生永远活在我们心中!

(方晓,英国谢菲尔德大学哲学博士,赫尔大学原助理教务长兼国际办公室副主任)

师恩永记　风范长存
——追忆恩师潘懋元先生

林蕙青

去年12月6日，惊悉潘懋元先生仙逝，至感悲痛。数月已过，仍久久不能释怀。

潘懋元先生是我的恩师。我十分有幸成为先生直接指导的学生。在师从先生的学习经历中，我真切地感受到先生的高尚品德、高超学术和大师风范，令我终生难忘，终身受益。作为他的学生：

我真切地感受到先生对教育事业的无限忠诚、无私奉献。他把生命与国家的教育事业融为了一体，为教育事业兢兢业业、鞠躬尽瘁。他对教育的至诚执着是许多常人无法做到的。为了培养优秀学生，他坚持数十年几乎每周末在家举办学术沙龙，对所有学生开放；坚持数十年暑期带领学生跋山涉水到各地教育基层深入调研。记得有一次，他已年近九十，在调研途中得了重病，住在一个简陋的区级医院，生命垂危，后来被抢救过来。第二年，先生不顾所有人的劝阻，依然带着学生出征奔赴基层去调研。

我真切地感受到先生做学问的求真求实、开拓创新。先生是我国高等教育学学科的创建者和发展的引领者。在他的带领下，高等教育学学术队伍不断发展，学科体系不断丰富完善，使我们今天在高等教育发展的实践中有了一套比较完整的理论支撑和科学的规律把握。先生做学问突出的品质之一就是扎根中国大地,理论联系实际。他率领团队和学生坚持与时俱进,牢牢把握国际趋势,聚焦研究解决中国高等教育发展中的重大问题,比如后大众化时代中国高等教育发展、民办教育发展、职业教育改革、提高高等教育质量等等,他几乎对所有高等教育重大问题都有深入研究,都有极具前瞻性的理论阐述和可行性的政策建议。我们在实际工作中,在研究解决高等教育发展重大问题时,几乎都能从先生的研究成果宝库中找到钥匙,受到启发,获得教益。

我真切地感受到先生的治学严谨和对学生的深情挚爱。先生教学,无论对己对生都十分严格,一丝不苟,始终如一。即使年近期颐,他仍然坚持每一次讲课都自己写讲义,我保存的他最新的讲义是他99岁零10个月时一字一字自己写就的。他坚持给学生留大量作业,其实这也是留给先生自己的作业,因为他会对每份作业都认真甚至逐段批改,容不得任何马虎。先生对学生亦师亦父,关心每一个同学的学习、生活乃至毕业后的发展成长。所以同学们有着高度的共识:"先生是严师也是慈父,是我们的'学问之师''人生之师'。"

斯人已逝,风范长存。先生竭尽毕生所学,在高等教育教学、科研、人才培养领域倾注了大量心血,取得了丰硕成果。他的逝世,使我们失去了一位恩重如山的师长,一位学识卓著的泰斗,一位开创先河的学术领路人,是我国高等教育学界的重大损失。他的崇高品格和卓越贡献,将永远铭刻在我们的心中。

谨以此文,寄托哀思。

先生千古!

(林蕙青,厦门大学2006届博士,教育部原副部长)

一代大师　永远的楷模
——深切缅怀敬爱的导师潘懋元先生

张德祥

2022年12月6日8时50分,敬爱的潘先生安详辞世。此前,知道潘先生已经住院几个月了,由于疫情的原因,没有能够去看望先生,这一直是我心中挥之不去的遗憾。潘先生辞世,是我们国家教育界和社会科学界的巨大损失,我们失去了敬爱的导师,心中无限悲痛!潘先生是我国著名的教育家,先生15岁开始从教,一生矢志不渝,教书育人,桃李满天下,著作等身,高尚的人格和斐然的学术成就赢得了学生的尊敬和爱戴,赢得国内外同仁的尊敬和爱戴!

作为教育家,潘先生深深地热爱教育事业,把全部心血倾注到教育事业中;作为教育家,潘先生对教育有深刻理解,把学术视为自己的生命;作为教育家,潘先生又是一个坚定的实践者,87载持之以恒地追求着教育的崇高理想,践行着教育的神圣使命。

一、作为高等教育学创始人

作为高等教育学的创始人,潘先生为我国高等教育学学科的建设和发展作出了历史性的贡献。潘先生从1950年代开始,就致力于高等教育学研究,直至生命的最后,一直为高等教育学学科建设呕心沥血,对我国高等教育学学科建设的影响是持久的、深远的。70年代末我国改革开放后,潘先生敏锐地感受到高等教育改革开放大潮的到来,感受到高等教育理论对高等教育改革开放的重要意义,勇立潮头,高瞻远瞩,开始了高等教育学创建工作。70年代末和80年代,在我国高等教育学创建发展史上注定是值得浓墨重彩书写的年代。1978年5月,厦门大学成立我国第一个高等教育研究机构,1980年高等教育内外部基本关系规律正式提出①,1981年我国开始招收第一批高等教育学硕士生,1984年我国第一部高等教育学著作《高等教育学》出版,1986年我国开始招收第一批博士生,等等,而这些开创性的成就都是和潘先生的名字不可分割地联系在一起的。创建一门学科谈何容易,从研究对象,到基本概念、基本命题、基本理论、逻辑体系、研究方法等,需要大量的艰苦的开创性劳动。作为我国高等教育学开创者和奠基人,潘先生对高等教育学学科建设作出的贡献彪炳高等教育研究的史册。

一个学科的制度化通常表现在,建立大学中的学科组织、学科人才培养体系、学科研究成果的发表平台和学科组织的学术共同体机构。② 在中国的国情中,一个学科是否制度化不仅需要这几方面,还有一条很重要,那就是是否能被国务院学位委员会认可并进入其学科目录,这成为学科组织建立、人才培养的合法性基础。如潘先生所说,"因为按照我国学位制度,培养研究生必须依托学

---

① 肖海涛、殷小平整理:《潘懋元教育口述史》,北京师范大学出版社2007年版,第179页。

② 胡建华:《中国高等教育学科发展40年》,《教育研究》2018年第9期。

科。后来,国务院学位委员会认可高等教育学是教育学的二级学科,这样就可以招收、培养研究生了,这是中国的国情。"①在以潘懋元先生为代表的老一辈开拓者和奠基者的努力下,我国的高等教育学完成了学科制度化,高等教育学从当初的"星星之火"发展成"燎原之势",从"一花独放"发展成"春色满园"。高等教育学已发展成有众多分支学科的学科群,高等教育研究队伍不断壮大,高等教育学位点不断增多,培养了大批高等教育学学科的教学和研究人才以及管理人才,高等教育研究学术刊物有几十种,每年产出大量学术成果,这些学术成果极大地丰富了我国教育科学的理论宝库,对指导高等教育的实践发挥了重要的作用。当我们现在回望历史的时候,我们不能不感谢和敬佩在高等教育学领域创造了许多"第一"的潘先生!

　　高等教育研究一直有"学科论"和"领域论"之争,在这个问题上,潘先生一直持开放的态度。一方面,潘先生认为,"高等教育学由于有它的独立的不可替代的研究对象,更由于它有其特殊的不同于普通教育的规律,因而,可以构成一门独立的学科。至于理论体系、专门术语、方法论体系等等,只有在它的发展过程中不断完善,不断成熟。"②另一方面,潘先生认为,"研究领域与学科不是不可逾越的界限,更不是两个对立的概念。"③潘先生说:"我一直认

―――――――――

① 余小波、蒋家琼、李震声:《新时代高等教育科学研究的使命担当——著名教育家潘懋元先生访谈录》,《大学教育科学》2020 年第 1 期。

② 潘懋元:《中国当代教育家文存·潘懋元卷》,华东师范大学出版社 2006 年版,第 16 页。

③ 同上。

为,高等教育研究应该循着两条并行而有所交叉的轨道:一条是现实问题的研究,一条是基本理论的研究。"①

我国改革开放四十多年来高等教育研究的实践证明,高等教育研究既可以是一个学科,也可以是一个研究领域。把高等教育研究作为一个学科建设,有利于人们把高等教育中最一般、最普通、最基本的问题抽象出来,加以概念化、理论化、体系化,有助于我们深化对高等教育的认识,有助于指导高等教育的实践。把高等教育研究作为一个研究领域,有利于人们更加关注高等教育实践中的现实问题,研究现实问题,解决现实问题,推动高等教育的科学发展,也为高等教育学的学科建设奠定基础和创造条件。可以说,将高等教育研究作为一个学科进行建设,是对高等教育科学研究的重大学术贡献。西方不把高等教育研究作为一个学科,不能成为否定我们把高等教育研究作为一个学科建设的理由。在我国,高等教育科学研究坚持"学科"与"领域"两条路线并行不悖、相辅相成、各美其美、美美与共,既体现了高等教育研究的中国特色,也反映了中国高等教育研究者的学术自觉与学术自信。

潘先生始终坚持高等教育研究既求真,又求用。先生始终站在高等教育发展的学术前沿,敏锐洞察高等教育研究学术发展,提出一系列重大理论观点,不断丰富和发展高等教育学的理论。潘先生在致力于高等教育学科建设的同时,又把高等教育研究当做一个研究领域,而且,总是审时度势,勇立潮头,提出和研究一系列

---

① 余小波、蒋家琼、李震声:《新时代高等教育科学研究的使命担当——著名教育家潘懋元先生访谈录》,《大学教育科学》2020 年第 1 期。

高等教育改革和发展中的重大问题、紧迫问题，为国家高等教育政策的制定提供咨询，为高等教育改革发展实践提供理论指导。潘先生很早就关注民办高等教育问题，提出推动我国民办高等教育发展的学术思想和政策建议；潘先生很早就关注高等教育大众化问题，提出了大众化条件下高等教育质量观多元化的问题；潘先生很早就关注教师发展问题，推动国家和研究领域对高校教师发展的重视；潘先生在关注"985"工程、"211"工程、"双一流"建设的同时，更加关注地方高校的发展，关注应用本科的发展；潘先生在关注高等教育宏观问题的同时，呼吁和推动关注高等教育微观问题，特别是大学的教学和课程研究；等等。

二、作为著名教育家

潘先生是我国著名教育家。作为教育家，潘先生是教书育人的楷模。先生从教八十七载如一日，始终站在讲坛上精心执教。在我们的记忆中，每次课，先生都事先准备讲稿，非常认真地讲授，即使有时外出开会，回来总要补上耽误的课。先生的课常讲常新，不断把先生本人对高等教育的新认识纳入讲课内容，不断把学术界包括他的学生对高等教育的新观点纳入讲课内容，不断把高等教育改革发展研究的前沿问题纳入讲课内容。我们的每次作业，我们的学位论文，都饱含先生的心血，先生总是认真批改，甚至连标点符号也从不放过。而且，多年来，每年都带着学生到外地调研，参与社会实践。先生从15岁开始从教，直至2022年住院前，始终没有离开课堂，始终没有离开学生。一个人从教几十年容易，但是，过了百岁的老人还站在教书育人的第一线，能有几人！先生教书育人的情怀和实践让我们敬佩不已！

"周末学术沙龙"，学生们印象十分深刻，这是先生与学生学术交流、教书育人的独特形式。潘先生的"周末学术沙龙"从80年代先生培养研究生开始，就一直举办，风雨不误，几十年如一日。每周末在先生家中的"周末学术沙龙"，气氛是轻松的，但有丰富的学术含量，更是浓浓的育人情境。在这样的气氛中，先生激发学生的学术激情，启迪学生的学术智慧和灵感，点燃学生心中的理想火花；在这样的气氛中，先生传道、授业、解惑；在这样的气氛中，实现了先生与学生的心灵沟通、灵魂交融、人格对话；在这样的气氛中，先生以自己的学术魅力和人格魅力感染着学生。"周末学术沙龙"使学生既感到家的温馨，又体验着学术的魅力；既感受着智慧的光辉，更感受到学术大师的风采。先生的"周末学术沙龙"形式多样，内容丰富，不仅有师生讨论，还有学生与学生的辩论，先生总是循循善诱，引导学生深入地探讨问题。有已经毕业了的学生回去看望先生，先生总是邀这些学生到学术沙龙讲一讲，毕业的学生也十分期待和享受参加先生的"周末学术沙龙"，我自己就有多次这样的经历，每次参加先生的学术沙龙之后，都感觉重回到读书时的年代，都感受到先生的慈祥、智慧和魅力，都感觉像一次学术"充电"。外来访学或讲学的学者来看望先生，如果赶上周末，先生总是把这些学者请到学术沙龙。一个教师搞一次两次沙龙容易，甚至坚持几年也能做得到，但是，潘先生坚持了几十年，这让我们敬佩不已！

教师与学生互动、交流是培养人才必不可少的重要条件，无论是教育学、心理学还是社会学，许多学科都强调教师与学生的互动,师生互动是培养高素质人才,提高人才培养质量的重要途径。这一点不仅可以从教育理论上加以充分说明,在中外教育史上也有许多例证。《论语》20篇492章,两千多年经久不衰,这么伟大的思想和智慧大部分是孔子和弟子在互动过程中形成的,同时,正是在这种互动交流中培养出那么多的贤人。2300多年前,柏拉图办阿卡德米学院,也是在老师和学生的互动中培养学生,启发学生的智慧和灵感。可以说,互动包含着教育的真谛。

我国历来有教学相长的传统,也不乏师生互动的佳话。但是,现实的高等教育实践中,师生互动的情况并不理想。可能的原因是多方面的,如高等教育规模大,由于办学条件限制,人数多的大课增多,师生互动减少,即使上小课也很少有讨论,一对一的讨论更少;也可能由于教师科研任务重,要跑项目、忙课题,精力花在科研上多,花在教学上少,和学生互动交流的时间精力也少。我们经常会看到这样的情况,老师给学生上完半年课,只能记住几个学生的名字。总之,加强师生互动,对于提高培养本科生和研究生质量都是十分必要的,潘先生给我们树立了榜样,通过各种形式增加师生互动应该是改进教学、提高人才培养质量的重要课题。

先生把自己的一生献给了教育事业。2020年,先生已经100岁了,但是,先生仍然教书育人,参加各种学术活动。记得2020年4月24日上午,厦门大学教育研究院通过网络组织一次国际学术研讨会,潘先生参加了会议,还通过网络与专家们讨论大学课程问题;2020年6月7日上午,潘先生"云上"开讲,以"高等学校内涵式发展的内涵与样板"为题,做"师说课改"公益讲坛首场报告,与三万多名海内外学者、教师齐聚云端,互动交流。在讲课快结束时，主持人希望潘先生把讲稿展示给大家看看，我们看到，手稿是先生手写的，不是提纲，而是字字推敲、工工整整的讲稿，看到这时，我不禁热泪盈眶，一位 100 岁的老人，如此认真地对待教学和做学问，足以让我们终生奉为楷模。从厦门大学教育研究院网站上看到，2020 年 6 月 29 日，先生还参加了博士生开题报告会。

一个人从教几十年容易，但是，潘先生从教八十七载，先生 100 岁时，依然站在讲台上，依然指导学生，依然做学术报告，依然阅读大量文献，依然发表学术论文，依然每周六在家里举行学术沙龙，这在中外教育史上也是传奇。这是何种精神，何种情怀啊！

三、作为平凡而伟大的人民教师

潘先生是一位平凡而伟大的人民教师。成为先生的学生，我是幸运的、幸福的。我是 1977 年恢复高考后到大学读书，本科学习政治教育专业，后在日本留学期间读教育学，也是在这个时期萌生了对高等教育研究的兴趣，也正是这个时期萌生了攻读博士学位深入研究高等教育的想法。正是怀着这样的追求，到厦大攻读高等教育学专业博士学位、师从潘懋元先生，就成了我的梦想。当时对于攻读博士研究生有一条"年龄不能超过 45 周岁"的政策规定。1994 年，我已经 44 岁，尽管我当时已经是校领导了，为实现自己的梦想，我想不能再拖了，我要报考读博。我几乎是踩着考博年龄的上限，于 1994 年考入厦门大学教育研究院，成为潘先生的学生。三年攻读博士学位的学习，是我人生生命质量的一次跨越，我从先生那里学到和感受到太多，不仅学到了高等教育基本理论，学会了做人的道理,学会了科学研究的方法,更感受了先生对教育事业的热爱和坚守,感受了先生勇于创新、严谨求实的治学精神,感受了先生高尚的人格。

我去读博士,不是图一个博士的头衔,最重要的是我喜欢学术,在学术上怀有追求和梦想。那时,我一直认为高等教育研究是刚刚开垦的学术处女地,一定有无数的学术空间,有无数的学术和实践问题需要研究,我国的高等教育一定会有大的发展,一定会有许多理论、政策、实践问题需要研究。同时,我作为高校的管理者(那时我也一直给学生上课),我的学习和研究一定会提高我的管理水平和教学水平。在整个读博过程中,我获得了多方面的支持与帮助,有工作单位领导和同志们的理解和支持,更有潘先生作为榜样的力量和悉心的指导、培养。我入学时是沈阳师范学院(现在的沈阳师范大学)的副院长,在入学后的第二年成为院长,特别是担任院长之后,感觉工作的任务担子倍增,一边工作,一边学习带来的"工学矛盾"困难贯穿了我整个读博经历。

在潘先生的带领下,厦大高教所(现在名为"厦门大学教育研究院")学术氛围浓厚,每周一都开展一次学术例会,学术例会不仅有来自方方面面的学术报告,更有参会的老师同学学术观点的碰撞与讨论。我记得,那时,我们的讨论常常从教室延续到寝室,甚至会争论得面红耳赤,现在想起来许多场景还历历在目,它更让我感受到什么是学术和学术的魅力。

潘先生爱生如子,对学生非常关心,对所有学生不论是学业上还是工作上都尽可能给予帮助。但是对学生学术要求很严,我记得,在学位课程学习期间,由于各种原因错过几次课和讨论,潘懋元先生要求我完成双倍作业进行弥补,完成这些作业虽然很辛苦,但是,我从中收获很多,也感受到了做学问来不得半点马虎和取巧。

潘先生极富学术远见,勇于学术创新,他本人身体力行,也特别鼓励学生提出新见解,经常和我们讲要有"板凳敢坐十年冷,文章不写半句空"的精神。1995年,学位课程结束之后,我博士论文确定的题目是"政府与大学关系问题研究",并且,经过了正式的开题程序,我也着手做了一些研究,1995年还在《高等教育研究》发表了题为"政府与高等学校之间的'缓冲器'"的论文。在博士论文撰写的过程中,有一件事改变了我研究的初衷。当时,在阅读政府与大学关系研究的文献中,我读到华中理工大学(现华中科技大学)许晓东一篇研究政府与大学关系的文章,题目是"学术权力与行政权力——大学与国家关系的组织分析",作者把政府的权力称为行政权力,把大学的权力称为学术权力。这之前,我在阅读伯顿·克拉克等人的著作时,对学术权力的概念比较熟悉了,伯顿·克拉克等人把和大学有关的权力都作为学术权力看待,提出了十种学术权力。许晓东的这篇文章对我启发很大,我想到高等学校内部不也是有学术权力和行政权力两种权力吗?联想到我在大学管理的过程中,经常听到来自教授和来自行政人员的不同看法、不同抱怨、不同诉求,比如机关干部有时会埋怨部分老师随心所欲、散漫难管,教授们则会批评机关存在官僚主义、衙门作风,学校要常常处理教学人员与行政人员的矛盾;大学的行政人员和学术人员对如何办学、如何处理学校中一些事务,也常常会有不同的思维方式和行为方式。但是,大学离不开这两种力量,如何化解这两种权力的矛盾冲突,如何协调好二者关系,成为管理者很重要的一份责任，成为学校管理很重要的一份工作，它涉及理念、制度、行为，高等学校内部管理体制改革应该重视这个问题，处理好这两种权力的关系。想到这些，我产生了换题目的想法，可是，我已经正式开题了，先生能同意我换题吗？另外，在公开发表的文章中还没有看到高等学校内部的学术权力和行政权力概念，相关的文献极少，研究这个问题可能还有其它风险，我思想中斗争了好长时间，最后还是鼓足了勇气向先生谈了我的想法。其实，向先生汇报时，我内心是忐忑不安的，也做了先生不同意我换题的思想准备，但是，结果令我激动不已，先生听了我的想法后，完全支持和赞同我研究这个问题，并给我提出了需要注意的问题，鼓励我做好论文，而且，给我一个特殊的待遇，即不用再开题，让我直接进入研究和论文撰写。在论文撰写的整个过程中，都饱含着先生的学术智慧和悉心指导，不仅当面指导，还写信给我，提出详细的论文修改意见。我至今还珍藏着这封信。在潘懋元先生的支持、鼓励、指导下，我觉得既然"创新就要冒风险"，横下心来，穷尽一切的办法，拿出工作以外所有的精力放在论文撰写上，终于在1997年7月完成博士论文《高等学校的学术权力与行政权力》并参加答辩。在学位论文答辩时老师们也给予了充分的肯定，答辩委员会主席文辅相教授在宣布关于我的答辩决议时说，决议中用了一个过去很少用的词，即对我的答辩表示"十分满意"。答辩结束，我悬着的一颗心落下来了，也为自己完成了一次学术"冒险"而高兴，但是，我内心更深深感谢的是我敬爱的导师潘先生，可以说，没有先生的鼓励，没有先生的指导，我是无法完成这篇学位论文的。

潘先生始终强调高等教育研究要理论联系实际，我记得1995

年在一次学术会议上，潘先生就强调高等教育研究既要求真，又要求用。先生始终鼓励我做好管理工作的同时做好研究工作。毕业后26年来，我一直遵照先生的教导，把学术研究和行政工作结合起来，研究在先以指导工作，又把实践中遇到和感受到的作为学术研究的课题。同时，作为先生的学生，我一直认为要把高等教育研究既作为"学科"又作为"领域"，坚持研究高等教育的基本理论，又要关注现实，关注高等教育改革发展中的实践问题。高等教育学科建设，这些年取得很多成果，产出很多成果，很多学者在致力于高等教育学的元研究、基本理论研究、学科体系研究、研究范式与方法研究等，但是，我们也看到，高等教育学学科建设仍然有许多工作要做，仍然面临许多挑战，高等教育学的"合法性危机"依旧存在。作为先生的学生，我们在关注高等教育现实问题研究的同时，不能忘记高等教育学学科建设的使命。2022年我和大连理工大学高教院的李枭鹰教授与广西师范大学出版社商定主编出版一套"高等教育学学科建设丛书"，潘先生非常支持我们的做法，令我们十分激动、感动、难以忘怀的是，2022年3月，潘先生在住院前夕，为我们这套书写了"总序"，这大概是先生生前最后一篇文章，是先生留给我们的宝贵的学术遗产，是先生对我们殷切的叮咛与期待。手捧先生写的"总序"，我心潮起伏、难以平静，心中有无数的感动、感激、感悟要对先生说。先生的"总序"是鼓励我们的巨大精神力量，我们将不负先生的期望，奋力前行。

先生对我的影响是深远的，从潘先生身上我汲取到的是追求、坚持、治学严谨和关爱学生等品质。我经常说，想想潘先生，我不敢懈怠，不能懈怠。作为先生的学生，我们是荣幸的。作为先生的学生,我们将牢记先生的教诲,像先生一样,始终坚守对教育的信念,始终坚守教师和教育理论工作者的责任,始终保持对事业的激情,始终做一个有益于国家、有益于人民的人!

(张德祥,厦门大学1997届博士,
大连理工大学教授、原党委书记)

经年教诲　半生勉励　终身垂范

叶之红

先生不是凡人，他仙逝的噩耗瞬间在同学中传递。"流年囊萤"是前几届学生的朋友圈，大家边传递信息边各自启程，悉数赶回母校告别先生……

先生开启高等教育学研究生教育已四十年时光。遥想1985年阳春，面试后赶去医院探望刚刚做完手术的先生。病榻上的先生身躯瘦弱，面容暗淡，声音低微……未料此后先生常年保持着高负荷工作状态，竟至年逾百岁尚能终日探讨高等教育理论与实践问题而笔耕不辍，尚能终身执念传道授业解惑之育人初心而笃行不怠。若无非凡之精神，何能如此期颐人瑞，圆满终身！

先生健康百岁，最受益的自然是四十年来一届届的学生。特别有幸的是我们前几届的老学生们，能在近四十年的半生时光中，随时听到先生、看到先生，随时联络先生、打扰先生，随时在各种信息渠道中，聆听他那清晰明了且抑扬顿挫的声音。有先生精神的陪伴已然成为我们的日常习惯，一朝阴阳两隔，自是无尽地追思和感念。回顾两年的谆谆教导、半生的思想勉励、终身的精神垂范，先生高尚的人格人品，可谓源远流长的浩荡师恩，可拟重于泰山的文化遗产。

后面几届师弟师妹常说起,先生经常会表扬 85 级研究生班,大概因为我们是厦大高教所完全自主培养的第一届研究生,从大师兄魏贻通开始,前三届的七位师兄,都是和华东师大刘佛年先生联合培养,有一半时间在华东师大教育系上课,回本所学习半年课程就开始做论文了。

我们入学时,先生正逐渐脱离学校管理的繁重事务,能更专注于领导所里的教学、科研工作。先生精心设计、实施的研究生教育课程,极具教学改革创新的鲜明特征,现在提倡的以学生为中心(SC)的教学、项目教学、深层学习等,我们均有深切体验,并且成为先生开创的研究、教学、研讨三段教学模式的最早参与者和受益人。后来闻名遐迩的周六沙龙,也是起始于先生渐渐将频繁召集的专题讨论及读书分享活动,带入书房,并以茶饮、糕点、干果款待参与者。

当时凌云宿舍楼先生所住的东山别墅,我们朝可闻道,夕能促膝,深深感受到先生亦师亦父的慈爱和如亲如友的关怀。

先生不是凡人,他的师道尊严,是秉持"博学、审问、慎思、明辨、笃行"的智慧之光,照亮我们一路前行。我们入学第一年并没有先生的课,而每周一次的学术研讨会,大部分是先生拿出最新研究成果给大家学习、讨论。我们好像是新生也"不怕虎",不论学习领会的深度几许,经常依仗着研究生班"人多势众",无知者无畏,一边自封"我爱我师,我更爱真理",一边不知轻重地横挑竖捡,似乎越是先生重大选题的重要文章,我们这些"臭皮匠"的责任心就越强,质疑的精神越高涨。83 级师兄忍不住会私下批评:先生治学极为严谨,好好学习再提意见。然而先生自己除了不时投来鼓励的目光,还总是认真做着笔记,不仅十分乐见各种不同观点的碰撞交锋,还会不时挑起更深层的问题,引导各种意见相互争辩。

在学期间,先生总是尽量给我们提供参加学术交流的机会,他与国内外各方面访学专家的交流都是开放的。我工作之后,上海市政府政研室谈松华主任调到我单位做领导,感觉似曾相识,翻开在厦大时期的笔记本,便确认他曾经专程到访厦大高教所,我们参加过他与先生的座谈。还有学贯中西的赵炬明老师,也是经常提起他当年访学先生时,初次见到我们的印象。那时没有公款设宴接待,先生不仅自掏腰包,还要劳顿家人下厨,我们还多少有些机会在先生的家宴上陪来访的客人。后来耳闻,秦国柱老同学工作后,有样学样,让夫人像先生家的二儿媳颜大姐一样,时常做些美味佳肴给学生们打打牙祭。正像先生的周末沙龙还在不断迭代着裂变开去,先生学生的学生们,还会继续领略源于先生的师道传递。

先生当年甚至让我们硕士研究生班的学生参加招收第一、二名博士生王伟廉、邬大光的面试。对于面试中我们班的提问热情,大光至今还笑谈感觉冒犯,因为他当时还不了解,在先生亲授的"高等教育史"和"比较高等教育"两门课中,这种坦诚讨论和相互评议已经嵌入课程模块,成为教学流程,进而渐渐固化为我们的研学常态和习惯。而今我们流年囊萤的小圈子里,还会偶尔闪现边学边议的场景,可以没大没小地直抒胸臆。

送别先生的相聚之际,郝晓峰师兄不禁回忆起先生对他做论文选题的要求,与现在很多教授让博士生在自己的科研项目中选题的方式不同,先生明确不要选他的科研项目做研究,说他承担的科研项目自有研究团队完成。他对学生的选题要求只有两点:一是研究高等教育学理论的重大基础性问题，二是研究国内高等教育实践亟待解决的重要现实性问题。不负先生期望，前三届师兄硕士论文的质量极高，例如82届胡建华师兄对高等学校三大职能的研究等，基本都具有填补理论空白的开创意义。他们的论文大部分在重要报刊上发表，大部分被《新华文摘》转发，大部分成为我们的学习资料，确实为建构中国高等教育学理论体系作出了重要贡献。

联想到几年前北大陈学飞老师说起，他在对潘先生的"外部规律"学说提出争鸣，并征求我的意见。我自然会介绍先生一贯鼓励实事求是的质疑精神和立足实践、精心求证的治学态度。而事实上，我在国家教委政研室及发展中心工作后发现，外部规律正是指导我们做教育战略及宏观政策研究的基本原则，在郝克明主任领导下，中心曾经着力打造教育、经济、科技、法律、人口、文化、产业等不同专业背景的专兼职研究队伍，各项重大教育战略问题研究，无不与国家经济、科技、产业、文化等诸多方面的发展战略相联系。也许，质疑先生所总结提炼的"外部规律"学说，一要求证高等教育能够独立于社会客观环境而孤立存在，二要求证高等教育外部规律本身是否客观存在，三要求证对高等教育发展的本质规律是否能做出其他概括，四要求证衡量高等教育外部规律科学性的检验标准。或许，学飞老师的质疑恰好可以帮助我们更深刻地思考。作为辩证唯物主义认识论在高等教育规律研究中的应用，"外部规律"学说不仅高度概括了高等教育发展的本质规律，而且具有高等教育研究的认识论和方法论意义。

再回想当年的学习时光，我们不仅感受了学习共同体的快乐，更是收获满满。先生的《传统教育与教学改革》在《红旗》1986年第13期发表后,大家因为参与过讨论都受到鼓舞。记得一次专题讨论后有同学特别找我征求意见,想把讨论内容包括我的发言整理成文发表。我立即对这种积极性表示最充分的认可,只是后来并没有留意其整理结果是否发表。当时大批西方哲学社会科学译著出版,大家对现代化理论都很关注,大量阅读后讨论也多有心得,才子周川担纲整理了讨论成果,出手成章地写就了前面大部分内容后,特意留给我一个再学习的机会,让我狗尾续貂。他还督促着完成了《大学教育的两种价值观及其发展趋势》一文,提交中国高教学会年会交流后,很快在学会会刊《中国高教研究》发表,还在学会"1988年高等教育科研优秀成果奖"评选中获二等奖。好像第一作者周川本人到现在还没有看到获奖证书的模样。

那时,我在比较高等教育课程中的分工是对世界高等教育研究做元认知研究,因为有些"填补空白"的味道,我的课程论文后来也在《中国高教研究》上发表。我实习是在学校教务处做一项调研:从厦门大学情况调查看文科教育中的社会实践问题。报告发表在先生主编的《福建高教研究》1987年第2期上。如今回看发现,调研还算够详实,文字实在粗糙,能够发表应该表明先生格外重视实践能力培养。加上后面还要详细介绍的先生带我共同署名的《现代教育与教育现代化》,尽管我专心整理的几篇东西并没有投稿,学习两年发表四篇,对我们的教学质量和学习成效来说,也还算是不错了。

当然,我们班夺得"厦门大学研究生院首届篮球赛"冠军,才是我们全面发展难忘的佳话。好像是先生的教学活水搅动起来的学习活力，突然间蓬勃地奔腾出教室，张扬地涌入了赛场。全班九名男生加上李文权、高德鸿两位硕士生和进修生张宝坤，区区十二人的袖珍小队，敢与有几十、上百男生基数的院系甚至大院系的联队对决，并一路胜出。借由李泽彧的活力爆棚，调动起全体勇士的顽强斗志，不仅一路打进决赛，而且在先生空降啦啦队助威之时，角逐冠军并一举成功！回想这个赛场神话，我们至今依然会兴致盎然，满脑子快闪出先生召集全所庆功之时，他与曹自力、柯佑祥、高新发等大男少男队员们一样表现出孩童般的兴奋和快乐。

先生不是凡人，他以砥砺百年的高尚品学垂范后人，赢得全国教育界的无比尊崇。前不久听世平老师介绍，先生自《红旗》杂志（如今的《求是》）创刊开始珍藏，一期不少，学校图书馆还专门借走创刊号去影印，可见他对这份刊物极其珍视。前面说到先生带我共同署名的《现代教育与教育现代化》一文，就是发表在《红旗》1988年第5期上。那是先生让我在大家讨论的基础上整理成文，先生做了彻底修改，也可以说几乎是重新写过。最初形成的《关于现代教育与教育现代化问题》，长达1.3万字，提交高等工程教育第二次理论研讨会宣讲。之后先生又做进一步修改，完成《现代教育与教育现代化》大约9000字，并署上我的名字提交中国高教学会第二次年会宣讲后，送交《红旗》发表。本来很像《传统教育与教学改革》的姐妹篇，可能因为署上了名不见经传的学生之名，先生的这篇呕心沥血之作、教育现代化的最前沿性的研究成果似乎并没有引起足够的关注。

周川说出了我们全班的心声，向先生学习，首先是学习先生的为人。先生完全不计个人名利的施教,应当是考虑到我已经接受完考察,确定毕业后到国家教委政研室工作,他多次指出文字冗长像"译文体"、缺乏实践经验积累等短板。他更像是开了一个凝练思想和斟酌用语的"小灶",不啻手把手地引导,精心帮我缩短工作的适应期。先生百岁寿庆前后,我找出以上文稿复印件和杂志原件,回想我初稿中的单薄观点及幼稚表述,重读先生文稿中的周密论证及简明文字,再次体会到先生意在岗前培训的"先修课程"饱含着他的拳拳之心。

听闻先生早年合作者的后人不明就里的责难之事,我们早期学生因知情而相对坦然。先生当年不仅常常对我们提起早期合作者,而且还曾经请到所里和大家面对面交流。对于名与利,先生一生都是在伸出双臂、张开双手向外推。听说先生每次巨资捐款都会给儿女们打个招呼:你们各有很好的事业成就,请各自安排生活,让我悉数回馈自己所得,方为我此生最大的安慰。为此,几十年来先生总是留心关注着学生们的需要,不仅为学生提供出国留学的高额费用,甚至连获知学生祖母去世,都会给予数千元路费以助其回家奔丧……先生无私利人的纯净底色,一生不变,辉映千秋。

正因为这篇"合作"文章,《红旗》责任编辑苗苏菲大姐成了我的好朋友,她不仅对编辑工作非常敬业,业余时间还对教育从"无偿"到"有偿"的现实问题做了透彻的研究,该成果出版后,先生等很多专家均给予了高度评价。《红旗》改名《求是》后,我又发了两篇文章,都是应她约稿而写。其一,她看到《教育研究》刊发《调整教育政策促进义务教育的改革与发展》一文后,特别致电我说:类似这样调查现实问题、论述改革政策、讨论本质规律的文章，最适合《求是》刊发。看到她的殷切期待，基于长期针对教育热点问题做系统调研的深入思考，我对义务教育更为本质规律性问题做了进一步梳理，很快形成《论义务教育的本质属性和非本质特征》一文，在《求是》（1998年第18期）发表后，还被她誉为当年该刊上最好的教育文章之一。其二，国家领导人在第三次全国教育工作大会上的讲话提到"积极发展教育产业"，讲话中扩大教育服务、提高教育效益的表述没有受到重视，而关于教育收费的相关表述则引起广泛关注，也不乏歧义。她听了我的有关思考后再次约稿，尽管有关研究积累不少，但完稿时教育部领导的统一意见基本形成，只能在争鸣栏目刊发两篇不同角度的文章。我推荐了北师大王善迈老师，我对他"教育是公共产品，不能产业化"的观点很熟悉，我的题目则直接用了领导讲话的原文《积极发展教育产业》。由于篇幅只能大幅缩减，仅剩下扩大教育服务、提高教育效益的正面意义及公共产品的边界条件辨析等内容。所以在《求是》2001年第1期刊发后，更多内容发在了《光明日报》和《教育发展研究》上，也被《新华文摘》转发。

政策咨询性研究的价值在于为科学决策服务，研究包括适度预判决策实施的边界条件，科学决策则是从实际出发确定完全接受、部分接受或暂缓接受咨询性研究意见。鉴于防范不良社会影响的考虑，关于教育产业的正面积极意义基本没有被采纳，这原本很正常，可我还是为此感受了些压力，研究员的职称评审也因一票弃权没有通过。先生特别给我打电话说，看得出研究有基础，分析有分量，他同意顾明远先生给我的推荐意见：这是赞成教育产业的文章中写得最好的。汪永铨先生不仅让人请我到北大教育学院去讲,还特别借新年之际寄来一张寓意美好的贺卡。

　　由于先生所到之处都是朋友,他的朋友都成了我们的先生。国家教育发展中心聘请先生等全国教育领域最重量级的专家做咨询委员,他们都因为我是先生的学生,特别乐于赐教,其中包括在学期间已经熟悉的上海高教局原局长余立先生和上海教育局原局长吕型伟先生。他们个个都是当代中国教育实践经验极丰富、教育政策研究极有造诣的教育家,都是深刻影响了改革开放后教育改革发展实践的大先生,而每一次中心咨询会议的相聚,都能成为一种特别珍贵的学习经历。如今,他们中的大部分人都已经先于先生离世,送别先生遂有一种特别感受:我们正在送走一段历史,告别一个时代!

　　先生不是凡人,他不仅有教学、管理、科研的丰富教育实践,有扎实的学术理论功底,更具有屹立潮头的学术见识和放眼未来的战略眼光,其深邃的教育思想总是及时回应着实践需求,永远走在时代前列,启迪实践者面向未来。1987年初,我本想躲避往返需要五天的艰辛路途,计划放弃寒假回家。陈炳三书记突然找我说临近春节只剩下我合适送先生到上海出境,回家过完春节再到上海接先生回厦门,于是往返各一段轻松飞行替代了坐单轨绿皮火车之苦,人生第一次坐飞机是送先生出国参会。无比快乐地飞到上海,却瞬间领略了江南没有取暖条件的寒冬之寒,阴沉的天空寒风夹雪,虽有吕型伟先生家宴的黄酒款待、教育局招待所被子管够,还是被那深入骨髓的冷冻得彻夜难眠,可知长年生活在福建的先生该有多难受。第二天一早送先生到机场，看着他瘦弱的背影，真是很不明白：放弃在温暖的厦门和家人过春节的喜乐温馨，飞去日本那更加酷寒之地，只为参加民办高等教育国际论坛，而国内连民办高校的影子都没有，民办高等教育只是一个断了近四十年血脉的历史符号，恰似冰天雪地的一派苍茫……何曾想到，自那时起，先生对民办高等教育的关注、调研再未停息过。同时难以想象的是，全国民办高等教育一度迅猛发展。国家教委成教司社会力量办学办公室主任王志强经常说起，他们十分感谢先生的前瞻性研究，正是有了先生的远见卓识，他们做工作才能心中有底。

由于工作原因，毕业后在先生的研究范畴内，最关注他对我国高等教育发展问题的持续研究。在我国高等教育毛入学率只有3%的时候，他就十分关注国际著名学者阿特巴赫的高等教育大众化理论，还特别派我们班留校的徐俞到美国入门学习。而我到部里工作后他只有一件私事相托，那就是每年规划司统计处在年度统计报告正式出版前会印一份简版的统计资料，为先睹为快，先生让我去要一份给他。统计处同志听说是潘先生要，不但热情赠予，还总是热情地说，请转告潘先生，以后我们会在资料印出后马上寄给他，请他不用惦记。

教育部党校同期同班班长吴德刚受命担任政策研究与法制建设司司长时，请我介绍政研室的相关经验，他很赞赏郝克明主任聘请全国知名专家做咨询委员的做法，并提出如有咨询委员来部里，一定要介绍给他认识。不久获悉先生来京，他立即约见，谈及当时社会十分关切的高校扩招情况，听到先生数分钟内一口气说了长长一连串的数字，我还是难免惊诧于先生对数字的娴熟解读，说事情、谈问题只要心中有数，就不会人云亦云。先生这种身体力行又是一堂好课。

调到高教学会工作不久，袁贵仁部长部署教育系统六大学会共同参加《国家中长期教育改革和发展规划纲要（2010—2020年）》的调研，因为当时秘书处人手极少，我沿用发展中心调研工作的老办法，套着纪念改革开放三十周年的研究项目，召集了一系列专题会议落实调研任务。我们查找了前推18年的新生人口数字，发现高等教育适龄人口将大幅减少，再对比近年批建的新建院校数量便可以发现，如果未来高等教育规模的增量主要满足新建院校招生需要，全国高校招生规模增长率将大体在3%—4%；再参照2020年我国高等教育适龄人口进入低谷期，高等教育毛入学率的分母会大幅缩小。相关要素叠加可知，2020年我国高等教育毛入学率会达到50%，按照阿特巴赫的标准，将进入高等教育的普及化阶段。袁部长看到我们提交的报告后，又专门召集各学会当面汇报……很开心，将先生身教的方法用于工作，很开心百岁先生看到了中国高等教育走进了普及阶段的新时代！

"潘懋元教授从教85周年暨新时代中国高等教育改革与发展高峰论坛"上，面对专程参会的数位副部长和各方领导同志，以及线上线下各方代表上千人，百岁先生绝口不提他亲历的"昨天"，却讲"新时代高等教育改革与发展：今天、明天和后天"。他在报告中说："未来是两种人的世界，一种是自然人的世界，一种是机器人的世界，二者共存，必须营造自然人与机器人和平共处、合作共赢、共同发展的环境和新的自然村。因此，需要对机器人进行伦理道德教育，使机器人成为智慧人。这也是高等教育发展的'后天'。"实话说,当时我对先生此言真没有特别的感受。仅仅两年过去,像是为了呼应先生的预言一样,ChatGPT 转瞬之间便快速迭代着呼啸而来!

先生走后,我们都曾几次梦见,更是特别惦念先生的归宿。世平老师介绍了先生自己的安排:他将与我们见过、聊过、惊诧过的端庄秀美的师母相互守望,他将在故乡那名为"榕城"的大榕树下静静安息。而我们还会兑现您百年之后年年探望的承诺,依然期待着相聚在那颗大榕树下,再陪您坐一坐,再听您聊一聊……

(叶之红,厦门大学高教所 1985 届研究生班,中国高教学会原副秘书长)

厦大学缘：感怀与潘先生相处的难忘时光

韩延明

2022年12月6日，我亲爱的老师走了，那个教我育我、爱护我鼓励我的敬爱的恩师走了，永远地走了……惊悉导师潘懋元先生溘然长逝的噩耗，我悲不可遏、痛彻心扉，连日来一直沉浸在极度的悲痛哀悼之中，寝食难安，时常情不自禁地泪流满面。很想去厦门，但因特殊原因亦不能外出。无奈，赶紧起草了一封唁电，以山东师范大学高等教育研究院名义发去厦大教育研究院，并委托同门代为办理向先生敬献花圈，遥寄哀思，深切缅怀。不能躬身前往，深感万分愧疚！大师已去，风范长存，多年厚爱永驻心间。先生是天底下最好的老师，是我们永远的大先生。对潘先生，我最深切的感受是：越了解他，就越热爱他；越走近他，就越崇拜他。正如同门吴岩所说："做潘懋元先生的弟子，是一辈子最荣耀、最得意、最幸福的事。"化悲痛为力量，我一定在《潘懋元教授纪事年表》一书基础上接续编纂《潘懋元先生年谱》，以告慰恩师在天之灵，记录恩师教育圣迹，传承恩师学术思想。

享年103岁的传奇教育家、学术泰斗潘懋元先生，仁者胸襟、智者风范，一生执著于教育事业，孜孜躬耕学园，矻矻探索学理，认认真真地过着每一天,问道至真,育才至诚,为人至善。掩面沉思,浮想联翩,由点到面地映出一幕幕难忘的历史,悟出一段段交往的人生,刹那间叩响了在先生身边的那些鲜活记忆和深埋心底的那份挚诚情愫,如烟往事缕缕飘来,让人在痛苦的回想中咀嚼甜蜜的"当年",打捞起那些淹没在时间长河中的点点滴滴的从师片段。忆往感怀,先生的人品学识、音容笑貌、言行举止、谆谆指教,恍如昨日,不时在眼前浮现,在耳边回响,正如一首歌所唱:"总是在失去以后才想再拥有……总是在离别以后才想再回头……映在我的心底,是无穷无尽的永久。"

与先生的第一次约会

心之所向,素履以往。1998年9月8日,我满怀对中国高等教育学学科开拓者与奠基人潘懋元先生的敬仰和"卓立潮头唱大风"的厦大高教所这片"高教圣地"的崇拜,肩扛攻读博士学位的人生使命,匆匆交代好学院的管理工作,一脸灿烂地喜登风光旖旎的鹭岛,从"孔孟之乡"来到了"东南邹鲁","借海扬帆",开启了我追随先生的厚深学缘,进入了富含挑战和磨炼的学术攀援"新时代",并由此而改变了我后续的人生发展轨迹,正如秦少游在《春日》诗中所写:"一夕轻雷落万丝,霁光浮瓦碧参差。"

"面朝大海,春暖花开。"9月10日,已经78岁高龄的潘先生在海风山景的囊萤楼办公室热情地接待了我,印象极为深刻。虽然过去也和先生接触过几次、交谈过几回,并在7月中旬兰州会议后一同乘大巴赴敦煌游览,但忝列师门亲承教诲,作为弟子在厦大见面这还是第一次,所以平时不太怯场的我不免有点儿心中忐忑。

事前王伟廉老师也提醒我说，先生是一位"严师"。然而，先生那天很和蔼，满面春风，还很客气地给我倒了一杯水，让我坐下谈，但我还是感觉一股威严之气向我阵阵袭来，使我带有"好客山东"的经典"笑颜"颇感僵硬，一向说话还算流利的我竟没说出几句话来。大概是为了舒缓一下室内凝重的空气，先生首先赞了我一番，说1996年10月在曲阜师范大学举办的"第六届全国大学教育思想研讨会"很成功哇，你的会务协调工作做得不错，你的《高校目标管理导论》一书（先生作序，1996年版）写得也不错。我羞涩地笑了笑，算是回应。接着，先生中气十足地对我说：你现在是学生喽，不是院长，也不是教授，要注意转换好角色哦。不等我回话，先生接着说："我仔细看了你发表的几篇论文，感觉你在传统文化方面有很好的基础，而且哲学功底也不错，同时又有国外学习的经历，所以我早就为你想好了，你的博士学位论文就写大学教育理念吧。"他喝了口水，接着说，"我早就想到了这个选题，只是一直没找到合适的人来做。你先回去考虑一下，写个提纲给我。另外，你准备一下，下周一所里（厦大高教所）学术例会，你作个报告。"我一听，有点懵了，因为那天是周四，我忙问："是下周还是下下周？"先生拖着长音说："下周！"我一听，没得商量，心里一颤，赶忙连连称是。先生总是那么与时俱进，那么只争朝夕。其实，当时我对"大学教育理念"还一无所知。这就是我和潘先生在厦大的第一次正式约会。

多管齐下"相映红"

先生对我的博士学位论文可谓高度重视。由于也是他"蓄谋已久"的一个博士论文选题，所以他一直紧追不舍，多管齐下，综合施压。

一是连续两次"沙龙"讨论。1998年9月12日晚，我和同学们结伴说笑着到先生家中参加"周末学术沙龙"。这是我第一次到先生家，也是一份永远抹不掉的记忆。我不免好奇地仔细打量，惊羡至极。先生宅院坐落于一个风景优美的小山坡上，属于20世纪50年代中央政府拨专款为厦大教授兴建的"东村别墅群"（共有7栋小楼，2000年拆除）。"潘府"是一幢建筑风格中西合璧的独栋二层别墅，石木结构，由花岗石垒砌，门牌是东村9号，掩映在翠竹绿林、藤萝花木之中，就在如今刻有"云栖"摩崖石刻的巨石附近，环境优雅，宛如仙境。在我看来，这栋精致的小楼，就是一个"风从这里过，风也有书香；云从这里过，云也有思想"的学术殿堂。潘先生住二楼，里间是卧室，外间是客厅兼书房，书房逼仄而简约，一盏垂挂而下、古朴典雅的老式吊灯，橘黄色的灯光悠闲地流洒下来，像花的蓓蕾在做着盛开的梦。据邬大光教授悉心考证，先生家庭沙龙的发源地就在此间书房，始于1985年9月，此后风雨无阻、坚持数十年。

在那天的沙龙上，人才"挤挤"的同学们紧凑地落座后，潘先生先是乐呵呵地招呼大家茶水、咖啡、水果、点心、瓜子、大枣等"各取所需"，然后切入正题，"各言尔志"，没想到议题竟是"关于大学教育理念问题"。我倍感惊喜且一阵惊吓。这时，先生先把我这位"新生"介绍了一番，然后说，你说说看。我在惊慌中谈了一点"思想"——胡思乱想，已忘记说了什么。当时觉得心里匮乏得很，像一只掏空了的袋子，实在倒不出什么来。因为那时理念、教育理念、大学理念、高等教育理念这些概念才刚从国外引入,接触很少。同学们倒是觉得颇感新鲜,所以各抒己见,气氛很是热烈。先生最后作了总结,提了主导性意见,使我顿觉豁然开朗,颇有如沐春风之感,对我确定"大学教育理念"的研究主题和论文主体起了奠基性作用,也像一缕温馨阳光照亮了我的心房。不仅如此,先生又在9月19日晚的"沙龙"上动员大家再次进行思想火花的碰撞,议题是"如何从哲学的视角研究大学教育理念"。因为这之前我已看过一些资料,也进行了些许思考,所以听了大家的高见,感觉收获特别大,我的研究思路由此渐趋明晰,撰写博士学位论文的胆量也陡然增加。

二是让我参加研讨班。为了做好研究,先生还特意安排我参加了9月22日至27日由厦大高教研究所和华东师大师资培训中心联合举办的"21世纪与高等教育思想转变"高级研讨班,先生在开幕式上作了《走向21世纪高等教育思想的转变》的主题报告,使我进一步开阔了视野、拓宽了思路。

三是与我深入交谈。9月28日,先生在囊萤楼办公室再次就博士论文与我座谈,予以指导。因为与先生已接触了一段时间,而且对论文已胸中有数,所以这次交谈甚感轻松。我顺畅地汇报了《大学教育理念研究》的写作提纲、主要观点和所谓的创新之处,先生很满意,并将论文最后定名为《大学理念探析》。然后我就进入了如痴如醉的资料搜集和写作阶段。

四是带我"游学"。11月2日至5日,先生带我一起到深圳参加"第七届全国大学教育思想研讨会"。他在会上及深圳大学先后作了《知识经济时代的高等教育》的学术报告。会后赴广州"行走学术",还在私立华联学院(又称广东华联大学)接受了中央电视台的采访,我和李均师弟陪同,正所谓"读圣人书,与贤者游"。尽管日程安排非常紧张,先生还是坚持到当时在中山大学工作的学生张建奇家里看看。当时,建奇刚生孩子不久,先生让我们和他一起去商场给小孩买东西。他转了好几圈,挑了一件,问我们怎么样,我们说很好,就是太贵了!先生说,给小孩子买东西,就是要买最好的。写到这里,我就给建奇发了一个微信,向她求证。她很快回信说:"当时我住在广东省教育厅附近,东风路。儿子几个月,你们来家里。先生买的是小被子,是当时很著名的进口牌子,里面是白色的,上面有些点点的。好像是从农林下路王府井买的。质量很好,用了很久,也让我感动了很久。"这就是先生!作为一代宗师、教育大家,对学生和学生孩子的"爱心"竟是如此细腻、如此暖人,确非常人所比,令人感动,令人不得不感动啊!

陪游期间,我有机会得到了潘先生更细致、更深入的论文指导,收获颇丰。正如唐代文学大家韩愈所言:"耳濡目染,不学以能。"广州之行结束后,先生要去汕头大学讲课。我没去,抓紧赶回厦门,趁热打铁,撰写论文。我每天奋笔疾书,一直在脑海中极力搜寻与反复回味和先生的每次谈话、每个细节甚至每个字句,力求准确理解并拓展思路。不久,我就写出了十多万字,正应了古人那句话:"与善人游,如行雾中;虽不濡湿,潜自有润。"

"添油水"与"补脑汁"

岁月悠悠,师恩浓浓。令我十分感动和难忘的是,为了我的博士学位论文,潘先生还两次邀我到家中吃饭,既"添油水"又"补脑汁"。

第一次是在1998年12月26日(周六),先生约我到家里共进午餐,并就我论文初稿中存在的问题、需修改的地方、要增补的内容,特别是如何从哲学、文化学的角度思考和研究理念与大学理念进行了点拨和指导,使我收获巨大,颇有醍醐灌顶之感。

第二次是1999年2月14日(腊月二十九),先生特邀我一家(那年寒假我未回山东,把夫人和孩子接到厦大过春节),以及调入厦大高教所工作不久的邬大光教授一家到东村9号家中做客,共庆新春佳节,情殷殷,意浓浓,乐融融。记得先生还特意为两个孩子准备了很精致的双层多箱铅笔盒和数支红蓝铅笔,两个小朋友高兴得手舞足蹈。席间,大家不仅把酒言欢,而且还就我的论文面授机宜,学问深不可测的邬导(那时眉毛还不太白)也不吝赐教,使我收获满满。那种物质和精神"双丰收"的有滋有味的愉悦,真的是从每个毛孔中洋溢出来。正如《老残游记》里所写:"五脏六腑里,像熨斗熨过,无一处不伏贴;三万六千个毛孔,像吃了人参果,无一个毛孔不畅快。"

后来,潘先生又几次约我座谈论文问题,而每一次都是一种精神的洗礼和反思的升华。先生的诱导与点拨,语言很朴实、简洁,但寓理深刻,正像陆游诗中所云"工夫深处却平夷"。先生总是这样,"望之俨然,即之也温",善于用平实的话语讲深刻的道理,益智、养心、育德、储能,三言两语便风轻云淡地拨开了学生们眼前那看不透的迷雾,催动众生净化和清晰了"理路"。他简朴而厚重的话语,既像苍黄大漠中天生的一抹青翠,让人眼前为之一亮,又如风平浪静中潜伏的惊涛骇浪，蕴含着震撼人心的力量，令人豁然开朗。

学贵得师。正是由于潘先生的光辉照耀和不断"补脑"，那年我好像进入了人生中最亢奋的状态，激情燃烧，灵感迸发，浑身充满了使不完的干劲和力量。那时我自己住一个单间（因身份是"高级访问学者"），我去买了电炉子（当时查得还不太严），备了几箱方便面，有时十天半月不下楼，废寝忘食地思考、写作，可谓研精覃思、朝乾夕惕，真的是"躲进小楼成一统，管它冬夏与春秋"。有一次，山东省委高校工委书记田建国教授到厦门来，我领他拜访了潘先生后，他执意要到我的宿舍看看，结果回去后大肆渲染我天天吃方便面，夫人心疼得直打电话。不过，还真是成果丰饶。我不仅很快完成了几易其稿的十几万字的博士学位论文，而且还完成了山东教育出版社"21世纪大学教育发展趋势丛书"之一《大学教育现代化》（先生作总序，1999年12月版）的书稿，还发表了多篇论文，其中有的还被《新华文摘》和人大复印资料全文转载。这都是因为先生的光风霁月和厦大这块"高教圣地"的熏染、陶冶与培养啊！师恩长念，谢无疆焉！

1999年2月22日，我有幸参加了英国赫尔大学在北京举行的"潘懋元名誉科学博士学位授予仪式"，置身其中，备感幸福。因为先生是该大学授予学位的第三位中国大学著名学者，另两位是香港大学校长和香港中文大学校长。4月26日，先生将基本定稿的《大学理念探析》退还给我，其中改过的语句字字珠玑、发人深省，字里行间都渗透着先生的思想、心血和颤动的笔迹，饱含着先生高尚的人格和高深的学问。每每捧读，心灵震撼。5月25日，先生在囊萤楼办公室与我讨论合作撰写《关于发展我国民办大学的理性思考》一文（因为4月21日至24日在厦大召开了"首届全国民办大学校长研讨会"），就内容、结构、主要观点等提出了主导性意见。论文写好后发表于《中国高教研究》（时为双月刊）1999年第4期，后被学者多次引用。

"四剑客"与"小插曲"

《大学》曰："物有本末，事有终始。"在厦大，我当时的身份是"访问学者"，申请的是"论文博士"，所以我是一位"横跨三级"的特殊学生：与1998级博士生（柯佑祥、唐德海、田建荣、张彤等）一同入学，听课；与1996级博士生（刘振天、赵婷婷）一同研讨；与1997级博士生（张亚群、李泽彧、谢作栩、王康平、章达友等）一同答辩。先生第一个"论文博士"是苏州大学周川教授（1997届），我是第二个（2000届），之后是华南师大卢晓中教授（2001届），其后是中国石油大学（华东）刘华东教授（2005届）。再后来有没有？我专门问了先生。先生说，没有啦，就你们四个哦！不在数量在质量，你们四个都很不错嘛！看来，先生对我们这"四剑客"还是基本满意的。

说起我的"申请博士学位答辩"，期间还有一个小插曲。因为我当时在曲阜师范大学任教育科学学院院长兼教育系主任、教科所所长，所以即使我疯狂般地请假，书记、校长也只给了我一年的离校外出学习时间。这样，1999年9月我就必须返回学校。当时，我就非常天真地想，要是离开厦大前答辩完就好了，反正论文早已经写好了。正巧,1999年5月5日至7日,先生要出席在烟台师范学院(现鲁东大学)召开的"全国高等教育学研究会第五届学术年会",要我一起参加。其间,我到先生住的房间,壮着胆子说了自己的想法。只见先生很平静地看了我一眼,然后"经典"地抬起了右手,在头发并不浓密的前额上用食指轻轻地"摩擦"了两下。我一看,知道没戏了。因为业内人士都知道先生这个"玄机":只要是同意的事,他会哈哈一笑,连说两个"好"字;如果不同意,就会默不作声地在额头上"摩擦火花",当然有时思考问题也会这样。见状,我灵机一动,赶紧说了另一件事情以岔开话题。又过了几天,找了一个机会,我笑着给先生说:"我再准备一下,明年答辩可否?"先生一听,笑了,说:"好,好,明年可以。一年就答辩,别人会说闲话。"这样,我利用充足的时间对论文又进行了大幅度的修改、补充和完善。7月10日,先生让我旁听了何云坤、刘振天、赵婷婷的博士学位论文答辩会(主席是顾明远先生),算是"观摩",受益良多。

"答辩"与"赐序"

2000年1月26日至5月7日,先生应邀东渡扶桑,到广岛大学大学教育研究中心做客座教授,为研究生开设"中国高等教育问题"课程。期间,先生又仔细地审阅了我修改后的学位论文,并让我撰写了他主编的《多学科观点的高等教育研究》一书中的第二章"哲学的观点:大学理念",使我更深化了对大学理念的认识和研究。5月中旬先生回国后,即通知我做好博士学位的申请、填表、笔试(含英语)等相关准备工作,但当时我正在山东省委党校中青班学习(1年),7月份结业。这样,8月份我就做好了各项前期准备工作。9月22日,我和张亚群、李泽彧、谢作栩先后顺利通过了博士学位论文答辩。第二天,王康平、章达友也顺利通过。"学其成时念吾师"。9月24日,我们这几位"崭新的博士"荣幸地参加了"潘懋元先生从教65周年暨80华诞庆祝大会",亲耳聆听了先生发表的"八十感言",并与先生合影留念,感到特别幸运和幸福。

记得离开厦大时,先生几次叮嘱我抓紧修改、完善博士论文,争取早日作为学术专著出版,但是,我回校后即被调到临沂师范学院(现临沂大学)就职,事务繁忙,所以《大学理念论纲》一书一直拖到2003年10月才由人民教育出版社出版,而先生2002年7月就把为拙著写好的"序"传真给我。每念及此,深感愧对先生。无以报答,只能怀揣一颗感恩之心沿着先生开拓的高等教育之路砥砺前行! 而与先生的这段"知遇学缘",以及当初先生"强加"给我的博士学位论文选题,却奠定了我二十多年来学术研究的根脉、基石和"辐射",后来我又相继撰著出版了《改革视野中的大学教育》《高等教育学新论》《大学校训论析》《大学文化育人之道》《大学生心理健康教育》等相关著作,《大学精神论要》和《大学文化论稿》两本著作也将于2023年分别由南京师范大学出版社和山东教育出版社出版,确实是一朝入师门,裨益几十载啊! 这,就是我当年在先生身边作博士学位论文的故事,也是二十多年深埋于内心深处的"珍藏",今天"晒"出来与大家分享,也以此沉痛悼念、深切缅怀永远活在我们学生心中的潘懋元先生!

永远的先生

薪火相传，达者为先。"先生"，体现了一个尊称、一种修为、一份崇敬和一种精神。范仲淹赞曰："云山苍苍，江水泱泱，先生之风，山高水长。"在弟子们心中，潘先生就是一面旗帜、一座高山、一柱灯塔，就是一部厚重的人生教科书。当年有人问孔子一生到底做了些什么？子曰："若圣与仁，则吾岂敢？抑为之不厌，诲人不倦，则可谓云尔已矣。"公西华曰："正唯弟子不能学也。"（《论语·述而》）潘先生正是这样一位不厌不倦、令人高山仰止的学人典范和大师楷模。其有教无类的博大胸襟、敢为人先的创新精神，其铢积寸累的学习毅力、催花著果的育人情怀，其照古腾今的文化底蕴、抱诚守真的人格境界，无时无处不在闪耀着璀璨的光芒。先生，春风化雨，静水深流，需要我们用一生去认知，去体悟，去效法。先生，是学界永远的"大先生"。

教之道在于"渡"，学之道在于"悟"。多少风雪雨晴，先生巧"渡"诸生，用热血浇铸文字，用心雨滋养学生，倾情演绎了其丰富而传奇的教育人生：授学生以知识和智慧，教学生以做事和做人，育学生以成长和成熟，引学生以创业和创新。他心心念念的都是学生。有一次，我从山东给他带了两包大枣，刚想撕开包装让他尝尝，他马上说，别拆了，等沙龙的时候再拿出来吧。从他身上，感受到的不仅是阅历、经验和知识，更是亮节、修为和智慧，仰之弥高，钻之弥坚。他不仅是一位卓越的教育理论家和教育实践家，而且是一位出色的教育活动家和教育战略家。他的无言之教和有言之教同样精彩,就像齐白石的水墨画,着墨的地方是画,留白的地方也是画。正可谓:谦谦君子诲而衍衍,八十七载树蕙滋兰;烁烁椽笔论而衍衍,百万臻言求真立典。

"盛德弥光,风流日长。"谨以此文沉痛悼念、深切缅怀学问导师、人生楷模潘懋元先生!我们要学习先生勤奋学习、严谨治学的精神,爱岗敬业、教书育人的精神,敢为人先、守正创新的精神,情牵学生、心系大众的精神,自信自强、吃苦耐劳的精神,以及元气淋漓、笔耕不辍的精神。如今,追忆潘先生的件件往事,感怀与先生相处的难忘时光,思绪阵阵反刍,心底渐渐凝聚成四个金色的大字:师恩难忘!我们一定继承先生的遗志,弘扬先生的精神,不负先生的厚望,努力做吴岩师兄所说的"具有家国情怀、真才实学、责任担当、团结奉献精神的'潘门人'"!

敬爱的潘先生与天地并存,与日月同光!学术思想之树常青!先生千古,精神永生!

(韩延明,厦门大学2000届博士,临沂大学教授、原校长)

从游卅载　受用一生

张应强

梅贻琦先生在《大学一解》中，将师生关系概括为"从游"。他说："古者学子从师受业，谓之从游。孟子曰：'游于圣人之门者难为言。'间尝思之，游之时义大矣哉。学校犹水也，师生犹鱼也，其行动犹游泳也。大鱼前导，小鱼尾随，是从游也。从游既久，其濡染观摩之效，自不求而至，不为而成。"

我仰慕先生，追随先生学习高等教育学自1990年始。从作为编外弟子自觉学习先生的论著，到1994年入室受业三年，再到博士毕业后专门从事高等教育学研究，迄今已历三十载。三十年来，先生为人为学为师的风范，山高水长，深深影响着我，让我一生受用。在先生百岁华诞之际，谨以"从游卅载，受用一生"为题，记录和讲述我与先生的故事，以表达我对先生的感恩之心。

初识先生

1989年6月，我结束了在华中师大政教系思想政治教育专业第二学士学位班两年的脱产学习后回到江汉石油学院，任物探系党总支副书记，负责系学生工作。我国石油系统主要由军队转制而来,军事斗争的作风和重视思想政治教育工作的优良传统得到很好的延续和传承。大庆精神和铁人王进喜就是在石油系统产生而影响全国各条战线的思想政治教育典型。江汉石油学院作为石油工业部部属高校,相对其他高校而言,更加重视学生思想政治教育工作。我作为系学生工作负责人,住在学生宿舍,成天和学生摸爬滚打在一起,工作强度极大。作为系班子成员之一,我经常参加系党政联席会,讨论教师考博申请等事宜。时间一长,我自己也产生了攻读博士学位的想法,"博士"一词在我心中具有无限分量和无限荣光。

抱着这种愿望和想法,我开始关注自己感兴趣的三大学科领域及其知名教授——北京大学费孝通教授(社会学)、中国人民大学罗国杰教授(马克思主义伦理学)、厦门大学潘懋元教授(高等教育学)。开始阅读他们的论著,关注他们博士弟子的学术动态。随后,我分别给上述三位知名教授写信,介绍自己,表达了考博意愿。但只有潘先生给我回信,先生回信的大意是:欢迎报考,但鉴于我只有(工学和法学)双学位,没有修习过教育学类课程,最好先来厦门大学进修一段时间的高等教育学硕士学位课程,然后以同等学力身份报考,并让我与所研究生秘书林金辉具体联系进修事宜。先生的回信给予我极大鼓励。之后不久,我向学校和系申请调入高教研究室工作,以便专心致志学习和研习高等教育学,为进修和考博做准备。

改革开放之后,潘先生极力呼吁、倡导和力行建立高等教育学,开展高等教育研究。当时他在全国进行高等教育学及高等教育研究巡回演讲,最为集中的演讲地是华中师大中南干训中心。

演讲稿经中南干训中心有关领导组织人员录音、整理、油印后，在全国广泛传播，一时洛阳纸贵，一册难求。我从一位在中南干训中心培训过的高校干部手中借来阅读，虽然对高等教育学和高等教育研究一知半解，但也有醍醐灌顶之感，觉得讲得太好了。这也算是我初识先生的第一步。

我在华中师大读第二学位期间，从一位学生手中借到了潘先生主编的《高等教育学》。夜深人静之时，伏案阅读，击节叹赏。1992年10月调到高教研究室工作后，我找到了一本厦大高教所内部编印的《高等教育论文集》，其中收录有潘先生的多篇论文，也有博士生王伟廉、邬大光、樊安群、魏贻通等人的论文。看着文中"厦门大学高等教育科学研究所博士生"的极为简洁的作者介绍，我对他们无比羡慕，心想我什么时候能像他们一样也成为厦大高教所的一名博士生呢？

1993年2月16日（正月二十五），我从荆州坐汽车到达武汉南湖机场，在机场宾馆住一宿后，搭乘17日早晨8点左右的航班飞厦门。这是我第一次乘坐飞机，新奇中夹杂着紧张，飞机在雨中也能起飞让我非常好奇。经过70分钟左右的飞行，飞机抵达厦门机场。记得当时的机场离市区很近，应该不是现在的厦门高崎国际机场。在非常简陋的传送带上取到行李后，我乘机场大巴到达市区某酒店处后，转乘公交车到达厦大，入住凌云三三楼一间宿舍。

当时，厦大高教所研究生住在凌云三五楼，1992级硕士生胡云是我的荆州老乡，他从湖北农学院考入厦大，师从高教所刘海峰教授。身处异乡，见到老乡，极为高兴。大约三天后，正是胡云带着我第一次去面见先生。潘先生当时住东村九号别墅,与凌云三只隔着一条从情人谷水库下来的水渠。水渠水流湍急,冲击着大块光滑的石头溅起洁白的水花,发出巨大声响。平时在凌云三宿舍走廊上就能看见东村九号别墅。据先生后来说,相邻的别墅曾是卢嘉锡所住。这也是我第一次见到别墅。我们进入别墅,上到二楼,先生已在书房等候。见到先生,我极为紧张和拘束,不敢落座,不敢环顾四周,不敢看书房里的具体陈设,至今仍不记得当时谈了些什么。只是感觉到胡云也比较紧张,他在引见我时,我感觉他明显气促,话语不大连贯。现在结合第一次见面时通常应该谈的内容,估计我做了自我介绍,告知先生我已经办好访问学者的相关手续,希望得到先生的指导,云云。先生大概讲了关于访问学者进修的注意事项,要求我跟随硕士生听课等。见面时间估计15分钟左右,之后,我和胡云便匆匆离开后回到宿舍。15分钟对当时的我来说,显得特别漫长。见到平时朝思暮想的先生后,不知为何却又恨不得快点离开。虽然先生一向和蔼可亲,平易近人,但我和他相处在一起,总是觉得有一种威严的气场笼罩着我,压迫着我。为此,我还曾找本所心理学教授罗杞秀老师做过心理咨询。在厦大进修和读博的四年多时间里,无论是在正式场合还是非正式场合,我从来都未曾放松心情地与先生交谈过。这种状况,直到我博士毕业后才有所改变。

进修时光

按照先生的要求,我与1991级郑宏、1992级胡云、1993级郑若玲等多个年级的硕士生同堂上过课，修习高等教育学专业的硕士学位课程。但我来此进修有非常明确的目的——考博。因此，除了修习硕士学位课程之外，我还得花费大量时间准备外语考试。大学期间我的英语基础相对而言是比较好的，但1984年大学毕业后中断了大约九年的英语学习，提高英语水平、顺利通过博士外语考试，成为我进修期间重中之重的任务。第二项重要任务是以研究潘先生发表的论著为核心，学习和领会潘先生的高等教育学思想，开展高等教育研究，提高学术水平，以便能顺利通过博士生入学专业课考试。为此，我几乎阅读了潘先生出版和发表的全部著作和论文。1990年，新华出版社出版了《潘懋元高等教育文集》一书，该文集是为庆祝先生七十华诞而编辑出版的，由曾鸣同志（曾任厦门大学党委书记）题写书名。我将该文集的所有文章通读了一遍，每篇都做了读书笔记，在不少文章上做了批注，画了重点，有的还写上了自己的评论和思考。休息时，我总是自觉不自觉地端详和抚摸着扉页中的先生照片，似乎如此，才有一种支配我努力学习的精神力量。

　　进修期间，我自觉将自己作为一名学生融入高教所这个大集体，积极参加潘先生的周末学术沙龙和高教所组织的学术活动、学术会议、学术讲座，以及卫生大扫除和公益劳动等活动。在公益劳动中，累活脏活抢着干。所党支部书记陈炳三老师为此表扬我说，你不愧为做过学生工作的人。

　　大约半年后，经所里同意，我搬到高教所办公楼——囊萤楼三楼楼梯口那间未曾使用过的半边卫生间居住，一墙之隔就是另外半边公共卫生间。房间不到4平方米，正好可以放上一张铁架高低床，一张极为简单的书桌，没地方放凳子，我必须坐在床上看书和学习。搬到此处住，一是可以当所办公楼的义务值班员，按时开门关门；二是晚上可以不受干扰地看书学习，集中精力备考。某日早晨7点40分左右，潘先生来所上班，见我正在斗室看书学习，便走过来关切地问起我的学习和生活情况，是否有什么困难，叮嘱我注意身体，规律作息，有任何问题可直接找他。先生工作一直非常繁忙，经常出差，事务繁多，还如此关心我这个进修生，让我极为感动。我暗暗发誓，要将先生的关心化作努力学习的精神力量，一定要考取先生的博士生。

大约在1993年4月底5月初，我到厦大进修还不到三个月，某天下午6点左右，我陪同先生从所里下班步行回家，走到勤业餐厅附近时，先生主动对我说，今年的博士生招生报名正在进行中，让我考虑报考。我既激动又紧张。激动的是，先生主动提出让我考虑报考，说明先生是初步认可我、接纳我的，因为我此前最大的担心，就是得不到先生认可。紧张的是，来所进修还不到三个月，我的一切都还没有准备好。我平抑激动的心情，对先生说，我还是按计划明年报考吧，一来我非教育学科班出身，又没有获得过硕士学位，对高等教育学的专业知识了解还不多，学习还不够；二来我的英语水平还须通过比较长时间的复习准备后通过考试的可能性才更大一些。先生听后，表示同意。同时让我今后参加博士生的有关学术活动。回到宿舍，我反复回味与先生的谈话，一种莫名的激动与兴奋油然而生，心中充满对未来的无限遐想。

1994年初，我从潘先生处得知，由湖南大学、华中理工大学、南京航空航天大学三校联合发起的第五届全国大学教育思想研讨会将于1994年5月24日至27日在湖南大学岳麓书院召开。当时,全国性的高教学术交流平台极少,全国高等教育学研究会成立还不到一年时间,全国大学教育思想研讨会由三校校长联合发起,是当时为数不多的高等教育学术交流平台。潘先生对此极为重视,在全所师生中布置任务,号召大家撰写文章参会。此时,我的复习备考进入最为紧张的时期,6月1日将举行博士生入学考试,考虑再三,我最后还是决定撰写文章参会。

此次全国大学教育思想研讨会的主题是"'94文化选择与大学教育理想",是一次国际学术研讨会,加拿大多伦多大学安大略教育研究院也是联合主办单位之一,许美德(Ruth Hayhoe)教授等国际知名学者将参会。当时我对科学文化与人文文化比较感兴趣,阅读了不少文化学者撰写的论著,其中C. P. 斯诺的《两种文化》一书给我的印象和对我的影响都比较深刻。我结合会议主题,确定将《论科学教育与人文教育的整合》作为论文题目,开始论文撰写工作。经过三个月左右的时间,我完成了论文初稿,工整地誊写在稿纸上,送给潘先生审阅。潘先生阅后在文末批示,"此文有较高学术价值",并对文章进行了修改,尤其是删去了对"整合"一词的说明和解释。目前"整合"一词非常流行,但当时作为学术语言使用比较少见,我完全是根据自己的本科专业背景搬用该词的,有误打误撞之嫌。我本科时期学习过不少地质学类课程,地质学中的"整合",是"整合接触"(conformable contact)的简称,表示的是一类沉积岩岩层接触关系。这就是说"整合"是一种关系,我所要表达的也是一种关系。但现今的"整合"表达的是动词义,即通过整顿、协调而重新组合,有重组之义,其英文为integration,与我所取该词的关系义完全不同。

不久之后,潘先生专门召集撰写参会论文的博士生开会,讨论论文修改问题。印象中,胡云作为唯一的硕士生也参加了讨论,我作为访问学者也受邀参加。先生让我们所有与会者都发表意见后,对每篇论文逐一点评。记得点评我的论文时他说,这篇论文选题角度好,契合会议主题,已经成型了,有较高的学术水平和学术价值,可以作为会议论文提交。后来,我对论文略作修改后,用方格稿纸复写了三份,将其中的一份寄给设在华中理工大学的会议秘书处。若干年后,文辅相教授告诉我,他当时看了这篇文章后,觉得很有学术水平,便立即复印数份,供华中理工大学高教所有关教师和研究生学习和参考。

因为6月1日我要参加厦门大学的博士生入学考试,故没能参加5月底在岳麓书院召开的会议,但大会秘书处给我寄来了全套会议资料。9月,我入学厦大高教所后,又对论文进行了小的修改,经王伟廉教授推荐给《高等教育研究》陈昌贵副主编。在陈老师的大力支持下,文章得以在《高等教育研究》(当时为双月刊)1995年第3期发表。该文作为我在先生指导下撰写的第一篇专业性的学术论文,虽然从写作到发表历时一年半时间,但有了一个比较完美的结局。我自然欣喜无比,特别是在进修备考期间能完成让先生相对满意的学术论文,这更加增强了我读先生博士的信心。

1994年6月初,博士生入学考试结束后,同所有考生一样,我焦急地等待着考试结果。与他们不同的是,如果不被录取,我得将进修期间的书籍和行李等带回老家;如果录取了,我则可以将之留在厦大,9月份入学后可以续用。我从内部打听到了英语和高等教育管理的考试成绩,成绩都非常不错。但潘先生因去美国参加学术会议还未回校,还没有阅卷,无从查到成绩,我焦急万分。当年潘先生的招生计划是两人,但据说有十位左右的考生,除我以外,还有沈阳师院副院长张德祥、华中师大别敦荣、云南大学张宝昆、湘潭大学何云坤、汕头大学杨锐、西北师大安心、江西师大蓝劲松等。他们都具有硕士学位,教育学基础比我好。了解到同科考生的情况,我更加焦灼不安。如果考不上,我将无颜面对原单位的领导和同事,也对不起积极支持我进修考博的妻子和不到4岁的女儿。大概到了6月20日左右,潘先生从美国开会回来后完成了阅卷工作,但我不敢去打听,曾请求魏贻通教授帮忙打听,但魏教授以"不妥、不敢"为由拒绝了我。踌躇多日后,在潘先生的硕士生郑宏陪同下,我到先生家打听博士生录取结果。因为紧张和害怕,一切都由郑宏委婉地代述。大意是我进修期满,考博已结束,学校也快放假了,我要回家去了。如果考取了,书籍和行李等就不用带回去了;如果没有考取,我则要将之带回家去。先生听后,并没有直接说同意录取我,而是婉转地对我说,你就放心地回家去吧,在这进修一年半时间非常不容易,书籍、行李等就存在这里。这表明,先生已经同意录取我了,我激动的心情无以言表。

入室受业

1994年9月1日,我与同届博士生张德祥、别敦荣、张宝昆、何云坤等到厦大高教所报到,潘先生专门在厦门市中山路某酒店的顶层露天平台请我们吃饭。良好的就餐环境,可口的美味佳肴,最重要的是能与先生同餐共饮,让我心情极为舒畅。我终于成为先生的正式弟子,开始入室受业了。

入学后不久就是中秋节(9月20日),厦门有中秋博饼的习俗。高教所组织全所师生员工在囊萤楼三楼露天平台举行中秋博饼晚会,欢度佳节。其间,潘先生设置了谜语有奖竞猜环节以活跃气氛。他从家中带来笔记本、钢笔、领带之类的奖品,由他出教育学界和高教所师生的姓名或人名的谜语,猜对谜语者有奖。我记忆深刻的谜语有"万寿无疆"(谜底:刘佛年)、"千里眼"(谜底:顾明远)、"西施"(谜底:吴丽卿。吴丽卿老师曾任厦大高教所副所长)、"唐太宗雄师百万"(谜底:李盛兵。李盛兵为厦大高教所1991级博士生)。谜语竞猜之时,我不禁感叹,先生的谜语出得实在是好。而下一则谜语,则对我的人生价值观产生了深刻与持久的影响。先生出的谜面是"我必出人头地",谜底是"应强"。先生以我之名出此谜语有何考虑,我不敢妄断妄议,但我却将之作为鼓舞和鞭策我努力奋进,有所作为的精神力量。人并非要将"出人头地"作为人生的目标,但始终保持一种超越自我、追求卓越、止于至善的精神状态,才可能实现有意义的人生。

读博期间,我深刻感受到先生对学生的严格要求,要求假期后按时返校,即是其中之一。当时,由武汉到厦门的交通极为不便,一般有两种出行路线:一是由武昌坐火车到来舟,然后在来舟转乘杭州到厦门的火车;二是坐火车从武昌到福州,然后在福州转乘大巴到厦门。我选择第一种出行路线居多。通常由别敦荣在武汉托关系买从武昌到来舟的硬卧车票,我则提前一天从荆州到别敦荣家住一晚,第二天一同乘车到来舟,但在来舟转车到厦门则成了大问题。特别是寒假后返校,来舟站车少人多,根本买不到票,挤不上车,常常出现滞留车站的情况。记得是1996年寒假后返校,我和别敦荣就因在来舟站未能及时转乘上到厦门的火车而迟到了半天,未能赶上潘先生在所会议室召开的新学期返校学生会议,先生为此严厉批评了我们,告诫我们要严守纪律,不能以任何理由为自己开脱,做任何事情都要事先考虑不确定性因素。我俩诚恳接受了先生的批评。我将先生"做任何事情都要事先考虑不确定性因素"的告诫牢记心间,二十多年来努力按此要求去做。

潘先生对我们的严格要求还体现在课堂教学上。第一学期先生为我们开设了"高等教育学理论专题研究"课程,该课程由十二个专题构成,再加上每人写八篇读书报告,课程任务量极重。第一次课由先生花一天时间对全部专题进行提纲挈领式的通讲,然后安排我们每人承担两个专题的专题研究报告撰写任务,大约一个半月左右后,由我们逐个汇报专题研究报告,大家一起讨论,然后由先生点评。专题汇报时大家都非常紧张,一旦发现先生闭目静听时挠头,就知道先生对我们所讲内容不满意,这时大家就愈发紧张,额头都会渗出汗来。在讨论环节,每个人都要发言,不能只讲自己的专题而不参与其它专题的讨论。到了先生点评环节,大家的心都吊到嗓子眼了,但先生的点评以鼓励为主,他尽可能找出我们报告中的优点。他总是能将我们报告的内容概括得条理分明、清清楚楚,比我们自己报告的线索还要清晰和准确。对报告中存在的问题,他总是语气平和地提出建设性意见。即使这样,我们总是会感到如芒刺在背般紧张和不安。无论是撰写专题研究报告还是读书报告，他都要求我们注重提高学术概括能力，要用简洁和清晰的语言将别人的学术观点概括出来。同时，他鼓励我们要敢于对成说、对权威观点发起挑战，要以批判性思维和精神来开展严谨的、有理有据的学术批评。只有如此，才能实现学术创新，促进学术争鸣和学术进步。

先生的这种要求对我二十多年来的学术工作产生了重大影响。到华中科技大学工作后，我几乎全盘复制了先生的授课方式，同时结合自己的感受和领悟，采取规范的学术报告会的方式对学生进行课程论文考核，培养和提高博士生的学术报告能力，效果非常好。在学术研究中，我按照先生提出的提高学术概括能力和培养学术创新精神的要求，努力做到"把书读薄"和"把书读厚"相结合。所谓"把书读薄"，就是先生所说的"学术概括能力"，能够用简洁的语言准确概括别人的学术思想，将一本数十万字的学术著作"读"成几千字的核心内容；所谓"把书读厚"，就是先生所说的"学术创新精神"，在别人学术观点和方法的启发下，通过批判性思维，大胆质疑，综合创新，提出自己的学术思想和观点。当然，这主要是针对高等教育基本理论的研究而言的。

学术指导

入校大概一个学期左右，先生要求我们开始思考博士学位论文选题问题，待有明确想法后，同他交流讨论。选择一个合适的学位论文选题并非易事。在广泛阅读文献的过程中，我发现好多有意思的题目都被人写过了、做过了，就像一片被人犁过的田地般，根本找不到"处女地"。我为此困惑至极,苦恼和焦虑不已。但总有一些光亮照进我的思维,那就是"文化"。因为我对文化研究感兴趣,对改革开放后开展的中国传统文化研究感兴趣,曾认真读过蔡尚思先生主编的《中国传统文化再估计》等著作,对张岱年、汤一介、庞朴、朱维铮等学术大家的哲学史、文化史论著感兴趣。当然,就那个时期的我而言,也仅仅只是感兴趣而已,谈不上研究。进修期间,在写作《论科学教育与人文教育的整合》一文时,也是从两种文化的关系切入的。复习备考时,读过先生与邬大光合作的论文《文化传统与高等教育的理论思考》。尽管找不到具体的题目,但总觉得有个大致的方向在那里。在这种思维的混沌状态下,我向先生求助。先生听了我的介绍和想法后说,可以将高等教育与文化的关系作为学位论文选题,因为中国教育学界对教育与政治、教育与经济的关系研究比较多,而对教育与文化的关系研究比较少,但它却是教育内外部关系规律研究中最为薄弱的部分。如果不把教育与文化的关系研究清楚,那就很难把教育规律研究清楚,并且也很难把教育与政治的关系、教育与经济的关系说深说透,并且说我对文化问题感兴趣,有一定的知识储备和研究基础,是可以做好这个题目的研究的。先生高屋建瓴的意见,让我茅塞顿开;先生的肯定与鼓励,让我信心倍增。1997年6月,我在先生的指导下,以《文化视野中的高等教育——高等教育与文化的基本关系研究》为题,完成了博士学位论文,受到以文辅相教授为主席的答辩委员会的高度评价,后来还获得了福建省优秀博士学位论文奖。

　　博士毕业以来,我的所有高等教育研究成果,都与文化有关。无论是对高等教育现代化的研究,还是对教育基本理论的研究,如教育本质、教育功能、教育价值的研究,以及现代大学制度与大学治理的研究,甚至对具体的高等教育政策,如高考改革、高等教育大众化、高等教育质量保障等方面的研究,我都是从文化的角度切入,提出自己的认识和看法。回顾自己近三十年的学术生活,我由衷感谢先生指导我找到了这样一个学术富矿,让我心无旁骛、乐此不疲地掘进和开采,为中国高等教育学作出自己的贡献。我曾在2008年出版的《大学的文化精神与使命》一书的后记中说,是先生将我从高等教育研究的一名"游击队员"培养成为有自己学术阵地的"战士"。"弱水三千,只取一瓢饮。"学术人生,夫复何求?

先生的为师风范深刻影响着我。在我成为高等教育学博士生导师后,先生就是我的榜样。虽不能至,心向往之。我从自己的亲身经历中深刻领悟到,培养博士生、对学生进行指导,最关键的是指导他们选择和确定一个毕其一生的学术研究领域,而不是某个具体的课题和问题。课题和问题如水中浮萍,随风而变、随时而变,而学术研究领域则是有基本理论支持和维系的学术问题谱系。现实中的高等教育具体问题,是否能够转化成为学科中的问题,从而与学科基本理论建立关联,是判断其是否可以作为博士学位论文选题的重要标准之一。导师的指导能力,最重要的就是对学生选题的深远学术价值的判断力。

先生不仅指导我做好博士学位论文的选题和研究,还指导我撰写学术论文。与先生合作撰写论文是我梦寐以求的事,但我一直把它放在心底,总是觉得自己学术水平低,担心先生看不上。大约是1996年初的某天,先生让人通知我到他家找他。我去后得知先生受邀将参加在泉州召开的海外华文教育国际学术研讨会并作大会报告,要与我合作撰写一篇参会论文。我兴奋至极。先生谈了他的想法,记得他说,东南亚国家华文教育发展很不平衡,有的国家长期排华,认为中华文化压制了本土文化的发展,不利于其文化主权独立,因此,华文教育推行极为艰难;有的只允许开展华文语言教育而不允许开展中华优秀传统文化教育,但中华文化是广大海外华人的血脉,推进华文教育是海外华人的共同心声。他建议我从海外华文教育与中华优秀传统文化的关系的角度来写作论文,一个半月后交稿。

当时,我对海外华文教育一概不知,甚至是第一次听说海外华文教育这个概念,更谈不上有海外华文教育研究的相关资料。先生只给了我几篇海外华文教育通讯之类的材料。接受任务后,我将文章题目确定为《海外华文教育与弘扬中华优秀传统文化》,之后紧锣密鼓,日夜鏖战,开展论文写作,提前一个月将初稿交给了先生。在论文写作过程中,我为先生的学术洞察力和问题把握的准确性所折服。论文所阐明的第一个核心观点是中华优秀传统文化是人类共同遗产,各民族国家的一切优秀传统文化都是人类共同遗产。在文化上,越是民族的,就越是世界的。既然中华优秀传统文化是人类共同遗产,东南亚各国政府就应该以人类的观点来看待中华优秀传统文化,从而摒弃被文化殖民的顾虑和担忧,允许开展中华优秀传统文化教育;第二个核心观点是中华优秀传统文化具有现代价值,并且随着全球性问题和挑战的出现,中华优秀传统文化越来越彰显出其现代价值。因此,东南亚各国政府就应该大力倡导并推行中华优秀传统文化教育。

先生对论文初稿比较满意,经过他修改后,在泉州会议上作了大会主题报告，产生了巨大反响。先生回来后告知我，说《教育研究》主编连瑞庆在会上将稿子要去了。不久之后，文章在《教育研究》1996 年第 6 期上发表。首次在先生指导下，与先生合作撰写论文取得了完美结局，给予我极大鼓舞。后来我又陆续与先生合作发表了三篇论文。

汕大一月

1997 年 6 月，我博士学位论文答辩前，与潘先生在汕头大学度过了将近一个月的居家生活。此时，潘先生与曾任北师大校长的王梓坤院士一样，受聘为汕头大学特聘教授，校方为先生配置了一栋别墅(P6)。1995 年 3 月 27—31 日，全国高等教育研究会在汕头大学召开第三届学术年会，我和别敦荣等参会博士生曾在 P6 住过几天。也正是在该次会议期间，我第一次认识了大师兄邬大光教授，当时他在沈阳师院工作，之前是只闻其名，未见其人。

先生带我来汕大，主要是为解决我博士毕业后的工作单位问题。我是来自江汉石油学院的全日制统招定向培养的博士生，但我希望博士毕业后换一个工作单位，先生就同汕头大学有关领导商量，汕大同意我先入职，再来解决后续的工作调动等复杂问题。这次来到汕大后不久，汕大有关校领导和高教所所长黄宇智研究员等到 P6 看望先生，先生把我介绍给他们，给予我高度评价，并极力推荐。之后，先生还带着我到汕大高教所与师生见面，参加所里的有关学术活动。

这次在汕大与先生居家生活一个月，让我在一种家庭生活氛围中进一步地认识先生，了解先生。先生的作息非常规律，一般都是早晨6点半左右起床，洗漱之后到院子里打太极拳，锻炼身体。有时太阳从后面照射到他硕大的耳朵上，我的脑海中立即浮现出佛的形象。锻炼之后，先生与我一起吃早餐，之后先生就上楼开始工作了。大约工作到9点半左右，先生会在躺椅上小憩半小时左右，之后继续工作到12点。午饭后，会午休大约一个半小时左右，下午继续工作。晚饭后，有时我们师生二人一起看看电视新闻，有时会在校园内散步，有时会接待来访者。晚上先生一般会工作到11点半左右才休息。先生的睡眠极好，常常躺下就睡着，睡眠效率极高。良好的睡眠保证了他旺盛的精力和极高的工作效率。

先生对生活的要求极其简单。汕大一个月，主要由我负责做先生的一日三餐，师兄秦国柱夫妇间或也会来帮忙做饭。早餐一般是稀饭、馒头、豆腐乳，外加一个煮鸡蛋和一盘青菜，先生吃得津津有味。记得刚开始几天，由于我平生第一次使用微波炉，不知道微波炉的正确使用方法，往往直接将馒头放入微波炉中加热，加热出来的馒头手都难撕动，但先生并没有责怪我，而是边撕边嚼，慢慢吃下去。他看我早晨起来熬稀饭要花较长时间，为了让我多睡一会，就让我前一天晚上熬好稀饭，第二天早晨将稀饭加热后再吃。

在汕大期间，先生也指导我开展学术研究，和我讨论相关学术问题。当时我正在撰写由秦国柱师兄代《汕头大学学报》（社会科学版）的一篇约稿，题目是《高等学校社会职能及相关问题研究评析》。这是一篇评述性的论文，因为当时国内高教界出现了一个围绕高校社会职能问题的学术争鸣，我在评述的基础上阐发自己的学术观点。文章写好后，我交给先生，请先生指导。先生很快就看完了，并就其中的关键性问题对我进行指导。我印象最为深刻的是，他强调要把"职能"与"功能"的区别与联系讲深讲透，因为平常大家对这两个概念都是混用的，在英文里也都用 function 表达。在学术争鸣中，大家不能达成共识，也源于对这两个概念的混用。先生的指导，抓住了问题的要害，给我以极大启发。我按先生的意见修改后，《汕头大学学报》（社会科学版）于 1997 年第 3 期刊发了。大约是 2018 年底或 2019 年初某天，华中科技大学的刘献君教授在办公楼碰到我后对我说，最近看了这篇文章，是关于高校社会职能研究说得最深最透的文章。

1990 年代中期，素质教育是我国教育学界集中研究和讨论的学术问题。先生这次在汕大期间撰写完成了《试论素质教育》一文，他将誊写工整的稿子给我看，并和我讨论其中的核心观点。我印象深刻的有两点：一是他认为素质教育是一个具有中国特色的社会主义教育概念，不能拘泥于从心理学角度来理解素质概念，那样会导致在概念上的无谓纠缠，不利于素质教育的研究；二是素质教育与全面发展教育的关系。先生认为这两者的关系是一致的，而针对既然已经有了全面发展教育的提法，为何还要提素质教育的疑问，先生认为素质教育思想是全面发展教育思想的现实表达，是对我国应试教育思想愈演愈烈的现实回应。先生在文章中阐发的这两大核心思想和观点，对我后来研究素质教育和大学文化素质教育问题具有重要的指导意义。先生还就文章投稿何处征求我的意见，我说福建教科所主办的《教育评论》杂志很不错，也很有影响，由黄新宪任主编，可以投给他。其实我与黄新宪并不熟悉，更没有见过面，只是阅读过他的不少论著。先生应允后，我找来该期刊编辑部的邮寄地址和邮政编码，将先生的手写稿寄给了编辑部。后来，该文在《教育评论》1997年第5期刊发了。

在汕大P6与先生朝夕相处，共同生活一个月，是我人生中的重要经历。现在回想起来，那一幕幕温馨的场景犹在眼前，让我体味到中国古代的书院教育模式——师生朝夕相处，共处一室，自由探讨人生与学问，也让我深刻感受到梅贻琦先生将师生关系概括为"从游"的那种栩栩如生的画面感。更让我感动的是，当时先生年近八十，仍在为我的就业单位劳心劳力。虽然最后因复杂原因，我未能入职汕大，但先生为我所做的一切努力，让我感念在心。

困顿时期

1997年7月上旬，我告别先生，离开厦大，回家与妻儿团聚，从此开始了为期近三年的最为困顿的时期，第一年为隐匿时期，后面两年为人事纠纷时期。这期间，我深刻感受到先生的关心和关怀。

7月份我博士毕业后，因为汕大政策有变，我没能如愿入职汕大。我调离原工作单位重新就业的申请经过一年多的博弈无果而终，他们强令我必须回单位报到上班。我博士毕业前，他们就曾专门给厦大研究生院去函，要求将我的毕业证书和学位证书寄给他们，不能发给我。在朋友的帮助下，我费尽周折，在厦大拿到了属于我的这两本证书。后来，在朋友的帮助下，我于1997年10月进入南京师范大学教育学博士后科研流动站从事博士后研究，没有回原单位工作。从此开始了一年的隐匿时期。在这期间，我没有与先生联系过，也没有与厦大高教所的老师和师兄弟们联系过，甚至因担心泄露具体信息而很少公开发表论文,即使发表论文,其署名单位仍然是厦大高教所。原因在于,我不想让原工作单位知道我的去向,从而中断我的博士后研究工作。大概是1998年四五月间,刘海峰老师到南京开会,我到宾馆去看望他,他才知道我在南师大从事博士后研究。他同时告诉我,潘先生在急切地寻找我的去向,关心着我的处境,曾让高教所的老师和学生四处打听我的下落,以了解我的近况。这让我非常非常感动,一时竟哽咽得说不出话来。1998年7月11—13日,全国高等教育学研究会1998年学术年会在兰州大学召开,我和先生在会议上相见。先生虽然会务繁忙,还要到西北师大做学术报告,前来拜访他的人也很多,但他仍抽出时间,专门让我详细地介绍了这一年来的工作、生活、家庭、孩子的具体情况,并特别要我转达他对鲁洁教授的感谢,要我感谢鲁老师在我最困难的时候接纳我去做博士后,给了我一个就业缓冲期。

博士后期间,华中理工大学高教所所长文辅相教授多次联系我,动员我到华中理工大学工作。在担任我的博士学位论文答辩委员会主席时,他就曾表达过相同的意思。1998年6月初,德高望重的朱九思老校长与党委副书记刘献君教授和高教所陈敏老师一起专程到我荆州的家中做动员工作,表示学校可以使用特殊政策引进我,让我尽快到学校报到。我和夫人商量后,于1998年8月23日武汉九八抗洪末期将家搬到了华中理工大学,并办理好了入职手续。由此引发了持续两年的与原工作单位之间的人事纠纷,并一度闹上了荆州市中级人民法院。这两年是我人生中最为困顿的时期,一方面要在南京师大完成博士后期间的科研工作任务，做好博士后出站科研报告，另一方面又要频繁地回武汉参加人事仲裁或法庭调查。同时，在天门老家的父亲已是胃癌晚期，生命垂危。我三地奔波，舟车劳顿，精神疲惫，感觉进入了人生的至暗时期。虽然最后在荆州中院调解下，对方主动撤诉，双方达成和解，问题得到圆满解决，但持续两年的身心煎熬，让我至今都不愿回顾。

在这过程中，先生一直关心着我，给予我精神鼓励。他原本是希望汕大能以特殊政策聘用我到汕大高教所工作的，但后来因汕大政策有变而未果。当得知华中理工大学能以特殊政策聘用我时，他非常高兴，曾多次在不同场合向朱九思、姚启和、刘献君、文辅相等表示感谢。据文辅相教授讲，在人事纠纷最为激烈的时期，先生曾让他转达对我的关心和问候，让我注意身体，抱定希望，心平气和，沉着应对。先生的关心和爱护，给困顿中的我以极大的精神鼓励。

华科廿年

1999年底，我结束了在南师大鲁洁教授门下为期两年多的博士后研究，正式到华中理工大学高教所工作，迄今已历二十年。华科廿年，我沐浴先生的光辉，继续在先生指导下"从游"，感受到先生的关怀和温暖。

先生一如既往地关心着我的成长与发展。2000年3月，我被任命为华中理工大学高教所副所长，不久后又担任《高等教育研究》副主编；2001年3月，我被遴选为高等教育学博士生导师；

2004年入选首批教育部新世纪优秀人才支持计划；2008年5月，我被任命为华中科技大学教科院院长；2014年入选教育部长江学者特聘教授。在我成长和发展的每一个节点，先生都在背后注视着我，支持着我；我取得的每一点进步，先生都在鼓励我，鞭策我。2008年5月17日，我刚被任命为院长后两天，即回厦大参加厦大高教所成立30周年庆祝活动。我去拜访先生，先生专门对我说：你现在是华科教科院院长了，华科教科院有很好的高教研究基础，也有特色，在国内很有影响力，老一辈做了很大贡献。办好一个学院，带好一支教学科研队伍非常不容易，担子重、责任大，要有充分的思想准备。既要延续好的传统，又要开拓创新。先生的教导和叮嘱，我牢记在心。

只要有利于我成长和发展的事情，无论巨细，先生都热情相助。1999年我在南师大博后站申报教授职称时，先生不厌其烦地为我提供所需的相关证明材料，为了一份我参与课题研究的证明，先生在百忙之中抽出时间，手写好证明材料后亲自传真给我。2001年，我在黑龙江教育出版社出版的专著申报国家图书奖，先生在认真阅读我的著作后，为我写了推荐信。先生的推荐信对我的著作成功获奖发挥了极为重要的作用。

先生总是关心和支持着我的工作，对我工作上的事情可谓有求必应。2007年教育部启动了第二次国家重点学科评审工作，厦大和华科都申报了高等教育学。厦大高等教育学原本就是首批国家重点学科，华科则是首次申报。教育学类国家重点学科遴选竞争异常激烈，厦大的支持对华科高等教育学的入选至关重要，并且具有象征性意义。因为厦大是我国高等教育学的学科发源地，是公认的水平最高、实力最强的研究机构。当时,我负责华科高等教育学国家重点学科的申报工作。在最为关键的时刻,我打电话向先生求助,先生给予我以重大支持。最终,华科高等教育学在激烈的竞争中如愿获批国家重点学科,与厦大一起成为全国仅有的两个高等教育学国家重点学科。在这过程中,我感受到先生的博大胸怀和学科发展大局观。他经常强调厦大的高教学科要以争创一流的精神争第一,但不做唯一。1990年代,正是全国高等教育学博士学位点建设的关键时期,先生担任国务院学位委员会教育学科评议组召集人,积极支持有关高校的高教博士点建设,华科1996年获批的高等教育学博士点就得到了先生的鼎力支持。我曾多次听到先生谈到厦大高教学科发展与全国高校高教学科发展的关系。他说,虽然厦大高教学科创造了好多全国第一,但一花独放不是春,百花齐放春满园。厦大高教学科要自觉担当促进中国高等教育学学科建设和发展的责任和使命。他心中装的是中国高等教育学的发展,而不是厦大一家的学科发展。在目前高校之间激烈的学科发展竞争情势下,这种宽广胸怀和大局观念,弥足珍贵。

2010年12月16日,我接任杨德广教授,担任第五届中国高等教育学会高等教育学专业委员会理事长。我们专业委员会的前身是1993年潘先生亲自创立的全国高等教育学研究会,先生担任过第一届和第二届理事长。我接任理事长后不久,潘先生即与我谈话。他说,高等教育学专业委员会的前身——全国高等教育学研究会虽因多种原因迟至1993年才成立,但在此之前已孕育和运行了十多年,为我国高等教育学的学科建设发展和繁荣高等教育研究事业作出了重要贡献。目前的高教专业委员会汇聚了我国高等教育研究的一大批理论人才,要高度重视高等教育理论研究和培养后续理论人才的协调工作,突出学会的理论研究特色,发挥对全国高等教育研究的理论引领作用。当然,也要重视开展对我国高等教育改革发展重大问题的研究,发挥好政策咨询作用。先生不仅指导我把握高教专业委员会的发展方向,向我传授学会工作经验,还身体力行支持学会工作。只要身体条件允许,他都会参加我们高教专业委员会的学术年会,并做大会主题报告。他还对每年的学术年会主题提出建设性意见和建议。近十年的理事长工作经历,让我深切地感受到了先生对高教专业委员会工作的一往情深,对学生弟子的舐犊之情,对晚辈后学的提携和支持。

先生不仅关心我的成长发展,关心我的工作,更关心我的学术研究。博士毕业以来,我把高等教育学学科建设作为我重要的学术研究方向之一。虽然学科理论研究难度大、出成果难,也不是目前高等教育研究的热点,但我总觉得自己有责任为先生所开创的中国高等教育学的学科建设作出自己的一点贡献。因此,我通过建立"经典学科"与"现代学科"这对范畴,来重新审视高等教育学的学科性质,提出高等教育学是一门现代学科,必须摒弃按照过去经典学科的思路和标准来建设高等教育学的做法,从而避免长期以来"学科论"与"研究领域论"之间的矛盾和冲突。对于多学科的高等教育研究成果,我主张必须基于高等教育学自身的学科立场来实现再学科化,从而形成高等教育学自身的理论及其体系,保证高等教育学独立的学科地位,而不为多学科的高等教育研究成果所遮蔽。先生一直关注着我发表的上述思想观点。据说先生在有关场合谈到,现在研究高等教育学学科建设问题的人越来越少了,华中科大张应强是持续研究该问题的为数不多的学者之一。2018年6月29日,我受邀在厦大教育研究院做题为《关于高等教育学学科建设的思考》的学术报告,集中汇报我关于高等教育学学科建设的有关思想和观点。先生因身有小恙而未能出席,但他专门委托人告诉我说,虽因故不能出席我的学术报告会,但会让学生录音,之后会听我的报告录音。先生对自己学生的学术报告如此重视,既让我受宠若惊,又让我再次感受到了先生的大家风范。

结　语

我从游先生三十载,更多的是一种敬仰,一种精神和思想的追随。从游所得,让我受用终生。而从游的感受,大多是个性化的。我只是先生众多弟子中的一员,是众多小鱼中的一条。除了尾随先生,也尾随众师兄。我们有共同的标签,有先生给我们的共同印记。

先生之风,山高水长。化育之恩,无以感戴。师恩绵长,语言无力。唯恪守谆谆教诲,光大先生思想,做有为之人,方为本道。

〔补记〕本文乃2020年为先生百岁祝寿而作,现在先生离开了我们,谨以此文寄托无尽的哀思。

(张应强,厦门大学1997届博士,浙江大学求是特聘教授)

成人之美　人生导师

卢晓中

2020年2月，上海师范大学杨德广先生给我来电，他问我："作为潘先生的弟子，你认为潘先生的精神主要有哪些？"我几乎不假思索地说了五个关键词：使命、创新、大爱、坚守、胸怀。3月，杨老又来短信询问：你认为潘先生身体健康长寿的主要因素有哪些？我也是当即回答：成人之美和思想运动。为何总能脱口而出？我觉得不是源于对先生的系统研究，而是来自和先生相处久了的切身体悟。2022年12月6日，先生驾鹤西去，留给我们的是无尽的怀念。在此好好回味一下先生与我的故事。

一、入门前的故事

1982年，我从江西师大毕业留校在教务处工作。当时教务处主持工作的领导是早年毕业于国立中正大学经济学专业的欧阳侃老师，他长期从事高校教学管理，对高教研究颇为重视，算是国内最早开展高教研究的人之一。在我到教务处不久，他就同我说，教务处工作不光是事务性工作，你要作为一门学问来做。随后他还专门送了先生主编并刚出版的《高等教育学（上）》给我，并一再说：

"这本书很有看头,我读了两遍,写这本书的潘教授经历很丰富,在教务处也做过领导。你要好好研读它。"就这样,我便与先生第一次在书中"相遇"了。

这本书我看得很认真,很投入,做了很多笔记。正是这本书引我进入高教研究的大门,并确立了自己的研究志向。后来又陆续读过先生的一些讲座文字和文章,这些阅读和学习给我留下的一个深刻印象是:先生说的这些理论也好,认识也好,好像就是针对自己工作中碰到的问题释疑解惑的,总是如此在理!这也使我对先生的崇敬油然而生,虽然当时还不敢奢望成为先生的学生。后来我转到学校高教所专门从事高教研究,与眭依凡等成为同事,大家常在一起研讨中国高教问题,先生的高等教育思想也是我们经常讨论的话题。真正萌发跟先生学习的想法是在90年代,随着自己逐步深入到高教研究领域,继续深造的愿望越来越强烈。虽然自己当时也发表了一些还不错的论文,如1990—1991年间连续两年在《教育研究》发表论文,1991年那篇论文还被《新华文摘》全文转载。然而,学然后知困,研然后知惑,我愈来愈深感自己在高教理论素养上的缺陷,亟需补上这个短板,此时也便萌发了成为先生弟子的想法。特别通过参加一些学术活动,与陈列、邬大光等先生的早期弟子相熟后这种想法就更加强烈。1992年3月应陈列师兄之邀,我参加了杭州大学主办的"中英高等教育政策学术研讨会",与邬大光师兄又相遇了。他跟我提起过推荐我去读先生博士之事,当时几乎要付诸行动。但回来不久后我便开始办理工作调动之事,并几经周折于1993年12月从江西师范大学高教研究所调动到华南师范大学教育科学研究所工作。加上调动后我担任比较教育研究室主任，主要做比较教育学研究，这一时期参加的一些学术活动大多是比较教育研究领域的，报考先生博士之事也就暂时搁置下来。但投到先生门下这一愿望一直深藏在我心中，从未泯灭过。

重新燃起我的想法是在1999年4月，当时大光师兄陪先生去韶关大学一起接受客座教授的聘书并作学术报告，特地途经华南师范大学去看望先生的老师邹有华教授。大光师兄同我谈起周川师兄不久前拿到先生的论文博士学位，韩延明师兄也正在做先生的论文博士，根据我的情况和先生对论文博士的要求，他建议我也可考虑这种方式攻读博士学位。听到这一情况，我顿时感到终于找到了了却跟随先生学习这个多年夙愿的途径！但同时又很顾虑，毕竟当时跟先生接触有限，怕被他拒绝，并不敢跟先生当面提出。记得当时大光师兄鼓励我说："你跟潘老师大胆提出来，他一定会认真考虑的，还是有很大的可能性的。"于是我在先生回厦门以后鼓足勇气给先生写了一封信，信中强烈表达了跟先生读书是多年的夙愿，自己非常渴望成为先生的学生。先生很快给我回了信，他说对我的情况有了解，欢迎我来做论文博士，但提出即使做论文博士也要作为高级访问学者来参加所有的专业课程学习，完成课程作业取得学分，并参加学术活动，通过外语考试，最后完成博士论文且答辩通过后方可取得博士学位。收到先生的回信后我当时心情激动得久久难以平复——潘门终于向自己打开了，而先生提出的学业要求也是与我选择投入潘门、在先生指导下提升自己的初衷相一致的！当年7月，在征得华师这边同意后我专程去了一趟厦门拜访先生，我清晰地记得当时还是大光师兄陪我一起到了先生原住的校园东村的家。进门前的紧张与忐忑在见到先生的那一刻消失了,先生和蔼慈祥的笑容、平易近人的言语一下子拉近了彼此的距离,让我有一种特别亲切的感觉。还记得当时我带了点广东这边的龙眼给先生,进门后才发现先生的庭院里就种了许多龙眼,去之前没想过厦门也盛产龙眼。但是,先生很快就化解了我的尴尬,他起身顺手去摘下庭院里的龙眼,让我比较一下两地龙眼的差异,那情那景让人倍感温暖!

就这样,1999年9月我从广州来到厦门,正式开始了加入潘门的学习生活,从此我的人生也翻开了新的一页。

二、入门后的故事

从入潘门到论文答辩的两年半时间里,我有了更多在先生身边学习、研究以及生活的机会,这也是我一生中最为难忘、最为美好的日子。其间发生了诸多令人感慨不已的事情,对我一生的成长影响非常大。在这里我只略列几件。

思想活力

在厦门大学开始我的学习,正值首届世界高等教育大会召开不久。国内学术界对这次大会的关注才开始,先生便是国内最早关注此次大会的学者之一,大会提出的新理念也成为当时我们上先生的课以及周末先生家的学术沙龙讨论的重要内容和话题。后来在先生的引导和点拨下我选择了"当代世界高等教育理念及对中国的影响"作为我博士论文的选题。随着对这一问题的深入关注和研究,以及这次大会在国内高等教育界的影响日趋增大,我愈来愈感受到先生"敢为天下先"的可贵学术品质。从教育内外部关系规律的提出,到民办高等教育、高等职业教育、自学考试等有关思想、观点的阐述……他的思想观点总是深刻影响甚至超前引领中国高等教育的发展方向。

在先生身边的日子里,我有一个非常深切的感受,就是他时刻是在思考和探索着问题,对新生事物永远保持着好奇心和浓厚的兴趣。我想,一位年过百岁的老人尚能自如地使用微信和 iPad 等现代媒体进行学术交流和信息沟通,能"云上课",就足以说明一切了。这也就是先生的"思想运动"的体现吧。

爱生如子

1999 年冬天,一份湖南省高等教育学会的邀请函送到了先生的手中,年底要在中南工业大学召开学会年会,邀请先生作学术报告。课后,先生就和我们谈起这件事情。先生教学历来重视研学活动,重视理论与实践相结合,每一届学生都有机会跟他到外地走走看看,作些调研,开阔眼界。现在机会来了,先生说:"大家是否愿意跟我一起去参加这个学术活动?路上还可以继续我们的学术讨论。"众学生当然求之不得,于是大家的情绪立即被调动起来,一致赞同先生的提议。为了这次特别的旅行,先生也退掉了邀请方已为他购好的去长沙的机票,执意要跟我们一起坐火车同行。

1999 年 12 月 21 日,先生、我和 99 级博士生胡弼成、刘承波、王岚、赵叶珠及访问学者黎琳、陈坤华一行八人登上了厦门—鹰潭的 K514 次普快列车,第二天一早再换乘上海—昆明的特快列车到长沙。绿皮列车不紧不慢地驶出了厦门向北而行,先生见同学们坐的硬卧车厢只有我们这一帮人,便提议把原打算到长沙再抽空安排上的课就在列车上上。待召集大家坐拢后,先生说:"先由卢晓中做专题报告,评析林杰的《高等教育学的研究偏向》中提到的'高等教育理论与实践成为永不相交的平行线'现象,然后针对高等教育热点问题研究、高等教育学科建设及面临的困难、多学科研究方法等,各位再发表意见和建议。"在我报告完后大家纷纷阐述各自的观点,不乏激烈的思想交锋。最后,先生对大家的观点作了精到的点评,并阐述了他自己的观点。其间,一位列车员感到好奇,静静地在旁听了一会儿,不无惊讶地说:"老师在火车上上课,我还是第一次见呢!"并说,"你们老师这么大岁数精神还这么好,还能在火车上给学生上课,真了不起!"晚餐后,先生又同我们聊起了1998年联合国教科文组织召开的首次世界高等教育大会的话题和当前国内的有关研究,大家七嘴八舌地热烈讨论着,在摇晃着的车厢里面又"摇"出了不少有料的观点和有趣的想法!好一个列车上的"学术沙龙"!

时间过得飞快,转眼间夜深了,我陪先生去软卧车厢休息。先生细心地把他自己带的大衣递到我手上说:"硬卧车厢的盖毯太薄,我们这有棉被,你把这大衣送给怕冷的同学盖吧。"看见我迟疑不动,又催促说,"快去吧!"随着列车的北行,寒意也越来越浓。那时的绿皮车条件可不比现在,条件相当简陋,即便是软卧车厢空调也只是差强人意,但越往北走越觉得寒气袭人,棉被根本不顶事,估计先生整晚也睡得不踏实。当早起时,我握到先生的手是冰凉冰凉的,心里特别懊悔,感到自己太粗心了:昨晚先生硬是把那件带有自己体温的大衣给了他的学生而把自己冻着了!要知道那时的先生已是耄耋之年的老人啊！记得有一次王岚携她的早年同窗陈女士在参加完先生家的"周末沙龙"后，陈女士颇有感慨地说了两个"想不到"：想不到一位老师能得到如此多的学生如此真诚的尊敬和爱戴，想不到这些学生竟然把老师的家当成自己的家！这是一个外人眼里的先生与他的弟子们。而我们这些曾经经常在先生身边聆听教诲的学生，感受就更加深了。每每想起在先生身边的那些日子里得到先生的关爱和教诲，至今仍常常激动不已！

厦门大学高教所正是因为有了先生这样的"大家长"，"以学生为中心"已成为一种文化，刘海峰老师、邬大光老师、王伟廉老师、杨广云老师、陈武元老师和宋毅书记等全所老师和领导无一不对学生充满着关爱和友善，高教所让我们这些学生时时感受到大家庭的温暖。这也是厦门大学高教所给我留下最深刻的印象之一。

提携学生

先生对学生的爱还体现在不遗余力培养和提携学生上。记得2000年7月6—10日全国高等教育学研究会的一个小型研讨会在秦皇岛市燕山大学举办，同时召开全国高等教育学研究会常务理事会，讨论第六次年会研讨主题与改选事宜。作为研究会理事长的先生筹划了这次会议，研讨会主题是"世界高等教育理念与中国高等教育改革"。参加研讨会的都是国内高等教育学界德高望重的老前辈，如华中科技大学朱九思教授、华东师范大学薛天祥教授、上海师范大学杨德广教授、教育部高等教育司原副司长王冀生教授、教育部教育发展研究中心原副主任蔡克勇教授等。当研讨会的主题、时间、议程等确定下来后，先生就对我说："这次研讨会你同我们一起去,你做好准备,就关于世界高等教育理念问题在会议上作一个半小时的报告,向大家汇报一下你的研究成果,其他参会的专家围绕这个问题讲半个小时。"先生的这一安排是考虑到参会的老师大多是年过七旬的老人,当时又是暑期,天气炎热,不想让他们过于辛苦;更为重要的是先生也想利用这个场合让我把正在做的研究求教于各位大家,顺便也在这些学术前辈面前"亮亮相",见见世面,今后能更便利地向他们请教,先生的用心又是何其良苦啊!后来先生便带王伟廉师兄(当时伟廉师兄是研究会秘书长)和我启程去参会,我们先到北京,住在教育部对面的厦门大学驻京办事处小白楼。安顿下来后我们就去中国高等教育学会拜会了副会长兼秘书长王革同志,商谈全国高等教育学研究会换届改选事宜。然后又去教育部拜会了教育部高教司司长钟秉林,当时正在读先生博士的高教司副司长林蕙青也一起陪同。晚上厦门大学高教所的北京校友又齐聚一堂,自然是其乐融融。在北京的整个活动中我发现,无论是教育部官员还是中国高教学会领导对先生都非常尊重。记得当时先生在高教司告辞时,钟秉林司长一直把先生送到教育部大门的台阶下面。多年以后当我与已是中国教育学会会长的钟秉林教授提起这段往事,他说:"潘先生为人为学,尤其是为中国高等教育改革发展所作出的贡献值得我们尊重,不光是我尊重潘先生,教育部很多领导都对他很尊重。"

先生对学生最大的提携是对学生学业的高度负责,无论是课程作业,还是读书心得,先生都认认真真地批改,交回给我们的时候,已经密密麻麻写满了批改意见。而先生对博士论文的修改更是逐字逐句,一丝不苟,我的博士论文就渗透了先生的心血。当学生取得成绩或成果时，先生又总是尽力推荐，如我的博士论文在答辩之前就被先生列入他主编的"新世纪高等教育研究丛书"，由上海教育出版社出版。先生还先后为我多部著作写序。所有这些都成为激励我不断前行的巨大动力。

三、获学位后的故事

2001年12月我获得博士学位、离开先生身边后，先生对我的关怀和指导依然如旧，先生来广东的时间似乎比以前还多了许多。我知道，除了广东是先生的家乡，先生一直都非常关心和支持广东高等教育的发展。先生时常来广东，除公务之外，我们这些来广东发展的学生愈来愈多，先生也多了一份牵挂。先生每次来到广东，都要把大家召集在一起叙叙旧、拉拉家常。先生也会逐一问问每个人的情况，有时也会对大家的工作和发展指点几句。记得2004年，当我告诉先生华南师范大学高等教育学专业博士点当年开始招生时，先生非常高兴，说这是值得庆贺的，因为广东在国家的地位很特殊，高等教育的地位和作用也非常重要。广东现在只是高等教育大省，但不是强省，你们这个高等教育学博士点设立很重要，一定要把它办好！同时他还对办好此博士点提出了一些具体的指导意见。其后先生更是一直关心和支持该博士点建设：首届高等教育学博士生的开题和答辩，先生都亲自参加并担任主席。

2003年广州大学城开建，那时我兼任华南师范大学大学城校区建设办主任。当时大学城建设是个新生事物，存在一些争议。我们在制定校区事业发展规划时就遇到许多问题，实在感到困惑或者难以解决,我就会请教先生。每次先生都会给予耐心、及时、到位的指导和解答,后来还亲自出席并主持了该规划的专家论证会。2011 年 11 月广东省高等教育学会高等教育学专业委员会成立并由我担任理事长,先生知道后特别高兴,本打算亲自出席专委会的成立大会,后因身体不适不能前来,但还是专门打来电话表示祝贺,并提出殷殷期待。后来该专委会的一些重要活动邀请先生参加,他只要有时间都会尽量参加。我担任华南师范大学教育科学学院院长十多年间,先生也一直关心和支持华南师大教育学科建设和我的工作,并给予指点。最令我难忘的是先生对学院主办的《现代教育论丛》的关心,由于种种原因,该刊曾经历一段非常困难的时期,濒临取消刊号的境地。2013 年 6 月在学校的支持下我们学院接手此刊,几经努力让其起死回生,得以正常出版发行,质量也得到不断提高。那些年先生每次碰到我都会说:"你们的《现代教育论丛》现在办得不错,每期我都读了,里面有一些质量很不错的文章。"甚至他老人家还亲自为该刊写过文章,可谓倾力扶持。

先生与我的故事还有太多太多可以书写,一篇小文当然难以穷尽,但一切一切都珍藏在我的心中,已成为我永恒的记忆!先生弟子众多,每个人对先生的认知可能也各不相同。但先生成人之美的精神和作为人生导师的境界,我相信大家是公认的,之前刘晖更是将先生称为"一片伟大的绿叶"。

(卢晓中,厦门大学 2001 届博士,华南师范大学粤港澳大湾区教育发展高等研究院院长、教授)

天底下最好的老师

——追忆恩师潘懋元先生

李 均

在先生众多的弟子中,我不过是普通的一个,可先生对我的恩情千言万语都诉说不尽。如今,先生虽然离开了,但永远活在我们每个弟子的心中。本文通过一系列小事,诉说三十年来先生对我的厚爱,并以此表达我对先生深深的感谢和无限的怀念。

一、缘 起

我大学读的是教育系,但很惭愧,当时并没有读过先生的书。记得1989年的冬天,我听到学校广播站发布一个学术讲座的通知:厦门大学潘懋元教授莅临我校做学术报告。可惜,我当时因为什么事情并没参加。后来我读了高等教育学研究生才知道,先生在80年代多次莅临我的母校,他的专著《高等教育学讲座》就是根据在华中师大中南高校干部培训中心上课的讲稿修改而成。大学时代的我并不知道这些事情,我那时的兴趣主要在心理学方面,对教育学用心不多,更不清楚高等教育学是怎么回事了。

大学毕业后,我回到家乡的一所师范专科学校任教,做了一名公共教育学教师,我的注意力才从心理学转移到教育学,并着手报考研究生。我的考研目标也不是很明确,换了好几个学科,后来选择高等教育学也并非出于兴趣爱好,而是因为我在上大学的时候就知道北大有高等教育学,考上这个学科的研究生显然是教育学专业人上北大的唯一路径。但后来我在备考过程中发现,厦门大学高教所才是中国高等教育学科的"圣地",潘懋元教授才是中国高等教育学的"龙头老大"!于是,我决定转报厦门大学高教所!我做出这个决定的时候,兴奋异常,马上按照厦门大学招生简章的导师名录,连夜给潘懋元、张燮、刘海峰三位教授各写了一封信。

我在给潘先生的信中这样写道:"我是一个师专的教育学教师,拜读了您的《高等教育学讲座》以及《关于高等教育学学科建设的若干问题》等论文,对高等教育研究有了些了解,非常渴望能够在您的门下学习。"我在信中还介绍了自己的备考情况。

我原以为潘先生这样的大家日理万机,不大可能给一个普通考生回信,可我的想法很快被证明是错误的。给先生发信不过十来天,就收到他老人家的亲笔回信。他的信整整一页,他欢迎我报考,并指点了复习事宜。他说,从我开列的读书目录里,没有看到关于教育管理学的书,建议要读一点这方面的书,尽管考试不考教育管理学,但对将来高等教育研究很重要。潘先生的信让我感动万分,终于发现:这才是我此生要找的老师!

1993年12月15日,我提着大箱子,登上火车,踏上远赴鹭岛投考的旅程。

1994年高教所元旦晚会上,我终于见到了潘先生。当天下午,李泽彧老师托人带信让我参加晚上高教所晚会,并嘱咐"一定要表演节目"。晚上,我来到高教所,与王伟廉老师坐在一起。来考博士的应强兄也参加了。不一会儿,只见一位个子不高的老人,精神抖擞地进来坐下。王老师告诉我:这是潘先生,今年已经73岁了。先生在晚会上做了简短的讲话。他说:"新的一年,高教所要更上一层楼!"老人家的每一个字,都铿锵有力,中气十足。晚会结束后,先生微笑着对我说:"欢迎你来高教所!"我说:"谢谢潘老师,一定争取!"

又过了一些天,我独自跑到东村9号参加先生的周末沙龙,那天大概厦门大学已经放假,沙龙竟然只有先生和我两人。我这个毛头小伙见到大教育家,竟然也不紧张。老人家亲自给我泡茶,我则趁机问了很多幼稚的问题。例如,我问先生:"农业大学是泰国最好的大学吧?"先生说:"农业大学是不错,但朱拉隆功大学更有名气。"接着向我简要说起泰国高等教育的一些情况。我暗自惊讶:怎么随便提起一个第三世界"小国"的高等教育,先生都这么熟悉,不愧是大学者!

接下来的考试也很顺利,面试在笔试之后接着进行。潘先生、张燮先生、刘海峰教授参加了对我的面试。先生问了不少问题,如当前师专教育存在的问题、应试教育问题等,我基本对答如流,评委们比较满意。临走前,刘海峰老师悄悄告诉我:听潘先生的口气,录取你不成问题!

1994年5月,我收到厦门大学的录取通知书。又过了几个月,我终于如愿以偿成为厦门大学高教所的研究生,从此开启了真正有意义的人生旅程。

二、严　师

　　1994年9月,我刚进入厦门大学高教所,参加第一次师生见面会,就见识了先生的严厉。

　　那天,先生召集我们全体新研究生开会。大家入座后,毕恭毕敬地等着先生讲话。没想到,先生用严肃的眼光"扫描"了我们每个人的桌前,然后对高教所秘书范老师说:"你去拿些纸和笔来给他们发一下!"原来我们有的研究生是空着手来开会的,没想到要记笔记。等大家都拿到笔和纸后,先生才开始讲,我尽力记下了每个字。先生讲话的几个要点我至今记得:一是要端正学习动机,不要把读研究生当成混文凭、找跳板;二是要把做人、做事、做学问统一起来;三是要自己积极主动地学,不要指望从导师那里学到多少东西。他引用了两句古语:一句是"弟子不必不如师,师不必贤于弟子",另一句是"叩则鸣,不叩则不鸣"。

　　先生对迟到特别反感,每学期开学报到的那天下午3点,先生会准时坐在高教所的会议室,迟到的人肯定要受到严厉批评。而那些以各种理由没来报到的学生,先生更是非常不满。每学期放假,先生一般也是不允许学生提前回家的。我就听他多次"抱怨":总有些研究生一到放假前,不是奶奶病了,就是爷爷病了,有这么巧吗?

　　平时开会和上课也是如此,先生对遵守时间这一点极为看重,迟到和早退在他眼中是很严重的错误。有一次,一位女博士生上先生的课,早上睡过了,加上没吃东西,一路小跑,到了教室,见到严肃的先生,吓得瘫倒在地。

我就因为纪律问题受过先生两次批评。一次是开一个学术会,大概主讲人讲的东西不太吸引人,会议中间有好几个学生溜了,我也趁机跟了出去,会议结束前又偷偷溜回来。我在想,这开会总要上厕所吧?谁会注意到?果然,直到会议结束,先生都没说什么。散了会,走在路上,老人家发脾气了:"你们这是什么态度!"然后他用手"狠狠地"指了几个人。我跟在后面,不知道往哪儿躲,先生转过身来,用非常严厉的眼光盯着我,然后用手"狠狠地"一指:"还有你!"

还有一次,大概是1995年11月,先生带领我们到福州参加省高教年会,我与建领奉命参与会务工作。大概办会有点辛苦,开会的那天早上,我们不小心睡过了。黄福涛老师跑来敲门说:"不得了,不得了,先生来了!"他正想帮我们打掩护时,先生推门进来了,很生气,连说:"太懒散了!太懒散了!"

先生对学生的批评,多数时候比较委婉,但他的委婉式批评更让人觉得羞愧。我入学第二年的春天,预备党员转正。高教所党支部开会讨论,我先做了一个自我汇报,说的全部是优点,缺点和问题一句没提。我刚说完,先生发言:我们刚刚听到了一个"优秀共产党员"的事迹。然后问我:第一你是完人,第二你是没有自知之明的人,第三你是明知自己有缺点却不愿意说的人,你属于哪种人?我赶紧申明:我属于第三种!散了会,建领对我解释说:我本来会上准备好好表扬你的,但先生一说,我就不敢表扬了,只好批评你,你没生气吧?我说,你批评得对!

先生对学生很严厉,但绝对不会用权威的姿态来压制学生,而是鼓励学生有自己的创见。有一次,我去火车站接先生,回来路上先生问我硕士论文写到什么地方了,我说正在研究"近代专科教育的起源"。他说,我考你一下,你认为中国近代最早的高等学校是哪一所?我说,是福建船政学堂。他马上说,你搞错了,是京师同文馆的天文算学馆。我说,按照您界定的近代高等教育标准,福建船政学堂比天文算学馆早半年。我这样直接反驳老师,老师一点都没生气,只是笑了笑。没想到先生回到学校,竟然专门花时间研究了福建船政学堂,发现它"不仅在创办时间上早于京师同文馆的天文算学馆,而且在专业设置、课程体系上,更符合于十八九世纪西欧所形成的近代性质的高等教育的特点"。因此,"福建船政学堂堪称中国近代第一所高等学校"。不久,先生撰写了论文《福建船政学堂的历史地位及其影响》,发表于《教育研究》1998年第8期。文章的开头说:福建船政学堂作为中国近代第一所高等实业学堂,相当于后来的职业技术性高等专门学校或专科学校,是一般中国高等教育史所认可的;但它是否也是中国近代第一所高等学校,则是最近才有青年学者提出的新问题。先生在此处加了一个注释,就是我的硕士学位论文。这件事情,让我强烈感受到学术大师的治学风范。

读先生的博士一直是我的理想。但当年先生对应届硕士生报考博士要求很高,原则上不同意。我读硕士的时候成绩还可以,发表了不少论文,与刘海峰老师合作的论文还在《高等教育研究》发表。但我知道先生的态度,因此根本就不敢往这方面想。我到汕头大学工作后,先生是我们所的名誉所长,每年至少在汕大住两三个月。我作为所里的研究生秘书,与先生的直接接触比在厦门大学时还要多,我有几次忍不住流露出想继续深造的意思。先生显然知道我想考博士,但就是不提这个。我想,这是老人家还在考查我吧! 直到 2000 年的一天,我收到先生的来信,信上谈的是工作上的事情,信的最后,先生另起一行,写了五个字:你可以考了。我非常激动,把这五个字翻来覆去看了很多遍!

读博士阶段更体会到先生的严厉。其实这时的先生已经很少直接批评我了,甚至有时还有一两句表扬或鼓励的话,这反而让我更加惶恐和紧张。每次准备先生布置的作业都是一次压力巨大的考试,都要花费百分之两百的努力,不敢有丝毫马虎,唯恐先生失望。记得我当年读硕士的时候,与博士生耀明兄同住一房,几次半夜醒来,我都看到他一边抽烟,一边叹气,他是在为先生的作业而紧张。我的情况也好不到哪里,只要是清醒的状态,脑海中就一直在想着先生的作业,挥之不去,寝食难安。

先生对我的严厉批评和严格要求,我一辈子都忘记不了,也一直提醒着我无论在什么时候,都要遵照先生的要求,严于律己,不骄不躁,把做人、做事、做学问很好地统一起来。

三、慈 父

在我眼中,先生是严师,更是慈父。2008 年 5 月,厦门大学高教所成立三十周年的时候,我作为先生的研究生接受中国教育电视台的采访。采访人问我:在你眼中,潘先生是什么? 我说:先生就像我的父亲! 这是一句发自肺腑的话。追随先生二十多年,先生对我的厚爱,岂是一篇文章能说得完? 这里只能列举几例。

1996年，我硕士研究生还没毕业，先生就开始操心我的工作了。有一天在先生家，他问我工作落实没有，我说还没有。他问我："你愿意去汕头大学高教所吗？"我心想，这是大博士张应强都愿意去的地方，我这个小硕士当然求之不得！赶紧说愿意。先生马上拿起电话，给汕大高教所的黄宇智所长打了一个电话。他用潮汕话打的，叽里呱啦，我没听懂。很快，他放下电话，高兴地对我说："他们同意了！这样好，张应强去，你也去，汕大高教所的实力大大增强了！"

但接下来，我为了与原单位脱离关系，遇到很大的麻烦，几经周折，最后向单位赔了将近4万元才被放行。4万对于当时一个月的工资只有500块钱的我来说，是一个天文数字。这个情况，我并没告诉先生。可1997年8月我到汕头大学高教所报到后，黄宇智所长找我谈话：听潘老说了你的情况，所里得想办法帮你解决一部分！我听后既感动又吃惊！先生怎么会知道？我怀疑是吴岩兄告诉了先生，吴岩很清楚我的情况，也一直在关心我，还把他家一份珍贵字画送我，让我去找单位领导求个情。我赔钱后，他担心我没钱吃饭，硬塞给我1000块。这对当时工资不高的他而言，也是倾囊相助。

不久，先生到汕大，住在P6别墅，我和研究生去看他，他建议中午大家一起聚餐。我去买菜，先生一定要给我200块。我说："先生呀，我是拿工资的人了，怎么能让您掏钱？"但先生很坚决，说你这么困难，哪有什么钱！一定要给我，我只好收下。

那时先生在汕头大学主持了一个国家级项目，他让我协助管理这个课题，无非就是联系课题组成员、报账之类，先生却一定要给我报酬。这个报酬，我哪能要？推了很多次。可差不多过了一年多，他又特地请人从厦门大学给我带来一个厚厚的信封。我没收下，但我知道，这是老人家想借此机会给我一点补贴。

2001年，我考取了先生的博士生，成绩是并列第四名，而当年厦大高教所计划内的公费名额是四个。我清楚，作为带薪上学的"定向生"，我很难获得这第四个公费名额，为此颇感焦虑。这次先生又帮了我。大概在当年的5月下旬，我在华中科技大学参加全国高等教育学研究会年会，见到了先生。他对我说："你去汕大工作赔了不少钱，这个我知道，我们正在向研究生院申请增加一个公费名额。"我很感动，没想到我到汕大工作都四年了，先生还记得我赔钱的事情。在先生和刘海峰老师的帮助下，我终于获得了公费读博士的机会。

2004年，我博士毕业前，先生找我谈话，问我是否愿意留下来工作，他说现在高教所马上要改教育研究院了，需要补充教师。我那时因为爱人的工作问题，已经从汕头大学调到深圳市教科所工作，才把家安顿好，再调到厦门似乎不太现实。我就向先生说了我的想法，先生也表示理解。但他说，教科所的工作，也不好做呀！

先生说得对，我虽然调到深圳这个繁华的大都市，但对新的工作不是很适应，一直有想回到大学教书的强烈愿望。我曾经联系过深圳大学高教所所长杨移贻老师，但因为没有进人指标，他也无能为力。

2006年1月26日，先生到深圳参加深圳大学"十一五"发展规划的专家论证会，住在麒麟山庄。我觉得这是一次难得的机会，赶紧给先生打电话，请他方便的时候，向深圳大学章必功校长推荐一下我。先生说:"这个没问题,我正有此意!"评审结束的当天晚上,先生向前来看望的章必功校长郑重推荐了我,章校长一口答应。仅仅过了一个多月,深圳大学校长办公会就通过了我的调动。我到深大工作后,经办过很多次的人才招聘和引进,像这么快的进人速度,还没见过。真要感谢先生!感谢章校长!

上面讲的都是找工作这样的大事,至于一些小事就更多了。

记得1997年6月下旬,我爱人到厦门大学探亲。6月30日香港回归前夜,77岁的先生爬上厦门大学凌云三的五楼,给我和我爱人送来两张厦门市迎接香港回归晚会的门票。当时,我爱人刚来,我们还没来得及去拜访先生,先生听说后竟然先来了,这件事情让我们感动不已!

先生对我们学生的下一代也是疼爱有加。1998年11月,我陪同先生到广州考察。他专门抽时间看了刚刚生了大胖小子的建奇师姐。记得那天早上,老人家为了给建奇的儿子买个合适的礼物,在广州的大商场里转了很久,最后选择了一个有包装的棉袄套装,他觉得这个礼物既好看又实用。

我女儿小小年纪,就多次与先生这样的大教育家近距离接触。她7岁那年,我们带她去厦门前埔拜访先生。记得那天晚上女儿一进门,就要求参观爷爷的新房子。爷爷就带她参观家里每一间屋子,并耐心讲解:这是书房,这是客厅……参观完毕,80多岁的爷爷还和小朋友"讨论"了问题。临走时,爷爷拿出两件小玩意儿,一件是七键盘小电子琴,一件是长鼻子毛毛象,让我女儿挑选一个。女儿拿在手上左右为难,觉得都好。爷爷马上说:"都送给你。"我说:"先生,那不行,您还要送给其他小朋友呢!"先生说:"没关系,我还有呢!"于是,女儿一手拿着小电子琴,一手拿着毛毛象,欢天喜地地向爷爷 bye-bye……走在路上,我问女儿:"你猜潘爷爷多大年纪了?""四十多吧!"女儿的回答,让我们开怀大笑。虽然小孩还没有太多年龄的概念,但在她眼中,潘爷爷就是一个和蔼可亲、有情有趣的大朋友!

这些年我远在鹏城,先生对我的学习和研究也一直很关心。2014 年,我的《中国高等教育政策史》出版后,先生亲自打电话给我,问我这本书为何没有把《规划纲要》纳入研究范围。我说,我的研究截至 2009 年新中国成立 60 年,而《规划纲要》是 2010 年的文件,就没研究了。先生感到很遗憾,他说,这是一个很重要的政策文件呀! 2017 年底,97 岁高龄的先生再次打电话给我,问我 2005 年的那本《中国高等教育研究史》要不要重新写,我说要,但现在正在研究"元高等教育学"。先生说,这个是理论的东西呀!注意不要脱离实际,搞一些虚的东西。我的那本杂感集《大学的良心》,先生竟然也翻看了。他说,写得还不错嘛!先生的鼓励让我既感动又惭愧! 2018 年 10 月 20 日,我和祥云兄一起去厦门看望生病后还在康复中的先生。先生当时还很虚弱,食欲很不好,吃不下多少东西,但他见到我们很高兴,和我们聊了很多关于当前高等教育改革的话题。老人家的思路还是那么清晰,观点还是那样充满智慧和力量!

四、告　别

2022 年 12 月 6 日上午 9 点 57 分,当我正在线上与学生交流一个专业问题时,微信界面突然蹦出一条噩耗:"先生走了!"这是我的开门弟子王超发来的。顿时,我的脑子像短路般陷入停顿。我强忍着悲痛,试图把给学生没写完的话继续写完。可一边写,泪水一边顺着脸颊滴到了键盘上……我不得不告诉学生:"我们敬爱的潘先生走了!"

我是半年前的5月26日,在汕头大学主持该所硕士论文答辩时获悉先生病重的消息的。那天晚上,我与高见在汕头小公园散步。当我正提到"102年前的1920年8月4日先生就出生在这里"时,接到祥云兄的电话:"先生病重,我们都要有思想准备!"尽管生老病死属自然规律,但听到这个消息,我还是非常难过。在我心中,先生就是一个不老的神话和传奇啊!他怎么可能离开我们呢?一回到酒店,我就给先生发去了小公园的照片,并情不自禁地告诉他:"学生很挂念您!祝您健康平安!"第二天,我在房间里看论文,可怎么都看不进去,先生这些年对我的关爱,一幕一幕,浮现在眼前,泪水忍不住地流……

此后半年,我一直挂牵着先生的身体。正如应强师兄所言:自从先生生病住院以来,我们大家就一直揪心。每每听到先生病情有所好转,就跟小时候过年一样高兴!

虽然我有一定的思想准备,但当噩耗传来时,我仍然感到晴天霹雳、悲痛万分。那种再次失去父亲的感觉,刻骨铭心,无法用语言形容。但我还是擦干泪水,在微信上给学生留言:"我们都要好好工作,好好学习!继续捍卫先生的伟大事业,把高等教育研究进行到底!这才是对先生最大的慰藉!"

当天下午,我推掉了所有工作,专心在家分别以深圳大学、深圳大学教育学部和深圳大学高教所的名义代拟了三份唁电。先生的卓越贡献和大恩大德,我真不知道如何用文字表达,只恨自己语言贫乏! 在高教所的唁电中,我这样写道:"潘懋元先生的逝世是中国高等教育研究事业的巨大损失! 从此,我们失去了一位真正的大先生、好老师! 我们将化悲痛为力量,沿着先生指引的道路,努力把高等教育研究工作和高等教育学科人才培养工作做好,以实际行动告慰先生在天之灵。先生永远活在我们心中!"

12月10日上午,我与先生的众多弟子一起赴厦门福泽园为先生送别。应强师兄代表弟子发言时,我们都泣不成声! 11点40分,我们在先生的遗体前三鞠躬。我对先生默默地说:"先生,感谢您给我的一切! 如果有来生,我一定还要做您的学生! 那时,求您还要收下我!"

跟先生诀别的那一刻,我感觉他就像睡着了,很安详。记得我读研一的时候,有一次先生肠绞痛住院,我与同学王一为在病房陪了他一晚上。那是我第一次看到先生睡着的样子。将近三十年过去了,我觉得先生一点都没变,还是那个慈祥的老人,就像我的父亲。确切地说,他就是我的父亲!

先生与我已经去世22年的父亲一样,都是意志力坚强的人。我父亲57岁查出罹患皮肤癌,与病魔整整斗争了10年。他生命最后几年所经历的痛苦,常人难以想象。先生虽然高寿,但他的身体并没有人们想象的那么好:他青少年时代就体弱多病;52岁在云南工作时,得了比较重的肝病;85岁到北京调研时,突发重病,差点过去;98岁时被查出肝癌晚期,他以顽强的毅力又与病魔斗争了四年多。令人感动和感慨的是,这四年多,他不是躺在床上休息,只要有一丝力气,他就一定坚持工作。直到2022年上半年,他还在为博士生上课,还在为师生做学术报告,还在操心学生的论文……可以说,先生用生命诠释了厦门大学"自强不息,止于至善"的精神。

五、结　语

记得有位学者说过:"大师的存在绝不仅仅是一种个体的存在,而是具有社会学意义的存在。他们的存在遮蔽着他人与群体,同时也遮蔽着历史。他们是以人类代言人的身份存在的。芸芸众生死去,只有他们永生。"在中国当代高等教育发展史上,先生无疑就是这样一位真正意义的大师:

作为一名卓越的教师,先生以自己的言传身教展现了"学而不厌、诲人不倦、立德树人"的高尚情操;

作为一位杰出的高等教育学家,先生主动投身到各个时期中国高等教育改革发展的伟大实践中,为中国高等教育改革发展做出了重要贡献;

作为享誉世界的当代教育家,先生始终站在建设人类命运共同体的高度,关注世界高等教育发展。他创建的高等教育学,丰富了世界高等教育研究范式,为世界高等教育研究事业的发展贡献了中国智慧。

吴岩师兄说过:"潘先生是中国教育界、社会科学界百年来具有中国符号意义的大先生!我们能成为他老人家的弟子,是一辈子最荣耀、最得意、最幸福的事!"我也想说:先生是天底下最好的老师！先生是我走向高等教育研究的引路人，是我生命中的贵人。没有先生，就没有我的今天！

如今，先生离开了我们，但他的精神永存世人心中，犹如灯塔，照亮我们前行的路。

先生，我永远爱您！

（李均，厦门大学2004届博士，深圳大学教授、
教育学部执行主任、高教所所长）

追随先生三部曲
人生受用一辈子

刘华东

人的一生会有许多值得学习和尊敬的人,"三人行必有吾师",但是能树为榜样的,并不是很多,能成为楷模的,更是寥寥。在人生的历程中,如果能有这样的楷模,成为一生的追随,成为照亮前进道路的灯塔,是何等的幸运和幸福。

潘懋元先生就是我人生的楷模,照亮我前进的灯塔!每每想起来,从仰慕潘先生的学识,到亲耳聆听他的学术报告,再到有幸成为他的学生,我就非常激动,由衷感到幸运和幸福。

相知 相识

改革开放之后,教育的春天到来了,全国高校的教育管理者,包括许多大学的教师如久旱逢甘霖一样如饥似渴地盼望学习和掌握高等教育的理论,推动高校改革的实践。但是由于"十年浩劫"的影响,高校长期缺乏高等教育理论的学习和研究,一所所高校像一块块不毛之地等待着一场渴望已久的浇灌。

早在20世纪80年代中期,我就知道,厦门大学的潘懋元先生研究高等教育理论,在全国许多高校进行学术讲座,每场报告都引起轰动,参加者如潮。当时我刚留校参加工作不久,内心非常渴望能参加这样的学术讲座,充实自己缺乏的教育理论。我直接聆听潘先生讲座,感触就特别深刻。记得在1993年5月20日潘懋元先生应邀专程来到我校做学术报告,在学校引起了轰动。当时学校称为华东石油学院,坐落在胜利油田所在地山东省东营市,非常偏僻。500个座位的礼堂座无虚席,大家聚精会神、如饥似渴地聆听潘先生有关教育思想和办学思路的讲座,我也是听众之一。我对潘先生的学术成就早有耳闻,这次现场听了讲座顿生钦佩,更加激发了我学习高等教育理论、研究高等学校问题、提高自身教育理论素养、推进本职工作的自觉意识和工作激情。2003年10月1日潘先生接受邀请专程来我校参加50周年校庆,当我陪同他参观校园时,潘先生看到学校发生了巨大的变化,校园里建起了许多高楼大厦,环境优美。当他听说,十年前学校的条件还比较落后,一些教师由于条件艰苦而且对学校发展缺乏信心不太安心工作,现在教师对学校的发展很有信心而且安心工作,他非常高兴。

我们学校于1969年从北京迁到山东胜利油田所在地,地处黄河入海口,非常荒凉,号称是山东的"北大荒",而且交通十分不便,从济南到东营只能乘坐汽车,需要花费四个多小时,就是这样的地方和条件,潘先生仍兴致勃勃来到学校,着实让学校的领导和广大师生员工非常感动。我当时就有这样的好奇和疑问:为什么在那样的条件下,潘先生仍不辞劳苦专门来到学校呢?后来,当我成为潘先生的学生之后,我有了答案。我知道了他之所以不畏艰难险阻,千里迢迢来到偏僻的东营,是因为他博大的情怀和教育报国的理想。潘先生为了中国高等教育的发展,为了弥补中国高等教育被"十年浩劫"耽误的缺憾,不想在高等教育的领域留下哪怕一块"荒芜的土地",越是艰苦的地方,越是办学困难的学校,他越要关心和支持!他要为中国高等教育的发展呐喊,传播高等教育理论和科学的办学思想。我想,我们学校之所以有这样的转变,教职员工从不安心到安心,学校发展日新月异,这其中蕴含着潘先生的办学思想和办学理念,饱含着先生的无私奉献和付出的心血。

相随 成长

2000年9月我有幸拜师潘先生攻读教育学博士学位,成为潘先生的一名学生。当时我是在职学习,记得2001年2月学习期间,潘先生要求我们在学完《高等教育学》课程后写一篇作业,学习快结束时我把自己的作业交了上去。等到7月份我再来厦门大学上课时,作业发下来了,令我吃惊的是,潘先生在我的作业上密密麻麻地用红笔作了许多批语,作业中有一段话,潘先生专门画了红线批注道:"这段话有道理,符合教育思想。"还有一段文字,潘先生同样画了红线批注道:"这个结论需要酌情考虑,说得太绝对了。"作业中包括标点符号不对的地方,潘先生都一一地标注出来。当我看到这些红红点点的批注,非常感动,潘先生对待一篇普通的作业都如此认真,如此投入,如此严格,这种一丝不苟的精神、严谨治学的态度令人肃然起敬。这篇作业带给我的不仅是文章内涵的提炼和文笔的通畅,而且也成为我工作上的"灯塔"和"警灯"。当我在指导学生时,它让我不能有丝毫的马虎和应付,每当想起潘先生批改的这篇作业,教书育人的职责驱使着我,让我不由自主地握紧了手中的笔;当我在工作时,它让我不能有丝毫的懈怠和轻松,每当我想要松口气时,我就想起潘先生对待作业的态度,让我认真而严谨,紧张而努力。

由于潘先生和高教所各位老师的谆谆教诲和悉心指导,2005年5月我的博士论文顺利地通过了答辩。在学位授予仪式上,当潘先生给我拨穗时,我觉得潘先生给予我的不仅是学业上的认可,更是一种责任和期待。在厦门大学不仅收获了知识和学识,更重要的是得到了熏陶和培育,尤其是潘先生严谨治学、一丝不苟的精神和态度让我终身受益,时时激励和鞭策着我。

鞭策　激励

2007年5月潘先生到山东高校巡游讲学,5月20日再一次来到我校青岛校区给全校师生做学术报告。我听说潘先生书法功夫很深,堪称大家,但很少提笔了。我试探说能否给我写幅字留下墨宝,没想到潘先生欣然同意,第二天潘先生就把《尚书·大禹谟》中的警句"人心惟危,道心惟微,惟精惟一,允执厥中"题写予我,潘先生的书法笔酣墨饱,雄健洒脱,谁也不敢相信这是87岁老人的现场书法作品。很多人都知道,中国许多有造诣的国学大家把这十六个字作为儒学乃至中国文化传统中著名的"十六字心传",其内涵博大精深,气宇非凡。从这幅题字中,我既感受到潘先生知识之渊博，涉足之广泛，又领略了先生的书法造诣，同时深深地体验到先生对学生的谆谆教导和殷切期望。我用最快的时间裱了起来，挂在办公室，每当我抬头凝视潘先生给我题写的这十六个字，就激励和鞭策着我清清白白做人，踏踏实实做事，坚持自己的理想和目标，精益求精，永不懈怠。

精神　风范

每每想起在厦门大学求学的日子，想起在教室里聆听潘先生阐述高等教育思想和理念，分析高等教育改革和发展的时候，就思绪万千，感激与感悟、思念和思考交织在一起。应该说，我对高等教育研究的向往，对高等教育工作的投入，相当大的动力来自对潘先生学术造诣的仰慕，来自对潘先生为人师表的崇敬。潘懋元先生具有"顶天立地"的风范。为了中国高等教育的发展，为了传播教育思想和办学理念，潘先生足迹遍布全国各地，不仅为高等教育发展出谋划策，而且对民办教育、高职教育、合作教育、普通教育以及未来教育也倾注了心血。潘先生始终关注高等教育最前沿的发展动态，完整把握最新的理论研究成果，准确地预测未来发展的轨迹。每次听他报告，听他讲话，哪怕是聊天漫谈，都能感受到先生敏锐的洞察力，都有一种如沐春风般的享受，让人深入思考。正如潘先生所研究的宏观教育思想和微观教育思想一样，不论从高等教育战略规划到高等学校具体实践，从关注学校到关心学生，从学位论文到一篇普通的作业，潘先生都是同样的逻辑，同样的重视，一丝不苟，认真严谨，倾注了心血和精力。我想，正是因为潘先生有如此的精神和态度,既有思想的高度引领,又要丝丝的细处指导,才使他既成为高等教育研究的大家,成为高等教育发展的引领者,同时又成为学生挚爱的老师,成为学生依赖的"至友"。

〔刘华东,厦门大学 2005 届博士,中国石油大学(华东)教授、党委副书记、副校长〕

学问导师 人生楷模

许建领

近几天接到上海大学原校长杨德广先生的电话,说他要写一篇关于潘先生的文章,希望先生的几位弟子(包括我)每人写一段"我心目中的潘先生",任务是一百字。潘先生在每一位弟子心中,是神一般的存在,是我们景仰的大家。尤其对我来说,是影响我一生的大人物。一百字确实让我为难,只好字斟句酌写了如下文字:

潘先生是大家、楷模,令人高山仰止。先生求新,奠高等教育学之基,崇尚创新;先生求真,探教育内外部规律,做真学问;先生求上,于人于己严格要求,追求完美;先生大爱,爱学生胜过爱儿女,我辈感动!先生之学问、品性和精神,如高远明灯,引我辈前行。做先生的学生,受益终生!

时光飞逝,从 1994 年 9 月入读厦大高教所,转瞬廿六载。先学高等教育学,再到深圳大学高教所做高等教育研究,而后调到深圳市教育局从事高等教育管理工作十八年,潘先生对我的影响至深。尤其是我在教育局工作,直接推动深圳创建七所新大学所走的每一步，都有从潘先生和厦大高教所老师那里学到的理论做支撑，使我工作起来有底气，有高度，有眼光。潘先生特别支持深圳高等教育的改革发展，从南方科技大学的创办到深圳大学的改革发展，先生都会受邀到场提出非常精辟的意见。潘先生每次到来，让我们这些弟子都备受鼓舞，深感荣光！

我书柜里摆着一张和潘先生的合影。每次看这张照片，都会把思绪带到在厦大读研究生的日子，回想和潘先生在一起的点点滴滴。有很多精彩的故事，都是幸福满满的回忆。

厦大求学

当时，在报考厦大的问题上，我是经过了慎重考虑的。我就读的河南大学教育系肖书记找我谈话，希望保送我读本校研究生，这确实是一个难得的机会。但因为我此前详细了解过厦大高教所，知道那里有一位德高望重、学术权威的潘先生，并且我的本科同学经常会讲"南潘北顾（明远）"，使我非常仰慕，梦想能够成为潘先生的弟子。所以我果断地婉拒了保送的机会，决定报考厦大。

很巧的是，有一位同城的企业员工居然也在备考潘先生的研究生，并且已经考了一年没考上，再度复习和我一起竞争报考。让我惊讶的是，他居然有一封潘先生给他的回信，欢迎他报考并给予了一些指导。当时的我无比羡慕！真没想到，潘先生这样的大家，日理万机还惦记着给考生回信，让人深切感受到先生对考生的关爱和做人的态度！因为我没给潘先生写信，自然收不到先生的回信，只有加倍努力备考，才能当面聆听先生的指导。还好，当年我以 390 分第一名的高分考入了厦大高教所，成为先生的及门弟子了！现在想起来还开心着呢！

潘先生非常勤勉，治学严谨，思路清晰，与时俱进。我们读潘先生的《高等教育学讲座》，逐步被引领到高等教育研究的门口。潘先生每次的讲课和讲座，都让我们如饮甘露，回味无穷。先生是德高望重的学者，也是一位如父慈祥的老人，很平等也很宽容。在高教所每周的学术研讨会上，他会很认真倾听每位师生的发言和提问，很少打断或批评我们提问不恰当，他对问题的剖析总让人觉得既有高度又有深度。他讲的话并不华丽难懂，在平实中蕴含深刻的高等教育理论。不像我们刚刚入门的研究者，总喜欢把简单的问题用晦涩的语言表达出来，以显示自己的学问高深。从先生身上，我们学会了：真正的大家都能深入浅出，善用平实的语言把深刻的道理讲清楚，这是需要真功夫的。先生又是严厉的，记得有一次讲座，有位老师分享外出学习体会，会场中有两位同学说悄悄话。先生当即批评说："别人讲话的时候，不要讲悄悄话，这样对主讲人很不尊重。"到现在那个场景还历历在目。这种批评，也是潜移默化地教我们学生如何做人。

潘先生经常讲，研究社会科学一定要多一些社会历练。所以，他希望研究高等教育学要多一些教育实践的经历。我是应届本科生，缺乏更多的实践经验。我同届的李均、王一为、梁燕玲、温红四位同学都有工作经验，所以我会想着先生的要求，多向他们讨教。在学习期间，我还专门为厦大的学生讲了一学期"教育学"的课，深入课堂，实践磨炼，为自己多积累教育经验。

厦深情缘

跟潘先生学习，是全方位的。他不仅教我们如何获得知识和开展研究，还经常教我们如何说话、如何做人。记得有一年高教所举办的中秋晚会上，潘先生和大家聊起讲话的艺术。因为先生曾担任过国务院学位委员会教育学科评审组召集人、厦门大学副校长等职务，阅历丰富，在多种场合要讲话，要化解一些尴尬或突发状况，所以他的讲话风趣幽默又睿智过人。当晚，他刚举了一个用当天的天气化解尴尬气氛的例子，就点名让我发言。面对几十位老师、师兄师姐，我还是十分紧张，脱口就说："今晚皓月当空……"大家哄堂大笑，可能是觉得我学潘先生太没创意了吧，反正我挺尴尬，至今想想还尴尬。但此后我也会经常思考如何在各种场合讲合适的话，讲能打动人的话。现在讲话的机会多了，还时不时想起当晚的场景。

最温馨的也是让我们津津乐道的，是先生每周末的学术沙龙。先生真的是诲人不倦，每周六晚上学生自愿到先生家，听先生谈天说地，讲国内外学术最新情况，讲一些经历趣闻。在座的有老师也有学生，大家自由发言，其乐融融。来的学生很多，多数情况下，很多同学只能坐在房间的门口。在沙龙上，大家喝着茶吃着先生家的点心或水果，很放松，没有了课堂上的拘谨，思维极其活跃，畅所欲言，相互交流启发，先生适时点拨。这让我们知晓了很多信息，也学到了很多课堂上学不到的东西。有机会的话，我们还要回厦大参加先生的周末沙龙。

先生很关心学生。先生的儿子们经常讲,先生对待学生比对儿子还亲。我们是深有体会的,先生会经常掰着指头数他的学生:哪个学生在哪里工作,现在怎么样了;哪个学生学术有了什么新进展;哪个学生取得了什么新成就;等等。学生就像他的儿女,不管学生毕业到了哪里,他都会时常惦记。新毕业的博士、硕士,找工作遇到什么难题,先生总是力所能及地帮上一把。我1996年底写硕士论文,和李均同学一起到上海、北京调研,那时真是深深感受到了先生的影响力,每到一个大学或研究机构甚至教育部,只要一提是先生的弟子,一路绿灯。接待单位的人会说:"如果不是潘先生的弟子,我们一般也不接待。"做先生的弟子,真的很骄傲! 在北京,朱国仁老师接待我们时,给我转达先生的意见,先生希望我毕业后能够留厦大高教所工作。等回到厦大,刘海峰所长还就此专门找我谈了话。因为那时年轻,还有一颗躁动不安的心,希望出去闯荡一番。最后没留厦大,到了深圳工作。但我爱厦大、爱厦大高教所、爱潘先生的一颗心,却陪伴着我生活的每一天。

先生特别支持学生的工作。我很幸运,到深圳工作后,正赶上深圳高等教育大发展的时期。我在深圳大学高教所工作五年后,调到了市教育局工作,从高教处一般干部到副处长、处长,又到分管高教的副局长,工作的每一步,都十分受益于在厦大的所学所闻,受益于先生的谆谆教诲。深圳教育、高等教育的改革发展,我们会经常求教于先生。印象最深的是,近年上升势头迅猛的南方科技大学的筹建关键节点,都有先生的及时指导。2007年7月28日南科大筹建办学方案的专家论证会,我们专门邀请先生到深圳指导,先生提出了特别宝贵的意见。那时恰逢先生 87 岁寿辰,我和珠三角地区的同学们一约,大家都蜂拥而来,二十多人济济一堂,热闹非凡,在深圳为先生祝寿。先生很开心,我们也很开心。弟子们对先生的尊重与景仰,可见一斑。2009 年 3 月 26 日,南科大遴选首任校长,先生受邀为遴选委员会委员,和其他委员一道,最终遴选了中科大原校长朱清时担任南科大创校校长。南科大一路走来,先生的意见发挥了很重要的作用。我是南科大的首批筹建人员,现在也在做些高教管理工作。在这里,我代表深圳高教界也代表我自己,深深地向先生道声:谢谢您!同时,也感谢厦大高教所王伟廉老师和所有老师们!

爱与影响

我们很爱我们的潘先生。先生的学问,先生的为人,为我们所有弟子所景仰。先生是我们学习的榜样,也是我们时常"吹嘘"的资本。我们经常开玩笑说:"先生是全面发展的典范。"我有时也会拿着手机里先生的照片,给同事或朋友介绍先生的事迹。2018 年 6 月,我听说先生生病住院时,立即和我爱人专门到厦门来看望先生。我们和刘喜才师兄夫妇到医院看望先生时,先生很高兴。他给我讲深圳高等教育的进展,讲南科大的情况,我当时很惊讶,先生思路这么清晰,对深圳高等教育情况这么熟悉。先生不固守已有,与时俱进,紧紧把握高等教育发展的脉搏,真的让人佩服!

先生对我的影响是全方位的,这是先生的人格魅力,是教育的神奇力量。这种影响不是短暂的,而是一生的。人生中有在先生身边学习的经历,是我的幸运!工作中有先生给予的鼎力支持,是深圳之幸!人生的路上,有先生这样的高远之灯指路,真好!

(许建领,1997届硕士,深圳职业技术学院校长)

学其成时念吾师

陈厚丰

"饮其流者怀其源,学其成时念吾师。"2020年8月,是我国高等教育学的开山鼻祖潘懋元先生百岁华诞,作为他的学生,一直想写点东西。思前想后,我想起了潘先生两次为拙作作序的事。

第一次作序是2004年。2003年,我有幸在厦门大学高教所跟随潘先生做了一年访问学者。记得那年12月底临近访学结束,先生将我的论文《我国高校追求"大而全"和"升格热"的外部原因及应对策略》推荐到每周一高教所举办的学术例会上分享。得知消息的我做梦都没想到自己有这个机会,毕竟我只是个"旁听生"。

那天的学术报告会结束后,学生们都陆续走了,潘先生正在收拾东西,我走过去,一方面想当面辞行,另一方面想再听听他对今天报告的意见。但是,先生并没有谈及报告,而是主动问起我离校的时间,我告诉了他。突然,他提起几天前我跟他说过的书稿。原来,一周前我填写"访问学者考核鉴定表"时,将访学一年来发表的论文和即将完稿的专著《中国高等学校分类与定位问题研究》写了进去。其实,早前我就访学期间发表论文的情况向先生作了口头汇报,但专著却一直不敢说,因为自己没把握在访学结束时写完。先生语重心长地说:"你的专著如果要出版,最好在明年5月前,迟于这个时间，建议你就别出版了。"这是一份意外的惊喜，先生居然还惦记着我这个"旁听生"的书稿！我当即表示一定在明年 5 月前出版，还斗胆表达了请先生作序的"非分"请求。先生沉吟道："看了你的书稿后再定吧！"

回到湖南大学后，我利用业余时间，一边加班修改书稿，一边联系出版社。为了按潘先生提出的时间节点出书，我放弃了回乡下陪父母亲过春节的打算，夜以继日地校改书稿清样，终于在农历正月初十将书稿清样特快寄给了潘先生。没想到一个多月后，厦大高教所办公室的范孝平老师打来电话，要将潘先生所作的序言传真给我。我激动而又欣喜，半天愣在那里。

第二次作序是 2010 年。2005 年 9 月，我有幸忝列"潘门"读博，那年已经 42 岁了，应该是 2005 级博士生中年龄最大的吧，当时高教所已改为教育研究院。入学后，我的目标很明确，那就是争取像全日制博士生一样三年毕业。承蒙潘先生厚爱，将他主持的厦门大学"985 工程"重点攻关课题的子项目"高等教育分类研究"的任务交给了我。经先生同意，我将子项目作为博士学位论文选题。因此，入学后我坚持边听课、边工作、边做学位论文。

经过两年半的努力，2008 年 3 月我完成了学位论文主要部分的撰写，只剩下最后两章。同年 4 月，经学校批准，我请了三个月假到厦大教育研究院专心做论文。那段日子里，我每天的活动轨迹就是"三点一线"：图书馆（资料室）—宿舍—食堂。经过三个月的挑灯苦战，终于在 6 月底完成了近 60 万字的博士论文初稿。

当我如释重负地将论文初稿《高等教育分类的理论逻辑与制度框架研究》呈送潘先生审阅时，他当即回答说："你是在职博士生,学制是四年,高教所还没有哪位在职博士生是三年毕业的,好好静下心来修改,论文先放我这儿吧。"大概过了两周,潘先生把我叫到他家里,在对论文初稿提出修改意见后,专门谈了如何"由博返约"的问题,明确要求我大幅度压缩篇幅。我严格按照他的要求,又经过近一年反反复复的打磨,历经三次大的修改、增删,到2009年4月定稿已压缩到了35万字,但涉及的高校数量却从66所增加到了105所。在顺利通过论文答辩后不久,我收到了厦大通知,我的博士学位论文被纳入厦门大学"'985工程'中国特色高等教育体系研究丛书",由广东高教出版社出版。得到这个消息后,我马上打电话给先生报喜,并顺势提出了请他作序的想法,先生欣然应允,当时内心的感激之情无以言表。

时光荏苒,日月如梭。先生第一次为拙作作序已经过去了16年,第二次作序晃眼间也已有10年。这些年来,我只要回忆起先生的两篇序言,里面的句子仍历历在目。

譬如,在《中国高等学校分类与定位问题研究》的序言中,潘先生指出:"高等学校的分类与定位问题的研究,是高等教育理论工作者应当攻关的难题。"[1]再如,潘先生在《高等教育分类的理论逻辑与制度框架研究》的序言中强调:"研究过程十分艰苦,往往要废寝忘食,而由博返约,却要忍痛割爱。前者是作者自己完成的,后者却是我逼出来的。"[2]

如果说,先生的第一次作序点燃了我"敢为天下先"的豪迈激

---

[1] 陈厚丰:《中国高等学校分类与定位问题研究》序一,湖南大学出版社2004年版。
[2] 陈厚丰:《高等教育分类的理论逻辑与制度框架研究》序,广东高等教育出版社2011年版。

情,那么第二次作序则给了我"板凳敢坐十年冷"的及时提醒;如果说,先生的第一篇序言给了我莫大的鼓励和鞭策,那么第二篇序言则提出了"由博返约"的殷殷期许。

我深知,潘先生之所以两次为拙作作序,并非因为我的学识有多高,而是出于先生对"新题、新作、新人"的鼓励。首先,两部著作的选题都是"新题"——高等学校的分类与定位,而这一问题恰恰是潘先生率先在世纪之交提出的,在先生看来,我国高等教育即将步入大众化阶段,"高等学校的分类是一个世界性的难题,又是关系到中国高等教育能否持续发展的关键"[①];其次,两部著作都是关于高等学校分类的"新作","始生之物,其形必丑",需要得到学界同行的包容和接纳;再次,作为一名年龄偏大的学术"新人",自己"文未重于世",出版学术著作是需要推介的,否则很难引起同行的关注和共鸣。

当然,这只是我的冒昧揣测,但不管怎么说,我切身感受到的是潘先生"有教无类"的博大胸襟、"诲人不倦"的无我境界、"爱生如子"的舐犊情怀,而这恰恰是时刻激励我知难而进、笃定前行的动力!

(陈厚丰,2009届博士,华中师范大学研究员、党委副书记)

---

① 陈厚丰:《中国高等学校分类与定位问题研究》序一,湖南大学出版社2004年版。

先生：我不断进修的课程

张祥云

2021年，也就是导师潘懋元先生101岁的那年，我接到过先生两次长途电话，一次是5月中旬，一次是9月底。5月份那次电话，我感觉特别突然，完全出乎意料！先生并没有什么事儿，只是告诉我他读了我的论文《教育学的"人文道理"范式及其特性》（别的师兄弟在微信群里推送了这篇文章，先生看到了），先生很认真地肯定和鼓励了我一番，我当时极为震撼！接到101岁老师的长途电话，这件事情本身就让我激动不已！更别说他的话语还是那么充满磁性，思维清晰，评论到位。受到鼓舞，我9月下旬将40多万字的《道理与功夫——人文教育学论纲》书稿寄送给他老人家，并写了一封信夹在书稿里，信中写道："先生，这是我离开您身边这么长时间之后，向您提交的一份作业。作业交给您，是想让自己心安，有空翻翻即可。"没有想到，先生收到我的书稿之后，又给我打了一个长途电话，告诉我说："昨天晚上九点多收到你的书，今天花了一天时间看。"我听到这里，内心既感动，又愧疚！感动自不必说，愧疚的是，自己怎么能让老爷子那么辛苦劳累呢！可是先生却饶有兴味地跟我讲他读后的感受，对我的人文教育理论体系和一些重要观点给予了很充分的鼓励和肯定。我在电话这头，心情难以形容——此生遇到这样的导师,何其幸运!

一年多之后,2022 年 12 月 6 日,先生跟我们作了"人生告别"。他虽然离开了我们,但却更直接地活在了我们的心间。

一、先生是我的广域课程

能成为潘懋元先生的学生,是我人生最重要的幸运。不难想象,如果此生没有拜在先生这样的大师门下,未得先生的言传与身教、点拨和启示,像我这样来自山里的娃,在思想和情感空间会是怎样地零碎和狭隘。所谓做点像样的学问,得点教育之底蕴,估计也是很难谈得上的。我资质平平,即便对先生的有些点拨或许算是可以当下"明白",但更多的启示却是要在时间的催化中才能慢慢"醒悟"。体会先生之为人、为学、行事的格局、境界和智慧,对我来说,是一生永远在做和要做的功课。过往的数十年里,从而立之年到现如今迈向耳顺之年的践行,在思想和情感上,都幸亏有先生的"陪伴"和引导。在或不在他的身边,他都在我心中占据着不可替代的重要位置。随着年龄的增长,阅历的丰富,越发觉得先生之不易,先生之不凡!先生让我明白,再高耸的山峰,都在人的脚下;再光明的灯塔,都由人来点亮;再广袤的宇宙,都在人的心中。先生在平常中累积出超常,在平凡里演化出非凡,先生就是这样一位现实世界里实实在在"就在那里"持续劳作、不倦创造、不断超越的生动而鲜活的非凡人物。

大师就是课程,是不可复制的、稀有的卓越课程,先生就是这样的课程! 在我心中,先生就是一门博大精深的、自然敞开的课程，一部不断书写、不断超越的人文经典。数十年里不间断地吸引着我反思、咀嚼、领悟，而不断得到滋养。

我在先生身边待了六年半，读研三年，工作三年半，在学习、工作和生活上得到先生的很多引导和呵护。1995年12月11日调离厦大高教所到深圳大学工作至今，也还一直受着先生的精神滋养。他在我心里是一位又敬畏又亲爱的长者。

二、先生给我"苏格拉底式"面试

第一次见潘先生，是在大学本科三年级，应该是1984年上半年，先生受邀专程到江西师范大学给全校领导干部做学术报告。由于我们是学校教育系的首届学生，学校安排我们全班去聆听先生的演讲。那时候，先生头发全白了，白得很纯粹，很好看；先生穿着中山装，很挺拔，很精神，给我"大尊者"的感觉；先生浑厚的普通话带有闽南口音，很清晰，很简练。先生是第一位让我近距离感受到什么叫大师风范的教授。也就是在那次，我初步接触到高等教育学。1985年，我大学毕业开始从教，教教育学和心理学。有了一定的教育教学经历，有不少体会和思考，特别希望能深造。1989年，因缘巧合，学校历史系汤勤福老师的同行朋友刘海峰博士是潘先生的助手，由于他们的热心帮助，我顺利报考了厦门大学高等教育研究所的定向培养研究生。（汤老师后来去了上海师范大学古籍研究所工作，现在是特聘教授，学术造诣很深。）定向培养研究生的选拔要到厦门大学现场考试，有笔试和面试，地点在囊萤楼三楼。记得笔试结束，高教所正在会议室开会，我在门外走廊静静地听着一个充满磁性的浑厚声音在说"要做学问,先学做人"和"写文章要深入浅出,而不要浅入深出"的道理。未见其人但闻其声,这是我在厦门大学第一次得到先生的教诲,很敬畏。在面试环节,潘先生、刘海峰老师、罗杞秀老师等五位组成面试专家组,先生别开生面地给我和另一位考生张治库出了一道辩论题,一方的观点是"教育是上层建筑",另一方的观点是"教育是生产力",让我们抽签选择并马上进行辩论。面对突如其来、出乎意料的"苏格拉底式"考试,我们都很紧张,但还是硬着头皮各自陈述观点,彼此友好辩驳。当时自己具体说了什么都忘记了,但这种面试方式给我留下了十分深刻的记忆。这样的面试方式显然代表了先生选拔和培养人的重要方法——注重培养学生对概念内涵的深刻理解,注重辩证思维、关系思维的养成,特别强调学会用系统的、发展的眼光看问题,不要偏激。非常幸运,先生和老师们不弃,我和张治库都被录取了,正式成为厦门大学高教所的学生,成为先生的弟子。

三、先生给我很多的呵护

在上世纪八九十年代,大学教师和研究生的生活都还是比较清苦的,先生那时候抽的烟是很便宜的"特牌"香烟。在先生家里办沙龙或者谈事情,先生会把香烟分享给会抽烟的男生,一些像我这样不抽烟的男生往往也会顺手就接下香烟抽起来,大家很自由地一边抽烟,一边交谈。后来,我读林语堂的书,看到林语堂描写牛津大学的教授与学生在家里边抽烟边讨论学问的生动情景,他把师生一起"冒烟"描述成点燃灵感的星星之火,这使我心安理得地为抽烟找到了"合理"的证据。先生每个周六晚上的沙龙都会为大家准备各种好吃的水果、点心,我吃过的很多最好吃的东西都是在先生家里第一次吃到。

先生很体恤我们这些清苦的学生,有个故事让我不能不分享出来。有一次,我对先生说,我在江西有一位优秀的学生在一个离县城很远的大山中的林业技术学校工作,一直想报考先生门下,很希望跟先生通信,求得先生在学习上的指点,但又怕先生嫌弃,不敢冒昧打扰。我问先生能不能让他直接写信给先生,先生当即就允诺了。过了不长时间,先生把我叫去他家,告诉我说,已经收到了那位学生的来信,已经回信了。紧接着,先生手里拿着一张书单和四张10元钞票,很认真地告诉我,要我拿钱去给那位学生买书寄去。我很震撼,深觉自己给先生添了不小的麻烦,不知道怎么处理才好,因为在1991年的时候,40元钱可不是个小数。最后,我只能难为情地老老实实接受先生的嘱托,去办了那件事情。那位学生没有辜负先生的鼓励和爱护,顺利考取了研究生,成为了先生出色的弟子。

1992年我毕业,留在所里做研究生秘书兼先生的学术秘书。由于我是定向研究生,按照合同毕业后要回到原单位,如果违规不回去,就要将三年的工资加倍罚款,一共1万多元,在那个年代对我来说是一笔巨款。在亲人的帮助下,我如数交了罚款,把工作关系转调到了厦门大学,虽然如愿了,但心理上、经济上都承受着很大压力。在这过程中,先生总是默默为我着想,想方设法合理合法增加我的收入,安排我参加各种专业内有些"外快"的工作,比如给福建省自考办出考试卷、给学校青年教师培训高等教育学,等等。

在厦大工作一个学期,学期结束的时候,感觉自己身体明显疲惫无力,就去医院做了体检,发现得了不轻的病,需要住院。当时我夫妻分居,在厦门无人照顾,又马上放寒假,家里还是决定让我回江西住院治病,先生和所里同意我回去。住院三个月,打针吃西药半年,以后中药慢慢调理,医病的费用超过1万元。刚留校就生病,一个学期不能上班,深感对不起先生,对不起所里,对不起厦大,心理压力很大。在这个过程中,先生给了我巨大的呵护,他给我写了长长的来信,安慰和鼓励我要有信心,指导我如何应对生病养病的问题,还鼓励和建议我参加1993年度的博士研究生考试,争取读在职博士研究生。我读着先生的来信流下了热泪,深切感受到了先生的爱护。由于家人一致反对,我还是放弃了那年的考博机会,成为终生遗憾的事情。虽然我一个学期没有上班,由于先生和所里老师的关怀,我完成了工作量,还顺利晋升了中级职称。我回到厦大上班后,先生知道我欠下了一大笔医疗费,就出面找到学校领导反映我的情况,争取给我特批报销,据说学校为我的医疗费专门开了一个校办会议讨论,最后学校给我报销了差不多1万元的医疗费。在这个过程中,先生对我是呵护有加,学校对我非常保护,还特批给我安排了一人居住的单间宿舍(当年厦大的教工宿舍资源非常紧张,初来工作的年轻教师是两人一间宿舍)。

每当想起这许多事情,就深为感激,同时也深感给先生、给所里、给学校添了很大麻烦。自己得到那么多照顾,却无力很好回报,内心确实很是愧疚。我家在山区农村,父母养育我们六个兄弟姐妹,好不容易支持我上了大学,我作为长子却一直无力为父母分担。加上那一年家运不好,我父母亲身体不好,大弟弟又得病不能劳动,还有小弟在读书,我自己的小家还在分居,小孩出生不久,所以生活很窘迫。为了解决经济困难,早日恢复健康,尽快夫妻团聚,在厦大工作三年多之后,我想到换个收入比较高的学校去工作。

1995年,机缘巧合,在秦国柱师兄的推荐下,深圳大学杨移贻教授同意我调到他主持的高等教育研究所工作。在我离开厦大的前天晚上,潘先生在厦大一条街的"淑庄"请我吃饭,记得那顿饭从六点多吃到九点多,先生给我讲了很多很多话。现在回想起来,先生的话句句都是无比正确。先生对我说,因为我有三大困难(身体虚弱、经济困难、夫妻分居),他对我调离厦大高教所表示理解,但还是希望我留下。他说,如果我愿意留下,他第二天就跟学校人事处去沟通,学校也会很快帮我解决夫妻分居问题。他开导我说他自己也曾经经历过多次大的病痛,他觉得生病是折磨,但也是成长的机会,会把自己磨炼得更成熟、坚强、稳健,希望我树立信心,考虑问题眼光要长远,珍惜在厦大工作的平台和环境,不为眼前的困难所屈服。他还嘱咐我去了新的单位,要适当参加学校的行政工作,研究高等教育问题不能脱离学校实际……先生对我的指点,对我的爱,对我的诚,对我的好,让我终生铭记在心,日后总会反复咀嚼消化,不断得到启示。

四、先生让我理解"十六字心传"

读研期间,有一次先生单独把我叫到他家去汇报我的专业学习心得,在交谈过程中,说到方法论问题,先生就跟我说起他当年在汕头读时中中学时候的一个小故事。入学之后,他不明白为什么学校叫"时中中学",于是就请教老师。那位老师就给他写下《尚书·大禹谟》的"十六字心传"——人心惟危,道心惟微;惟精惟一,允执厥中。"时中"二字跟这个有关。先生顺口念了出来,看出我很茫然——我确实没有听懂,先生就顺手撕下一张日历,将这四句话写下来给了我,并做了讲解。我虽然听得一知半解,但内心深深被触动,知道其中所包涵的方法论博大精深,无论搞人文还是做科技,都跟"心"的本体功夫之修养息息相关,唯有精诚所至,才能金石为开,所谓"不诚无物,至诚如神","诚则成也",要在方法上达到"致广大而尽精微,极高明而道中庸",需要久久为功才能获得的,是一辈子的作业。自那以后,"十六字心传"和"时中"二字就一直铭记在我脑海里,经过很多年的琢磨,才慢慢嚼出其中的一些意味。"十六字心传"和"时中"二字是中华传统之根源性思想所在,先生的思想方法深得中华优秀传统之正道,因为他的文化之根扎得那么深,他的精神和思想才有那么强大的生命力,先生实际上是用他的百年人生在实践着和彰显着优秀传统文化的思想价值和精神魅力。在我看来,这是理解先生精神世界的重要切入点之一。总之,先生是一位深得中国优秀传统文化智慧、开放会通、经世致用、知行合一的教育家。

五、先生让我在所里做学术报告

记得在研一的时候,高等教育学这门课要开一学年。由于先生太忙,同时他的首届博士生王伟廉老师也完成了学位论文,即将答辩,所以从我们这届学生开始,主要不再由先生亲自授课,改由王老师主讲。但先生平时会经常询问我们的学习心得和疑问,跟我们交流、讨论,还一定要亲自批改我们的作业。第一个学期的期末作业是写一篇论文,完成一个本科学科专业的教学计划,先生都会在我们的作业稿纸上留下对标点、字词、概念、数据、观点和逻辑等方面的修改意见。先生向来对我们的学习和作业严格要求,所以我们做作业都感觉"压力山大",不敢随便对付。记得读研期间,先生要求某位博士研究生一个学期要读13本书,并且每本都要提交厚厚的读书笔记,先生要求读书笔记不仅要摘录要言,还要梳理整体逻辑结构,提炼核心思想,提出自己的见解,每一页笔记三分之二与三分之一对折,宽处摘录原文要语,窄处写自己的评论。如此严苛的要求,可把这位师兄折腾坏了。

我研一第一学期的期末论文是《论高校对教育范畴的突破及其认识意义——对高等教育学特殊性的再探讨》。记得在先生和王老师的不断质疑和指导下,我修改了好几个月。每次修改好的稿子,都及时交给王老师和先生审阅批改,他们会直接在上面批改,见面的时候就跟我讨论,我回去再思考、查资料、修改充实,重新誊写在稿纸上。一篇6000多字的文章,反反复复折腾,重写了七遍,总共四五万字,几次修改的稿纸厚厚一沓。就是经过这样的笨功夫,才养成了写文章尽可能严谨的习惯,对遣词造句、标点符号、逻辑运思和资料运用比较注意。所以,我一直觉得写文章是个苦差事,但要达到先生的要求,像我这样的笨学生,不下苦功夫根本不行。

我的首篇论文讨论的是一个简单的思路,就是从高校与教育这对范畴的内涵之历史演变和关系,去思考高等教育学与普通教育学的不同属性，以及学科发展的战略定位与路向问题。先生和王老师觉得有点新意，给了我鼓励，并推荐我在所里的学术沙龙上做一次报告。我胆小紧张，在那样的场面上，我陈述完自己的观点和论证，就很难保持镇定地思考和回应大家提出的问题。报告不算成功，但对一个二十多岁的学术"菜鸟"绝对是个很有意义的锻炼。是先生给了我锻炼的机会，我深知先生的良苦用心，非常感恩。文章后来发表在《上海高教研究》1991年第1期的首篇，算是给了我这样的硕士生很大的激励，也算没有辜负先生和王老师的不倦指教。

六、先生很关心深圳的高等教育发展

先生一直很关注和关心深圳的高等教育发展。如果按来深圳工作的时间顺序，先生为深圳培养了陈民、张祥云、许建领、叶文梓、肖海涛、邓耀彩、高德宏、李均、闫飞龙、马东梅、袁礼等人。大家在深圳教育界都尽心尽力工作，各自都做出了成绩，齐心协力传承着先生的思想和精神，默默为这个城市的教育发展奉献正能量。这些先生的学生在深圳的口碑都不错，常常听到有人评价说"不愧为潘先生的弟子"，大家听到这样的评价都很淡定而低调，因为这就是先生的影响，确有"如履薄冰"的自重感。

先生多次来深圳指导工作，先后参加过深圳大学城可行性方案的专家论证会，南方科技大学的发展方案论证会和校长人选专家论证会，深圳大学的发展规划论证报告会、西丽校区发展规划论证会、高等教育研究所首届高等教育学硕士研究生学位论文答辩会，先生还专程到深圳大学城做现场调研，到深圳职业技术学院调研并做学术报告。让我难以忘怀的是，有一次先生应邀专程给深圳基础教育界的校长和行政人员做学术报告，那天先生坐的飞机晚上6点多到深圳的时候，机场大雨倾盆，飞机无法降落，只好改去珠海机场降落。经过一番折腾，先生到达酒店的时候快晚上12点了。第二天上午9点，已是八十多岁的先生却准时出现在会场，精神饱满地做了一场精彩的报告，令人感动。

写到这里，不禁让我想起2005年先生受邀去深圳大学城考察并指导工作，深圳大学城管理办公室主任张宝泉教授精心准备和迎接先生的到来，在先生做了精彩的主题报告之后，张主任进一步咨询先生有关大学城多校园发展的相关问题。末了，张主任客气地对与会人员说："大家还有什么问题，机会难得，还有点时间请教潘先生。"

坐在后排的一位年轻女士站起来问潘先生说："能不能向潘先生请教一个非高等教育专业的问题？"先生慈祥而幽默地说："那你说说看吧，看看我能不能回答好你的非专业问题。"那位女士说："潘先生，您都八十多岁了，可您看您的身体还那么好，精神那么旺！看看您的脸上、手上，一点斑点都没有，还那么红润光滑，请问您是怎么保养的？"

这个问题立即引起哄堂大笑。等大家安静下来，先生说："那我就试着回答你这个非专业的问题，看看对你有没有参考价值。大家都知道有句话，生命在于运动。我认为生命的运动不仅要体动还要脑动，因为脑是生命的首府，是生命的司令部，我保持生命活力的重要方法就是每天让自己去思考有挑战性的有意义的问题,这是其一;其二,你问到我脸上和手上的皮肤好,我告诉你,我根本没有去保养,我很少用那些化学日用品洗脸洗澡,我基本用清水洗,因为化学的东西很难说没有副作用,或许现在你用了会显得好看些,但时间长了,副作用就会显现出来,你会发现得不偿失,甚至不可挽回。因此,我建议女士们,少用或是不用那些化学的护肤品和沐浴露。"这是我第一次听到先生在公开场合表达自己对健康的观点,平时先生跟学生很少交流生活上的俗事,虽然他人情练达,很懂生活,但他基本不去说那些事情,他只在无言地做,他关心的问题都是超越自己生活小事的大问题,所以第一次听到先生发表他对健康和生活如此透彻深刻的见解,我当时感觉非常惊奇,也备感亲切。

先生对深圳大学很关心。1997年,深圳大学召开全国大学教育思想研讨会,先生受邀做了大会的主题报告。也就是在那次,先生接受深圳大学的聘请,成为深圳大学的名誉教授。接受聘任后,先生专门为深圳大学全体中层以上干部和教育学科教师参加的会议做了专题报告,对深圳大学改革发展的定位和方向提出了高屋建瓴的建议,对深圳大学的未来发展产生了切实的影响。先生得到历届校长的敬重,多次参加学校发展规划的论证和西丽校区的规划论证。西丽校区管委会领导高度重视先生当年在规划论证会的指导意见。2017年,阮彬主任特意邀请我陪他们专程去厦门向先生汇报发展情况,请教双校园的管理问题。先生饶有兴味地特意为阮主任一行举办了一场周末专题家庭学术沙龙,讨论高等学校双校园的管理与发展问题。先生特别重视,提前数日出海报发布举办这场学术沙龙的信息。在先生的主持下,有备而来的西丽校区管委会做了较详细的汇报并提出了一些问题请教先生和在座师生。先生让对这个问题有研究的博士生做了主题发言,而后引导大家开展热烈讨论,最后先生做了总结,并对几个主要问题进行了点拨和观点提升,大家因此豁然开朗。沙龙从晚上七点半进行到十点多才结束。这次学术沙龙让阮彬一行眼界大开,他们说能如此近距离聆听先生的教诲,感受先生的风采,感受家庭沙龙里思想激荡的魅力,是他们一辈子的福气,回去要进一步落实先生的指教,要更好地把新校区工作做得更理想才能对得起先生的良苦用心。

先生对深圳大学高教所很关心。深大高教所的老所长是先生的揭阳老乡杨移贻教授,据杨教授说,他父亲在年轻的时候就知道先生,因为先生很年轻的时候就会发表文章,在当地被大人们看好,很有名气。我和肖海涛、李均都是他调进所里工作的。我们这个所算是小而精的,大家都是先生的弟子,彼此相处很融洽,也都有心传承先生的精神和厦大高教所的学术文化气场,从研究生的培养,到研究所风气的形成,都是继承了厦大风格。平时先生对我们三位弟子都非常关心,三位弟子都很爱先生。2010年5月,我们所首届硕士研究生学位论文答辩,邀请先生来深大担任答辩委员会主席。先生年届九十,工作繁忙,却爽快答应了我们的请求;先生还接受校长的聘请,担任学校高等教育学学术委员会主任,极大地提升了我们在学校的地位和影响。那次研究生论文答辩,共七位同学,七篇论文,要在一天内完成答辩,工作量很大,但是先生一丝不苟,始终保持着极好的状态,给全所师生树立了榜样。先生在答辩会上,对我们的研究生培养水平给予了很高评价,也提出进一步发展的希望。能得到先生的肯定，我们都十分开心。会议结束，我问先生："先生您感觉怎么样？会不会太累？"先生很"不耐烦"地说："你别老关注我、担心我这些，我没有问题，我行。"——这就是典型的先生风格！先生不喜欢被人嘘寒问暖，把他当作老人来照顾，而宁愿自己照顾自己。我们眼里的先生永远是干干净净、整整齐齐、清清爽爽的状态。

与先生结缘，从认识到告别，三十多年，内心留下了许许多多的小故事、小细节，哪里说得完呀！况且，先生是一位耐人寻味的大师、一位罕见的人物，与先生交往中的故事和细节，我一直留在心里，不断咀嚼，不断体会，这对我来说是极为有意义的幸福功课。

先生的学术思想和人生境界是我心中不熄的灯塔，照亮着我的人生。

（张祥云，1989级硕士生，深圳大学高教所教授）

学术典范　人生导师

陈小红

导师：学术上的引路人

本科毕业在一家大型外贸公司干了六年后，机缘巧合，我报考了汕头大学高教所高等教育学，并幸运地被录取。刚刚入学，我懵懂无知。从大学毕业到再上研究生，已经多年没有真正读过书，对高等教育学也几乎是一无所知，就凭着我个人一种模糊的冲动和热情进了这个领域。还记得面试时老师问我："你为什么选高等教育学？"我回答："我虽然在外贸干了几年，可是我并不喜欢。我一走进大学校园感觉非常舒服，感到莫名的安心，我希望能在大学里待着，学习工作。"我记得好像还提到潘先生的名字，说听说有这么一个大师，好生向往；也提到我从小想当老师的梦想。我的回答可能让面试老师见笑了，也非常不"专业"，但是真实地表达了我的内心。很幸运地，我被录取为潘先生的学生。我一直以为，这是冥冥之中的缘分。至此，我还未曾与潘先生谋面。

见面机会马上就到了。1998年入学后，我们第一学期上"高等教育学"课程,由潘先生、王伟廉老师授课(1998年,汕大获批高等教育学硕士学位授予权,原来招生中说的"厦门大学、汕头大学联合培养"形式有所改变,我们的课程和毕业都在汕大高教所完成。前面三届是学生到厦门大学上课。我们的导师也都挂汕头大学黄宇智教授)。我们这一届"高等教育学"课主要由王伟廉老师讲,先生讲了一两讲,主要是讲高等教育学的概念和教育内外部关系规律。我已经记不得第一次见面的情景,依稀记得先生被大家簇拥着,大家跟他介绍我:"这是陈小红,98级新生,汕头人。"我只觉得潘先生非常年轻,不像80岁的老人(按照潮汕习俗,1920年生的潘先生到1998年已经是80岁了),讲话声音洪亮,握手温暖、有力。我对先生的第一印象是亲切、随和、没架子。

11月份,潘先生到汕大工作,住在P6别墅。按先生一向的习惯,我们周末就去P6小聚,聊日常生活,也聊学习。记得先生问我们读什么书,我说过:"《高等教育学》看起来没什么难的,也能看懂,就是没什么感受。我不喜欢看理论的书,没有小说、游记好看。"先生听了笑笑,也没有批评我,说:"我也喜欢看小说、游记。但理论方面的书必须读,而且要认真地读。随着你对高等教育认识的深入,你会有所思考,对理论的理解也才更透彻。"(我在潘先生家里住所也常常看到先生正在看的各种"杂书",先生涉猎颇广,我记得见过随手放在一边的《马可波罗游记》。)我知道,潘先生对学生以鼓励为主,因人施教,潜移默化地教导我们。

这样,我算误打误撞进了高等教育研究的大门。但事实上到硕士毕业,我仍然是"门外汉",未得其道。不过,我的"起点"很高,跟着潘先生,在汕大、在各处见到了高等教育研究界诸位大咖:顾明远、文辅相、杨德广、刘海峰……也认识了诸位师兄师姐：邬大光、张应强、别敦荣、谢作栩、吴岩、赵婷婷……忝列潘先生门下，我生何幸！

  我一开始学习比较随意散漫，慢慢目睹和体会到先生等诸位前辈的努力、灵气和治学的风范。记得硕士论文选题时，在李均老师的指点下，我注意到当时国内高等教育扩招后很多大学出现办高职的热潮，先生并不支持本科大学办什么高职，主要担心特色体现不出来（实践证明他是对的）。黄宇智老师也认为大学办高职不好。我记得当时查阅一些国外的资料，发现国外有一些类似于"大学办高职"的实践，而且大学办高职可以说有利有弊。跟老师们汇报后，他们都支持我做这方面的研究论文。后来，我的硕士论文《大学办高职研究》答辩顺利通过，获评优秀。我在论文中提出我国高等教育发展要重视发展高职，提升高职地位、提高高职质量，促进部分高职专业教育层次的提升和高职模式的多样化，但大学办高职要保持其相对的独立性，采用不同于母大学的管理模式和运行机制，防止被大学的普通高等教育同化，先生对这些观点十分满意。随后，我在核心期刊《有色金属高教研究》（现名《现代大学教育》）、《现代教育科学》发表了几篇关于大学办高职问题的文章。或许，这次论文也让先生对我的科研能力和学习能力有了些许肯定。

  在汕大读硕士期间，我就兼职在文学院大学外语中心任英语教师，毕业后留校任教。潘先生跟我聊起我的研究方向，他说："你是学外语的，外语好，阅读文献等有优势，可以走比较教育的路子。"从此，奠定了我的研究方向。潘先生还说："你当大学老师，应该多关注课程教学方面的改革。"王伟廉老师也说过："先生非常关注高等教育课程教学领域。"于是，我基本上确定了我的研究领域。

大家：专业上的好榜样

刚硕士毕业的时候，我又听说先生不支持"从学校到学校"，他说过，"高等教育学是一门实践性非常强的学科。"于是，我在汕大又当了一年英语老师，加上硕士期间的高校教师经验，我当了三年的大学英语老师。我委婉地征询先生的意见，先生说："在大学里工作，继续学习是有必要的。"先生还说："还是到高教所比较好，你是学高等教育学专业的。"我马上抓紧复习准备考博。这次考高等教育学，我是真的对这个专业有兴趣了，也发现自己理论方面的严重不足，想向师兄师姐们看齐。考上博士后，我也转到汕头大学高教所工作。

2002年，我考上了全日制博士，有近两年时间脱产在厦大跟随先生学习，更加耳濡目染。我不再像以前一样吊儿郎当了，从上博士开始我觉得我才真的知道什么叫学习。我深深记得刚读硕士研究生时，潘先生在一次聊天中跟我们几位学生谈研究生和本科生的区别，他说："研究生和本科生是不同的，研究生的学习和本科生的学习也完全不一样，研究生就是以研究为生，要学会自己主动地去探索，去思考，这就是 study。"愚钝的我呢，则要等到读博才真正懂得什么叫研究。

我上博士时，潘先生已经80多岁，他为所有方向的博士生上专业必修课"高等教育学专题研究"，每学期一开始就上，我们那年是9月4日开始上课，连续上四天，每天大概上午8:30—11:30，下午2:30—5:00，满满的五六个小时。先生在第一节课说明该课的特点是要凸显其"理论性",教学方法是"讨论",他前面先用四天时间来对高等教育学的重要专题作说明。随后,我们"独立"选题开展研究,"学习—研究—教学"三结合,中心环节是"研究",培养我们的研究能力、表达能力和基本理论的提升。每人在课程中要有一次报告,一次讨论。

先生讲课时语速较慢,条理非常清晰,那时候也没有什么PPT,他也没有用投影黑板,但讲得非常明白。我课上记了满满一本笔记,到现在我给硕士生上"高等教育学"这门课,还常常拿来参考。先生每一个高等教育专题的讲法各不相同,有时候从概念入手,有时候是从比较切入,有的又是从历史讲起,先生会将每个问题产生的背景、问题的关键和存在的争议等都阐释清楚,最后推荐几份重要的参考文献和相关书目。先生讲课声音洪亮,他有写得密密麻麻的讲稿,但只是作参考偶尔瞄一下,那些内容完全出自他的大脑,已经是他多年研究思考的问题了,先生讲的时候会看着我们,非常吸引人的注意力,信息量很大。所以每天下课,我们都感叹,先生太厉害了,我们坐着听都累,头脑也十分紧张,太佩服先生的体力和脑力了!可以说,先生对研究生的培养方式,硕士与博士一脉相承,但是深度不同。先生讲课深入浅出,到博士阶段,更多地突出理论性,通过理论思考和研究实践提高我们的研究能力。先生给研究生上课的这种方式,我现在给硕士研究生上课基本上是照搬的,当然我是心向往之,尽量学习而已,远不及先生的精髓。先生做学问当老师的师道是我辈的楷模!

也是在读博阶段,我也领略了先生的严格认真,体会到什么叫治学严谨。我们上学时,开学典礼必须参加,都要点名。请假的要提前专门提交申请，没有特殊理由不给批。要知道，我们当时那些博士生很多都已经是一校之长、一院之长，还有来自教育部的官员，先生一概同一要求。每学期期末作业定了提交时间，就必须交，不然都不敢回家，要在学校里完成。至于教育研究院每周一上午的学术例会，也都是全体学生必须参加。虽然没有点名，但是我总觉得每次先生笑眯眯走过坐下都会用眼睛扫描"点名"。先生不仅要求我们要带着耳朵听，还要求我们也带着大脑去思考，带着嘴巴去提问，去讨论。

先生德高望重，他的威严不是大声说话瞪眼睛来的，而是自然而然地流露。这一点真正地让我感动和敬畏。我们的每份作业先生都会十分细致地批改。记得我读硕士时，有一次要交一份什么稿子，我错别字连篇，句子东拉西扯，格式混乱，显然是在应付。我先交到教学秘书李均老师那里，他拿到后打电话严厉地批评我说："你的稿子怎么没有页码？字挤得密密麻麻还那么小，这样让先生怎么看？先生那么大年纪了，事情又那么多，他可是会认真地看的，你这样对得起他老人家吗？"说得我无地自容。从此以后，我再也不敢不认真对待每一份作业了。我至今留着部分先生亲笔改的作业，他看得非常仔细，连错别字也会圈出来，他会画出他认为重要的句子或好的句子，类似于给文章标重点。对某一观点他会提出意见或评价，最后会给文章一个总体评价和修改意见。先生的评价都十分中肯，但是语气客观平和，跟他平时讲话一样。先生以他伟大的人格为我树立了一个老师的榜样，先生后来被评为"全国教师楷模"，绝对是实至名归！

每周六晚上在先生家的沙龙，就是课堂和例会的延伸。每次都是从客厅到书房坐满了人,潘先生坐在面向大家的沙发上,大家一边享用先生家的各种时令水果、糖果点心,一边聊着生活聊着学习。一般是先聊聊日常,或是有客人来就介绍一下他们学校的情况,这时的先生更像家里的一位长辈,笑眯眯兴致勃勃地听大家的七嘴八舌。然后,常常就是我们有谁说他们学校出台了一项什么政策,或正在进行什么改革,或看到什么与高教改革有关的消息,先生就引导大家各抒己见,分享讨论,常常引出来一些很有见地的观点。大家在与课堂和会议上不同的轻松环境下,边吃边聊,往往收获非常大。我们都非常享受先生家的沙龙时光,我在读书时只要先生家有沙龙我必到。至今仍记得每周六傍晚到厦大南普陀门口坐 1 路车的情景,很多时候 6 点来钟那一趟车上有一半多都是去先生家参加沙龙的同学。

先生:可亲可敬的老头

博士毕业以后,我忙于工作,忙于家庭,和先生联系少了许多,特别是刚生完孩子那几年,我几乎除了上班就在家里照顾孩子。我有几年没有见到先生,偶尔给先生打电话,每年中秋给先生寄盒先生爱吃的潮汕特产"腐乳饼",我都能熟练地念出先生家的电话,写出先生家地址。不论什么时候打电话过去,我喊一句"先生",潘先生都会叫出我名字来,"哦,是小红"。我和潘先生的关系不仅仅是生与师,更成了生命中的至亲。

或许是由于我们都是潮汕人,潘先生对我十分爱护。我记得第一次见到潘先生后,回到家里,我跟爸爸说:"潘先生说普通话口音跟你一样,很'普通',是'潮普'。"这让我觉得好亲近。2002年我和爱人去接潘先生,陪他回小时候生活的老市区逛,他一路讲以前的历史、故事。比如,走到小公园八角亭,先生就充满深情地说:"我第一次公开演讲就是在这里,呼吁民众抗日!"走到古色古香的飘香小食店,我们走进去,先生说:"我7岁在这里上小学。这里原来是徐家祠堂,我们的私塾就办在这里。"我爱人也曾住在先生旧居的附近,他们聊得很好。我们还一起去找先生小时候爱吃的"水粿"。先生平易近人,我爱人对他一见如故。此后,先生见到我常常关心起他,也让他十分感动。

先生非常可爱,小孩子也喜欢他。我每次带儿子去见潘先生,潘先生都会走进房间,拿出一盒糖给他,我儿子也是和潘先生一见如故,先生还会"护短"。记得先生以前几乎每年过年都会带着家人回汕头和揭阳,有一次我们去见潘先生,天挺冷,我儿子不肯穿毛衣,就穿个短袖,外面罩一件空空荡荡的外套。见了潘先生,我趁机诉苦,说我儿子不听话,天冷不穿衣服。先生笑眯眯问我儿子:"你冷吗?"我儿子说不冷。先生说:"我90岁以前都是洗冷水澡的!每个人体质不一样,小孩子他不冷就不用强迫他捂太多。"

这样"老少咸宜"的潘先生,我们不爱他才怪呢!记得一次情人节,我跟同学一起买了束玫瑰花去看潘先生,祝他情人节快乐!先生哈哈大笑,说你们把"情人节"过成"人情节"了。其实,我们爱潘先生,超过师生的爱,超过亲人的爱,先生就是我们的最爱!

(陈小红,厦门大学2005届博士,汕头大学高教所教授)

春风化雨　静水流深

罗　丹

2002年,抱着试试看的心态,我以同等学力身份报考了厦门大学教育经济与管理专业硕士研究生,竟然梦想成真,并获得公费学习的机会。到2008年博士毕业,六年多时间,我在这里见识了大家风范,感受了理想的温度,改变了自己的命运。今天,在这枇杷上市的季节里,一边整理文字,一边怀念着先生家周末沙龙上的瓜果飘香,别有一番感动在心头。

依然记得入学第一课,就是先生给我们讲厦大校史。先生长厦大一岁,又先后在厦大读书、工作,他讲厦大校史,既有书本上看得到的故事,也有自己的独特感受,是"活"的历史。听先生讲完陈嘉庚"毁家兴学"、萨本栋"舍身办校"等故事,再行走于校园之中,见到那一栋栋"嘉庚式"建筑、古朴而不失典雅的麻石长廊,尤其是校主的雕像,一种崇敬与凝重油然而生!当时厦大校园里还没有萨本栋的雕像,了解这位抗战期间校长事迹的人还不多,先生在课上就提出,厦大应为萨本栋立像,应该研究、宣传他的事迹。我想这是我上过的最好的思想政治教育课,并形成了自己日后关注和乐于分享所在单位历史的特点。

潘先生治学严谨。他提出了"学位论文工作"这个概念,将学位论文训练看成一个工作过程,而不单是注重论文本身。入学之初,我们感受尚浅,但日后有幸得先生多次指导,让我体会颇深并获益匪浅。最难忘的是关于高等教育大众化模式的研究,当时我模模糊糊地感觉到,各国大众化发展的路径和特点应该是有所不同的,我跟先生说起这个时,先生告诉我,他已经注意到,各国高等教育大众化可能有四种模式,并一一说给我听,嘱我查找数据和资料,看他的假设是否成立。这让我十分兴奋,查找、整理了一个月的资料后,我把主要国家的数据绘制成图拿给先生看,真的看得出有四种不同的模式,先生觉得非常好,指导我进一步形成文字。我把第一稿用四号字打印出来拿去给先生看,没两天就收到了先生的修改稿,那是在稿件上密密麻麻地批改,尤其是最后的启示与借鉴部分,先生用了半页方格稿纸,直接写了贴在旁边,让我非常震动和汗颜。我自己想着还是初稿,连错别字都没有认真检查呢,没想到先生这么严谨,更没想到他会这么细致地动笔进行修改。这份手稿我一直保存着,每每翻开,就会督促自己要更严谨细致。我想,和我一样收到过先生修改版论文的同学很多,相信他们也和我一样,既被先生的理论高度所折服,更被这份认真、细致所感动。

先生自律严格、敬业勤奋。我曾有机会,在一年多时间里,多次陪同先生出差,得以近距离感受教育大家的生活点滴。先生出差,喜欢用一个不大的手提包,是某次学术会议的纪念品,因为大小合适而且有很多小格子。他给我展示过包包内里,小格子里分别放着钢笔、日常药品、两个独立包装的小饼干等,他告诉我,这样分类很便于查找,小饼干是备着防饿的,可见先生对秩序的要求不一般。这个小手提包里,不知道放过多少同学的论文,即使在航班上,只要飞稳了,先生都会抓紧时间批阅。每到一处,若第二天有他的学术报告,他必定要对PPT或讲稿进行最后的修订,时常工作到很晚。所里每一次会议或者学术例会,先生总是带着笔记本,时不时埋头记录,从不懈怠。

先生文学功底深厚,语言艺术高超。他喜欢短句子,表达平实而简洁,文章深入浅出,讲话句句入心。在学术上,他有意识地将思维方式展示出来,我们私下总结了其基本"范式"——"这个问题,表面看是……;其实是……;更深层次的是……",语调平缓,不急不慢,声音不大,却格外入耳,像一个内力深厚的武林宗师。生活中,先生火眼金睛,总能洞察每一个学生的特点、状态,不经意间一语点醒梦中人。我想这就是教育家的语言艺术。我是一个没事不愿意和人多联系的人,先生注意到我这个特点,在我毕业后回去看望他的时候,还常常不经意地提醒我,多和同学联系。先生也曾和我分享,每个人都有自己的故事,所谓一花一世界,一叶一乾坤,只要你用心去倾听,就可以发现其独特之处。

"山不在高,有仙则名。水不在深,有龙则灵。"先生的家很朴素,但家里的沙龙却很出名。我们和再晚些入学的学生,多少次梦回高教所,最想念的,还是前埔那个小小的客厅,这个依靠一个小博物架作为隔断的餐厅和客厅,实际上是一个整体:书柜从客厅延伸到餐厅,来参加沙龙的人从客厅坐到餐厅,甚至阳台、过道,总是满满当当。博物架朝向进门方向,挂着一位画家为先生画的大幅油画写生,是先生的"招牌"笑容。博物架里面有一个小茶水桌,当时,茶水桌旁是一个按摩椅,对着博物架放了个转角大沙发。先生家阳台、洗手间里都放满了摞起来的高的矮的小圆凳,总有五六十张,都是为沙龙准备的。这里既有思想碰撞、信息交流,还有美食荟萃。沙龙通常有一到两个主题,有时候是围绕某个热点话题,有时候是分析某个最新政策,也有时是讨论某个社会现象或教育现象。在先生的沙龙上,我们见到过许美德、易中天、阿特巴赫……校友录上的师兄师姐以不同频次出现在先生的沙龙上,给我们带来各方面的信息。同时,先生沙龙也是各地手信大汇聚的场所,回来看望先生的同学带来的当地特产,都成为了我们在沙龙上的美味,时令水果也是必不可少,每年枇杷上市,必定可以在这里尝鲜,以至于毕业后只要看到枇杷上市,我自然而然就会想念先生家的沙龙。

先生从教一生,理论功底深厚,看待问题高瞻远瞩,基于事物发展规律,对教育政策制定产生了较大的影响,解答过很多学校办学实践中的困惑。我们跟随先生游学、调研,所到之处总有很多校长、书记慕名前来求教。在高教所事务中,他更是让我们切身体会到坚持理想信念的价值与意义;先生坚持有教无类,才能给我这种同等学力考生公平竞争的机会;先生践行"三人行必有我师",注重引导学生向老师学的同时,同学互学互助;先生崇尚"时中之圣",与时俱进,公开表达要向年轻人学习;先生看问题抓本质,敢于有所为有所不为,在学术界一度出现以论文数量论英雄的时候,他提出"懋元奖"评选采用"代表作"制度,强调学位论文不是越厚越好;先生开明洞达,他说钱是用来花的,钱不花就没有价值,他给厦大的捐款累计超百万元。我觉得,作为一位教育家,先生很清楚"彼岸"在哪里,从没忘却初心,但凡有一点条件,他就会坚定地向"彼岸"推进,真是一代楷模。

先生也是一个富有生活情趣的人。他不提倡死读书,鼓励我们了解所生活的城市,保有对生活的热情与好奇。他曾经带着我们一起去考察"海上兵马俑",给我们讲"读万卷书,行万里路"的道理;出差每到一处,总是很注意观察风土人情。印象很深的是在湖南长沙,我们早晚去烈士公园散步,先生观察公园里来来往往的人,认为长沙人民思想开明,很是喜欢。那一次先生兴致勃发,还在湖边做起了花式俯卧撑——把脚勾在湖边护栏上,轻松地完成了十多个。

若依狭隘的门户之见,我的指导老师是史秋衡教授,史老师也是先生的亲传弟子,对我的教导自不必多说,但先生并未因此而减少对我的指导。他总是说,所里的学生,他都看成自己的学生,谁有困难都可以找他。我想,这就是大家风范。2007 年中国高教学会博士论坛上,我有一个论文报告,一上台有些紧张,语速很急促,后面才慢慢放松。报告结束回到座位上,先生在我后排十分温和地说了一句:"一开始有点紧张啊,后面挺好!"我才意识到,先生专门给我鼓劲来了!这让我非常感动,日后每每想起,更是成为鞭策。毕业时,先生知道我肯定要回广东,建议我到职业院校工作,我知道他一直非常关心也看好职业技术教育,但还是辜负了他的心意,选择了一所 985 高校,过后发现真如他所料,三年后又调回当初他建议的高职。刚毕业那阵子,还每年都回厦门看看先生和老师们,近两年回去得少了些,但对先生,对厦大高教所的这份感情和感激,反而随着毕业越久,阅历越多,觉得越发深重。

我最想用来形容先生的四个字是"静水流深"。我常常觉得先生就像清澈碧蓝的大海,你看得到海底的水草和游鱼,但当你尝试够到这些水草的时候,会发现,从海面到水草之间,距离千里,水流万钧,绝非易事。那海底和水草,犹如理想,是让我们不至于迷失的"彼岸"与"初心",而距离与水流的力量,恰恰昭示了实现理想所要付出的千辛万苦。对先生而言,洞察一切却不被矛盾束缚,不被欲望捆绑,拥有和谐的生命和长久的快乐,这不正是他的真实写照吗!先生为人低调,从不张扬;对弟子的教诲,绵绵温润,春风化雨。十多年里,每每忆起与先生交往的点点滴滴,我的内心总会生出无尽的力量。感念我之幸运,得遇如此良师!

(罗丹,厦门大学2008届博士,顺德职业技术学院副院长)

潘懋元：中国民办高等教育重建和研究的首倡者

胡建波

潘懋元先生于2022年12月6日仙逝，享年103岁。吾师驾鹤西去，不胜怀念。

学者荣耀　民教福音

先生是我国著名教育家，高等教育学科的开拓者和奠基人，是我国改革开放以来，民办高等教育重建与民办高等教育研究的首倡者。无论是作为一名民办高校创办者，还是作为厦门大学教育研究院院友，我都是先生的亲传弟子。先生期颐之年依然坚守在教学科研第一线，正是他的思想不息和笔耕不辍，指引我回归大学之道办学，引领我去发现教育的美好，享受教师工作的自豪。

新中国成立后的民办高等教育最早出现在20世纪80年代中期，伴随改革开放的进程和国家相关政策的逐步放开，一些民办高校逐步发展起来，现在各类民办高校在校生占到全国高等教育学生规模的20%，已经成为我国高等教育的重要组成部分。但是在八九十年代，民办高校是典型的"初生之物，其形必丑"，学校条件简陋,办学行为粗犷,身份缺乏社会认可,法律地位和法人属性也存在较大争议。

先生目光如炬,80年代就提出了"民办高等教育的发展是我国社会经济发展的必然要求"的基本观点。1987年1月,先生应邀参加联合国教科文组织在日本广岛大学举办的第三届亚洲高等教育国际研讨会,在会上宣读了《中国高等教育管理——办学方式》的论文,首次提出中国私立大学必将重建的论点[1],同年先生发表文章提出"民办高教在中国发展是可行的"[2]。后来先生进一步指出,"民办学校同公办学校一样,必须按照国家的方针政策办学,遵守国家的教育法规制度,不存在姓社姓资的问题"[3],解除了人们对民办高等教育姓社姓资的疑虑,为民办高等教育发展扫除了思想阻碍。

据统计,1988年至2022年间,先生共发表涉及民办高等教育的论文35篇,研究内容涉及民办高等教育发展的各个领域。[4] 范跃进教授等将先生关于民办高等教育的研究思想归纳为八个基本逻辑要点:"民办高等教育发展是我国经济社会发展的必然要求;民办高等教育是我国高等教育体系的重要组成部分;民办高等教育与公办高等教育应具有平等的发展权;民办高等教育的公益性与营利

---

[1] 邬大光:《潘懋元:高等教育学的中国符号》,《高等教育研究》2020年第7期。

[2] 熊杰、董立平:《潘懋元:高等教育学的"名片"》,《中国教育报》2012年5月18日。

[3] 潘懋元:《高等教育改革与社会主义市场经济的关系》,《中国高等教育》1992年第11期。

[4] 浙江树人大学学报:《缅怀我刊核心作者潘懋元先生》[EB/OL]. https://mp.weixin.qq.com/s/3i0Vweeu8hGwAwTXwVwuXg,2022-12-07。

性并不对立;促进民办高等教育发展必须树立多元质量观;民办高等教育发展必须大力依靠民间资金;政府应支持并规范民办高等教育的发展;民办高等教育应立足市场经济体制开展就业创业教育。"①

"民办高等教育与公办高等教育应具有平等的发展权"这个阐述对应的实践意义,就是从 1999 年开始,中国具有学历颁发资格的民办院校从 11 所扩展到 2022 年的 762 所。先生关于"民办高等教育发展必须大力依靠民间资金"和"民办高等教育的公益性与营利性并不对立"的两个论述是在全国人大 2003 年通过的《民办教育促进法》之前提出来的,这个立法的核心内容是允许民办学校举办者取得合理回报,2018 年《民办教育促进法》修订时,又明确了区分营利性与非营利性民办院校的指导原则,虽然无法确定先生的论述与立法两者之间有直接联系,但是做出"异曲同工,大有裨益"的评价并不为过。"促进民办高等教育发展必须树立多元质量观"显然来自先生对民办院校的广泛而深入的调研,也是他对未来的呼吁。"政府应支持并规范民办高等教育的发展","民办高等教育应立足市场经济体制开展就业创业教育"等内容也已经成为民办高等教育行业各利益相关方的共识。

先生的这些思想是理论与实践的产物,具有鲜明的中国特色,至今仍发挥着极强的现实指导意义和理论引领价值。经过学者们的探究之后,我们会发现当前民办高等教育领域形成的不少共识,既来自民办高等教育工作者的广泛实践,更来自先生的理论探索

---

① 范跃进、王玲、刘福才、张继明:《潘懋元先生思考民办高等教育问题的八个基本逻辑》,《山东高等教育》2015 年第 4 期。

与概念的提出,以及他本人持续不断的呼吁。从理论概念的提出到达成社会各界的共识,显然得益于他在高等教育研究领域的权威地位和广泛影响力,这是学者的荣耀,更是中国民办高等教育行业的福音。

先生的思想和论断得到了众多学者的共鸣与呼应,激发了研究者对民办高等教育发展的理论探索热情,而学界的探讨又对民办教育法规政策建设产生积极和重要的影响。民办高等院校拥有与公办高等院校相当的合法地位,获得政府和社会各界的广泛认可,先生以及受先生引导的研究者起到了关键性的作用。邬大光教授曾经告诉我:

> 先生为什么早在八九十年代就为中国民办高等教育鼓与呼?这是改革开放时代的呼唤,我们的国力财力无法承担高等教育大众化的需求,教育成本需要各方共同负担。民办教育有利于鼓励社会力量集资办学,也是国际高等教育发展的规律所在,民办教育发展有利于调整高等教育系统结构,推动高等教育系统内部的多元化办学,释放办学活力,有利于推动高等院校之间的竞争,促进高校体制机制创新。潘先生调研了几十所民办大学,结识了几十位民办大学的创办者,这些创办者背景不同,个性迥异,但都拥有一个共同的特征,就是热爱教育的初心和百折不挠的创业精神。这也是先生一路守护民办教育发展的动力之一。

中国民办教育协会会长刘林教授因为疫情防控的原因无法出

席潘先生的追悼仪式,他特意委托我代表协会出席,他说:

> 我们民办教育界的同仁之所以特别敬重潘先生,不是因为他现在持支持民办教育发展的态度,而是因为他四十年来对民办教育始终如一的立场,这体现了先生求真务实的风骨。潘先生坚定地倡导与支持民办教育发展。他从一开始就看到了在穷国办大教育时期,兴办民办学校的阶段性需要,还预见了在我国教育相对发达后,继续发展民办教育的必要性,即民办教育对于满足多样化需求和教育改革创新的特殊作用。同时,他从不讳言民办教育发展当中存在的问题和不足,指出要在不断改进中前行。他坚信民办教育工作者会为我国教育事业做出重大的贡献。但反观有些民办教育研究者,其观点和态度不仅随着外部环境变化而变化(这可以理解),而且变得很极端,这不符合实事求是的精神。潘先生始终如一,全面客观地看待民办教育,体现出真正学者的见识与坚守,一代大家的格局与气魄。

先生当之无愧是中国民办高等教育重建与研究的首倡者,是从学术研究层面支持民办高等教育发展的福音传播者。刘林会长的评价代表了中国民办教育界广大同仁对先生的衷心认同与敬重。

与时俱进　惟精惟一

我很早就听过先生的大名。与先生首次相见是在 2001 年,先生考察西安欧亚学院,并为教职工做了一场报告,题目是"21世纪中国民办高等教育面临的新问题和新情况"。那时候先生81岁高龄,鹤发童颜,精神矍铄。我对这个报告的具体内容已经没有印象了,对于一个为生存而殚精竭虑的创业者而言,当时的注意力不在于此,也达不到理解先生思想的高度。先生还为欧亚学院题词"民办新锐,古都传奇",这让我和团队感到荣耀和激励。至今,这个题词还陈列在欧亚校史馆的显著位置。

我当时向他汇报了学校未来办学规模的问题,几年后我去厦大教研院拜访他时,他再次问我办学规模多大,还能准确说出我当时告诉他的数字,并提醒我,欧亚学院现在的规模已经超出了当初的规划,希望我适度控制办学规模,及时转向内涵发展,关注质量提升。这次谈话对我颇有触动,也引发了我关于民办学校办学规模的思考与研究。2008年前后,我就撰文分析我国人口变化趋势,提出民办高等教育发展的规模拐点显现。[①] 我还在多个场合呼吁民办院校注意控制办学规模,及时减少自学考试、学历文凭考试类别的新生数量,其起因就是潘先生当年的告诫。

对于高等学校规模问题,先生的观点与态度是一以贯之的。他在《关于地方高校内涵式发展的对话》一文中说:"在我看来,党的十九大报告提出的高等教育要实现内涵式发展,主要是要改变学校一味依赖扩大规模、依赖办学升格、依赖外延式发展模式的现象。其他学校包括地方高校也要有'双一流'建设的心态,以此作为动力,真正立足当前、办出特色,扎根中国大地办大学,建设自己

[①] 胡建波:《教育的偏见》,浙江教育出版社2011年版,第15页。

的'一流'。"①

2014年,我进入厦门大学教育研究院攻读教育博士,投入邬大光教授门下,正式成为潘先生门生的门生。第一门课就是先生教授的"高等教育学专题研究",这门课共14次,前后共计三周时间。作为50多岁的"年轻人",我光是上课,一天坐下来,都感觉吃力,但先生思维敏捷,授课严谨,举重若轻,其间无倦意。我也有幸参与先生家的周末学术沙龙,虽然次数不多,但印象深刻,获益匪浅。当时我就思考和疑惑,究竟是什么力量驱使一位年近百岁的老人坚持为学生上课,坚持理论研究,并乐此不疲。

2015年5月,先生与别敦荣教授率领厦门大学博士调研团再赴欧亚学院考察,当时恰逢美国杜肯大学原教育学院院长博隆(William P. Barone)教授也正在欧亚学院开展教师培训工作,我们就借机举办了一场中美高等教育对话。先生认真倾听了博隆教授的报告和我的汇报之后,开篇就说:"今天不是什么中美高等教育的对话,我是来学习的,学习和了解欧亚学院的办学经验,学习博隆教授在欧亚学院开展教师发展工作的理论与方法。"他的这席话完全出乎我和现场听众的预料,话音未落,就赢得了全场的掌声。论坛嘉宾和师生当场领略了著名学者的谦逊,终身学习者的风范。

他接着说:"欧亚学院聘请杜肯大学博隆教授团队,连续五年开展'以学生为中心'的教师发展培训,将美国大学在该领域的理

---

① 潘懋元、贺祖斌:《关于地方高校内涵式发展的对话》,《高等教育研究》2019年第2期。

论与经验原汁原味地、大面积地推广到我国民办大学的课堂,这件事情显示了你们的远见和决心,这件事情做得好!"

先生说:"MOOC 从 2013 年进入中国,2014 年引发热潮后,上海交大、厦门大学等成为第一批在国内开发 MOOC 的高校,但付出的人力、物力成本非常大,而且直到今天为止,仍局限于 985、211 等国内高校。MOOC 可以传授某种知识,如何提供实习实训活动,目前还远远没能做到。"

"那么谁能?我看欧亚学院可以,因为这是一所有独立发展精神、充满着前进信心的学校。戚世梁教授的'国际贸易'课程就不错,他在博隆教授的指导下把课程划分为线上线下两个部分,线上传授理论知识,线下主要采用翻转课堂的教学模式。民办高校尝试 MOOC 的开发,一定要是应用型的,还要想好'烧多少钱',因为有的课程内容虽然只有 5 分钟,背后却需要一个团队付出 50 分钟乃至 500 分钟的努力,这样才能真正做到以学生为中心。"

他也提请我们注意,教师发展目标多元,学生学习动机不足,中美教育教学评价体系不同,这都是我国高校开展教师发展工作的重点、难点。

博隆教授会后几次向我表示,潘教授的演讲令他印象深刻,对他在欧亚学院开展教师发展工作很有帮助。我听别敦荣教授介绍,潘先生本人对那一次的参观访问和会议印象也非常深,事后经常在课堂上、学术沙龙中讲述他的感受,也多次提出厦大教育研究院要重视大学教学学术的研究与推广。

最后一次见先生是在 2020 年,我博士论文答辩通过后,去他家里拜访和汇报。先生语重心长地对我说:"你已经博士毕业了,五十多岁开始读博士并顺利毕业真的不容易,但是,博士毕业不是你学术研究的终点,而是起点。"先生回忆起自己的学术生涯十分感慨,出于适应高等教育大发展的形势的考虑,这些年研究对象主要集中在宏观教育体系和教育政策层面,对学校内部组织建设和教学学术等中观和微观领域关注不足。先生对我说:"这恰恰是你的优势,你积累了丰富的办学经验,也经历了博士的学术训练,拥有难得的办学平台。将来,你有很大的机会在应用型大学转型、创新教育和教学学术等方面取得工作成效和研究进展。"

从师二十年来,我和先生直接交往并不多,对他的教育思想领会也不系统全面。2020年我读了邬大光教授《潘懋元的"时中"人生》,我才知道"时中"是指"与时俱进"和"中庸之道"[①],"时中"就是先生一生的精神写照。他在高等教育研究、高校办学规模、大学教师发展、MOOC教学、学术规划等几个方面对我的教诲和引导,其背后就是"时中"精神——与时俱进,中庸之道。我收获的思想精髓正在于此:人心惟危,道心惟微;惟精惟一,允执厥中。

笃行不息　热爱满怀

"人心惟危,道心惟微;惟精惟一,允执厥中"出自《尚书·大禹谟》,其大意为:人心变化莫测,世间道法和信念微妙深奥,唯有专心致志,精诚恳切,不偏不倚地秉行中正之道,方能治理好国家。而先生说:"儒家将这十六个字作为修身治国的心传。这个思想方

---

① 邬大光:《潘懋元的"时中"人生》,《光明日报》2020年7月27日。

法就是提醒人们对待万事万物,不走极端,看事物,不要是就绝对是,非就绝对非。"①这十六字儒家修身治国的心传对今天的中国民办高等教育发展依然具有现实指导意义。

中国民办高等教育重建从80年代开始,迄今不过四十年,成绩斐然,其原因也如同中国改革开放一样:蓄积已久的社会需求、国家明智的改革开放政策、企业家的创业精神,还有广大中国人民的智慧勤劳。中国民办高等教育重建取得丰硕成果的首要因素和前提条件是国家关于民办教育法规政策的开放。

1987年,国家教委发布了《关于社会力量办学的若干暂行规定》,其中提到:社会力量办学是我国教育事业的重要组成部分,是国家办学的补充,应予以鼓励和支持。1997年,国务院颁布《社会力量办学条例》,提出"积极鼓励、大力支持、正确引导、加强管理"的方针,但是对民办高等教育采取了"严格控制社会力量举办高等院校"的提法。不过,从1999年我国高等教育大扩招开始,这样的限制已经名存实亡。2003年,全国人大公布《民办教育促进法》,明确提出国家对民办教育实行"积极鼓励、大力支持、正确引导、依法管理"的方针。2016年和2018年,《民办教育促进法》两次修订仍然坚持原版中"积极鼓励、大力支持、正确引导、依法管理"的方针不动摇,但是将允许合理回报条款取消,增加了营利性与非营利院校分类管理的条款,将比较中庸和模糊的政策改为清晰的区分。

这样的清晰区分在具体执行时,遇到了一定的困难和阻力。民办院校举办者如果选择非营利学校,担心失去对学校的影响与

---

① 邬大光:《潘懋元的"时中"人生》,《光明日报》2020年7月27日。

控制，自己多年的投资与付出没有了回报和保障；选择营利性学校，也担心增加学校各类税负，在招生计划分配方面受到歧视，影响学校的招生和生存。截至目前，各省市对于分类管理大多采取了稳妥的方式推进，普遍设置了一个缓冲期。2021年，由国务院颁布的《民办教育促进法实施条例》依然坚持了"积极鼓励、大力支持、正确引导、依法管理"的方针。近几年政策的变化主要集中于规范校外教育培训行为，强调政府承担义务教育的主体责任，将民办义务教育学校控制在一定比例之内，在高等教育领域则保持了较高的政策稳定性。

中共中央、国务院印发的《扩大内需战略规划纲要（2022—2035年）》明确提出："鼓励社会力量提供多样化教育服务，支持和规范民办教育发展，全面规范校外教育培训行为，稳步推进民办教育分类管理改革，开展高水平中外合作办学。"我们有理由相信，各地在落实《民办教育促进法实施条例》，制定具体办法时，一定不会忘记重建民办高等教育的初心，不会超越我国教育事业发展的现实，一定会尊重民办高等教育发展的历史，平衡好各方的利益，让民办学校创办者不过分纠结，让非营利性学校和营利性学校共同发展，激励社会力量提供多样化教育服务，让人民群众真正受益。我个人也相信随着时间的推移，当前的主要矛盾与问题会自然而然地解决。

爱因斯坦说过："同一层面的问题，不可能在同一个层面解决，只有在高于它的层面才能解决。"行文至此，再回顾一下潘先生关于民办高等教育研究的八个基本逻辑要点，先生早已用自己的高度与洞见为我们国家提出诚恳的、系统的民办高等教育的政策建议。他一方面强调"民办高等教育发展必须大力依靠民间资金",另一方面主张"民办高等教育的公益性与营利性并不对立",试图超越这个民办教育领域一直激烈争议的话题。这正是"惟精惟一,允执厥中"精神的体现。

中国民办高等教育重建取得辉煌成绩的核心因素是民办高校创办者的创业精神,不能忘记他们多年来付出的艰苦代价。我作为第一代民办高校的创办者,一路走来,有成功的喜悦,更多的感受是诚惶诚恐,如履薄冰,身心压力巨大。第一个挑战是招生营销,重金投资建设校园,高负债运营,任何一个环节出了差错,就万劫不复。2008年我曾在一篇回忆文章中说,如果让我从头开始,我万万不会选择创业办学的道路。① 第二个挑战和压力是获取办学资质。1999年,高等教育大扩招开始以后,国家对民办教育采取积极鼓励、大力支持的态度,起步早的民办院校顺利获取国家认可的学历颁发资格,从而赢得了市场地位,我是其中的幸运儿。也有许多后来者一步踏不上,就永久失去了机会,学校陷入债务的泥潭,我认识西安不少的举办者因此倾家荡产,身陷囹圄。第三个难关是教学评估。由于民办高校依赖学费生存,起始阶段普遍办学规模很大,师资与图书资料、实验条件一时跟不上,面对2003年前后教育部启动的各类教学评估,各民办高校也是压力巨大,尤其是短时间内要弥补师资等软件的差距并不是一件容易的事情。这不仅是能否通过的问题,还有教育部评估专家在教育厅领导和广大教职工面前对学校整体工作的评语,这事关举办者的教育荣誉感

---

① 胡建波:《教育的偏见》,第100页。

与心理底线。2013年,我校本科教学工作合格评估反馈会上,各位教育部评估专家对学校给予了高度的肯定,我本人当场落泪,哽咽到难以自已。专家的评语对于成熟学校的管理者而言,是一份工作的评价打分,对于民办学校的创办者而言,这是他们十几二十几年创业奋斗的人生意义与价值所在。平静办教育的好日子终于来了,但是,没有过太长时间,第四个难关又来了。民办学校的举办者又开始面临自己创办的学校究竟是营利性与非营利性的心灵拷问与艰难选择。

不久前,一位民办大学董事长也是我多年好友,又和我探讨起分类管理的话题,他说:"我们这些创办者都是人,都是普通人,奋斗这么多年,选择营利性是人之常情。"我赞同他的话,改革开放就是尊重了普通人想过好日子的愿望,明确主张让一部分人先富起来,给了人们创业的自由。我自己当然是普通人,也不想假装高尚。但是,我在厦大教育研究院学习期间,遇到了两位中国高等教育界神一般存在的人物,一位是厦大校主陈嘉庚先生,一位是恩师潘懋元先生。他们的成就和言行一直照耀着我,让我谨慎地审视自己的内心,追问自己最在意的是什么。

厦大校主陈嘉庚先生倾资兴办教育,至今群贤楼群的奠基石下,还完整保存着陈嘉庚先生筹办厦大的演讲词,其中两句话最令我感动:"今日国势危如累卵,所赖以维持者,唯此方兴之教育与未死之人心耳。夫公益义务,固不待富而后行;如必待富而后行,则一生终无可为之日。"[①]救亡图存、兴国安邦是陈嘉庚先生创办厦

---

① 朱水涌:《陈嘉庚传:一个生命的伟大抉择与光荣》,厦门大学出版社2021版。

大的宗旨,在这个信念之下,陈嘉庚先生宁可卖大厦,也要办厦大,许多华侨在他的力行和倡导下捐资兴学,影响深远。陈嘉庚先生本可以富足安好地度过一生,不必这样百折不挠地办学,但这样的话,他只不过是一位普通的华侨富贾,世上再无厦大,更无"忠公、诚毅、勤俭、创新"的嘉庚精神流芳百世。

陈嘉庚先生之于厦大,潘先生之于高等教育研究,他们都活成了各自领域中不可磨灭的精神符号。先生在1978年就已经担任厦门大学副校长,58岁,管理者该有的待遇,学者该有的荣誉,先生已经应有尽有,本可以安稳退休,颐养天年。但先生的字典里却没有"退休"二字。先生创造了中国高等教育研究的多个"第一"。先生说:"我一生最欣慰的是,我的名字排在教师的行列里。其他的职业,大多是'人一走,茶就凉了',当老师的,茶永远不凉,教师这个职业是最给人幸福感的职业,如果再让我选择一次,我还会选择教师这个职业。我是'播种者',又是'收获者'。学生的成长是我最大的收获。"[1]

教师的职业荣光寄托着先生对教育的深沉厚爱和理想信念。一个人拥有了信念,就有了定力,不拘泥于眼前得失,坚持下去,就会显示出巨大的力量。先生是那么幸福、充实和热情。所以,当我面临选择的时候,我首先是为了欧亚学院未来更好的发展,实现我为学校制定的使命:为学生提供高质量的教育服务,达成学校的愿景——成为中国最受尊重的民办大学。我的选择也是为了自己余

---

[1] 王湘蓉、邢晓凤:《一辈子的先生——专访中国高等教育学科创始人、厦门大学教授潘懋元》,《教育家》2018年第8期。

生的幸福与快乐,我内心深处想成为陈嘉庚先生和潘懋元先生这样的人。还有一点,我对中国民办高等教育事业的未来一直怀有信心。

斯人已逝,其志长存。先生就是教育美好与教育信念的化身,伴我笃行不息,予我热爱满怀!

(胡建波,厦门大学 2020 届博士,西安欧亚学院创办人、董事长)

永远的导师

鲁加升

导师潘懋元长我四十岁,在其期颐之寿的光阴里,我幸运地与他结下四十多年的不解之缘:迷茫之时,导师为我指引方向;疲惫之时,导师给我奋进力量;懈怠之时,导师让我振作精神。导师是我学业的导师,是我事业的导师,也是我人生的导师,更是新中国民办教育的导师。

引导我的大学

20 世纪 80 年代初,我从苏北农村考进西北工业大学,假期从西安乘火车回徐州老家,一个很偶然的机会,同排而坐的人从包里掏出包裹东西的几张旧报纸给我看,在随意的翻阅中,"潘懋元"三个字突然映入我的眼帘,是一篇题为《必须开展高等教育的理论研究——建立高等教育学科刍议》文章的作者。

读完这篇文章,我眼前一亮,却也陷入良久沉思,因为文章告诉我,自己梦寐以求、高高兴兴考上的大学竟然尚在探索阶段,我怎么也想不到也不愿想到。而在导师的眼中,当时的大学还混同于初中和高中的培养模式,并没有独立成型的板块。带着疑问和困惑回到学校,我专注而仔细地查阅相关资料,方得知导师早在50年代就敢为天下先,竭力呼吁并推动中国高等教育学的发展。

茫茫人海中,这算是我对导师有了初始的认知与格外的仰慕。在此后的时间里,我一发而不可收,无论是在学习还是工作中,只要导师有新的著作或文章面世,我就会想方设法火速获取并反复拜读,并从其中学到了许多具有开创性、标志性和历史性的教育主张、教育观点与教育理论。1984年,我在西工大走上中层领导岗位后,有幸多次参与这所著名工科大学较早建立的高等教育研究室的多项活动,学校还在1986年10月为全校中层以上干部配发一套导师的《高等教育学》(上、下册)。1989年7月,我调到西北工业大学在厦门开办的厦门东方科技开发公司工作,并十分有幸代表西工大高教研究所参加了1989年10月18日在厦门大学召开的"校际高教研究所(室)工作讨论会",因此得以与导师有了第一次见面。

也许是缘分,也许是天意,未曾想,2008年,我作为高级访问学者正式进入厦门大学教育研究院,师从潘懋元教授和邬大光教授,开启了我的厦门大学高等教育学专业学习之旅。2011年,我五十岁的时候,竟然萌生了考取先生博士的强烈愿望,因为外语的原因,连续考了三次,其间,导师还曾专门找到学校招生办领导讨论我的录取问题。在邬大光教授的指导下,2014年,我终于成了导师晚年最年长的学生。从48岁时我到导师身边做高级访问学者开始,得以有更多的机会、更近的距离聆听导师的真知灼见和妙论高见,得以铭记先生为人处世格言和治教治学理论。

指导南洋办学

2000年,我在告别体制内的安逸生活五年之后,步履维艰走上创业路,在厦门经济特区租赁老旧厂房创办了这个城市现代第一所真正意义的民办大学——厦门南洋学院,以实际行动践行导师有关高等教育的理论、观点与主张。

直至如今的二十多年的时间里,导师先后多次亲临学校关心、指导,当之无愧地成为厦门南洋学院建设发展的指导者与引路人,名副其实地成为深受全校师生敬爱和尊重的大先生和大恩人。

南洋学院成立第一年,已是耄耋之年的导师,冒雨来到学校,向学校赠送其新作《潘懋元论高等教育》,并在我们那个租赁而来,简陋得不能再简陋,甚至说十分破旧的教室里为我们全校总共二十多名教职员工作报告,为身处襁褓的南洋学院鼓干劲、增信心、指方向。自此之后,他时常关注、多次指导学校的办学与发展。

2008年,导师在邬大光教授的陪同下,首次深入厦门翔安南洋学院新校区参观指导,对新校区的规划及建设给予了高度肯定,为蹒跚学步的南洋学院打气鼓劲。

2010年,导师兴致勃勃地出席厦门南洋学院十周年庆典,欣然题词"十年建校,创业维艰;苦练内功,实至名归",为南洋学院校庆增光添彩,留下永久印记,并高兴地为南洋学院孔子像揭幕。

同年11月,导师还率厦门老教授协会多名成员来校调研,为南洋学院及厦门地区民办高校发展出谋划策,为包括厦门南洋学院在内的厦门民办高校奔走呼喊,提出了"一个地区民办教育的发展是一个地区政治文明的表现"的新观点。

2015年年底,临近春节,95岁高龄的导师又带领他的研究生们到南洋学院调研、交流,为促进南洋学院更快更好地发展给予指导、提供咨询。

2020年11月,南洋学院20岁时,导师已100岁高龄,在紧挨着的两天时间里,前一天以视频方式为南洋学院校庆庆典致词,第二天在家人的陪同下莅临南洋学院校园,坐着轮椅出席"潘懋元教育思想研究所"揭牌仪式并发表《"民办高等教育"专用术语的来历与辨析》的讲话。

全国第一个潘懋元教育思想研究所在厦门南洋学院成立三年来,已连续三年成功举办的三届潘懋元教育思想研讨会,都得到了导师的悉心指导与有力支持:首届研讨会上即捐赠给研究所全套《潘懋元文集》,第二届时研讨会发出"我们的高考有利于培养个性化创新创业人才吗"的"潘懋元之问"。每年一届的潘懋元教育思想研讨会得到了厦门大学教育研究院和别敦荣院长的大力支持和帮助,也得到了全国高教界同仁和专家的积极响应。我们一定努力建设好潘懋元教育思想研究所,办好研讨会,让先生的教育思想和精神永远传递下去。

倡导民办教育

导师对南洋学院常加指导,对全国其他民办高校也是有求必应,经常到全国各地讲学辅导。因为他认为"一花独放不是春,百花齐放春满园",公办、民办齐发展才是教育生态,认为企业可以有民营，教育也可以有民办，于 1987 年率先提出"民办高等教育"一说，并在 1988 年 6 月 22 日的《光明日报》上首次通过主流媒体发表出来，这应该就是新中国"民办教育"概念的由来。

导师不仅关注、关心民办高校，指导民办高校举办者、校长，而且全面关注民办教育行业，研究民办教育，成为新中国真正研究中国民办教育第一人，研究最早、最多、最深，也最透。

导师深知发展民办高等教育对完善我国高等教育体系的重要意义，对民办高等教育发展问题进行了许多前瞻性的思考，形成了一整套完整的理论体系，"教育内外部关系规律""大众化是中国高等教育发展的必由之路"等重要论断，为中国高等教育的大众化、普及化作出了重要贡献。导师曾发表《精英教育与大众教育》《关于民办高等教育的探讨》《关于民办高等教育体制的探讨》《关于〈民办教育促进法〉及其实施》《立法：私立高等教育发展的保障》《对发展民办高等教育若干问题的认识》《我国民办高等教育发展的第三条道路》《关于民办高校评估的思考及建议》《民办高等教育持续发展问题》《抓住有利时机实现民办高教可持续发展》等一系列论述民办教育的重磅理论文章，合作发表《民办高等教育发展之困境与前瞻》《论民办高校的公益性与营利性》《民办高教发展需要有更多的路径》等一篇又一篇论文，都在教育界引起热烈反响。

导师十分关心、牵挂民办教育发展的质量，提出了被业界共同称誉的"素质质量观"，即对于民办高校，只要能够抓住社会实际需要，能够培养出"适销对路"的高级专门人才，培养出来的毕业生受欢迎,经过多年努力学校办出了自己的特色,就应当认定这样的民办高校具有较高的教育质量。他主张,"要改变以往给学生灌输多少知识为衡量标准的传统教育质量观,树立高素质的人才观和包括知识、能力在内的素质教育观。"1988年,导师在《关于民办高等教育体制的探讨》一文中提出:"如果没有严格的管理,则有些私立高等学校的质量,可能达不到最低规格……质量偏低不是民办高等学校的必然现象。"他指出,民办高校在应用型人才培养方面要有大作为、做好文章、刷新表现,有条件的还要在学术科研方面搭平台、求建树、找突破。1999年,导师在《对发展民办高等教育若干问题的认识》一文中明确指出,对于民办高等教育质量,应该有一个公正的说法或态度。"从传统的知识观来看,由于民办高校生源较低,设备较差,教师兼职多且流动性较大,当前民办高校总体知识水平,显然不如公办高校。因此,也就不能简单地以公办高校的知识水平为标准来评价一般民办高校的质量。"2010年,导师90岁的时候,还提出了一个地区民办教育的发展是一个地区政治文明的表现;2020年,已是百岁高龄的先生在《新时代中国高等教育改革与发展的今天、明天与后天》的讲话中进一步指出,要激发高等教育系统的活力,建设"双一流"高校,不应仅仅着眼于传统的研究型或学术型大学,而应激发不同类型的高校争创各种一流,运用多种质量观,统筹兼顾,多元发展。

训导晚辈人生

导师从教87年,终身献给教育事业,除了传我以知识、教我以学识、辅我以学术,更有其博大的胸怀、奋斗的精神与深邃的思想,是我成长路上的指路明灯和超越梦想的高远明灯。

导师真正做到了"生命不息、奋斗不止,人不下鞍、马不停蹄",活到老,学到老,干到老,其生命的前半程夙夜在公,各种日常事务缠身,为学校建设发展竭尽心力。导师的学术功绩后半程更显辉煌,特别是退休以后,导师更加珍惜时间,更加使劲发力,直至生命最后一刻,余光发热四十多年,迎来晚霞满天、灿烂一片:60多岁时首次提出"民办教育"概念;90多岁的时候提出"一个地区民办教育的发展是一个地区政治文明的表现"的论断,并提出了"我国民办高等教育发展的第三条道路";98岁的时候提出了"机器人也要教育"的重要论点。102岁时,还欣然为我主编的《幼儿成长学》撰文作序,作出了"成长学是成立的"重要论断,对我将系统工程理论引入人的成长研究给予了肯定,为我提出的"成长学"研究指明了方向,并为我的《大学生成长学》的编写作出了具体指导。

导师不畏艰险、勇于探险、勇攀高峰。他攀登科学研究高峰成为高等教育学的一代宗师,他攀登大自然的高峰也令我难以望其项背。82岁的时候,导师登上了华山;我很荣幸第一次登上华山,是跟随着一位82岁的老人。遥想当年,我在陕西学习工作了十年都没登过华山,这一次随他到陕西多所民办高校考察后跟随他登上了最险的西岳华山。96岁的时候,导师携全家去了北极村,也很荣幸,我和我的小女儿牛妞随导师全家四代同行,这也是我平生第一次走到北极村。

导师热爱学生胜过关爱自己的子女,正如他所言,这辈子最大的幸福是自己的名字位居教师行列,假如有来生,他还愿做老师。2010年,他90高龄了,随厦门老教授协会来厦门南洋学院调研,我们安排两个座谈会,一个是教师的座谈会,一个是学生的座谈会,我们征求他的意见,参加哪个座谈会,他说我参加学生的座谈会。这就是一位学术泰斗、一位90岁的老人对学生的爱,对我们民办学生的爱、对一群大专学生的爱。周末的学术沙龙,他一直坚持,他总是把我们全世界各地的学子和朋友看望他带的好东西全都留给学生吃,所以在厦大的学生里边有一句话,说去参加潘先生的沙龙,每次去保证都有好吃的。

  导师精益求精、严谨治学、学高为范、一丝不苟,坚持每天都给学生改作业。读博后,我是一个低年级的学生,我给他送的作业,为了体现我的水平,总要多写一些,所以作业写得很长。但我的每一篇作业,他都会从头改到尾。我自以为是一个工科出身的学生,做过办公室的领导,文字很严谨,但是他经常还能把我作业里的错别字和标点符号的错误一一找出来,并予以纠正。

  还有一件事情让我记忆很深刻、很感佩。导师93岁的时候,中国教育电视台要给他做节目,他去了一趟北京;同年他当选为"全国教书育人楷模",又要在教师节去北京领奖,这两件事中间只有几天的时间差,但他中间居然又从北京飞回来了。我就去家里给他送我的作业,我问他:"您不是过两天还要领奖吗,您不在北京休息两天,怎么又飞回来了?"他说忘了带学生的作业了,要回来改作业。

  这就是我的导师。导师留给我的感人故事还有很多很多,学人风范、师者精神最让我受用无穷,仰望长天无以为报。2022年12月6日,先生走了,虽然他未能亲眼看到我毕业,但如有来生,我仍愿继续追随他,追随这位我永远的导师!

(鲁加升,厦门大学2014级博士研究生,

厦门南洋学院创办人、校长)

饮水思源念吾师　高教星火传西藏

巴　果

　　提笔之际,最想对母校和导师说的还是那句朴素的"感谢"。不仅仅因为厦大曾经给了我人格升华的绝佳平台,单是美丽的厦大和厦大导师的魅力,就已铸就我们勇往直前的坚定信念,培育了一代又一代无限感恩的厦大人。在学术道路上我一路走来,许多汉族老师付出辛勤努力,给予我诚挚的言传身教,我对每一位曾经指导我的老师表示由衷的感谢。在这些恩师中,潘懋元先生则是在学术道路和职业生涯中给予我深刻启蒙的一位人生导师。

　　在西藏高校多年的基层教学体验中,我深刻感受到西藏地区较为特殊的高等教育体系结构,其影响因素错综复杂,其构成样态为中国民族高等教育所仅有,尤其是大学里纵横林立的学科专业,更需要结构化发展,亟待综合化建设。为准确把握它的实践脉络和学理逻辑,而立之年我踌躇满志地走进厦大,叩拜潘懋元先生,并在13年前如愿以偿,有幸成为致力于西藏高等教育研究的第一个藏族博士生。

　　先生深邃的智慧和纵览内地先进大学的研究经历,极大拓展了我的研究视域,锻造了我的文化品格,增强了我对民族高等教育宏观问题的洞察能力和驾驭意识。在厦大教育研究院博士学习、生活的三年期间，我收获的不止是学位证书，先生为我付出的，也不止是研究方法的指导。细细想来，光是先生留在我论文字里行间的修改笔迹就有一大叠，好几个版本。先生认真严谨、诲人不倦的治学态度，甚至远比治学方法更深刻、更持久地影响着我。常言道"经师易求，人师难遇"。我庆幸于而立之年能够成为潘懋元先生的博士弟子，亲身体验我国教育名家宽以待人的高尚品格。在敬仰先生"板凳敢坐十年冷，文章不写半句空"的人生箴言之际，我也更深刻地领悟到：教之道在于"渡"，学之道在于"悟"。

毕业返藏后，面对学术氛围和学者待遇均很匮乏的西藏高等教育，我无暇去计较单位能给自己什么样的名分或物质待遇，秉承先生精神，受先生感召，决定安心立足于高原，踏实立志于育人。为开拓西藏高等教育的研究疆界，培养立足本土的专门化人才，我竭尽全力地设计方案、提交论证，终于在 2015 年凭借西藏大学"211"平台资源，首次在其师范学院获批设立了西藏高等教育学科的研究方向。本人也因此受聘于西藏大学，成为该研究领域首位硕士研究生导师。高教星火传递高原，星星之火可以燎原。

在探索性实践中，西藏高等教育的人才培养工作，事实上远比针对西藏高等教育的专门研究更加复杂，且颇为艰辛。每当在制定人才培养方案、指导硕士学位论文等方面遇到任何问题时，我总是第一个拨通先生的电话。千里之外的先生总是默默地倾听着、耐心地解答着，就仿佛我们还在面对面坐一起，在沙龙上探讨学术一般。我总是在远隔重山的先生讲解中收获最深刻的思想启迪，感受最别样的育人品格。

承蒙厦大恩师们的指导和培养，2014 年我的博士学位论文荣获"中国高等教育学会第十届'高等教育学'优秀博士论文提名奖"。这份荣誉与鼓励更是激励我开展更为深入的研究,走访西藏的每一所大学,深度访谈近百位教学管理者,并基于此出版了学术专著《西藏高等教育学科专业结构研究》。令人感动的是,潘先生为拙作亲笔作序,给予中肯的评价和热情的支持。2015年,该书荣获首届西藏自治区哲学社会科学优秀成果二等奖;2016年,该书再度荣获第五届全国教育科学研究优秀成果三等奖,这也是西藏自治区获得的唯一教育类学术成果奖。

如果说读博于我是一次"学术朝圣"的精神之旅,那么,在西藏高校教学和科研实践中所亲历的一切,让我更深刻地感受到学者担当在青藏高原的难能可贵。甚至可以说,在西藏,学者的奉献精神远比学术能力更加重要,综合素养比某一方面的专业能力更具有实效性和价值。

博士毕业十年来,我曾多次无条件地服从西藏自治区教育厅、人社厅等多部门的指派与委托,先后以借调、邀请等方式,承担、完成各类应景性业务工作:参与《西藏教育综合改革实施意见》《西藏教育事业"十三五"发展规划》,主持论证《西藏高校毕业生就业创业规划纲要》《西藏教育志(2000—2010)》等多个重大文件或地方志的起草制定与编纂工作;担任《和平解放70年西藏教育成就研究》专班工作组组长并完成专著编写指导任务;主笔完成各类教育专题调研咨询报告,每年受邀主讲全区教育培训类专题讲座。同时,我还作为内地西藏班优秀毕业生代表,应邀参加全国内地西藏办学30周年巡回宣讲和实地调研工作,前往江西、福建、广东、浙江等各省市共15所内地西藏学校举办专题讲座,把自己勇往直前的成长经历和求学感悟分享给西藏未来的新一代佼佼者。

作为学长也好，作为学者也罢，每当走上讲台，面对一张张渴望新知的面孔时，单是他们的眼神就足以激起我满腔炽热的教育情怀。此时，台下坐着的无论是校长培训班学员，还是我的硕士研究生，抑或年轻教师、高职或本科学生，为上好每一堂课，我都会收集最适切的文献资料，制作最精美的PPT。更为重要的是：无论主讲什么课程或举办何类讲座，无论面对什么层次和类别的学生，我总是将更多的精力花在细致的备课环节。记得潘先生自1978年开始讲授"高等教育学"这门课程，这一讲就足足半个世纪，但是当他每次给新一届学生上课时，都要在备课环节上花费相当大的功夫。我深知先生对教学的每一个环节都很注重，但是课前备课和学情研究的如此重要性，我是在亲历体验后才深刻感知到的。先生关注的因材施教，正是从备课环节拉开帷幕。诚然，教学艺术的展示和人才培养质量的保证，无不与教师足够的知识储备量以及备好每一堂课紧密关联。与其说这是教书育人的普遍态度，莫如说这是为人师者最基本的底线。

砥砺奋进的十年间，我愈发感觉自己的教学风格、教学理念乃至教学方法，都在无形中极力仿效或向先生有所创新地"靠拢"，尽管尚有无可企及的距离和标差，令人欣慰的是我已启程。在"高寒缺氧"的西藏教育研究疆域开荒拓土，设立了自己的学科学位点，至今已招收8届近30名西藏高等教育学硕士研究生。2018年6月，恰逢西藏大学首届高等教育学研究生毕业典礼之际，潘先生发来了亲笔贺信和祝福，充分肯定了这个学位点对填补我国高等教育学科最后一块区域性建制方面的里程碑意义。

十分巧合的是,学位点慕名前来求学的大多为来自内地高校的汉族应届本科生。问及入藏学习的原因,有的学生说是为西藏的神圣而来,有的学生说是为了留在西藏高校工作而来。我知道他们舍近求远的根本缘由,还在于年轻人内心深处的那份梦想。曾经,先生为我这个藏族学生的执着梦想插上了腾飞的翅膀,如今我也要为这些千里求学的汉族学生助以一臂之力,指导他们在青藏高原上如何学会适应、学会学习、学会民族交流和交融。

从这个意义上说,高等教育学不仅给了我们交流思想观念的契机,也给了我们民族交流交融的舞台。在西藏大学,我跟我的汉族学生相处得非常融洽又愉快,就如当年我在厦大求学期间跟我的汉族老师们那样。我喜欢汉族学生的坦诚和睿智,也欣赏藏族学生的真诚和善良。我希望他们彼此交流,相互欣赏,取长补短,共同进步。犹如先生沙龙上的学术交流那样,我在课堂上总是鼓励学生进行思想交锋、观点切磋和民族交流。几届学生给予我最一致的评价是:跟你交流起来感到很亲切,但是你对我们的学术要求却很严苛!

是的,我力争像先生那样亲近学生,但也必须像先生那样指导学生,诲人不倦。每当感到学业负担较重时,我能够清楚地发现个别学生第一次课程作业就拿复制拼凑的论文交上来应付。此时,我不会粗暴退回了事,而是把这篇文章全文打印出来,从标题到参考文献,从格式到标点符号,进行改头换面的细致修改后,再把学生约到身边,面对面地告诉他如何修改此句以及为什么这么修改等一系列针对性问题。此时,我往往会花费比学生抄袭文章更长的时间和精力。但我深信,在这样的论文修改和态度转变过程中,能让学生学会的不只是一篇论文及知识本身,他们可能还会更深刻地明白自己今后应该如何做学术。后来的学生反馈和学业成绩,也确实证明了教师的言传身教对提升研究生学术素养的极端重要性。几年来我指导的研究生都能获得学校一、二等奖学金,历届高教专业的研究生学位论文质量很高,我也因此连续两年获得西藏大学优秀学位论文奖及优秀指导教师称号。2016年度,还被西藏大学推荐并获评为第五届全国教育学优秀硕士生导师。

十年树木,百年树人。先生在百岁之年依旧在我国高等教育的教学第一线潜心育人,著书立说,我们没有任何理由不为自己的民族和国家做些力所能及的本土化、探索性工作。基于本人当前供职的西藏高职院校办学实际,我深感全区高校面临的最急迫的问题仍是毕业生的就业创业问题。于是,受教育部和自治区教育厅委托,我尽我所能地主编一套系列教材:西藏高职高专学生《生涯规划教育》(大一使用)、《创新创业教育》(大二使用)和《就业指导教育》(大三使用)。自2017年9月起,这套特色教材开始在全区高职高专院校统一使用,推动了我区高校职业指导教育教学的规范化。2019年9月,我在西藏职业技术学院牵头组建成立了自治区首个"职业指导课程组"并担任教研组长,希望能更有效地推动西藏高校职业指导教育教师队伍的专业化和课程体系化建设。此外,我还成立了"巴果工作室",积极为年轻教师提供课题申报、学术咨询和职业发展指导等多样化、个性化服务。

回顾自己的从教和实践经历,在某种意义上,立足西藏高等教育实际、关注现实需求的所有付出,都源自我对西藏教育事业的无限忠诚和对青年人成长成才的真诚关爱。有人说教育其实就是一种影响,而先生无疑是引领和影响我一生的导师。他对我们最大的影响便是让我们更好地去影响和培育下一代。漫长的学术道路和育人的崇高信仰需要我们终生坚守,感谢先生给我指明了追梦一生的目标、一路航行的方向。放眼广袤无垠的青藏高原,面对一望无际的西藏教育研究处女地,我能表达由衷感恩,怀念先生、致敬先生的最佳方式就是默默地坚守,用心地付出,像先生那样做人,像先生那样做学问。"思者无垠,行者无疆。"我渴望西藏的高等教育事业从这里启程,向更高、更远、更光明的未来迈进……

(巴果,厦门大学 2013 届博士,西藏职业技术学院教授)

潘懋元先生的为学、为师、为人

陈武元

时光荏苒,岁月如梭。2020 年,潘懋元先生已是百岁高龄,杏坛耕耘已 85 年。当今学界,鲜见能在期颐之年依旧坚持奋斗在教学科研第一线的大师,而他仍以饱满的精神、过人的精力忘我地工作,堪称一代楷模。

我初识潘懋元先生是在 1987 年。是年毕业于厦门大学外文系日语专业的我,在导师的推荐下,受聘高教所担任日语翻译,从此与高教研究结下了不解之缘,与潘懋元先生共事三十多年。在与潘懋元先生共处的日子里,我深感他人格魅力的伟大,常常自问:是什么力量支持着他不顾年事已高,数十年如一日坚守在教书育人和科研的岗位上,为学科发展、学生成长尽心尽责、鞠躬尽瘁?答案很简单:是热爱——在对学术的追求、对学生的教导和关怀中,无不渗透着他对事业的热爱之情和对学生成长的博爱之心;是坚持——长久以来,他始终保持着自青年时代便已形成的追求真理的执着和热忱。古语云"骐骥一跃,不能十步;驽马十驾,功在不舍",他以"板凳敢坐十年冷"的勇气,无畏求索过程中的挫折和寂寞,以一份坚定和坚持取得了今日卓越的成就。

一、为学:坚毅执着,终创大成

众所周知,潘懋元先生是我国高等教育学科的创始人,是教育界的泰斗和一代宗师。他具有敏锐的思想、前瞻的意识和独创的精神。以潘懋元先生为代表创建的高等教育学科极具中国特色,不仅适应我国经济社会发展规律和高等教育发展规律,而且在世界高等教育研究领域独树一帜。挪威学者阿里·谢沃(Arild Tjeldovll)指出:"中国的普通教育学首先是从西方引进的,但高等教育学不是。在中国,高等教育学完全是由本土学者自己建立起来的,早在20世纪50年代就出现了发展的萌芽,当时西方还没有这么一个学科。高等教育学作为一门独立的学科,在70年代就建立起来了。这一学科最早的出版物是完全用中文编写的,那就是潘懋元先生的《高等教育学讲座》。"[①]潘懋元先生从创立高等教育学伊始就将中国高等教育的理论和实践相结合,使高等教育的发展与经济社会的发展相适应。潘懋元先生曾说:"我之所以研究高等教育,起因是当时给大学生和大学干部上教育学时的失败。为什么?当时师范学校的教育学,都是教中小学的,没有适合教育大学生的内容。50年代,由于失败引发了思考,觉得必须要建立一门学科,研究高等专业教育。"他深感高等教育学科发展的缺失,认为必须有一门学问专门研究高等教育,研究如何

[①] 阿里·谢沃:《潘懋元——一位中国高等教育研究的创始人》,高等教育出版社2006年版。

教育大学生、如何办高等学校。潘懋元先生指出，研究高等教育必须根据教育外部关系的规律开展。教育的发展必须适应社会和经济发展，为社会经济发展服务，这样探讨高等教育问题才有预见性。

中国高等教育学科的形成和发展有其独特的历史轨迹。50年代，伴随着新中国工业建设和经济社会发展的步伐，我国高等教育经历了院系调整和制度改革，获得了迅速发展，但是，高等教育发展缺乏必要的理论支撑。潘懋元先生基于丰富的教育教学经验，敏锐地意识到系统搭建高等教育理论体系的必要性和紧迫性。1957年，潘懋元先生在《论坛》上发表了《高等专业教育问题在教育学上的重要地位》一文，从"教养"即"知能教育"、大学生身心发展和社会经验的特殊性等方面阐述了高等专业教育的特殊之处，并提出了建立一门"高等专业教育学"或"高等学校教育学"的倡议。同年，潘懋元先生与同仁共同编撰了中国第一本高等教育学教材——《高等学校教育学讲义》，这是中国学者在高等教育学科建设方面的第一次理论探索。但是，由于当时正值特殊的历史时期，高等教育受到了巨大的冲击，大学的教学科研工作基本停止，教育教学秩序陷于混乱的状态，他的建议未能获得应有的反响和重视。

时代带来的波折并未阻断潘懋元先生推动学科发展的信念和决心。古语云："古之立大事者，不唯有超世之才，亦必有坚忍不拔之志。"（苏轼《晁错论》）"文革"结束后，以恢复高考为标志，中国高等教育发展翻开了新的一页，高等学校的规模和数量都开始增加，高校的科学研究工作也迎来发展的春天。在被冷落了二十多年之后,潘懋元先生再次迎来了学术发展的机遇。1978年,中国第一个以高等教育研究为对象的专门研究机构——"厦门大学高等教育科学研究室"成立,潘懋元先生被任命为研究室主任,研究室的目标被确定为建立高等教育新学科。同年12月,潘懋元先生分别在《光明日报》和《厦门大学学报》发表《开展高等教育理论的研究》和《必须开展高等教育的理论研究——建立高等教育学科刍议》等论文,系统阐述了开展高等教育理论研究的必要性。

潘懋元先生认为,科学是要扎根在大学的。在他的引领和不懈努力下,全国教育界同仁纷纷响应,教育行政部门也给予有力支持,全国陆续建立了多个高等教育研究机构,高等教育研究得以蓬勃开展。1983年,中国高等教育学会正式成立,教育部部长蒋南翔亲任会长。1984年,潘懋元先生主编的《高等教育学》出版,标志着中国高等教育学科作为一门新兴独立学科的正式成立,我国的高等教育研究也进入了全新的繁荣发展阶段。此时潘懋元先生已是花甲之年,但他仍然全身心地投入到建立和发展新兴学科的实践中去,并取得了一系列的成绩:他是我国第一位高等教育学科的硕士生导师、第一位高等教育学科的博士生导师;在他的领导下,厦门大学高教所克服了地理上的相对劣势成为高等教育学科第一个全国重点学科点;厦门大学高等教育发展研究中心获批成为全国高等教育学科唯一的国家级文科重点研究基地——普通高等学校人文社会科学重点研究基地和"985工程"国家哲学社会科学创新基地。

"一支独放不是春,百花齐放春满园。"潘懋元先生不仅为厦大高等教育学科发展制定了"三步走"的战略规划,对全国其他高校的高等教育研究事业也倾注了许多心血；他不仅将自己培养的优秀学生送到全国其他高校任职，对其他高校的高等教育学科建设也是有求必应。除厦大之外全国最早的三个高等教育学博士学位点的设立，以及华中科技大学高等教育学国家重点学科点的获批，就是潘懋元先生大力支持其他高校高等教育学科建设的最好佐证。

潘懋元先生这位15岁开始从事教育工作、一生都献身教育事业的大师，将教育教学和管理实践与理论构建相结合，建立和发展起的独具中国特色的高等教育学科，不仅取得了理论研究的突出成绩，也在服务国家经济社会的发展中发挥了重要作用。

二、为师：大爱无言，润物无声

韩愈说："师者，所以传道授业解惑也。"传道授业解惑换成现代的说法，就是教书育人。也就是说，教师的职责就是教书育人。

潘懋元先生从教85年，有教无类，桃李满天下。他在教书方面的严谨体现于其教学过程的每个细节，课前认真备课，雷打不动地准时上课，课堂授课的师生互动以及认真批改每个学生的作业，几十年如一日，堪称教师的楷模。他被评为"2014年度全国教书育人楷模"，既是对他一生从教的褒奖，也是实至名归。

作为资深教授，潘懋元先生对教学工作从不马虎应对，每次上课前都认真备课，始终坚持不断充实授课的新内容，而不是重复原来的讲义。准时上课，在通常情况下是容易做到的，但是在特殊情况下就未必容易做到了。这里仅举两个例子：一个例子是1999

年,在厦门遭遇特大台风、大雨滂沱、校园一片狼藉的情况下,已是79岁高龄的潘先生赤着脚、步履蹒跚地走进了教室;另一个例子是有一次上级主管部门领导来校视察,需要潘先生参与接待,在接待领导和上课时间发生冲突的情况下,他选择了上课,上完课后再赶去参加接待。他说,上课是教师的天职,必须雷打不动。课堂授课的师生互动,体现了潘懋元先生对教与学关系的诠释。潘懋元先生常说,高教所是培养教师的场所,高教所培养出来的学生将来是要当老师的。因此,他十分重视研究生的学习、研究和教学实践能力的培养。潘懋元先生创立的"学习-研究-教学实践"三位一体的研究生课程教学方法,既砥砺师生之间相互讨论、相互问难质疑,又营造了教师乐教、学生好学的学术氛围。潘懋元先生给学生布置作业之多和要求之严也是他教学方面的一大特色。每门课程要求完成5—7篇论文,这些作业必须通过大量阅读和认真思考后才能完成。潘先生认真批改每个学生的作业,也使得学生从不敢糊弄先生。

潘懋元先生在育人方面最为学界称道的是"潘式"学术沙龙。"潘式"学术沙龙不仅在厦门大学乃至全国都广为人知,在国际学术圈也有一定的影响。1986年,潘懋元先生与登门求教的研究生弟子共同开展学术交流为其开端,到今天,这个学术沙龙已坚持了三十余年。沙龙这一形式开始于文艺复兴时期的意大利。17世纪中叶的英国,一些科学家经常聚集在一起对科学研究中碰到的难题进行切磋,并自愿组成"无形学会"。"无形学会"就是学术沙龙的雏形。18世纪下半叶,沙龙逐渐演变成为一个促进身份平等的地方。1931年,美国科学家戈登发起召开学术交流会议,参加者交流尚未研究成功或者正在构思中的课题,会议除学术报告外,安排了大量时间让科学家们自由交谈,通过这些学术信息的交流,与会科学家获益不浅,这一学术交流方式后来被称为"戈登会议"。"戈登会议"就是现代学术沙龙的范式,对推动现代科学研究发挥了重大作用。

"潘式"学术沙龙既有一般学术沙龙的特点,又有潘懋元先生的独特创新之处。沙龙举行时间固定在每周末的晚上,只要潘懋元先生在家,学术沙龙就会准时开始。三十多年的流光岁月,参加过"潘式"学术沙龙的学生、学者数以千计,许许多多过去的学生已经成长为今天的老师,还有更多的学生正在投身到热烈的学术研讨中来,投身到"家"的温暖氛围中来。这种漫谈式的沙龙由潘懋元先生主持,话题范围宽泛、气氛轻松自然。就在这轻松和谐、充满感情的交流过程中,学术得到了提升,情感得到了抒发,精神得到了滋养。沙龙的举办充分体现了学术自由的精神、探索真理的执着。沙龙构建了学术交流的公共空间,培养了学生自由表达的习惯,激发了思辨能力,也促进了更为和谐的人际关系的形成。许多毕业生至今最为怀念的就是"潘式"学术沙龙,因为这不仅仅是一个学术交流的平台,更带给他们家的归属感,带给他们爱的温暖。

我第一次参加"潘式"学术沙龙,是在1987年9月。那时人数不多,每次有十几个人,但基本上已经可以挤满潘先生当时厦大东村9号楼的二楼会客厅了。由于研究生不多,也给我们青年教师创造了经常可以参加学术沙龙的机会。正是在"自由讨论、平等对话、启迪思维、追求真理"的沙龙学术氛围下,我最初两篇与高教研究有关的论文选题确立了,论文完稿后在潘懋元先生的多次修改和推荐下发表。沙龙让我收获了学术成果发表的喜悦,也让我体会了做学问的乐趣。他对我论文的批注至今仍历历在目。

潘懋元先生曾经担任过小学校长、中学教务主任、大学教务处长、大学副校长,八十多年来,他当过小学生、中学生、大学生、硕士生、博士生的老师,一生都在践行一位优秀教师的职责。直到现在,潘先生在教学上依然坚持事必躬亲,从不假手他人。他仍然坚持站着上课,坚持亲自给研究生授课,亲自指导和批阅学生论文,亲自批改博士生入学考试试卷。潘懋元先生91岁时因病住院,在病床上一只手扎着点滴针,一只手翻看学生论文,帮学生改作业,忘我工作。直到现在,潘懋元先生还每年带领学生外出开展调研、参加学术交流等活动。

在潘懋元先生培养的学生中,有在教育部担任职务的副部长、司长、处长等,有在高校任职的多位大学校长、副校长、处长,更多学生成为教授、博导、学科带头人。能有如此高的成才率,奥秘就在于先生对教育事业的高度责任心与对学生的深切关爱。

三、为人:德厚流光,行为世范

潘懋元先生身为一代宗师,有深厚的学术修养,也充满着高尚的道德情操。他将个人道德与社会责任相结合,体现了真正的大家风范。

入世情怀　一直以来,潘懋元先生始终关注国家经济政治体制改革、关注世界科技发展态势,以积极进取的人生态度参与教育实践,坚持理论联系实际,推动教育特别是高等教育的改革与发展。他撰写的诸如《关于民办高等教育体制的探讨》《市场经济的冲击与高等教育的抉择》《可持续发展的高等教育发展观》《知识经济与高等教育的改革和发展》《高等教育大众化的教育质量观》《公平与效率:高等教育决策的依据》《做强地方本科院校建设高等教育强国》等众多论文,无不体现作为学者的历史使命和责任担当。中国高等教育学科成立四十年来,在潘懋元先生的大力推动下,高等教育与经济社会的发展融为一体,成为当今社会经济和科技发展变革的核心推动力量。

求真务实 潘懋元先生一生秉持的治学之道,简单而言就是求真务实。潘懋元先生曾说过"文章不写半句空",这也是他严谨求真最贴切的表达。从投身教育时的翩翩少年,到如今德高望重的师界楷模,潘懋元先生从未停止过对真理的追求,也不曾改变过对真理的坚持。即使在"文革"时期,他依旧坚持真理和学术探索,发表《传统教育思想评析》《实用主义教育思想批判》等论文,为此成为教育大批判的靶子;在大学教育教学工作几近瘫痪之际,他冒着被批判的危险,依旧坚持制定教学规范,加强教学管理,维护教学秩序。先生的文章从来都是言简意赅,论理却极其深邃。

爱生如子 潘懋元先生不仅在学术上给予学生认真的指导,在生活上也给予学生无私的关怀。他对自己和家人在经济上是很"抠"的,但对家庭经济困难的学生却总是慷慨解囊。教育研究院每年的元旦晚会一直保留着潘懋元先生以学生名字作为谜底的猜谜有奖活动(猜对者可获得一个小礼品,或一张10元的面包券),足见先生对全院学生的熟悉程度。潘懋元先生每年都会请寒假没能回家过年的学生和单身教师吃年夜饭,并给每个学生准备新年礼物。以至潘懋元先生的儿子戏称"我父亲把学生当作自己的孩子,把自己的孩子当作学生"。潘懋元先生不仅关心自己指导的研究生,对其他导师指导的研究生也一样关怀。他是我们厦门大学教育研究院的大树,是师生的人生楷模。

淡泊物质 潘懋元先生一生淡泊物质,但对高教所(现为教育研究院)教职工的生活却极为关心。早在80年代,他就把自己稿费的一部分上交给所里,作为奖金发放给坐班的行政人员(行政人员工资比教师低)。90年代初,潘懋元先生被聘为汕头大学兼职教授,又将获得的兼职工资收入捐给所里,照例还是奖给坐班的行政人员;2000年起,他又将自己获得各类科研奖励的大部分捐给所里,并将这笔钱与前面捐赠的剩余资金合并设立"潘懋元高等教育基金",每年拿出基金的利息用于奖励优秀师生;2012年,潘懋元先生获得福建省优秀人民教师称号,他将获得的奖品(一辆奔驰商务车)兑现,作为奖金发给全院师生,自己一分不留。

豁达乐观 潘懋元先生经历过少年时期生活的困苦、求学的艰辛;在特殊的历史年代,他曾被迫到"干校"劳动,接受"劳动改造",被分配到安徽、云南等地工作。这些人生的磨难从未磨平他内心的豁达与乐观,从未阻断他开展教育实践和理论探索的步伐。潘懋元先生对自己的学术观点是很坚持的,教育外部关系规律的论争就是例证,但他对与自己学术观点不同的人却是很包容的,这是他豁达乐观的另一种表现。

潘懋元先生一生波澜壮阔，少时在生活的苦难中坚持求学不辍，壮年时即使遭遇坎坷依旧坚持对真理的探索，暮年时依旧心怀热情地教书育人做学问。在一个世纪的风风雨雨中，潘懋元先生以其大智、高德、博爱，真正体现了一名无疆行者的高尚追求，展现了一代大师的风骨和情怀！

（陈武元，厦门大学教育研究院教授）

我与潘先生交往的点滴小事

刘国和

一个编外学生眼中的潘先生:"神在高处,神爱世人;道是平的,道法自然,无处不在;佛在底下,佛法无边,普度众生。"在人生旅途中,我们总能有幸遇到一些犹如神道佛一样令人敬仰的师长前辈!潘懋元先生就是这其中的一位。我未曾在课堂亲承潘先生教诲,更遗憾无机缘成为潘先生的嫡传学生。但在人生的大课堂上,潘先生的确是照亮我人生的导师,亦是良师,亦是指引我做人处世的忘年益友!

80年代的大楼、大师、大学

1982年的夏天,厦门大学校园还很朴素,凤凰花开时就那么几朵几丛,三角梅开得也不是很热烈,但显得既朴实又温馨,临近的白城沙滩还没有时下这般游人如织,但带给人的是那种惬意的舒适和宁静。就在那个夏天,我非常幸运地被厦门大学经济学院计划统计系录取,成为一名厦大学子。现在一晃几十年过去了,回首那些纯真的、奋斗的、充满理想的青葱岁月,让我无比怀念甚而感动落泪。出生于农村的我,眼见依山傍海、面向港湾的建南大会堂，眼见雄伟壮观的上弦场、芙蓉、群贤、集美……厦大的一切都让我眼界大开。

厦大有非常美丽的大楼，更有闻名天下的大师！校主、华侨领袖陈嘉庚先生创办厦门大学后，聘请了一大批德才兼备的大师任教，如林文庆、鲁迅、林语堂等等。至20世纪80年代，厦门大学生机勃勃，活跃着一批大师，立德树人。计划统计系有钱伯海、黄良文、罗季荣；经济学院有葛家澍、余绪缨、邓子基、胡培兆、张亦春等大师；化学系的蔡启瑞、田昭武，高教所的潘懋元都是鼎鼎有名的大家！

相识相知相交三十多年

80年代初读书时期，我喜欢到图书馆阅览室学习，更喜欢听演讲，厉以宁、陈鼓应、汪德耀、卢嘉锡和潘懋元等许多大家的演讲至今历历在目。尤其是潘懋元先生的演讲，非常幽默、风趣，非常有思想！我在本科生时期非常渴望直接向潘先生求教，苦于没有机缘。1990年，我再次成为厦大的学生，就读工商管理硕士研究生。本科时住在芙蓉二，读研时住在凌云楼。为了迎接母校70周年校庆，我决意创办一本学生刊物献礼。因为1988年曾以《自然、人类、和谐》一文获邀参加在北京人民大会堂主办的世界未来研究会第十届大会，所以我积极推动厦门大学未来社的工作，因缘际会创办厦大学生社团未来社刊物《创造未来》。

为了增加办刊物的吸引力，还需要领导、大师支持，我找到副校长郑学檬教授题词。郑校长的题词是："未来是光明的，但到达光明彼岸,需要几代人艰苦卓绝的斗争;未来是美好的,但美好的祖国需要我们脚踏实地一砖一瓦地建筑而成;未来属于青年,青年任重道远。由此,人民理所当然要求他们更多的奉献。题赠未来社的年轻朋友们,郑学檬1991年4月1日。"

我清晰地记得与潘懋元先生的第一次会面。我初次到潘懋元先生家拜访,潘先生给未来社刊物的题词是:"大学既是传递人类文化的学府,也是创造未来文化的竞技场。只有以未来为价值取向,才能更好地选择人类文化的精华;只有掌握人类文化的宝藏,才能更好地面向未来的挑战。"

再一次求见潘先生,是在1992年春天我创办厦大MBA研究生第一本刊物《工商管理纵横》之际,我在潘先生家里面对面采访潘先生。潘先生说:"现在的一些企业家虽有学历,可文化修养不够,企业发展到一定程度就停滞不前了。而未来的中国企业家应具备高层次的文化修养。"这个观点今天看来非常有远见,非常有现实意义。

随着与潘先生越来越熟,他曾邀请我参加高教所研讨会。我在1992年5月24日的日记中记录:"下午2时20分来高教所参加研讨会,潘先生演讲,接着周南照老师演讲,都特别精彩!"

后来,我先后在北京、沈阳、深圳、天津和大连等地工作,但无论工作如何变化,与潘先生的联系从没有中断过。回母校都会找机会向潘先生求教,并多次参加潘先生主办的学术会议或学术沙龙。有一次还应邀在潘先生家举办的沙龙上作主题演讲分享。

潘先生的人格魅力

热心、重情义

一是"热心"。有人说：热情是半个生命，淡漠是半个死亡。潘先生待人如春天般温暖。1993年，他介绍我到北京中央教科所工作；1994年又介绍厦大高等教育学博士张德祥先生与我初识。后来张德祥学长对厦大辽宁校友会贡献巨大，成为厦大辽宁校友的旗帜人物！二是"重情义"。记得在本世纪初，大连某高校邀请潘先生去演讲，分管教育的大连市副市长得知潘先生莅临大连演讲的消息后，委托市教育局长请潘先生餐叙，当时我在南方证券作高管，陪同潘先生到大学演讲，教育局长找到我说明了市长意图，并叮嘱我与潘先生沟通这件事。潘先生说不需要，只要同我们校友一起交流就好！我眼看着教育局长的汗水滴答滴答流下来，却无能为力，真想帮帮他，可是我办不到！尊重先生的选择才是我更应该做的。后来这位副市长擢升副省长，有一次见面提到这件事，还非常感慨。

菩萨心肠，有求必应

潘先生几十年来非常重视校友会工作，对辽宁校友会有求必应，关心支持辽宁校友会。他多次给厦大辽宁校友会会刊《南强之子》题词鼓励，让我们特别暖心！

专注睿智

每一次回母校,向潘先生面对面求教都是我最期待的事,潘先生的幽默风趣、睿智远见、真知灼见常常让我惊喜。前年春节,我梦到了潘先生,于是马上行动,在元宵节乘飞机到厦门,与潘先生一家共度良宵,一起吃汤圆!度过一个团团圆圆、和和美美的元宵节!

老骥伏枥

清华有一句口号"为祖国健康工作五十年",潘先生已经为祖国健康工作、教书育人超过八十年,依然精神矍铄,战斗在教学科研第一线!2019年11月22日,我在回母校的路上给先生发信息:"潘先生好!有事回厦大,本周日24日上午去看您方便吗?刘国和"潘先生很快回复:"刘国和学长:非常欢迎!但我上午为Ed.D研究生上课。下午四时左右如何?潘懋元"由于我24日下午返程,于是直接打电话与潘先生沟通,23日上午8点去拜访请教。潘先生1920年出生,已经百岁,仍然一心一意为学生服务。不愧为人民教师!

爱生如子

潘先生对学生的爱传承了厦大陈嘉庚、萨本栋、王亚南等先生的真脉,培养了一大批中国教育界的栋梁之才。爱生如子是学生们的共同感受,我这个编外学生真真切切感受到潘先生的高尚品格!

立德树人

我敬仰潘先生,向潘先生要了一棵树,潘先生却给了我一大片森林;我向先生奉献的太少了,得到如此之多常常让我羞愧难当,只有恭恭敬敬地在一点一滴的学习、工作、生活中,尽力向先生学习。高山仰止,景行行止;我一定不辜负潘先生等老师对我的期待,自强不息,止于至善;好好工作,好好做人。

我不是潘先生的正规弟子,但真真正正是潘先生的编外学生,是潘先生的"铁粉"。用一首小诗祝福潘先生福如东海寿比南山:

百年风雨懋中华,
岁月师道元大家。
先锋高教吉伟业,
生当人杰祥天下。

(刘国和,厦门大学 1990 级 MBA,厦门大学辽宁校友会会长)

儿女心目中的"大先生"

潘世墨

被"弄错"的一件事：子女与学生的关系

在父亲的学生中间，流传着这么一句话，"潘先生对待学生像子女，对待子女像学生"（后来有不同的表述，但是意思一样）。这句话源于1980年代。有一年除夕，父亲听说高教所有几位学生留校没回家，就邀他们到家里，一块围炉吃年饭。晚辈私下颇有微词，除夕应该是自家人的大团聚呀？但是，我很理解父亲的想法，1940年代初，父亲在内迁闽西长汀的厦门大学求学，家乡汕头沦陷，孤身一人，有家难归。老人家特别理解年轻人过年不能回家与亲人团聚的心情。在他眼里，学生就像自己的子女一样。我这么一说，大家不觉点头称是。说完之后，我一闪念，那对待子女呢？就不假思索地脱口而出：爸爸对待子女就像学生一样。我们四姐弟更是深有同感。

"对待学生像子女，对待子女像学生。"三十多年前的一句非常普通的话，流传开来，长久不息，足见其说得恰如其分，很得人心。

家庭教育的"秘诀":"行不言之教"

父亲年逾百岁时,依然耳聪目明,思维敏捷,精神矍铄,谈吐自如。"古稀之年"的我们,在"期颐之年"的父亲面前,依然是孝顺的儿女、聆听教诲的学生。父亲总是说,自己的家庭教育没有什么秘诀,这并非谦虚,或者秘而不宣。我的切身体会是,父亲的家教,如老子所云,"圣人处无为之事,行不言之教",身教重于言教,言教言简意赅,有的放矢。"不言之教"这个道理,人所皆知,但是真正做到、做好,则非易事。

在1980年代之前,我们家庭的经济条件并不好。虽然父亲的工资比较高,但是一家六口,加上负担广东的祖父和江西的外婆,尤其母亲常年生病,病退后沉重的医疗费用,家庭日子过得十分拮据。我们从小就知道,每逢新学年开学,四个孩子的学杂费、课本费,都是一笔不小的开支。父亲想尽办法,请约稿单位预支稿费,或向同事借,不让子女被老师催缴学费而难堪。1960年代三年困难时期,有一年临到年关,包括按人定量购买年货的肉票、鱼票的钱还没有着落,为难关头收到一笔讲课费18元,大家才松一口气。当时国家照顾老讲师以上的知识分子,有个中灶食堂,午餐供应三五角钱一份的荤菜,也就是青菜带上几片猪肉、几块炸鱼等。父亲从来不在食堂用餐,而是让我们买回来,拌在大锅菜里全家共享。在我记忆中,我们从小就懂事,生活简朴。我们打小几乎全年打赤脚出门,我们的衣服多数是打过补丁的。我初中三年的数理化课本,都是姐姐用过的,虽然旧一点,也不错,提前知道课文重点、习题的答案。艰苦朴素就是这样培养起来的。

平时,父亲相信孩子会努力读书,很少过问我们的学习情况,期末成绩册家长签名时,会做一个评价。他倒是经常检查每个月给各人的三五元零用钱是怎样花的。开始,我拿到钱,买零食没几天就花光了。父亲没有直接批评,而是提起他上小学时,家境贫困,中午饿肚子,省下午饭钱买书,落下胃病。现在三餐有保证,有没有比吃零食更应该花钱的地方?这让我们从小养成计划用钱的习惯。有一回,我答应星期天帮助家里扫除卫生,出门后忘了,回家有点不好意思,却也无所谓。当时父亲没有说什么。过后,父亲给大家讲一个成语:轻诺寡信。这个成语虽不常见,但我至今不忘,更是牢记做人要讲信用的道理。

1977年年初,我还在山区武平工作,登记结婚,分了喜糖,单位为我们开茶话会。回到厦门,父亲和我商量,我弟弟刚结婚办过酒席,我们在单位也举行过茶话会,就不一定办酒席吧。我和爱人理解父亲,同意了。全家高高兴兴地围一大桌,有美酒,有佳肴,庆祝新成员加入。父亲送我爱人一块"上海牌"手表,还有200元大红包。

父亲给我们的另一个深刻印象就是勤奋上进、自爱自律。打从小看见他总是在忙,白天一早骑自行车上班的身影,深夜灯下伏案的背影。时至今日,仍然如此。这两三年父亲出门少了,在家里不外是三种状态,在书房看书读报、写文章,在客厅与客人、学生交谈,在寝室卧床小憩、闭目养神。

早年,父亲长期超负荷工作,有了知识分子的"职业病",如神经衰弱、胃病,也与茶、烟、酒交上朋友。他迄今保持潮汕人的品茶嗜好,当然年纪越大喝得越寡淡。80岁过后,他抽烟频率递减,90

岁过后，基本戒了。早年家里备有酒，父亲习惯晚上工作疲劳时，独自小酌。后来不太喝了，怕影响工作。我曾问他过去喝酒有没有喝醉过，父亲十分认真地回答："喝了多少年的酒，但是非常节制，从未喝醉过。"此话一出口，我们默然无语，"从未喝醉过"，有几个人敢说？我们兄弟也喜杯中之物，通常都能控制酒量，但总有喝高的记录。饮酒而从不贪杯，多么强大的自制力啊！

邬大光教授是父亲的大弟子，与父亲共事多年，他总结先生的"保留节目"："几十年如一日不论刮风下雨乃至台风不停课，学生交上来的作业或毕业论文字字修改包括标点符号，参加学术会议从不提前离席，听别人作报告永远做笔记……这些保留节目的日积月累，则逐渐形成了不成文的家规、师规、院规，一位大家的做人育人文化。"

这种"不成文的家规"就是不言之教，它远远胜于喋喋不休、长篇大论的说教。

难忘的命题作文："记一件有意义的事"

1962年，我是厦门五中初中二年级学生。语文课布置一道命题作文——"记一件有意义的事"，我写的是除夕全家围炉吃年饭。那年，三年困难时期刚过，难得备有一桌丰盛的年饭。我们议论道，要是天天都过年就好了。父亲听后说，虽然现在物资供应紧张，很多东西凭票供应，只有过年过节才有，但比起解放前，好多了。父亲讲述旧社会穷苦人家过年如过鬼门关，很多人外出躲债，别说团圆吃年饭了。他讲述自己由于家庭贫困，求学艰难的经历，深深地打动了我们。我的班主任看了这篇作文，认为很有教育意义，就邀请父亲到学校，在小礼堂给初二年级全体学生作了一场关于新旧社会对比、忆苦思甜的报告。当时讲台上虽然没有麦克风，但父亲带有潮汕口音的声音洪亮，三百多名学生席地而坐、鸦雀无声地聆听的场景和自己激动、自豪的感受，虽然是差不多60年前的事情，我仍然记忆犹新。这对于青少年的我，影响非常大。

父亲从小家境困难，生活窘迫，求学艰难，十个兄弟姐妹，七个因病早逝。他13岁时就在汕头《市民日报》发表文学作品赚取稿费，15岁时就走上讲台代兄上课。大学生时期在当地中学兼职教书补贴生活。我陆陆续续了解父亲的身世之后，逐渐有了自己的奋斗方向：要像父亲那样，生活艰苦朴素，读书刻苦上进。我的中学时代每天上学，往返七八公里路，都是步行，既锻炼身体，又省下公交车费。每个学期的成绩单，基本都是5分。我在初二年级被评为全校三好学生，初三年级加入共青团。

青年时代的父亲，忧国忧民，富有正义感。"七七事变"之后，他积极投身参加共产党的外围组织"青抗会"的抗日活动。新中国成立后，父亲拥护党的方针政策，努力工作，积极参加社会活动，于1956年光荣加入共产党，是一位60多年党龄的老党员。在父亲的影响、教育下，我们姐弟四人都能自觉要求进步，都是具有四五十年党龄的共产党员，几十年来，在各自的岗位上努力工作，作出自己应有的贡献。

传承中华民族的美德：兼爱、尚贤

父亲在平常谈话中，回顾自己成长的历程时，每每念及得到贵人相助,感恩之情,溢于言表。20世纪30年代,汕头时中中学杨雪立校长了解到父亲学习成绩优异,家境困难,难以为继,特批他从时中中学附小直升中学,学费减半,使父亲得以顺利完成学业。父亲经常给我们讲述厦门大学校主陈嘉庚先生"毁家兴学"、萨本栋校长"舍身办校"、王亚南校长"广纳贤才"的故事。这些故事深深地打动我们,铭刻于心。父亲在《指引我人生道路的教育系主任李培囿》一文中,深情地回忆恩师如何推荐他在长汀中学兼职兼课,既增长了实践经验,又提高了生活水平;以后又引荐他返母校任教兼厦大附小校长。我们还记得50年代,逢年过节,父亲会带我们到大生里教工宿舍,给我们称呼为"李公公"的李培囿老人拜年。李老教授逝世后,父亲每年还都会登门看望师母丁老师。"文革"后期,有一次,我陪父亲到鼓浪屿看望他亦师亦友的大学问家虞愚先生。虞老赋闲居家,食量大却消瘦得很,身体状况堪忧。堂堂一位蜚声海内外的大学者,却求医无门,查不出病因。父亲说,恐怕是甲亢,因为我们的一位邻居就是这个症状。后来,找医生一问,果然如此,对症下药,很快就好转了。父亲也常常登门拜访汪德耀、陈诗启等老前辈。同样,春节过年,他会给退休的工友潮汕阿婆包个红包,老阿婆也会送我们一大块家乡年糕。教务处职员杨铮因交通事故不幸去世,时任教务处处长的父亲专门在校报《新厦大》写纪念文章,称赞他兢兢业业,一丝不苟,在一块硕大的黑板上做好全校课程表的编排工作。

父亲在耄耋之年,两次到闽西武平访问,因为那是当年我们兄弟上山下乡的县城。有一回率领一大家子,翻山越岭几十公里,走进我们插队落户的大禾乡邓坑村,看望村民,实地看看我们兄弟当年生活的地方。在那个特殊时期,一家六人分别在四个地方,他特别挂记我们插队落户当知青能否过得了生活关、劳动关,总是来信鼓励我们,有时也会泼冷水。我准备上山下乡时买了一些常用的药剂,还有一本厚厚的《农村医生手册》,希望自学成才当个"赤脚医生"。有一次,一个村民的小孩半夜发高烧抽筋,他们敲门求助,我顾不了许多,给小孩打了一针"安乃近"。烧退没事了,村民感谢不尽,我也洋洋得意。父亲得悉后,来信告之,你不是医生,不可以随便给别人打针吃药。

父亲非常推崇墨子"兼爱"、"尚贤"的思想。"兼爱"的意义就是要求人们对别人的爱与对自己亲人的爱一视同仁,"尚贤"就是要尊重有德有才的人。他认为,这是做人的道理。故此,我出生时,他给我取名"世墨"。"墨子"还伴随我走出国门。1988年至1989年,我在苏联莫斯科师范学院哲学所访问期间,我的指导老师阿·洁特玛诺娃教授介绍古希腊亚里士多德逻辑,顺带提到古印度逻辑(因明学)。我说还有古代中国逻辑,她满脸疑惑。为此,我写了一篇《略论古代中国逻辑》,主要介绍墨子的逻辑思想——墨辩逻辑。她看了以后,把这篇文章推荐在《哲学科学》(1991年11期)上发表,并收入她主编的《逻辑手册》里面。这部词典里的"墨辩逻辑"词条的下注:"作者 潘世墨(中国学者)"。

我珍惜父亲给我所取的这个名字,这是我唯一的名字,且不说改名,连个别名、笔名都免了。更重要的是,作为一名人民教师,我应当像父亲那样,身体力行,弘扬中华民族的优良文化传统。

"周末学术沙龙"的魅力:师生平等

　　三十年延绵不断,举办近八百次的"周末学术沙龙",曾获得教育部国家级优秀教学成果二等奖。这是父亲的研究生教育教学的模式,深受学生欢迎,成为厦门大学教育研究院的一道风景,一种风范。它最大的亮点是创造一个"各抒己见,畅所欲言"的学习环境,形成一个"相互学习,共同受益"的教学效果。更加可贵的是,大家庭的温馨,心灵沟通,平等交流,尤其是学生大胆提出见解,老师认真听取学生的意见。"周末学术沙龙"的魅力在于,不论从学识上还是从做人上,要有平等待人的理念。"周末学术沙龙"演绎中国传统文化——"弟子不必不如师,师不必贤于弟子,闻道有先后,术业有专攻,如是而已"(韩愈语),并且与时俱进,赋予其新时代的内涵。

　　父亲在与子女讨论一些理论问题时,也是平等的。有一回,在饭桌上,他忽然向我发问:"哲学的'规律'概念是如何界定的?"当年,作为哲学专业二年级学生的我,倒是立马背出来:"规律是事物之间的、内在的、不以人的意志为转移的必然联系……"显然,父亲不满足,又追问:"'内在'就一定是'内部'的吗?"我根据教科书的定义,坚持"'内在的'当然就是'内部的'"。父亲有不同看法,但是没有直接反驳。过后,我了解到,父亲提出"教育内外部关系规律"的理论,受到有些学者的质疑:"内在"就是在内部,哪有"外部"的规律? 为此,父亲在进一步研究、思考中,广泛征求意见,包括刚刚接触哲学领域的儿子。之后,他认为,规律都是"内在的",有本质的和本质之间的两种。本质的,是"内部的";本质之间的,是"外部的"。不要把"内在的"与"内部的"混为一谈。规律是"内在的",但是"内在的"可以是在"外部的"。这样就很好地解决了这个问题。父亲的"教育内外部关系规律"的理论得到高等教育学界的广泛认可。有一次,旧话重提。我认为,从哲学的视角看,相对于不同系统而言,"外部的"概念是相对的。父亲不同意这种说法,坚持"外部的"也是"内在的"。父亲进一步发挥说,根据系统论的观点,系统与系统之间,要不断交流信息,才能发展,如果封闭起来,就发展不了。可能父子双方对概念、范畴的理解有差异,也可能强调侧重点不同,我们保留各自的意见吧。

"如果我有第二次生命,我的选择仍然是教师!"

父亲热爱教育事业,热爱教师职业,他在不同场合多次表达:"教师是幸福的职业,幸福的人生——如果我有第二次生命,我的选择仍然是教师!"的确如此。父亲自15岁走上讲台,代兄上课始,八十八年如一日,一辈子躬耕在学校——小学、中学到大学,以教书育人为天职,以教师职业为最高荣誉。

20世纪30年代中期,父亲中学毕业后正式在家乡的乡村小学任教,40年代初期,大学读书时在县城中学做兼课老师。新中国成立之初,父亲在厦门大学教育系讲授"教育概论""中国教育史""教育政策法令"和"新民主主义文化"等课程。50年代末期,在中文系、经济系开设"逻辑学"公共课,1978年给恢复高考首届哲学系 77 级本科生讲授"形式逻辑"专业课。我正是这个班级的学生,聆听父亲讲授"形式逻辑",引发我对这门课程的兴趣。适逢 1978 年,全国掀起"实践是检验真理的唯一标准"大讨论,我和几位同学凭借初学的哲学和逻辑学知识,积极参与讨论,而后形成一篇文章《试论在检验真理过程中逻辑证明与实践证明的辩证关系》,由哲学任课洪成得老师和系主任赵民老师推荐,发表在《厦门大学学报(哲社版)》(1979 年第 1 期)。大二学生能在学校顶级学术刊物发表论文,对我的激励是不言而喻的,从此与逻辑学终身"结缘"。

在这里,说个"题外话"。60 年代,父亲在《厦门大学学报(哲社版)》发表两篇关于逻辑学教学的论文(合作):《关于概念内涵的若干问题》《关于判断的若干问题》。90 年代,我也在《厦门大学学报(哲社版)》发表两篇关于逻辑学教学的论文:《海峡两岸逻辑学教学体系差异述略》《逻辑的"虚概念"新解》。

父亲在 80 年代中期逐步退出学校领导岗位,开始新的征途,全身心地投入到高等教育学的教学、理论研究和社会实践之中。60 岁至 100 岁的四十年里,作为高等教育学学科的奠基人和开拓者,父亲一共培养(含间接培养)300 多名博士研究生和 700 多名硕士研究生。他不顾年高体弱,先后走进 230 多所大学,参加报告会 330 多场次;在报刊上发表文章近 400 篇,编著近 70 部,不遗余力地为高等教育学鼓与呼。2001 年至 2019 年,他以耄耋之年,亲力亲为,十余次带领博士团队,赴全国几十所大学实地调研、考察,形成调查报告,帮助学校解决教育与教学上存在的问题。父亲在百岁生日临近之时,在教育部学校规划建设发展中心主持的"师说课改"公益讲坛的"云课堂"上开讲,做首场报告,与超过三万名的全国各地师生通过网络进行互动交流。如果没有坚定的目标、坚强的信念和坚韧的毅力,要做出这些成就,是难以想象的。

几十年来,耳濡目染,潜移默化,我以父亲为榜样,在学系、学校担任教育管理工作的同时,始终坚持逻辑学的教学、研究工作,始终坚持给本科生上课,培养逻辑学、科学哲学方向的博士生13名和硕士生18名。

再说一个"题外话"。1952年9月,父亲正在北师大研究生班学习,接到王亚南校长来信,希望他回到学校担负起教务工作和课程改革的重任。父亲欣然服从,中断学习返校。我有与父亲相似的经历。1996年,我担任校长助理时考取武汉大学哲学系博士研究生,师从张巨青教授。我挤出时间,刻苦学习,完成全部课程,还获得武汉大学"李达奖学金"一等奖。2002年是博士学位论文答辩期限,我担任学校党委副书记、副校长职务,任务繁重,又适逢学校迎接教育部本科教学评估重头戏,还有本科生、研究生教学任务,职责所在,实在不能请假专心准备,又不愿意草率应付过关,只好放弃申请博士学位资格,无形之中,效仿父亲的行为。

作为"文革"后恢复高考的首届大学生,毕业时父亲送我的贺礼是商务印书馆的汉译名著:黑格尔《逻辑学》。他在扉页上写着"送给世墨:作为学习知识,毕业了;作为研究学问,刚开始。爸爸1982年1月"。我没有辜负父亲的期望。

所谓"大先生",不但要"传道授业解惑"(韩愈语),还要有丰富的知识和系统的理论,更要有"大爱":"为人师最重要的职业素养——爱学生"(父亲语)。作为先生的弟子,吴岩博士尊称父亲为"大先生",他满怀深情地说:"我眼中的潘懋元先生:对国家来讲,他是一位杰出的当代社会科学家!对教育来讲,他是一位享誉世界的当代教育家!对我本人讲,他是影响我一生的经师、人师、恩师!"作为先生的儿子,我同样尊称父亲为"大先生",同样满怀激情地说:"父亲恩重如山,大爱无言!他是我们儿女终身受益的慈父、严师!"

(潘世墨,潘懋元先生长子,厦门大学教授、原常务副校长)

下　课

陈力舟

1935年，外公初级中学毕业，在家乡揭阳的私立树德小学代课。科目是国文和算术。初次面对学生，15岁的他不会预知这三尺讲台，一站到底要有多少年。尽管事先花了很多心思备课，初执教鞭的外公还是紧张不已，十几分钟就讲完了预备的所有内容，再不知道要讲些什么。老师青涩，学生顽皮，外公的第一堂课在喧闹声中草草收场——后来他回忆，就是从那时起立志要当一名好老师。于是，外公作为插班生，进入私立海滨中学师范科，初次接触教育学。为贴补生活，他在学习之余到夜校兼课，直到抗战爆发，学校停课。此后，外公在烽火连天中一边参加抗日组织活动，一边辗转任教于普宁县、潮阳县几所小学，协助地下党，为农民办夜校，为群众办讲座。

为避战火，厦门大学内迁长汀。外公听说后，自揭阳跋山涉水，步行千里，投考教育系。入学梦圆之日，恰是第二年中秋月圆时。从此，外公与厦大结下一世缘分。从大二开始，他先后兼职任教于长汀中山小学和县立中学。所以，外公的大学生涯，不仅是在讲台下聆听，也要站上讲台实践——也许正是这种经历，让他洞悉了教与学的关系。后来，外公在新潮的网课上引用《礼记·学记》，道出了自己的理解:"知不足,然后能自反也;知困,然后能自强也。故曰教学相长也。"

毕业后,外公先后在雩都县立中学和南昌葆龄女中任教,直到抗战结束。厦门大学回迁鹭岛,外公也获母校聘用,在教育系谋得教席,同时还受命复建厦大附属小学。后来,他又在厦门一中兼职任教。1950年台海风云乍起,外婆与众多教工家属随厦大理工诸系再次内迁龙岩时,外公还替她到厦门大同中学代课——能在大、中、小学执教,无疑是一段不同寻常的人生经历。

1964年,外公被借调入京,接下来一年时间,辗转天津、河北和山西,调研半工半读和农业中学,走下讲台,但并未远离。直到十年浩劫,他才不得不暂别课堂。所幸,七年后外公得以重返厦门大学,从此再未离开,和师生们一起迎来拨乱反正的历史转折时刻。1978年的《光明日报》因为那篇讨论真理标准的伟大文章载入青史。就在同一年,外公也有一篇小小文章《必须开展高等教育的理论研究》在这张报纸上刊载

——春雷乍响,正是每一颗理想种子萌芽的季节。

1984年起,年逾花甲的外公不再担任学校行政职务。此时,他讲授的高等教育学刚刚被确定为二级学科,厦门大学有了硕士学位授予权,外公也出版了专著。但他还要为这个新学科的博士点、重点学科点而努力。当时,谁都不会想到,会有多少学生将聆听外公传道、授业、解惑……

古稀、耄耋这样一些暮色苍茫的年岁,被他活成了第二次"而立"与"不惑"。

如果说外公的一生就是一堂课,上半堂课始于救亡图存的年

代,经历了新中国成立的喜悦,也要面对"文革"浩劫。外公是老师,同时也是学生,还是救亡同志会和青抗会会员,当过编辑、干事,在校园里扫过马路、在"五七干校"养过猪……身份变换,是因为偌大中国曾经风雨飘摇,安放不下一张讲台。所幸,下半堂课开始时,风和日丽。

在别人颐养天年的时候,外公欣然开讲。

外公是如此珍惜这下半堂课。长汀时期受萨本栋校长影响,他养成了每次上课都提前15分钟到教室的习惯,始终如一;直到耄耋之年,外公依然坚持站着讲完整堂课,往往一站就是一整天;言之未尽,就留待家庭学术沙龙。在八百多个周末夜晚时分,他把自家客厅变成了特别的课堂,自己讲,也倾听学生们表达。为了传播一生所学、所思、所得,外公不知疲倦地奔走四方,登上天南海北、西洋东瀛诸多学府的讲台。机场、逆旅中邂逅过的多少人,还记住老人家来去匆匆的身影。为了不耽误学生们的课业,他甚至把北上的列车车厢当成课堂,讲完课后踏上月台,直接赶往下一个讲台。

从1984年算起,外公将教学生涯又足足延长了三十多年——用一次人生,上了寻常人两世才教完的课。

我们早已习惯了外公永远在上课。哪怕自己也不再年轻,可只要外公还在讲课,我们就感觉不到时日如飞、岁月催人,就不敢把渐长的年岁当成懈怠的理由。因为年纪更大的人还在辛勤工作,还在学习新的知识,领略新的生活乐趣。年近百岁,外公在电影《当我们海阔天空》里饰演一名大学老师,把银幕变成了讲台,本色演出;年逾百岁,外公的云课堂又吸引了三万名听众同时在线……

外公的讲台日渐多样化，身份却越来越单纯：行政职务和社会工作陆续卸下，父母恩师、同窗故友，乃至相伴一生的伴侣次第消逝在岁月长河里。似水流年，又为他送来一群群永远年轻的学生……慢慢地，外公所亲、所近的世上之人，都可以算是他的后学晚辈了；慢慢地，"潘先生"成了他唯一的称谓。从《礼记》《庄子》开始，中国人以"先生"指称老师。在研究院，乃至高教学术圈中，不冠姓氏的"先生"二字，大抵就是指外公。这是一种特殊的符号——是通过八十多年不知疲倦地讲课，刻画在这个世界上，在人们心里。这个符号隐藏的是特别的身份认同，是他最珍惜，也是最后时光里唯一的身份——教师。

某种程度上，我们这些血亲后人也视外公为师，受言传身教，为他的家风、学风熏陶。学术上，我们不是外公的衣钵传人，但我们从他身上得到的，也不止于血脉，而是永远学习的能力和动力。和他相处的时光，就是我们人生中最珍贵、最长久的一课。

在这样一个特别的时点，回眸凝望1935年树德小学的小小讲台，不由心生感慨：这堂课是如此漫长，听课的人一代又一代，换了容颜；这堂课又是如此短暂，八十七年也不过刹那之间，让人意犹未尽。我们也知道，没有不老的老师，没有不了的陪伴，再精彩、再长的一堂课终要迎来下课时分。就如少年时，我们离开学堂，带着一丝留恋，躬身俯首，道一声"老师再见"。

——此情成追忆，不用诉离殇。

这也许是结束，也许不是。如果真有来世，我们一定还能继续聆听外公的讲授。因为他在百岁之际曾许诺："如果我有第二次生命,我的选择仍然是'教师'。"

　　道别的时刻到了。这是外公第一次不能亲口宣布下课。只不过,在我心里,那一篇篇纪念文字,都在校园铃声的伴和下,化为同一个声音,代他道一声:

　　下课……

（陈力舟,潘懋元先生的外孙,就职于福建天衡联合律师事务所）

爷 爷

潘泽山

  2022年4月底,新冠疫情稍缓,我经过争取,得以请假数日回家探望爷爷。那天我坐在爷爷身边,他紧闭着双眼,卧在床上,偶尔咳嗽几下,看起来十分虚弱。我抑制住了激动,轻声说:"阿公,攀攀回来看您了。"他微微点了点头,努力半睁开眼睛,虚弱地说:"你回来了啊。好啊……儿童节马上到了。"
  我连忙说:"对呀,小马驹也在想着您,念叨着要早点回来呢。"他一字一顿地说:"今年不给马驹红包了,因为他已经不是儿童,是少年了。"我轻轻应和:"对呀,小马驹去年加入少先队了。"每年六一儿童节,阿公都会给我们一个红包,要求这钱只能用于给孙辈买礼物,买完后还要拍图发给他。
  "好了,你快去书房吧。我一会也要去看书。"这是他在示意,要休息养神了……我知道,此时的他很难再自主起身和伏案工作了。一周后,疫情再次加剧,北京成了中高风险区,我也不得不离厦返京。临行前一天,从阿公家出来时,我心想,这可能是最后一次陪他聊天了。难受之余,我也有点欣慰,毕竟阿公还认出了我;我想他也会宽慰,孙子成长了,过得很幸福。听妈妈说,爷爷在医院还时不时念叨:"我在北京还有个曾孙,叫小马驹。"

2020年6月,再过几个月,就是爷爷的生日了。我却仍为生日礼物的事情一筹莫展。不知要送一份什么礼物,才能代表我的心意。吃穿用的,他都不缺。我忽然回想起,多年前他曾提起,他那英年早逝的兄长曾编撰过一本《潮州府地方志》和一本《潮州话语音词典》。那是他最为尊敬的兄长,也是他立志从事文学创作,后转为教书救国的启蒙师和引路人。

我搜寻了好久,终于在网上找到了爷爷提到过的这本《潮州府志略》,1930年代的初版,历经战乱、"文革"等浩劫,存世不足十件了,品相良好的更为罕见。同时,我还找到了若干个版本的《潮音字典注解》、1954年的《光明日报》和1965年11月的《人民日报》,上面刊载了爷爷早年的学术研究文章。我兴奋不已,当即买下,并将这些书刊寄给父亲,作为生日礼物送给爷爷。爷爷收到后非常高兴,那年春节,特意对我说:"我也有这个版本的书,不过早几年送给汕头大学做研究资料了。当年我帮着我哥哥抄书,他白天出去考察风土人情,晚上回来写作,我就在一边帮他抄写整理,一笔一划,那时候条件也很差。"爷爷说着说着,十分动容,仿佛穿越回到了那个动荡年代。

2018年,爷爷决定去上海进行局部放疗,起初只有父亲和二叔陪同。我了解到住地离医院还有段距离,就火速联系当地的老友,安排车辆备用,随叫随到。我也很快请好了假直奔上海。整个星期,我都陪着爷爷,帮着父亲和二叔,往返于住地和医院。有一次,我推着轮椅送爷爷进医院检查室的时候,感觉他轻了许多。我默默祈祷,希望他能挺过这一关。从医院检查出来后,阿公饶有兴致地说想看看上海现在的街景,司机就载着大家四处观看,随意停靠、外滩、浦东、豫园……听着介绍,他时不时点点头,可能是回忆着当年来这里时的情景。后来,阿公身体很多指标都又恢复正常了。这世界真的有奇迹发生吧,我想。

2017年,我们一起登上了五台山,在山脚下,我抱着小马驹,父亲在身边,爷爷慈祥地笑着,并排拍了照。我特意给这张合影起了个名叫——潘潘潘潘;2016年,我一下班就背着沉甸甸的有如登机箱一般大的面制寿桃,直奔机场飞向鹤乡,与全家人汇合,为爷爷祝寿。

2012年,我的婚礼上,爷爷打着领带,穿着笔挺的西装,拄着拐杖,欣慰地见证着他孙子的幸福时刻。2014年4月小马驹出生。9月爷爷赴北京,受总书记接见。公务之余,他最要紧的事情,就是要看曾孙。于是,我们一家三口和岳父母,驱车去宾馆。阿公轻搂着小马驹,慈祥地笑着,合不拢嘴。奇妙的是,堵车近4小时才到宾馆的小马驹一点也不觉环境陌生,不哭不啼地躺在太爷爷怀里,静静仰视,小嘴甜甜笑着。

2005年夏天(也可能是2006年),我和妈妈陪着爷爷回到揭阳老家,上山扫墓。那次,只有我们三人和世宜叔一起上山。山路陡峭,布满了藤蔓杂草,世宜叔在前面引路,挥着砍柴刀,披荆斩棘,我小心地搀扶着阿公前行,那时他还比较重,路上遇到几个坎沟和泉流,不容易跨过,我和世宜叔就一道,用力托住和扶持着他,一步步前行,我有时会用肩膀顶着他向上攀。路上我问阿公,要不要休息下。他说,不歇了,继续走吧。我那时非常担心,如果阿公心脏不舒服、血压高或者腿滑,荒山野岭可怎么办啊。可阿公的意志力远超我的想象。扫完墓下山时,晌午已过,我至今仍记得他下山时说的那句话:"这是我最后一次上去看了。"后来几次扫墓,阿公就都坐在山脚的一处亭子闭目养神。

2001年,我陪爷爷去深圳。夜航途中突遇暴风雨,电闪雷鸣,飞机在即将着陆的那一刻忽然又拉起,升空转飞,迫降广州。我惊魂未定,可阿公看起来却十分淡定。我们安顿下时已是深夜,这是我第一次和他住同个套间。次日上午收拾行李时,我习惯地把没用过的宾馆拖鞋和洗发水等往行李箱里塞。阿公看到后,很不高兴地训我:"没用过的东西就不要拿。"我当时有点委屈却记住了他的话,住酒店再也不会拿没用过的用品。

时光倒流,记忆滑入了上世纪八九十年代,更加清晰。

那时候,我们都很期待爷爷出差,特别是坐飞机去北京或出国,因为他准会买果丹皮回来,会带航班赠送的小钢刀叉,还教大家怎么吃西餐。他说过,吃西餐喝汤时,汤匙是要从内往外舀的。

那时候,全家人住在东村一号楼。爷爷下班回来,我和弟弟从东村的大陡坡冲下去,一个用头顶着他的手提公文包,一个使劲在后头助推自行车。全家人吃饭,必须守规矩,鸡腿一定是一根给爷爷,一根给奶奶;咸鸭蛋切成八瓣,我们小孩子只能最后夹。每年的寒暑假,我得带着期末成绩手册给他过目。

那时候,逢年过节,他会让孙子们拎上糕点水果等,分头到邻居家——尤其是几位已过世的老教授家——拜年送礼;有几回爷爷出差,我还偷偷睡在他温暖柔软的床上,半夜翻阅他订的《中篇小说选刊》,还听过潮剧录音带。

"阿公,吃饭了!"每到吃饭时,我在楼下大声喊道,喊了几声后,就能听见他在二楼书房拖着长音说:好的——

1978年,我呱呱坠地,出生后不久,妈妈就带着我回到了武平的乡下生活。爷爷得知这一消息后,非常高兴,借着出差古田开会后的空闲,专程赶到了武平乡下看望襁褓中的我。我出生后,一直没起合适的名字,爷爷有次爬山,看到岩壁上镌刻着四个大字:山高水深。他思忖片刻后,便对我父亲说,大名就叫泽山吧。

妻子的祖籍是山西,她第一次见阿公,阿公就亲切地和她聊起了早年在吕梁、长治等地带学生实习的往事,妻子激动地对我说:"阿公是拥有大思想、大智慧和大人生的老人,我们要好好珍惜。"

一直以来,我最大的愿望就是时光能倒流。从2022年到2002年、1992年,甚至1982年,阿公还神采奕奕地上课,通宵挑灯著书,不知疲倦地出差。而我,则又变回那个成天调皮捣蛋的熊孩子。不过这一次,我肯定不会把邻居家的几十株冬青树和圣诞花全都打烂,更不会再惹阿公生气了。当年能治住我的,就是爷爷的严厉批评。

在孙辈之中,我和爷爷实际相处的时间最短,尤其在北京工作、安家后,就更少了。正是这个原因,使得那一个个瞬间、一帧帧画面,对我而言,更显珍贵。

阿公在弥留之际,声音微弱却依然清晰地交代道:"我要到下一个世界去了,你们不要留我。你们各自回家,让我安安静静地离开。"

这几周来,辗转反侧的我,在脑海里不断勾画出爷爷熟悉的样子,他身着白色衬衣,握着钢笔,优雅且充满智慧,或是微笑坐着、侃侃而谈,或是伏案写作、奋笔疾书。爷爷所传下来的家风,如林之茂密,泉之绵长,隽之永之,如德长馨。

回忆,是最长情的挽留。我其实明白,没有人能够抵抗时光洪流的裹挟,而我现在唯一能做的,就是努力地回忆,回忆,再将记忆的碎片细心拼合,谱成思念的乐章。我甚至能感受到,阿嬷在那个世界里等他团圆,已经等得太久,很是着急了。

我相信,阿公听到这些心里话后,能感受到我们的不舍和思念。到另一个世界,去教书,去和阿嬷相聚,这又何尝不是幸福的另一种诠释。而留在世上的我们,在那棵树下,将永远思念您慈祥的笑容,把您的教诲和您的经历,告诉下一代,让这段记忆不被磨灭,让这份精神代代相承,生生不息。

我们爱您,最亲爱的阿公!

(潘泽山,潘懋元先生的长孙,就职于中国移动集团总部)

后　记

2022年12月6日8时50分,我们敬爱的潘老师与世长辞。潘老师从教八十七载,当过小学教师、小学校长、中学教师、中学校长、大学教务长、大学教授和大学副校长,教过小学生、中学生、大学生与研究生,桃李满天下。潘老师是中国高等教育学学科的倡立者和奠基人,培养了一大批高等教育学优秀学者和教育管理人才,是高等教育学的"中国符号"。听闻潘老师离世的消息,潘老师的知交故友、家人、弟子无不悲痛万分,社会各界人士也纷纷通过敬献花圈、发送唁电等方式表示哀悼与敬意。为悼念敬爱的潘老师,追思永远的大先生,我们怀着共同的信念着手编撰这本追思文集《永远的大先生潘懋元》。

本书的出版,首先要感谢商务印书馆谢仲礼编审,他是潘老师的好友。潘老师追悼会的第二天,谢编审就给我打来电话说:"潘先生去世了,要不要编一本纪念潘先生的文集?"这个电话不仅出乎我的意料,更令我感动,因为我原来并没想过这件事儿,是他想在了我们这些弟子的前面。经他提醒,再加上厦门大学教育研究院的大力支持,我们最终决定要出一本追思潘老师的文集。

由于疫情封控,许多院友因没能来厦门参加潘老师的追悼会而深感遗憾,所以当我们把编撰追思文集的想法发布到院友群时,大家在群里都积极响应,有的院友立刻着手为追思文集撰写文章,有的甚至贡献了两三篇稿件。也许是院友们达成了某种共识:为恩师出版一本追思集是我们必须完成的任务。当然,为潘老师撰写追思文章是大家寄托哀思的一种方式,但这却是件不太容易的事情。以笔代我心,以文表哀思,然而提笔之时却不免陷入感伤。先生的悉心关怀令人难以忘怀,先生的谆谆教导犹在耳畔。有的院友自陈写作过程中曾几度泪湿眼眶,有的院友深夜仍在反复斟酌词句、核对稿件。从回忆到落笔,从纠结到平复,再纠结又平复,应是许多院友的写作过程。在收到稿件之后,我们又与各位作者多次通话、反复沟通。接到修改意见后,院友们依旧不厌其烦地修改稿件,并与我们积极沟通修改稿件的想法。我读书时,潘老师会逐字逐句地修改我们的作业和论文,连标点符号都会特别注意。反复改稿、校稿是我们跟随潘老师学习时养成的学习习惯,这是潜移默化中形成的师规。在与院友们反复修改文章时,我们又忆起了与潘老师相处的点点滴滴。

哀思绵绵,缅怀无尽。潘老师一生待人真诚、与人为善,每个角色都在他的身上融合得恰到好处。他不仅是一位深受爱戴的老师,也是子女眼中豁达开明的父亲,更是朋友眼中志同道合的挚友。潘老师辞世之后,他的家人、朋友也深感怆痛。听说我们要为潘老师出版一本追思文集,他们都有万语千言想要诉说。因此,这本追思集中也收录了潘老师家人、亲朋对潘老师的怀念与哀思。由于稿件过多,文集篇幅有限,每人最多只有一篇文章的版面,更有许多院友和亲朋的文章未能被收录,在此向未被收录追思文集的诸位表示深深的歉意。虽然文集篇幅有限,但我们对潘老师的敬意与哀思无限。无论收录与否，诸位对潘老师的敬与爱、思与念都真挚且动人。潘老师曾说："我一生最欣慰的事是，我的名字排在教师的行列。"如果潘老师能够看到各位院友以及亲朋的文章，他一定会倍感欣慰。

听说我们在编撰此书，潘老师长子潘世墨教授也主动加入了编撰队伍，多次参加我们的组稿、统稿会议。早在我们决定组织编撰这本追思集之前，厦门南洋职业学院的创办人鲁加升校长就已经在筹划类似的文集，他们的计划更为庞大。听闻我们的出书计划后，他也拿出了一些文章"支援"我们。这些文章中记录着我们这些弟子都不知道的往事，幸而被这些亲历者收藏并记录，没有让这些回忆消失于光尘，而是以文字形式得以存续。在此，我们也对潘世墨教授和鲁加升校长提供的帮助表示感谢。

经过不到半年的准备，这部凝聚着潘老师的家人、挚友和弟子深深的怀念之情的追思文集，在潘老师逝世一周年之际付梓，也算是了却大家的一桩心事。在这本追思文集中，我们得以重历潘老师的成长经历、学术生涯，重温潘老师的音容笑貌、品格风范。这本书的出版，离不开谢仲礼编审的积极倡导和辛勤工作，离不开厦门大学、厦门大学教育研究院和各位院友的鼎力支持，离不开厦门南洋职业学院鲁加升校长的帮助，也离不开编辑团队的审核、校对。在筹备追思文集的过程中，所有人几乎都是主动参与进来，为文集的成稿和出版倾心竭力。在此，再次感谢所有人为这本追思文集的付出！

编者

2023年8月16日